Tania Blixen
Die afrikanische Farm

Tania
Blixen

Die afrikanische Farm

Aus dem Dänischen übertragen
von Gisela Perlet

HINSTORFF

Originaltitel: Den afrikanske Farm
Nachwort und Erläuterungen: Gisela Perlet

ISBN 3-356-00243-0

2. Auflage 1990. Lizenz-Nr. 391
Printed in the German Democratic Republic
Schutzumschlag und Einband: Werner Schinko
Herstellung: Karl-Marx-Werk Pößneck V 15/30
Bestell-Nr. 522 958 9

DDR 12,50 M

Reiten,
Bogenschießen
und
die Wahrheit sagen

I Kamante und Lulu

1. Die Farm am Ngong

Ich hatte eine Farm in Afrika am Fuß des Ngong-Gebirges. Die Äquatorlinie zog sich fünfundzwanzig Meilen weiter nördlich durch das Hochland, doch meine Farm lag zweitausend Meter über dem Meer. Mitten am Tag konnte man die Nähe der Sonne wohl empfinden, aber nachmittags und abends war es klar und kühl, und die Nächte waren kalt.

Geographische Lage und Höhe über dem Meeresspiegel haben hier im Verein eine Landschaft hervorgebracht, die auf der ganzen Welt nicht ihresgleichen kennt. Sie ist herb, ihre Linien sind langgezogen, es gibt nirgendwo Überfluß, weder prächtige Farben noch üppige Vegetation wie in tiefgelegenen Tropenländern. Ihre Farben sind trocken und gebrannt wie die von Töpferwaren. Die Bäume haben zarte, leichte Blätter, die anders als die Blätter der europäischen Bäume angeordnet sind, nicht in Kuppeln, sondern in breiten, waagerechten Schichten und Parabeln. Diese besondere Struktur des Laubs verleiht den einzelnstehenden Bäumen eine palmenähnliche, beschwingte Silhouette oder auch eine romantische und heroische Haltung, wie sie ein Schiff mit vollen Segeln zeigt. Und die langen Waldsäume nehmen sich dadurch so merkwürdig aus, als bebte der ganze Wald. Auf den Savannen wachsen die alten, krummen Dornbäume vereinzelt und für sich, und das Gras duftet würzig nach Thymian und Porst, manchmal so heftig, daß es in den Nasenlöchern brennt. Die Blumen, die man in der Steppe oder in den jungfräulichen Wäldern an den Schlingpflanzen findet, sind so winzig wie Dünenpflanzen, doch wenn die lange Regenzeit beginnt, erblühen viele verschiedene Arten von großen, schweren Lilien und verströmen einen betäubenden Duft. Nach allen Seiten ist die Aussicht weit und unendlich. Alles in dieser Natur strebt nach Größe, Freiheit und hohem Adel.

Das wichtigste Element dieser Landschaft und des Lebens hier war die Luft. Blickt man auf einen mehrjährigen Aufenthalt im afrikanischen Hochland zurück, dann hat man ein merkwürdiges Gefühl, so als hätte man lange Zeit in der Luft gelebt. Der Himmel war niemals tiefblau, sondern zumeist sehr blaß und so hell, daß man kaum zu ihm aufschauen konnte, mit einem Reichtum an riesigen, schwerelosen, wechselnden Wolken, die sich am Horizont auftürmten und über ihn hinwegsegelten. Doch eine blaue Kraftquelle war in ihm verborgen, die dem Höhenzug ganz in der Nähe eine tiefe, frische, himmelblaue Farbe gab. In der Mittagshitze wurde die Luft über der Ebene lebendig wie eine brennende Flamme, sie funkelte, wogte und strömte wie Wasser und formte große Phantasmagorien. In dieser hohen Luft fiel das Atmen leicht, und man atmete eine wilde Hoffnung ein, die Flügeln glich. Wenn man im Hochland morgens erwachte, dachte man: Jetzt bin ich da, wo mein Platz ist.

Das Ngong-Gebirge zog sich als langer Höhenzug von Norden nach Süden und wurde von vier edlen Gipfeln gekrönt, die wie erstarrte Wellen von dunklerem Blau zum Himmel ragten. Sein höchster Punkt lag zweitausendsiebenhundert Meter über dem Meeresspiegel, und seine Ostseite erhob sich siebenhundert Meter über das angrenzende Land. Doch nach Westen fiel es viel schroffer und steiler ab, die Hänge stürzten sich fast senkrecht in das riesige Tal Rift Valley.

Im Hochland wehte der Wind ständig von Nordnordost. Es war der gleiche Wind, der an den Küsten Afrikas und Arabiens als Monsun bezeichnet wird, der Ostwind, der das Lieblingspferd König Salomos war. In dieser Höhe empfand man ihn als den leichten Widerstand des Äthers, wenn sich die Erde dem Raum entgegenwirft. Der Wind wanderte direkt auf die Ngong-Berge zu, deren Hänge ein idealer Startplatz für ein Segelflugzeug gewesen wären – die Luftströmung hätte es vom Fuß des Gebirges bis über den Kamm getragen. Die Wolken, die mit dem Wind reisten, stießen sich an den Bergen und blieben daran hängen, oder sie wurden von den Gipfeln aufgespießt und entluden sich in Regenschauern, während jene, die eine größere Höhe erreichten, die Klippe umschifften und unmittelbar westlich davon über den glühenden Wüsten von Rift Valley verdampften. Von meinem Haus aus habe ich viele Male den Flug der Wolken übers Gebirge verfolgt und mit Staunen beobachtet, wie sich die stolzen Massen, sowie sie über den Kamm gelangten, in der Luft auflösten und verschwanden.

Von der Farm aus betrachtet, änderte das Gebirge mehrmals am Tage sein Aussehen. Es gab Zeiten, wo es ganz nah zu sein schien, zu anderen Zeiten war es wieder unendlich fern. Wenn man es abends in der Dämmerung sah, war es, als würden die Konturen der düsteren Berge mit einer zarten, feinen Silberlinie auf den dunkelnden Himmel gezeichnet, und wenn die Nacht dann hereinbrach, schienen die vier Gipfel flacher und niedriger zu werden, als reckte und streckte sich das Gebirge und legte sich dann zur Ruhe.

Man hatte von Ngong Hills eine einzigartige Aussicht. Im Südosten sah man die weiten Steppen, die großen Jagdgebiete, die sich bis zum Kilimandscharo erstreckten, im Nordosten die parkähnliche Landschaft der flacheren Hügel und dahinter die Wälder und noch weiter die wellige Landschaft des Kikuyu-Reservats, das sich hundertundfünfzig Kilometer weit bis zum schneebedeckten Mount Kenia ausdehnte. Das gesamte Kikuyuland glich einem Mosaik, bestehend aus kleinen viereckigen und dreieckigen Maisfeldern, Bananenpflanzungen und Weiden, und mitten darin stieg hier und da blauer Rauch aus einem Eingeborenendorf auf, das an ein Grüppchen von kleinen spitzen, grauen Pilzen erinnerte. Im Westen aber, ganz in der Tiefe, lag eine Mondlandschaft, das afrikanische Flachland. Die braungraue Wüste war mit winzigen Dornbäumen gesprenkelt, die gewundenen Flußläufe wurden von breiten, unregelmäßigen grünen Linien eingefaßt, das waren die riesigen, weitverzweigten Mimosenbäume, deren Dornen so dick wie sechszöllige Nägel waren. Hier wachsen Kakteen, hier leben die Giraffen und Nashörner.

Aus der Nähe gesehen, war das Gebirge Ngong Hills gewaltig, abwechslungsreich und geheimnisvoll, mit langen Tälern, Dickicht und Gebüsch, grünen Hängen und steinigen Klüften. Hoch oben unter einem der Gipfel wuchs sogar ein Bambuswald. In den Bergen waren Quellen und Wasserläufe, ich hatte mein Zelt neben ihnen aufgeschlagen.

Zu meiner Zeit gab es in den Ngong-Bergen Büffel, Elenantilopen und Nashörner; Eingeborene, die schon sehr alt waren, erinnerten sich noch daran, daß es dort Elefanten gegeben hatte, und ich bedauerte es, daß nicht das gesamte Gebirge zum Wildreservat erklärt worden war. Nur in einem kleinen Bereich war das Wild geschützt, der Steinhaufen auf dem südlichen Gipfel bezeichnete die Grenze. Wenn sich die Kolonie Kenia weiterentwickelt und die Hauptstadt Nairobi zur Großstadt heranwächst, könnten die Leute hier einen Wildpark haben, der in der Welt einmalig wäre. Doch in den letzten Jahren meines Afrika-Aufenthalts fuhren die jungen Geschäftsleute und Büroangestellten aus Nairobi sonntags mit ihren Motorrädern in die Berge und schossen auf alles, was ihnen unter die Augen kam, und ich glaube, das Großwild hat das Gebirge verlassen und sich nach Süden in den dichteren Wald und in die Felsengegenden verzogen.

Das Gebirge war rauh und unwegsam, doch wenn man den Kamm erreicht hatte, ging es sich leicht dort. Das Gras war kurz wie ein geschorener Rasen, hier und da brach durch die Grünfläche das graue Gestein. Den schmalen Grat entlang, der wie eine meilenlange, geräuschlose Berg- und Talbahn über die vier Gipfel führte, lief ein Wildwechsel. Eines Morgens, als ich in den Bergen mein Lager hatte, kletterte ich zu diesem Pfad hinauf und folgte ihm, und da fand ich frische Spuren und

Losung einer Herde von Elenantilopen. Die großen, anmutigen, friedlichen Tiere hatten gewiß bei Sonnenaufgang den Gipfel des Berges besucht und ihn dann in einer langen Reihe, eins hinter dem anderen, wieder verlassen, sie waren heraufgekommen, um auf das Land zu beiden Seiten hinunterzuschauen – aus welchem anderen Grund sonst?

Wir bauten auf meiner Farm Kaffee an. In Wirklichkeit lag die Gegend für Kaffee etwas zu hoch, und wir hatten mit der Bewirtschaftung große Mühe. Wir waren niemals reich. Doch eine Kaffeeplantage ist ein Unternehmen, das die Leute packt, die sich damit befassen, und sie nicht wieder losläßt. Da gibt es stets eine Menge Arbeit, ja, meistens sitzt einem die Zeit im Nacken.

Mitten in der wilden Landschaft nimmt sich ein ebenmäßiges und bepflanztes Stück Land gut aus. Als ich später in Afrika die Gelegenheit zum Fliegen hatte und meine Farm aus der Luft kennenlernte, erfüllte mich der Anblick meiner eigenen Plantage, die so ordentlich und frisch-grün dalag, umgeben von Wildnis, Steppe und Urwald, immer wieder mit Bewunderung, und mir ging auf, wie sehr das menschliche Herz geometrische Figuren liebt und sich nach ihnen sehnt. Die gesamte Umgebung Nairobis, vor allem im Norden, war in der gleichen Art bebaut, hier wohnten Leute, deren Gedanken ständig um Kaffee kreisten – wie man ihn pflanzt, beschneidet und pflückt – und die nachts nicht schlafen konnten, weil sie über Verbesserungen für ihre Kaffeeaufbereitungsanlagen grübelten.

Kaffeeanbau ist eine langwierige Arbeit. Sie ist schwieriger, als man es sich in dem Augenblick vorstellt, da man im strömenden Regen seine Kisten mit blanken jungen Pflanzen aus der Baumschule holt und alle Arbeitskräfte der Farm auf dem Feld sind. Man achtet darauf, daß die Löcher in der feuchten Erde, in denen die Pflanzen dann wachsen sollen, tief und gleichmäßig sind, im dichten Schatten abgebrochener Zweige aus dem Unterholz gelegen – denn unbemerkt zu sein, das ist das Privileg junger Wesen –, und doch macht man sich falsche Hoffnungen. Es dauert drei oder vier Jahre, bis die Bäumchen tragen, und in der Zwischenzeit kommt Dürre über das Land, oder Pflanzenkrankheiten brechen aus, und zwischen den Kaffeebäumchen wächst das freche einheimische Unkraut, Macdonaldia und Black Jack, empor, dessen lange, scharfe Samenhülsen sich einem in die Strümpfe setzen und wie Feuer brennen. Bei einigen Bäumchen, die zu nachlässig gepflanzt wurden, hat sich die Hauptwurzel verbogen, sie gehen kurz vor der Blüte ein.

Man pflanzt auf einem Acre Land etwas mehr als sechshundert Bäume, und ich hatte auf meiner Farm sechshundert Acres mit Kaffee. Meine Ochsen zogen geduldig die Kultivatoren viele tausend Meilen zwischen den Baumreihen hin und her, und wir erwarteten die großen Erträge.

Oft war es in der Kaffeeplantage wunderbar. Es war ein prachtvoller Anblick, wenn zu Beginn der langen Regenzeit die Pflanzen blühten und über meinen sechshundert Acres in Nebel und Nieselregen gleichsam eine Wolke aus Kreide stand. Kaffeeblüten duften fein und bitter wie Schlehenblüten. Wenn das Feld von reifen Kaffeekirschen an allen Bäumen errötete, riefen wir Frauen und Kinder herbei, die in der Sprache der Eingeborenen *Totos* heißen, um zusammen mit den Männern die Früchte von den Bäumen zu pflücken. Wagen und Karren fuhren die Kaffeebeeren zur Aufbereitung in die Mühle am Fluß. Unsere Maschinerie war niemals ganz so, wie sie sein sollte, doch wir hatten die Anlage selbst entworfen und errichtet und waren stolz auf sie. Einmal brannte sie völlig nieder und mußte wieder aufgebaut werden. Die große Trockentrommel drehte sich unablässig und rüttelte und schüttelte den Kaffee in ihrem schweren Eisenbauch, mit einem Geräusch, als spülten Wellen Kies und Geröll ans Ufer. Es kam vor, daß der Kaffee mitten in der Nacht fertig getrocknet war und aus der Trommel genommen werden mußte. Das war ein malerischer Augenblick: die Stallaternen in den großen dunklen Räumen, wo Spinnweben und Kaffeeschalen wie Festons an Decke und Wänden hingen, und im Laternenschein rings um die Trockentrommel die vielen glühenden, eifrigen Gesichter. Man hatte ein Gefühl, als hinge die Fabrik in der riesigen Tropennacht wie ein Juwel im Ohr eines schwarzen Mädchens.

Danach wurde der Kaffee geschält und sortiert und in Säcke gepackt – zwölf Säcke gingen auf eine Tonne –, die mit einer Sattlernadel zugenäht wurden.

Endlich hörte ich in aller Herrgottsfrühe – es war noch dunkel, und ich lag noch im Bett –, wie sich unsere schweren Wagen, jeder mit sechzehn Ochsen bespannt und jetzt haushoch mit Kaffeesäcken, fünf Tonnen pro Wagen, beladen, zum Bahnhof Nairobi in Bewegung setzten. Rasselnd, krachend und unter dem Peitschenknallen und Rufen der Kutscher, die nebenher liefen, verließen sie die Kaffeeaufbereitung und fuhren den langen Hügel hinauf. Ich war bei dem Gedanken froh, daß dies der einzige Hügel war, den sie auf ihrem Weg in die Stadt zu überwinden hatten, denn die Farm lag vierhundert Meter höher als Nairobi. Am Abend ging ich hinaus, um den zurückkehrenden Zug zu empfangen. Die müden Ochsen trotteten ganz langsam mit hängenden Köpfen vor den leeren Wagen, die müden kleinen Totos, die sie führten, waren vollkommen stumm, und die erschöpften Kutscher ließen ihre langen Peitschen im Staub des Weges schleifen. Nun hatten wir getan, was wir tun konnten. In ein paar Tagen würde der Kaffee unserer Farm auf See sein, und dann mußten wir auf gute Preise auf den großen Londoner Märkten hoffen.

Meine Farm umfaßte sechstausend Acres, ich hatte also neben der Kaffeeplantage noch viel Land übrig. Ein Teil davon war mit Urwald bewachsen, und etwa tausend Acres wurden von meinen Squattern genutzt und als ihre *Shambas* bezeichnet. Squatter sind Eingeborene, die mit ihren Familien auf dem Grundstück eines weißen Mannes einige wenige Acres für sich bewirtschaften dürfen und als Entgelt eine bestimmte Anzahl von Tagen im Jahr für ihn arbeiten müssen. Vielleicht sahen meine Squatter diese Beziehung in einem anderen Licht, denn viele von ihnen, und vor ihnen ihre Väter, waren auf der Farm geboren, und es ist möglich, daß ich in ihren Augen ein reichbegüterter Squatter auf ihrem eigenen Grundstück war.

Auf dem Squatterland ging es viel munterer, lebendiger und bewegter zu als auf der übrigen Farm. Hier veränderte sich die ganze Landschaft mit den wechselnden Jahreszeiten. Der Mais wuchs empor – wuchs einem über den Kopf, und man ging auf den schmalen Fußpfaden zwischen raschelnden, grünen Wänden wie eine Ameise im hohen Gras – und wurde dann geerntet. Die Bohnen wurden gepflückt und von den Frauen mit Flegeln gedroschen, Stengel und Hülsen wurden zusammengelesen und verbrannt, und zu manchen Zeiten des Jahres stiegen überall von den Feldern dünne, blaue Rauchsäulen auf. Die Kikuyu bauten auch Süßkartoffeln an, deren weinlaubähnliche Blätter den Boden wie eine dicke, verfitzte Matte bedeckten, dazu verschiedene Arten von großen gelb- und grüngesprenkelten Kürbissen. Wo immer man durch die Shambas der Kikuyu ging, erblickte man als erstes das Hinterteil einer kleinen alten Frau, die in der Erde kratzte und stocherte, wie ein Strauß, der den Kopf in den Sand gesteckt hat. Jede Kikuyufamilie verfügte über mehrere spitze Grashütten und ein paar kleine Vorratshütten auf Pfählen. Der Platz zwischen den Hütten war ein belebter Sammelort für die ganze Familie und so hart wie Zement. Hier wurde der Mais gemahlen, die Ziegen wurden gemolken, und überall liefen Kinder und Hühner herum. Am blauen Spätnachmittag ging ich oft in die Kartoffelfelder, die sich um die Häuser der Squatter erstreckten, und schoß Rebhühner. Zu dieser Zeit gurrten die Waldtauben himmelhoch in den großen, zerzausten Bäumen, die hier und da noch von jenem Urwald übrig waren, der einst das ganze Land bedeckt hatte.

Ich hatte auch ein paar tausend Acres Weideland auf meiner Farm. Hier lief und floh das Gras in Wellen vor dem Wind, und die kleinen Kikuyujungen hüteten auf der Steppe die Kühe ihrer Väter. Während der kalten Jahreszeit nahmen sie sich von zu Hause glühende Holzkohlen in Drahtkörben mit und verursachten damit häufig schlimme Steppenbrände, die für den Weidebetrieb der Farm verhängnisvoll waren. In jenen Jahren, als Dürre im Land herrschte, kamen große Scharen von Zebras und Gnus zum Weideland der Farm.

Nairobi, unsere Hauptstadt, lag zwanzig Kilometer weiter auf einem flachen Landstrich zwischen steilen Hügeln. Hier befanden sich das Haus des Gouverneurs und die großen Regierungsämter. Von hier aus wurde das Land verwaltet.

Eine Stadt in der Nähe spielt in dem Leben, das man führt, zwangsläufig eine Rolle. Dabei ist es nicht einmal wichtig, ob einem diese Stadt gefällt oder nicht, sie zieht die Gedanken nach einem geistigen Gravitationsgesetz an. Der Lichternebel, der nachts über Nairobi am Himmel stand und den ich von den Wegen der Farm sehen konnte, versetzte mein Gemüt in heftige Bewegung und rief Bilder von den großen Städten Europas wach.

Als ich mich in Afrika ansiedelte, gab es dort noch keine Automobile. Wenn wir nach Nairobi wollten, ritten wir, oder wir fuhren mit einem Wagen, vor den sechs Maultiere gespannt waren, und stellten unsere Tiere dann im Stall für Reisende von »The Highland Transport« unter. Nairobi war, solange ich es kannte, eine verworrene Stadt voller Widersprüche, es hatte einzelne große, stattliche Gebäude aus behauenen Steinen und ausgedehnte Viertel von Wellblechbuden, Büros, Lagern und Wohnhäusern, alles aus Blech. Seine langen, staubigen Straßen waren mit Eukalyptusbäumen bepflanzt. Das Oberste Gericht, das Landdepartement, das Departement für Eingeborenenangelegenheiten und das Veterinärdepartement waren allesamt jämmerlich untergebracht, und wenn ich die Beamten dort besuchte, bekam ich Respekt davor, daß sie in den kleinen, glühendheißen Blechbuden, in denen sie einquartiert waren, überhaupt die Gedanken sammeln und irgendwie arbeiten konnten.

Aber trotz alledem war Nairobi eine Stadt. Man konnte hier einkaufen, Neuigkeiten hören, im Restaurant essen und im Klub tanzen. Und es war ein Ort voller Leben, beweglich wie ein Fluß und wachsend wie ein Kind, die Stadt veränderte sich von Jahr zu Jahr, ja, schon in der kurzen Zeit, die ich fern von ihr auf einer Jagdexpedition verbrachte. Das neue Regierungsgebäude wurde errichtet und erhob sich stolz über der Stadt, es war geräumig und kühl, hatte einen großen, schönen Ballsaal und einen hübsch angelegten Garten. Neue geräuschvolle Hotels wuchsen empor, große, bedeutende Tier- und Gartenausstellungen fanden statt. Die quasi-elegante Welt der Kolonie erheiterte uns von Zeit zu Zeit mit einer Reihe von kurzen, stürmischen Melodramen. Nairobi sagte einem: Mach aus der Zeit und aus mir das Beste! Wir kommen nicht wieder so jung – so lebenslustig und unbesiegt – zusammen. Es gab auch eine Zeit, da fuhr ich durch die Straßen von Nairobi und dachte: Die Welt ist nirgends außer diesen Mauern.

In Nairobi waren die Wohnviertel der Eingeborenen und der farbigen Einwanderer viel weitläufiger als die der Europäer.

Die Swahili-Siedlung, die an der Straße zum Muthaiga Klub lag, hatte in jeder Hinsicht einen schlechten Rüf, war aber eine Vorstadt voller Leben und Bewegung, in der zu allen Tages- und Nachtzeiten viele Dinge geschahen. Sie war zum größten Teil aus alten flachgeklopften Benzinkanistern aufgebaut, die mehr oder weniger verrostet waren – ein natürlich entstandenes Denkmal, Korallenriffen ähnlich: die verlassenen, leeren Hüllen der vorwärtsschreitenden Zivilisation.

Die Somali-Stadt lag weit vom eigentlichen Zentrum entfernt, sicher weil die mohammedanischen Somali ihre Frauen von der Umwelt unbehelligt wünschten. Zu meiner Zeit gab es in Nairobi ein oder zwei schöne junge Somalifrauen, deren Namen die ganze Stadt kannte, sie setzten sich auf den Basar und führten die Polizei lustig an der Nase herum. Es waren aufgeweckte, prachtvolle Mädchen und so stolz, wie die Somali in jeder Beziehung sind. Aber die achtbaren Somalifrauen gingen nicht auf die Straße. Die Somali-Stadt war allen Winden ausgesetzt, sie war nackt, ohne Schatten und staubig und muß die Bewohner an die Wüsten ihres Heimatlandes erinnert haben. Die Europäer, die lange Zeit oder seit mehreren Generationen an ein und demselben Ort wohnen, gewöhnen sich nur schwer daran, wie vollkommen gleichgültig sich die Nomadenvölker gegenüber der näheren Umgebung ihrer Wohnung verhalten. Die Häuser der Somali lagen wahllos verstreut auf der nackten Erde und sahen aus, als wären sie mit einem Paket vierzölliger Nägel zusammengeschlagen, um eine Woche lang zu halten. Es überraschte einen daher, wenn man eins der Häuser betrat, wie ordentlich und fein es eingerichtet war, duftend nach arabischem Weihrauch, mit schönen alten Teppichen und Wandbehängen, Schalen und Gefäßen aus Messing und Silber und Schwertern mit Elfenbeinknauf und schöner Klinge. Die Somalifrauen treten mit Anstand und Würde auf, sie sind gastfrei und heiter, ihr Gelächter klingt wie ein ganzes Glockenspiel aus klarem Silber. Durch meinen Somalidiener Farah Aden, der während meines gesamten Afrika-Aufenthalts in meinem Dienst stand, war ich in der Somali-Stadt gut bekannt und nahm dort an vielen Festen teil. Eine vornehme Somali-Hochzeit ist eine prachtvolle, ehrwürdige Festlichkeit. Ich wurde sogar in die Brautkammer geführt, deren Wände wie auch das Bett prächtig mit alten, verblaßten, zartleuchtenden Stoffen und Stickereien geschmückt waren, die junge dunkeläugige Braut war vor lauter Gold und Silber, dicker Seide und Bernstein so steif wie ein Marschallstab.

Die Somali waren Viehhändler und Kaufleute und machten im ganzen Land Geschäfte. Sie hielten sich für den Transport ihrer Waren eine Menge kleiner grauer Esel, die, wenn sie nicht unterwegs waren, frei zwischen den Häusern herumliefen. Auch Kamele habe ich in der Somali-Stadt gesehen, hochmütige, abgehärtete Wüstenprodukte, die über alles Irdische erhaben waren, wie Kakteen und Somali.

Durch ihre entsetzlichen Stammesstreitigkeiten brachten die Somali Unglück über sich und andere Völker. In dieser Beziehung fühlten und dachten sie nicht wie Menschen sonst. Farah gehörte zu einem Stamm, der Habr Yunis hieß, also pflegte ich für diesen Stamm Partei zu ergreifen. Einmal fand in der Somali-Stadt ein großer, ernsthafter Krieg zwischen den beiden Stämmen Dulba Hantis (dem Stamm von »The mad Mullah«) und Habr Chaolo statt, mit Gewehrschüssen und Brandschatzung und vielen Toten auf beiden Seiten, bis sich die Regierung zum Eingreifen genötigt sah. Farah hatte zu jener Zeit einen jungen Freund aus seinem eigenen Stamm, der Sayid hieß und ihn häufig auf der Farm besuchte. Es war ein unbefangener, kläräugiger junger Mann, und ich war sehr betroffen, als ich von meinen Leuten die traurige Geschichte hörte, wie ihm während eines zufälligen Besuchs bei einer Familie des Stammes Habr Chaolo von einem wütenden Dulba Hantis, der gerade vorbeigekommen war und aufs Geratewohl zwei Schüsse auf das Haus abgegeben hatte, die Beine abgeschossen worden waren. Ich sagte Farah, daß mir das Unglück seines Freundes leid tue. »Was, Sayid?« rief Farah ärgerlich aus. »Das ist ihm ganz recht geschehen. Warum mußte er auch im Haus eines Habr Chaolo Tee trinken!«

In dem großen Geschäftsviertel der Eingeborenen,

das Basar genannt wird, regierten die Inder, und die reichsten indischen Kaufleute, Jevanjee, Suleima Virjee, Allidina Visram, hatten ihre kleinen Villen gleich vor der Stadt. Sie besaßen allesamt eine ausgesprochene Vorliebe für Steinmetzarbeiten, die Gärten ihrer Villen waren mit Treppen, Balustraden und Vasen aus weichem afrikanischen Gestein geschmückt – höchst mittelmäßigen Arbeiten und den Bauwerken ähnlich, die Kinder aus hellroten, verzierten Steinbauklötzen errichten. Sie luden in ihre Gärten zu Teegesellschaften mit indischem Backwerk im Stil ihrer Villen ein und waren scharfsinnige, bereiste und ausnehmend höfliche Leute. Doch die Inder in Afrika waren als Geschäftsleute derart gerissen, daß man bei ihnen nie wußte, ob man eine menschliche Persönlichkeit oder den Chef einer Firma vor sich hatte. Ich war bei Allidina Visram zum Tee gewesen, und als ich eines Tages über dem ausgedehnten Komplex seiner Warenhäuser die Fahne auf halbmast sah, fragte ich Farah: »Ist Allidina Visram gestorben?« – »Halbgestorben«, sagte Farah. »Flaggt man dort halbmast, weil er halbtot ist?« fragte ich. »Allidina ist tot«, entgegnete Farah, »und Visram lebt.«

Bevor ich die Leitung der Farm übernahm, hatte ich eifrig gejagt und die meiste Zeit auf Safaris zugebracht, doch als ich Farmer wurde, stellte ich meine Flinten in die Ecke.

Die Masai, die Nomaden und Viehzüchter waren und als meine Nachbarn am anderen Flußufer wohnten, kamen von Zeit zu Zeit an mein Haus, um sich über einen Löwen zu beklagen, der ihre großen Herden verfolgte und ihre Kühe riß, und um mich zu bitten, ihn zu erlegen, und wenn ich konnte, tat ich es. Sonnabends ging ich auch auf die Orungi-Ebene, um für meine Leute auf der Farm ein oder zwei Zebras als Sonntagsmahl zu schießen, von einem ganzen Schwanz munterer, erwartungsfroher Kikuyu verfolgt. Auf der Farm schoß ich Geflügel, Rebhühner, Wachteln und weiße Perlhühner, die sehr schmackhaft waren. Doch zu Jagdexpeditionen hatte ich viele Jahre keine Gelegenheit.

Dennoch sprachen wir auf der Farm oft von unseren früheren Safaris. Lagerplätze prägen sich auf besondere Weise ins Gedächtnis ein, als hätte man dort lange Zeit gelebt, und man erinnert sich manchmal an eine einzige Kurve seiner Wagenspur im Gras der Steppe wie an ein Zeichen, das für das eigene Leben Bedeutung gehabt hat.

Auf einer Safari habe ich eine Herde von hundertneunundzwanzig Büffeln unter einem kupferfarbenen Himmel aus dem Morgennebel kommen sehen, und die dunklen, massigen, eisenfarbenen Tiere mit den gewaltigen, zur Seite gebogenen Hörnern schienen nicht so sehr auf mich zuzuwandern, sondern wurden gleichsam vor meinen Augen erschaffen und nach ihrer Fertigstellung hinaus in die Welt gesandt. Ich habe eine Elefantenherde durch den dichten Urwald ziehen sehen, wo das Sonnenlicht nur in kleinen Flecken und Sprenkeln zwischen dicken Zweigen und Schlingpflanzen hindurchsickerte, sie schritten aus, als wollten sie zu einem Stelldichein am Ende der Welt. Es war, ins Riesenhafte vergrößert, die Borte eines uralten, unermeßlich kostbaren persischen Teppichs in grünen, goldenen und schwarzbraunen Farben. Ich habe viele Male die Giraffen beobachtet, die sich mit einer besonderen, unvergleichlichen vegetativen Anmut über die Steppe bewegen, als wäre es nicht eine Schar von Tieren, sondern eine Familie von seltenen, langstieligen, gefleckten Riesenblumen. Ich bin zwei Nashörnern bei ihrem Morgenspaziergang gefolgt, sie schnauften und prusteten in der klaren, kalten Morgenluft und glichen zwei kantigen Felsblöcken, die lebendig geworden waren und sich nun im hohen Gras des Tals zusammen vergnügten. Ich habe den königlichen Löwen gesehen, wie er, von seiner halbverzehrten Beute kommend, vor Sonnenaufgang unter einem kleinen abnehmenden Mond über die graue Steppe heimwärts zog. Er ließ im silberglänzenden Gras einen dunklen Streifen Kielwasser hinter sich zurück, sein Gesicht war noch bis zu den Ohren rot von Blut. Und ich bin ihm auch begegnet, wenn er im Schoß seiner Familie auf dem kurzen Rasen und im zarten, frühlingshaften Schatten der Akazien, mitten in seinem eigenen afrikanischen Lustpark Mittagsruhe hielt.

An alle diese Dinge dachte man gern zurück und fand Trost darin, wenn die Zeiten auf der Farm schwierig waren. Und das Großwild war noch in seinem eigenen Land, ich konnte, wenn ich wollte, ausziehen und es wieder besuchen. Farah, der im Laufe der Zeit an allen Angelegenheiten der Farm immer lebhafter Anteil nahm, und die Eingeborenen, meine übrige alte Mannschaft, lebten in ständiger Hoffnung auf neue, künftige Safaris.

Hier im wilden Land hatte ich gelernt, plötzliche Bewegungen zu vermeiden. Die Lebewesen, mit denen man hier zu tun hat, sind ungemein scheu und wachsam, sie besitzen eine besondere Fähigkeit, uns zu entkommen und zu entschwinden, wenn wir es am wenigsten erwarten. Kein zahmes Tier kann sich so vollkommen still verhalten wie ein wildes. Wir zivilisierten Völker haben diese Fähigkeit verloren und müssen uns von der Wildnis im Schweigen unterrichten lassen, bevor sie bereit ist, uns in sich aufzunehmen. Die Kunst, leise zu gehen, ohne schroffe Bewegungen und ohne Lärm, muß sich der Jäger, und vor allem der Jäger mit der Kamera, zuerst aneignen. Jäger dürfen nicht eigenmächtig handeln, sondern müssen Farben, Geruch und Wind der Landschaft kennenlernen und sich dem Tempo des großen Orchesters anpassen. Manchmal wird ein Takt wieder und wieder gespielt, und man muß sich ihm einfügen.

Hat man auf der Jagd den Rhythmus Afrikas in sich aufgenommen, dann erkennt man, daß dieser Rhythmus in jeder Form afrikanischen Lebens wiederkehrt. Was ich vom Wild gelernt hatte, konnte ich im Umgang mit den Eingeborenen anwenden.

Liebe zu Frauen und Weiblichkeit ist eine männliche Eigenschaft, und Liebe zu Männern und Männlichkeit ist eine weibliche Eigenschaft, und es gibt auch eine Verliebtheit in den Süden und in die südlichen Völker, die ein Kennzeichen der Nordländer ist. Die Normannen müssen in die fremden Länder verliebt gewesen sein, zuerst in Frankreich und später in England. Die alten Mylords, die in der Geschichte und in der Romanliteratur des achtzehnten Jahrhunderts auftreten – ewig auf Reisen in Italien, Griechenland und Spanien –, besaßen in ihrer Persönlichkeit nicht einen einzigen südländischen Zug, sie wurden von einer Natur angezogen und verzaubert, die von ihrer eigenen in allem wesensverschieden war. Als die Maler, Philosophen und Dichter aus Deutschland und Skandinavien zum erstenmal nach Florenz und Rom kamen, fielen sie in Anbetung des Südens geradezu auf die Knie.

In dieser Beziehung bewiesen die ungeduldigen Nordländer eine besondere Geduld. So wie es einer Frau fast unmöglich ist, einen richtigen Mann wirklich zu verärgern, und wie für die Frauen ein Mann niemals ganz erbärmlich, niemals ganz unbrauchbar ist, solange er ein Mann bleibt, so wurden die harten, herrschsüchtigen, leicht aufgebrachten nordischen Männer von Sanftmut erfüllt, als sie der Natur des Südens und der Südländer gegenüberstanden. Sie reagierten auf ihr eigenes Klima und ihre eigene Familie barsch und rauh, doch die afrikanische Dürre, gefährliche, qualvolle Sonnenstiche, Rinderpest bei ihren Herden und die Unerfahrenheit ihrer eingeborenen Diener trugen sie mit Demut und Resignation. Selbst ihr Gefühl von Individualität ging in dem Verständnis der unendlichen Möglichkeiten verloren, die es im Zusammenspiel von Menschen gibt, die gerade durch ihren Wesensunterschied eins werden können. Den südlichen Völkern und auch Leuten von sehr gemischtem Geblüt fehlt diese Eigenschaft. Sie tadeln oder verspotten sie, wo sie auf sie stoßen, so wie sich Männer, die sich in besonderem Grad für Männlichkeit begeistern und selbst ein wenig zum Exhibitionismus neigen, über einen schmachtenden Liebhaber lustig machen und wie sich die vernünftigen Frauen, die keine Geduld mit ihren Männern hatten, über die geduldige Griseldis entrüstet haben.

Was mich betrifft, so habe ich die Eingeborenen, als ich sie in Afrika kennenlernte, vom ersten Tage an geliebt. Es war ein starkes, unbezwingbares Gefühl, das beide Geschlechter und alle Alter betraf. Die Begegnung mit den dunklen Leuten war für mich ein Erlebnis wie für Kolumbus die Entdeckung Amerikas und in gleicher Weise eine Erweiterung meiner gesamten Welt. Wenn sich vorstellen ließe, daß ein Mensch, der von Natur aus ein Gefühl für Tiere hat, in einer Umgebung ohne jedes Tier aufwächst und erst nach vielen Jahren ihre Bekanntschaft macht oder daß jemand im Alter von zwanzig Jahren zum allerersten Mal einen Wald betritt oder daß ein musikalisch veranlagter Mensch durch einen Zufall erst als Erwachsener Musik hören kann – dann wäre das meiner eigenen Situation vergleichbar. Als ich den afrikanischen Eingeborenen begegnete, richtete ich den gewohnten Ablauf meines täglichen Lebens – seine sogenannte Eintönigkeit – für Orchester ein.

Mein Vater, der Offizier in der dänischen und der französischen Armee gewesen war, schrieb als junger Leutnant nach Hause: »Von Graasten bis Dybbøl war ich schließender Offizier einer langen Kolonne, das war nicht leicht, das war schwer, und doch: wie verlockend, wie herrlich! Die Lust am Krieg ist eine Lust wie jede andere, man liebt Soldaten, wie man junge Frauenzimmer liebt: blind, ungestüm – und das eine schließt das andere nicht aus, das wissen die Mädchen wohl. Aber die Liebe zu den Mädchen hat nur jeweils Platz für eine, die zu den Soldaten umfaßt die ganze Schar, die man sich ständig noch größer wünscht.« Die gleiche Beziehung bestand zwischen den Eingeborenen und mir.

Es war nicht einfach, die Eingeborenen kennenzulernen. Sie waren sehr hellhörig und scheu. Wenn man sie erschreckte, konnten sie blitzschnell in ihre eigene Welt zurückweichen, wie das Wild bei einer plötzlichen Bewegung unsererseits verschwunden, ganz einfach nicht mehr da ist. Bevor man einen Eingeborenen genauer kannte, war es fast unmöglich, ihn zu einer direkten Antwort zu bewegen. Selbst auf so simple Fragen wie die, wie viele Kühe er habe, antwortete er ausweichend: »So viele, wie ich dir gestern sagte.« Eine solche Antwort mißfiel Europäern im höchsten Grade, vielleicht mißfiel es den Eingeborenen ebensosehr, auf solche Art gefragt zu werden. Wenn wir ihnen zusetzten und sie bedrängten, um eine Erklärung aus ihnen herauszubekommen, zogen sie sich so weit wie möglich zurück, und dabei bedienten sie sich einer barocken, lustigen Phantasie, um uns in die Irre zu führen. Selbst ganz kleine Kinder verhielten sich in einer derartigen Situation wie alte, ausgekochte Pokerspieler, denen es ziemlich egal ist, ob der Gegenspieler ihre Karten über- oder unterschätzt, solange sie nur ihre wahre Beschaffenheit vor ihm verbergen können. Dort wo wir tatsächlich in das Dasein der Eingeborenen einbrachen, führten sie sich wie Ameisen auf, die in ihrem Haufen aufgestört werden. Sie besserten den Schaden mit unverdrossenem, rastlosem Eifer und in vollkommenem Schweigen wieder aus, als müßten sie eine unschickliche Handlung auslöschen und verdecken.

Was für Gefahren es waren, die sie im Zusammensein mit uns befürchteten, das konnten wir nicht wissen und uns sicher nicht vorstellen. Ich selbst glaube, daß ihre Angst vor uns eher eine Angst vor einem plötzlichen, entsetzlichen Lärm als vor Leiden, Unrecht oder Tod war. Und doch – es war schwer, sich darin auszukennen, denn die Eingeborenen beherrschten die Kunst der Verstellung meisterhaft. In den Shambas oder in der Steppe konnte man manchmal frühmorgens einem Rebhuhn begegnen, das vor dem Pferd herumlief, als wären seine Flügel gebrochen oder als hätte es tödliche Angst vor den Hunden. Doch seine Flügel waren nicht gebrochen, und es fürchtete sich auch nicht vor den Hunden, es konnte direkt vor ihrer Nase aufflattern, wann immer es wollte. In Wirklichkeit verhielt es sich so, daß der Vogel irgendwo in der Nähe seine kleinen Kücken hatte und mit aller Kraft versuchte, die Aufmerksamkeit von ihnen abzulenken. Auf dieselbe Weise wie das Rebhuhn, aus einer viel tiefer liegenden Furcht, deren Wesen wir nicht erfassen konnten, spielte vielleicht der Eingeborene erschrocken. Es ist aber auch möglich, daß dieses Verhalten uns gegenüber so etwas wie ein besonderer, unerklärlicher Spaß, eine Parodie, eine Extravaganz war und daß uns diese scheuen Leute letztendlich nicht im geringsten fürchteten. Bei den Eingeborenen ist das Gefühl für Lebensrisiko viel weniger ausgeprägt als bei Weißen. Ich habe einige Male, auf einer Safari oder auf der Farm, in einem besonders aufregenden Moment meinen eingeborenen Leuten in die Augen geschaut und dabei gespürt, daß wir weit voneinander entfernt waren und daß sie sich darüber wunderten, wie ernst ich die Situation einschätzte. Das hat mir einiges zu denken gegeben. Vielleicht empfinden sie wirklich in einer Weise, die uns unerklärlich bleiben muß und die wir nicht nachvollziehen können, das Leben an sich als ihr eigentliches Element, wie Tiefseefische, die sich unsere Angst vor dem Ertrinken nicht erklären könnten. Diese existenzielle Sicherheit, diese Schwimmkunst, dachte ich, besitzen sie deshalb, weil sie sich ein Wissen erhalten haben, das unsre frühesten Vorfahren für uns verscherzten und das uns, von allen Kontinenten, vor allem Afrika vermitteln kann: daß Gott und der Teufel eins sind, daß ihre Herrlichkeit gleich groß, ihre Majestät gleich ewig ist, daß es nicht zwei sind, die unerschaffen und ewig sind, sondern ein Unerschaffenes, nicht zwei, die unermeßlich sind, sondern ein Unermeßliches ist – und die afrikanischen Eingeborenen ehren die Doppelheit in der Einheit und die Einheit in der Doppelheit.

Bei unseren Jagdexpeditionen und auf der Farm entwickelte sich meine Bekanntschaft mit den Eingeborenen zu einer gewohnheitsmäßigen, persönlichen Beziehung. Wir wurden gute Freunde. Ich fand mich mit der Tatsache ab, daß ich sie nie wirklich kennenlernen würde, während sie alle meine Gedanken kannten und über meine Entscheidungen Bescheid wußten, noch ehe ich sie getroffen hatte. Ich hatte einmal eine kleine Farm in Gil-Gil, etwas weiter nördlich an der Eisenbahnlinie gelegen, wo ich nicht in einem Haus, sondern in einem Zelt wohnte, und ich reiste nun zwischen Gil-Gil und Ngong hin und her. Manchmal, wenn es in Gil-Gil zu regnen anfing, entschloß ich mich ganz plötzlich, nach Hause zurückzukehren, doch wenn ich Kikuyu, unsere örtliche Bahnstation – zwölf Kilometer von der Farm entfernt – erreichte, dann war stets einer von meinen Leuten zur Stelle und hielt ein Maultier, auf dem ich nach Hause reiten konnte. Wenn ich die Leute dann fragte, woher sie gewußt hätten, daß ich heimkehren wollte, wandten sie sich von mir ab, verlegen oder traurig oder als langweilten sie sich zu Tode – so wie wir uns verhalten würden, wenn uns ein stocktauber Mensch mit der Bitte bedrängte, wir sollten ihm den Inhalt einer Symphonie erklären.

Wenn sich die Eingeborenen uns gegenüber vor jähen Bewegungen und plötzlichem Lärm sicher fühlten, dann sprachen sie mit uns viel offener, als Europäer miteinander sprechen. Sie waren niemals zuverlässig, doch in einer großartigen Weise aufrichtig. Ein guter Name, das, was man als Prestige bezeichnet, bedeutete in der Welt der Eingeborenen viel. Es hatte den Anschein, als hätten sie irgendwann gemeinsam eine Wertung von uns vorgenommen, die für sie Gültigkeit behielt.

Zu manchen Zeiten war das Leben auf der Farm sehr einsam, und in der tiefen Abendstille, wenn von meiner großen Uhr eine Minute nach der anderen vertropfte, schien darin das Leben selbst zu tropfen, und man hatte eine irrsinnige Sehnsucht, sich mit anderen Weißen zu unterhalten. Immer aber spürte ich das schweigsame, überschattete Dasein des eingeborenen Volkes parallel zu meinem eigenen verlaufen, wenn auch auf einer anderen Ebene. Ein großes Echo tönte von einem Ufer zum anderen, zusammen waren wir die Farm.

Die Eingeborenen, das war Afrika in Fleisch und Blut. Der hohe, erloschene Vulkan Longonot, der sich steil und einsam über Rift Valley erhebt, die Mimosenbäume am Fluß, die Elefanten und die Giraffen – das alles war nicht mehr Afrika, als es die Eingeborenen waren – winzige Gestalten in einer riesigen Landschaft. All das war Ausdruck derselben Idee, Variationen über dasselbe Thema. Es war keine gleichartige Anhäufung ungleichartiger Atome, sondern eine ungleichartige Anhäufung gleichartiger Atome, wie man es an einem Eichenblatt, einer Eichel und einem Sarg aus Eichenholz sieht. Wir Weißen, mit unseren schweren Stiefeln und fast immer hastend, waren stets ein Mißton in der Landschaft. Die Eingeborenen befanden sich in Übereinstimmung mit ihr, und wenn die hohen, schmalen, dunklen und dunkeläugigen Gestalten auf Wanderschaft waren – immer einer hinter dem anderen, so daß selbst ihre großen Verkehrsadern nur wie schmale Fußpfade aussahen – oder den Boden bearbeiteten, ihre Kühe hüteten oder ihre großen Tänze tanzten und mir eine Geschichte erzählten, dann war es Afrika selbst, was da wanderte, lachte, seine Herden zählte, tanzte und von alten Tagen berichtete. Im Hochland erinnerte ich mich an die Worte des Dichters:

> Edel fand ich
> immer den Eingeborenen
> und arm den Einwanderer.

Die Kolonie verändert sich, wie man mir sagt, von Jahr zu Jahr, sie hat sich wohl schon seit jener Zeit verändert, als ich dort wohnte. Wenn ich hier meine Erfahrungen auf der Farm und mit einigen der wilden Bewohner von Steppe und Wald so genau wie möglich niederschreibe, so kann dies vielleicht später von historischem Interesse sein, und ist es vielleicht jetzt schon.

2. *Ein Kikuyukind*

Kamante war ein kleiner Kikuyujunge, sein Vater, einer meiner Squatter, war gestorben. Die meisten Squatterkinder auf der Farm waren mir gut bekannt, denn sie pflückten in der arbeitsreichen Zeit für mich Kaffee und hielten sich das ganze Jahr über, wenn sie irgend konnten, in der Nähe meines Hauses auf und hüteten auf dem Rasen ihre Ziegen, in der Meinung, daß hier mehr Dinge von Bedeutung geschahen als auf der übrigen Farm. Doch Kamante mußte einige Jahre auf der Farm gelebt haben, ohne daß ich ihm je begegnet war. Ich glaube, er hatte sich wie ein krankes Tier in die Einsamkeit zurückgezogen.

Ich sah Kamante zum erstenmal, als ich eines Tages über die Steppe ritt, wo er die Schafe und Ziegen seiner Familie hütete. Er bot einen jämmerlichen Anblick. Er hatte einen großen Kopf, dazu einen entsetzlich kleinen, mageren Körper, seine Ellbogen und Knie glichen Knorren an einem Stock, und seine Beine waren von oben bis unten mit tiefen, nässenden Wunden bedeckt. Hier in der Steppe nahm er sich so winzig aus, daß man sich wundern mußte, wie so viel Schmerz und eine so lange Leidensgeschichte in einem einzigen kleinen Punkt zusammengedrängt sein konnten. Als ich haltmachte und ihn ansprach, gab er mir keine Antwort und tat, als bemerkte er mich kaum. Er hatte ein flaches, kantiges, zerquältes und unendlich geduldiges Gesicht, seine Augen schienen nichts wahrzunehmen und waren halb erloschen. Er sah aus, als hätte er nicht mehr lange zu leben, und fast glaubte ich in der bleichen, glühenden Luft über seinem Kopf schon die Geier zu erkennen, die, wenn ein Leben in der Steppe verlischt, niemals weit entfernt sind. Ich sagte ihm, er solle am nächsten Morgen zu meinem Haus kommen, damit ich versuchen könne, ihn zu heilen.

In der Regel hielt ich jeden Morgen von neun bis zehn Uhr ärztliche Sprechstunde für die Leute der Farm, und wie es Quacksalbern zu gehen pflegt, hatte ich großen Zulauf. Zumeist saßen um diese Zeit zwei oder drei, manchmal bis zu einem Dutzend Patienten vor meinem Haus und warteten auf mich.

Die Kikuyu sind auf das Unvorhergesehene eingestellt und an das Unerwartete gewöhnt. Darin unterscheiden sie sich von den Europäern, die am liebsten gegen das Schicksal versichert sein wollen. Der Schwarze steht mit dem Schicksal auf freundschaftlichem und vertrautem Fuß, denn er ist ein Leben lang in seiner Hand gewesen, es ist für ihn sozusagen das Zuhause, das wohlbekannte Dämmerlicht der Hütte, das tiefe Erdreich für seine Wurzeln. Er nimmt die Wechselfälle des Lebens mit großer Ruhe und Gelassenheit auf.

Unter den Eigenschaften, die er bei seinem Herrn oder seinem Arzt oder bei Gott sucht und erwartet, hat die Phantasie einen hohen Rang. Vielleicht ist es dieser Eigenart der Schwarzen zu verdanken, daß es Kalif Harun al Raschid gelungen ist, im Herzen Afrikas und Arabiens den Rang eines idealen Regenten zu behaupten. Bei ihm konnte niemand wissen, was er als nächstes unternehmen würde, man wußte nicht, wo man ihn hatte. Wenn die Afrikaner vom Wesen Gottes sprechen, dann verweilen sie, wie wir im Buch Hiob, vor allem bei der Vorstellung von seiner ungeheuren Einbildungskraft.

Vermutlich war das der Grund, weshalb ich als Arzt gut angesehen war. Als ich das erstemal nach Afrika reiste, traf ich an Bord des Schiffes einen berühmten deutschen Wissenschaftler, der zum neunzehnten Mal nach Deutsch-Ostafrika fuhr, um die Schlafkrankheit zu erforschen und zu bekämpfen, und mehrere hundert Ratten und Meerschweinchen bei sich auf dem obersten Deck hatte. Er erzählte mir, daß er bei den Eingeborenen niemals über fehlenden Mut habe klagen können, sie erduldeten Schmerzen, ohne zu jammern, und ertrugen eine große Operation mit Fassung. Was aber seine Arbeit sehr behinderte, das war ihre tiefe Abneigung gegen jede Regelmäßigkeit, gegen eine Wiederholung oder

Fortsetzung der Behandlung und überhaupt gegen jedes System. Das konnte der große deutsche Doktor nicht begreifen, und er meinte, die Schwarzen seien da irgendwie verrückt. Doch als ich sie später selbst kennenlernte, war dies eine ihrer ersten Eigenschaften, die mich zu ihrem Freund machten. Sie hatten wirklich Mut, jene unverfälschte Liebe zur Gefahr, womit die Schöpfung auf die Verkündigung ihres Schicksals antwortet, das Echo der Erde, wenn der Himmel gesprochen hat. Bei meiner ärztlichen Tätigkeit dachte ich manchmal, was die dunklen Leute zutiefst in ihren Herzen bei uns Weißen befürchten, sei Pedanterie. In den Händen eines Pedanten sterben sie vor Kummer.

Meine Patienten erwarteten mich auf der gepflasterten Terrasse vor dem Haus. Hier kauerten sie, die zum Skelett abgemagerten Männer mit keuchendem Husten und triefenden Augen, die schlanken, glatthäutigen jungen Raufbolde mit verschwollenen blauen Augen und zerschlagenen Lippen und die Mütter mit ihren fieberheißen Kindern, die ihnen wie welke Blümchen am Hals hingen. Oft hatte ich Brandwunden zu behandeln, denn die Kikuyu legten sich abends in ihren Hütten dicht am Feuer schlafen, und im Laufe der Nacht fielen die gestapelten glühenden Holzkohlen auf sie nieder. Ein paarmal gingen mir die Medikamente aus, und da machte ich die Erfahrung, daß Honig eine gute Brandsalbe ist. Die Stimmung auf der Terrasse war äußerst lebhaft, sie war mit Spannung geladen wie die Luft in einem Spielkasino. Wenn ich hinausging, hörte der leise, muntere Redestrom unvermittelt auf, doch diese Stille war geschwängert von Möglichkeiten: jetzt war der Augenblick da, wo *alles* passieren konnte. Doch immer warteten sie in tiefem Schweigen ab, daß ich den ersten Patienten selbst auswählte, denn alles hat seine Grenzen.

In Wirklichkeit verstand ich von Medizin sehr wenig, nicht mehr, als man auf einem Sanitäterkursus lernt. Doch nachdem mir ein paar mirakulöse Kuren gelungen waren, stand mein Ruf als Ärztin fest und litt durch die folgenschweren Irrtümer, die mir unterliefen, nicht im geringsten. Hätte ich jedem Patienten die sichere Heilung garantieren können, wer weiß, ob sich die Schar vor meinem Haus nicht gelichtet hätte? Das hätte mir zwar eine hohe berufliche Anerkennung eingebracht – und diesbezüglich hatte man an einem gelernten Doktor aus Volaia schon genug –, aber hätte man sich dann noch darauf verlassen können, daß Gott wirklich mit mir sei? Denn ihn kannten sie aus den großen Dürre- und Hungerjahren, von den Löwen in der Steppe und von den Leoparden, die um ihre Häuser und um die Waldlichtungen schlichen, wo die Kinder ihre Ziegen hüteten, von den Heuschreckenschwärmen, die wie eine schwarze Wolke über das Land kamen – niemand wußte, woher und warum – und nicht einen Grashalm übrigließen. Sie kannten ihn auch von den unfaßbar glücklichen Stunden auf der Farm, wenn die Heuschrecken über die Maisfelder hinwegzogen, ohne sich niederzulassen, oder wenn im Frühjahr der Regen zeitiger und reichlicher fiel als erwartet, so daß alle Felder ergrünten und doppelte Ernte brachten. Und dieser sichere, tüchtige Doktor aus Europa, der konnte vielleicht doch nicht recht mitreden, wenn es um die wirklich großen und bedeutungsvollen Dinge des Lebens ging.

Zu meiner Überraschung fand sich Kamante am Tag nach unserer ersten Begegnung vor meinem Haus ein. Er stand ein wenig abseits von den anderen Kranken, sehr gerade, mit seinem halbtoten Gesicht und dem erloschenen Blick, als besäße er doch noch etwas Liebe zum Leben und hätte sich nun zu diesem letzten Versuch, es zu erhalten, entschlossen.

Er wurde ein mustergültiger Patient. Wenn ich ihn zu einer bestimmten Zeit bestellt hatte, kam er mit größter Pünktlichkeit, und wenn ich ihn beauftragte, jeden zweiten oder dritten Tag zu erscheinen, konnte er die Tage zählen, was bei Eingeborenen eine ungewöhnliche Eigenschaft ist. Er hielt die schmerzhafte Behandlung seiner erbarmungswürdigen Beine mit einem Stoizismus aus, wie ich es niemals erlebt habe. Aus all diesen Gründen hätte ich ihn meinen anderen Kranken als Vorbild hinstellen können. Aber das tat ich nicht, denn gleichzeitig hatte er etwas an sich, das mir unangenehm war, ja, das mir Angst einflößte.

Selten, fast nie habe ich ein Wesen von einer solchen Wildheit gekannt, einen Menschen, der so vollkommen einsam war und der sich durch eine vollendete tödliche Resignation von seiner gesamten Umgebung abgeschlossen hatte. Wenn ich ihn fragte, konnte ich ihn zu einer Antwort bewegen, doch er sprach nie ein Wort aus freiem Willen, und er sah mich auch niemals an. Er war ohne jedes Mitleid und lachte kurz und spöttisch, verächtlich und besserwisserisch, wenn die anderen kranken Kinder beim Waschen oder Verbinden weinten, sah aber auch sie niemals an. Er hatte nicht das geringste Bedürfnis, mit seiner Umwelt in Berührung zu kommen, denn die Berührung, die er erfahren hatte, war sehr unsanft gewesen. Die Seelenstärke, mit der er große Schmerzen ertrug, war die Standhaftigkeit und Tapferkeit eines alten Soldaten. Nichts konnte so unangenehm sein, daß es ihn noch überrascht hätte, er war durch seine Erfahrung und durch seine Lebensanschauung auf das Schlimmste vorbereitet.

All das hatte großen Stil und rief das Glaubensbekenntnis des Prometheus ins Gedächtnis:

> Schmerz ist mein Element, wie Haß das eure,
> Jetzt schon zerreißt ihr mich: Was kümmerts mich,

und:

> Ja, tu dein Schlimmstes. Du hast Allgewalt.

Doch bei einer Person von seiner Größe war das unheimlich und machte mir das Herz schwer. Und was muß Gott erst empfinden, dachte ich, angesichts einer solchen Haltung bei einem so winzigen Menschen?

Ich erinnere mich noch gut, wie er mich zum erstenmal aus eigenem Antrieb ansah und etwas sagte. Da müssen wir uns schon eine Weile gekannt haben, denn ich hatte meine erste Behandlungsmethode aufgegeben und probierte nun eine neue aus: einen warmen Umschlag, von dem ich in einem meiner medizinischen Bücher gelesen hatte. In meinem Eifer, möglichst gründlich zu Werke zu gehen, hatte ich ihn zu heiß gemacht, und als ich ihn Kamante auf die Beine legte und den Verband darumwickelte, begann der Junge zu reden. »Msabu«, sagte er und sah mich groß an. Die Schwarzen verwenden dieses indische Wort gegenüber weißen Frauen, sprechen es jedoch anders aus als die Inder und verwandeln es in ein afrikanisches Wort mit einem neuen Klang. In Kamantes Mund war es in diesem Augenblick ein Hilferuf und gleichzeitig eine Warnung, wie sie mir vielleicht ein guter Freund gegeben hätte, um mich von einer Handlung abzuhalten, die meiner nicht würdig war. Abends dachte ich daran voller Hoffnung. Es tat mir leid, daß ich ihn verbrannt hatte, und doch war ich froh, denn dies war der erste Funken von Verständigung zwischen mir und dem wilden Kind gewesen. Erprobt im Leiden und nichts anderes als Leiden erwartend, erwartete er es nicht von mir.

Was meine Behandlungsmethode betraf, so schien sie immer weniger anzuschlagen. Lange Zeit hatte ich seine Beine gewaschen und verbunden, doch Kamantes Krankheit ging mir über den Verstand. Von Zeit zu Zeit war sein Befinden ein wenig besser, dann aber brachen neue Wunden auf. Schließlich entschloß ich mich, ihn ins Hospital der schottischen Mission zu schicken.

Dieser Entschluß war nun doch von so großer Tragweite und barg so viele Möglichkeiten, daß Kamante davon beeindruckt war, obwohl er nicht gern ins Krankenhaus wollte. Seine Vergangenheit und seine Lebensanschauung machten ihm jeden Widerstand unmöglich, doch als ich ihn zur Missionsstation fuhr und in dem langen Hospitalgebäude, in einer ihm völlig fremden und unerklärlichen Umgebung ablieferte, zitterte er.

Ich hatte in meiner Nachbarschaft die schottische und die katholische französische Mission, die eine zwölf Meilen nordwestlich und zweihundert Meter höher als die Farm, die andere zehn Meilen östlich und einhundert Meter tiefer im Flachland gelegen. Obwohl ich im allgemeinen keine Sympathie für Missionen hatte, stand ich persönlich mit den Missionaren beider Stationen auf freundschaftlichem Fuß und bedauerte es, daß sie ständig untereinander zerstritten waren.

Die französischen Väter waren meine besten Freunde. Sonntagsmorgens ritt ich oft mit Farah zu ihnen und hörte mir die Frühmesse an, zum einen, um wieder einmal französisch zu sprechen, zum anderen, weil der Ritt dorthin herrlich war. Der Weg führte fünf Kilometer durch die alte Akazienplantage der Forstverwaltung, wo es so kühl war und wo der kräftige, herbe Duft der Australischen Akazien, der an Fichtennadelduft erinnerte, am frühen Morgen frisch und belebend wirkte.

Wie überall, wo sie sich etabliert, hatte die katholische Kirche ihre eigene Atmosphäre mitgebracht – das war ein seltsamer Anblick. Die Väter hatten ihre gesamte Kirche selbst entworfen und mit Hilfe der Eingeborenen ihrer Gemeinde gebaut, und sie waren zu Recht stolz auf sie. Das große graue Gebäude mit dem Glockenturm erhob sich auf einem breiten, gepflasterten Kirchenplatz über zahlreiche Terrassen und Treppen, mitten in der Kaffeeplantage der Missionare, die die älteste der Kolonie und sehr gut gepflegt war. Die beiden anderen Seiten des Hofplatzes wurden vom Refektorium mit Säulen und Bogengängen und vom Kloster begrenzt, und unten am Fluß lag das große graue Fabrikgebäude der Missionare. Eine gewölbte Steinbrücke führte über den Fluß und zum Kirchenweg. Alles hier war aus grauem Stein errichtet, und wenn man sich zu Pferde dem großen Komplex näherte, bot er, wie er da in der Landschaft lag, einen schönen, reinlichen Anblick und hätte sich ohne die geringste Veränderung in einem südlichen Kanton der Schweiz oder in Norditalien befinden können.

Nach der Messe erwarteten mich die freundlichen Väter an der Kirchentür, um mich zu einem *petit verre de vin* im geräumigen, kühlen Refektorium einzuladen. Es war höchst erstaunlich, wie gut sie über alles Bescheid wußten, was in der Kolonie, selbst in deren abgelegensten Gebieten, geschah. Auch aus ihrem Gast holten sie unter der Maske einer lebhaften, freundlichen Konversation sämtliche Neuigkeiten heraus, die sich überhaupt aus ihm herausholen ließen, und glichen dabei einem kleinen eifrigen Schwarm von zottigen, braunen Bienen – denn alle trugen lange, dichte Bärte –, die sich an eine Blüte hängen, um Honig zu sammeln. Doch obwohl sie sich für alle Ereignisse in der Kolonie so brennend interessierten, waren sie doch in ihrer besonderen, französischen Art und auf einen höheren Befehl, dessen Natur ich nicht erkannte, Verbannte und Landesverwiesene und ertrugen diese Verbannung mit Geduld und Heiterkeit. Man hatte das Gefühl, daß sie gar nicht hier sein würden, wenn diese unbekannte Macht sie nicht hielte, und auch die Kirche mit dem Glockenturm, die Bogengänge oder die hübsche Plantage und die Brücke würden keinen Augenblick länger bleiben. Sowie der Befehl zur Ablösung erteilt wäre, würden sie allesamt die Kolonie ihrem Schicksal überlassen und auf kürzestem Weg nach Paris entfliehen.

Farah, der die beiden Reitpferde gehalten hatte, während ich in der Kirche und im Refektorium gewesen war, bemerkte auf dem Heimweg meine gehobene Stimmung. Er selbst war strenggläubiger Mohammedaner und trank niemals Alkohol, nun wurden die Messe und der Wein für ihn zu gleichwertigen Ritualen in meiner Religion.

Manchmal kamen die französischen Väter auch mit ihren Motorrädern auf die Farm zum Gabelfrühstück. Sie zitierten Fabeln von Lafontaine und erteilten mir nützliche Ratschläge, was man gegen Krankheiten der Kaffeepflanzen tun könne.

Die schottische Mission kannte ich nicht so gut. Sie

lag hoch, und man hatte von dort eine prachtvolle Aussicht auf das ganze umliegende Kikuyuland, doch die Leute dort machten auf mich den Eindruck, als könnten sie nichts davon sehen, als wären sie blind. Die schottischen Missionare setzten sich sehr dafür ein, daß die Eingeborenen europäische Kleidung trugen, und arbeiteten viele Jahre unermüdlich für diese Sache, die mir in keiner Hinsicht zum Nutzen der Leute schien. Sie hatten jedoch auf ihrer Missionsstation ein gutes Krankenhaus, das, solange ich es kannte, von einem menschenfreundlichen, klugen und tüchtigen Arzt, Doktor Arthur, geleitet wurde. Man hat dort vielen meiner Leute das Leben gerettet.

Kamante wurde über drei Monate im Hospital der schottischen Mission behandelt. Während dieser Zeit sah ich ihn nur einmal. Ich war unterwegs zur Kikuyubahnstation und ritt an der Mission vorüber, wo die Straße ein Stück am Krankenhausgelände entlangführte. Da entdeckte ich Kamante, er stand für sich, von den kleinen, verstreuten Gruppen der anderen Rekonvaleszenten etwas entfernt. Zu diesem Zeitpunkt hatte sich sein Zustand schon so weit gebessert, daß er laufen konnte. Als er mich sah, kam er an den Zaun und lief die ganze Strecke, die das Grundstück an die Straße grenzte, neben mir her. Er trabte auf seiner Seite der Einzäunung, wie ein Fohlen, wenn man an seiner Koppel vorüberreitet, er hielt den Blick auf mein Pferd geheftet, sagte aber kein Wort. An der Ecke des Hospitalgrundstücks mußte er anhalten, und als ich mich beim Weiterreiten zu ihm umsah, stand er ganz still da und starrte mir mit hocherhobenem Kopf nach, wie ein Fohlen auf seiner Koppel, wenn man es verläßt. Ich winkte ihm ein paarmal zu, was ihn zuerst gar nicht beeindruckte, dann fuhr sein einer Arm plötzlich wie ein Pumpenschwengel in die Höhe, doch er wiederholte die Bewegung nicht.

Kamante kehrte genau am Ostermorgen in mein Haus zurück und überreichte mir einen Brief vom Krankenhaus, in dem geschrieben stand, daß es ihm viel besser gehe und daß man glaube, er sei wirklich geheilt. Er muß den Inhalt des Briefes gekannt haben, denn er behielt mich im Auge, als ich ihn las, fand jedoch keine Veranlassung, darüber zu diskutieren – er hatte Größeres im Sinn. Kamante trat immer mit einer außergewöhnlich gemessenen und beherrschten Würde auf, diesmal aber leuchtete er überdies von einem verhaltenen Triumph.

Alle Eingeborenen haben ein Gespür für dramatische Effekte. Um mir eine echte Überraschung zu bereiten, hatte Kamante seine Beine von den Fersen bis zu den Knien mit alten Binden umwickelt. Es war offenkundig, daß ihm in diesem Augenblick nicht seine Heilung, sondern, in großartiger, selbstloser Weise, die Freude am wichtigsten war, die er mir damit bereiten würde. Er erinnerte sich gewiß an meinen Ärger und meine Enttäuschung in früheren Zeiten, wenn meine Kuren immer wieder fehlgeschlagen waren, und war sich darüber im klaren, daß man im Krankenhaus ganz erstaunliche Erfolge erreicht hatte. Während er ganz langsam die Binden abwickelte und darunter ein Paar vollkommen glatter, nur hier und da von grauen Narben gezeichneter Beine zum Vorschein kam, strahlte mich sein Gesicht mit einer seltsamen Wildheit und Strenge an.

Nachdem Kamante meine Verwunderung und Freude gründlich und in seinem üblichen großen Stil ausgekostet hatte, beeindruckte er mich ein zweites Mal, indem er mir ernsthaft mitteilte, er sei nun Christ geworden. »Ich bin wie du«, sagte er und fügte hinzu, daß ich ihm am heutigen Tag, wo Christus zu unser beider Freude auferstanden sei, wohl eine Rupie geben könnte.

Kurz darauf verließ er mich, um seine Familie zu besuchen. Seine Mutter war Witwe, hatte jedoch wieder geheiratet und wohnte in einem entlegenen Teil der Farm. Nach dem, was ich später von ihr hörte, ging er bei dieser Gelegenheit ausnahmsweise aus sich heraus und erleichterte sein Herz von den vielen Eindrücken, die die merkwürdigen Leute und Umstände im Krankenhaus bei ihm hinterlassen hatten. Doch er hielt sich nicht lange in der Hütte seiner Mutter auf, sondern kehrte zu meinem Haus zurück, als sei es für ihn selbstverständlich, daß er jetzt dorthin gehörte. Er blieb von nun an in meinem Dienst, bis ich Afrika verließ, im ganzen etwa zwölf Jahre.

Bei unserer ersten Begegnung sah Kamante aus, als wäre er sechs Jahre alt, er hatte jedoch einen Bruder, der etwas größer war, etwa wie ein siebenjähriger Junge, und beide versicherten mir, Kamante sei der ältere von ihnen. Ich vermute daher, daß er durch seine lange Krankheit im Wachstum zurückgeblieben war und damals an die neun Jahre alt gewesen sein mochte. Obwohl er nach seiner Genesung wuchs, wirkte er sein ganzes Leben wie ein Zwerg oder ein Krüppel, ohne daß man eine besondere Mißbildung an ihm hätte entdecken können. Sein kantiges Gesicht wurde im Laufe der Zeit runder, seine Bewegungen wurden allmählich weicher, obwohl er immer etwas Steifes an sich behielt, und ich für mein Teil fand ihn recht gutaussehend, doch vielleicht habe ich ihn mit den Augen eines Schöpfers betrachtet. Seine Beine waren dünn wie Stöcke und wurden niemals dicker. Sein Leben lang war er eine phantastische Figur, lächerlich und dämonisch zugleich, und hätte, mit ganz geringfügigen Veränderungen, als Glöckner auf dem Turm von Notre Dame sitzen und auf die Straße hinunterschauen können. Er hatte etwas ungewöhnlich Lebendiges und Leuchtendes an sich und wäre auf einem Gemälde ein klarer, greller Farbtupfer gewesen. Mein gesamter Haushalt wurde durch ihn malerischer. Immer war er, was man als nicht ganz richtig im Kopf bezeichnet, zumindest war er in all den Jahren, die ich ihn kannte, das, was man bei einem Weißen im höchsten Grade exzentrisch nennen würde.

Er war ein nachdenklicher Mensch. Vielleicht war während seiner frühen, jahrelangen Leiden eine Neigung in ihm erwacht, über die Dinge zu reflektieren, und aus allem, was er sah, seine Schlüsse zu ziehen. Er war sein ganzes Leben auf eine besondere Weise isoliert. Selbst wenn er die gleichen Dinge tat wie andere Leute, tat er sie auf andere Art.

Ich hatte auf der Farm eine Abendschule, wo ein eingeborener Lehrer meine Leute unterrichtete. Die Lehrer wurden von den Missionen zur Verfügung gestellt, und im Laufe der Zeit hatten wir Schulmeister von der französischen, der englischen und der schottischen Mission. In der Kolonie war jeglicher Unterricht für die Eingeborenen religiöser Natur, und soviel ich weiß, waren außer der Bibel und dem Gesangbuch keine anderen Bücher in ihre Sprache übersetzt. In all den Jahren, die ich in Afrika verbrachte, trug ich mich mit dem Plan, die Fabeln Äsops den Eingeborenen zur Freude zu übersetzen, doch ich hatte niemals Zeit dafür. Trotzdem war meine Schule so, wie sie nun einmal war, für mich von großem Wert, denn sie war gewissermaßen der Mittelpunkt des geistigen Lebens auf der Farm. Ich habe in dem langen Wellblechschuppen, in dem sie untergebracht war, viele interessante und unterhaltsame Stunden erlebt.

Kamante ging mit mir abends dorthin, war jedoch niemals dazu zu überreden, auf einer Schulbank Platz zu nehmen. Er stand von den anderen Schulkindern ein wenig entfernt, als wollte er seine Ohren absichtlich vor der Stimme der Gelehrsamkeit verschließen und sich im stillen über die Einfältigen lustig machen, die sich an der Nase herumführen ließen und zuhörten.

Doch heimlich in meiner Küche schrieb er aus dem Gedächtnis langsam und mit Mühe die Buchstaben und Zahlen auf, die er an der schwarzen Schultafel gesehen hatte. Ich glaube nicht, daß er mit den anderen Kindern hätte Schritt halten können, selbst wenn er gewollt hätte. Gleich zu Beginn seines Lebens war in ihm etwas verdreht oder überdreht worden, und nun war es für ihn sozusagen der Normalzustand, zu den Ausnahmen zu gehören. Er war sich seiner Isolation bewußt und besaß die hochmütige Seelengröße von Zwergen, die wohl begreifen, daß sie sich von der übrigen Welt unterscheiden, jedoch der Meinung sind, nicht sie, sondern die Welt sei verwachsen.

Kamante konnte sehr gut mit Geld umgehen, er verbrauchte nur wenig und schloß mit den anderen Kikuyu viele vorteilhafte Geschäfte mit Ziegen und Schafen ab. Er heiratete jung, und die Ehe ist für einen Kikuyu eine teure Geschichte. Zur gleichen Zeit hörte ich, wie er vor meinen anderen Leuten überaus originelle und weise Theorien über die Wertlosigkeit irdischen Mammons entwickelte. Überhaupt stand er in einem eigenartigen Verhältnis zum Dasein: er meisterte es, doch er achtete es gering.

Die Fähigkeit, etwas zu bewundern, ging ihm völlig ab. Er konnte zwar mit Anerkennung und Vergnügen von der Intelligenz der Tiere sprechen, doch in all der Zeit, die ich ihn kannte, gab es nur einen einzigen Menschen, für den er diesbezüglich ein lobendes Wort übrig hatte, und das war eine junge Somalifrau, die später auf die Farm zog. Das kleine spöttische Lachen, das ihm in sämtlichen Lebenslagen zur Verfügung stand, zielte ganz besonders auf das Selbstvertrauen anderer Menschen ab. Alle Schwarzen haben einen Zug von unverwüstlicher Schadenfreude, der tief in ihrer Natur verwurzelt ist, und freuen sich wirklich, wenn etwas schiefgeht, und das muß einen Europäer zwangsläufig verärgern und verletzen. Kamante brachte es darin zu einer seltenen Vollkommenheit und entwickelte sogar eine besondere Art von Selbstironie, die es ihm erlaubte, sein eigenes Mißgeschick und seine Enttäuschungen so zu genießen, als wären sie anderen Leuten widerfahren.

Die gleiche Mentalität habe ich bei den alten eingeborenen Frauen angetroffen, die vielerlei Feuerproben durchgemacht, die Blutsbrüderschaft mit dem Schicksal geschlossen haben und seine Ironie wiedererkennen, wenn sie ihm begegnen, als wäre sie ihnen verschwistert. Sonntagmorgens, während ich selbst noch im Bett lag, ließ ich von meinen Angestellten Schnupftabak – *tumbako,* wie die Eingeborenen sagen – an die alten Frauen der Farm verteilen. Aus diesem Grund hatte ich sonntags eine merkwürdige Versammlung von Gästen um mein Haus, die einer ganzen Schar von alten, zerzausten, kahlköpfigen, mageren Hühnern glich, und ihr leises Gekakel – denn die Schwarzen sprechen sehr selten laut – drang durch die offenen Fenster in meine Schlafkammer. An einem bestimmten Sonntagmorgen stieg dieser lebhafte Strom von Kikuyu-Geschwätz plötzlich an und verwandelte sich in Wellen und Fontänen von Heiterkeit. Mir war klar, daß draußen etwas überaus Lächerliches vor sich gehen mußte, ich rief Farah herein und fragte ihn, was da los sei. Farah wollte ungern mit der Sprache heraus, es war nämlich so, daß er vergessen hatte, Schnupftabak zu kaufen, und nun waren die alten Frauen den weiten Weg zu meinem Haus umsonst – *bure,* wie sie selbst sagen – gehumpelt und gekrochen. Dieses Ereignis wurde für die Alten dann ein Quell großer Freude. Wenn ich manchmal einer von ihnen auf einem schmalen Pfad im Maisfeld begegnete, blieb sie unvermittelt vor mir stehen, zeigte auf mich mit ihrem krummen, dünnen schwarzen Finger und erinnerte mich – über ihr ganzes altes, dunkles Gesicht lachend, als würden alle Falten darin von einer einzigen verborgenen Schnur zusammengezogen – an jenen Sonntag, als sie und ihre Mitschwestern in tumbako den weiten Weg zum Haus gegangen waren, um dort zu hören, daß ich vergessen hatte, Schnupftabak zu kaufen, und daß nicht ein Krümchen davon da war – »ha, ha, Msabu«.

Die Europäer sagen den Kikuyu nach, daß sie nichts von Dankbarkeit wüßten. Kamante bildete eine Ausnahme, er drückte seine Dankbarkeit sogar in Worten aus. Viele Jahre nach unserer ersten Begegnung konnte es geschehen, daß er große Mühen auf sich nahm, um mir einen Dienst zu erweisen, den ich nicht erbeten hatte, und auf meine Frage, weshalb er das getan habe, gab er dann zur Antwort: Wenn ich nicht gewesen wäre, dann wäre er schon lange tot. Er zeigte mir seine Dankbarkeit noch auf eine andere Weise, nämlich durch seine gleichbleibend freundliche, hilfsbereite – oder vielleicht ist das treffende Wort: *nachsichtige* – Haltung. Man könnte sich auch vorstellen, daß er sich mir deshalb besonders verpflichtet fühlte, weil wir beide derselben Religion angehörten. Die Welt war für ihn voller Narren, und zweifellos war ich einer davon. Von jenem Tag an, als er in meinen Dienst trat und sich mit den Sitten des Hauses vertraut machte, spürte ich, wo ich ging und stand, seinen durchdringenden Blick, und mein gesamter *Modus vivendi* schien einer unbefangenen, unbestechlichen Kritik unterworfen. Ich glaube, er hat die Mühe, die ich mir mit seiner Behandlung machte, von Anfang an für einen Ausdruck von Exzentrizität gehalten. Doch in all der Zeit, die wir zusammen waren, brachte er mir viel Interesse und Sympathie entgegen und versuchte viele Male, Licht in meine Unwissenheit zu bringen. Bei einigen bestimmten Gelegenheiten konnte ich merken, daß er ernsthaft über meine Probleme nachgedacht und das, was er mir dazu sagte, vorbereitet und konkretisiert hatte, um es mir besser verständlich zu machen.

Kamante begann seine Laufbahn in meinem Haus als Hunde-Toto, danach wurde er Assistent in meiner Arztsprechstunde. Als ich dabei das Geschick seiner Hände entdeckte, holte ich ihn in die Küche und ordnete ihn meinem alten Koch Esa, der später ermordet wurde, als Küchenjunge, *marmiton*, zu. Nach Esas Tod wurde Kamante sein Nachfolger, und er war dann in all den Jahren, die er bei mir war, mein Koch.

Die Schwarzen haben im allgemeinen nur wenig Gefühl für Tiere, doch Kamante stellte hier, wie in so vielem anderen, eine Ausnahme dar. Er war ein gewissenhafter, gebieterischer Hundejunge, er versetzte sich in die Gedankenwelt der Hunde hinein und teilte mir dann mit, was sie wünschten oder was ihnen fehlte und was ihre Meinung vom Leben im allgemeinen war. Er hielt die Flöhe von ihnen fern, die ansonsten in Afrika eine

Plage sind, und einige Male haben wir beide nachts den Hunden, von ihrem entsetzlichen Geheul herbeigerufen, Stück für Stück die großen, schwarzen Ameisen – *siafu* heißen sie bei den Eingeborenen –, die alles Lebendige auf ihrem Weg fressen, im Schein einer Laterne abgelesen. Kamante mußte auch während seines Aufenthalts im Missionshospital seine Augen offengehalten haben – allerdings, wie es immer bei ihm der Fall gewesen ist, ohne die geringste Autoritätsgläubigkeit –, denn er war ein umsichtiger, reaktionsschneller Krankenpfleger. Sogar nachdem er das Amt gewechselt hatte, kam er oft aus der Küche, um nach den Kranken zu sehen, und einige Male mischte er sich in meine Behandlung ein und erteilte mir gute Ratschläge.

Aber als Koch war Kamante etwas völlig anderes und entzog sich jedem Vergleich. Die Natur hatte einen Sprung gemacht und sich über sämtliche Maßstäbe für Fähigkeiten und Talente hinweggesetzt. Daraus war etwas Mystisches, Unerklärliches geworden, wie immer, wo man mit Genialität konfrontiert ist. In der Küche und in der kulinarischen Welt besaß Kamante alle Eigenschaften, die ein Genie kennzeichnen, und auch das, was der Fluch der Genialität ist: die Ohnmacht des Individuums in der Gewalt seiner eigenen Talente. Wäre Kamante in Europa geboren und einem klugen Lehrer in die Hände gefallen, dann hätte er in einem ganzen Land berühmt und eine kuriose Gestalt in der Geschichte werden können. Selbst hier in Afrika erwarb er sich einen großen Namen, seine Beziehung zur Kochkunst war in jeder Hinsicht die eines Meisters.

Ich hatte selbst Interesse fürs Kochen, und als ich das erste Mal aus Afrika zu Besuch nach Hause kam, trat ich bei dem französischen Koch eines bekannten Restaurants in die Lehre, weil es mir amüsant erschien, in der Wildnis eine gute Küche zu führen. Dieser französische Koch, Monsieur Perrochet, war von meiner Liebe zu der Kunst so beeindruckt, daß er mir vor meiner Abreise eine Stelle als Kompagnon in seinem Restaurant anbot. Als nun Kamante mein Hausteufel wurde, erwachte in mir die alte Liebe von neuem. Unsere Zusammenarbeit in der Küche eröffnete mir eine ungeahnte Perspektive. Kann es eigentlich ein größeres Mysterium geben, dachte ich, als das unfehlbare und sichere Gespür, das dieser junge Wilde für die Kochkunst unserer Zivilisation beweist? Sie wurde für mich dadurch in ein neues Licht gestellt – vielleicht enthielt sie wirklich etwas Göttliches und Vorherbestimmtes? Ich war in der gleichen Situation wie jener Mann, der seinen Glauben an Gott wiederfand, als ihm ein Phrenologe im menschlichen Gehirn den Sitz der theologischen Beredsamkeit zeigte. Wenn man die theologische Beredsamkeit beweisen konnte, dann konnte man auch die Existenz der Theologie als Naturerscheinung und damit letztendlich die Existenz Gottes beweisen.

Kamante hatte bei der Zubereitung des Essens ein ganz erstaunliches Geschick. Die großen Meisterwerke und *tours des force* der Kochkunst waren für seine dunklen, verkrümmten Hände ein Kinderspiel. Sie wußten von selbst alles, was man über Omelettes, Vol-au-vents, Mayonnaisen und Soßen wissen konnte. Er besaß eine besondere Fähigkeit, Dinge schwerelos zu machen, wie in der Legende das Jesuskind, das aus Lehm kleine Vögel formt, in die Hände klatscht und sie fliegen läßt. Er verachtete alle komplizierten Geräte, als mißfiele ihm allzuviel Selbständigkeit bei seinem Werkzeug, das Gerät, das ich ihm zum Eiweißschlagen gab, ließ er verrosten und benutzte statt dessen dafür ein Messer, mit dem ich den Rasen gejätet hatte – und der weiße Schaum türmte sich darunter zu Sommerwolken. Er hatte als Koch einen intuitiven, durchdringenden Blick und konnte in einem ganzen Hühnerhof die fetteste Henne herausfinden. Wenn er ein Ei ernsthaft in der Hand wog, wußte er, wann es gelegt worden war. Er dachte sich in der Küche Verbesserungen aus, und auf einem mir unbekannten Weg besorgte er von einem

Freund, der in einer abgelegenen Gegend der Kolonie bei einem Franzosen arbeitete, Samen für einen so phantastischen Salat, wie ich ihn viele Jahre vergeblich gesucht hatte.

Sein Gedächtnis für Rezepte war außergewöhnlich. Obwohl er Englisch weder sprechen noch lesen konnte und ihm Kochbücher also nichts nützten, behielt er alles, was ich ihm erklärte, in seinem Kopf, wo es dann nach einem eigenen System geordnet und aufbewahrt wurde. Er hatte die einzelnen Gerichte nach Ereignissen benannt, die jeweils an dem Tag auf der Farm vorgefallen waren, als ich sie ihm beigebracht hatte, und so sprach er vom Teig, als der große Blitz einschlug, und von der Soße, als das graue Pferd starb, wobei er niemals etwas verwechselte. In einem einzigen Punkt war er nicht im geringsten zu beeinflussen, und das war die Reihenfolge der Gerichte bei einer Mahlzeit. Wenn ich Gäste zum Essen eingeladen hatte, mußte ich meinen Chef sozusagen mit einem Anschauungs-Menü versehen und zuerst einen Suppenteller, dann einen Fisch, dann ein Rebhuhn oder eine Artischocke aufzeichnen. Aber wer weiß, dachte ich, ob dieser Mangel bei ihm nicht eher durch eine Art Prinzip als durch Gedächtnisschwäche verursacht ist. In seinem Herzen war er wohl der Meinung, daß alles seine Grenzen haben müsse und daß er an etwas so vollkommen Unwichtiges weder Zeit noch Gedanken verschwenden wolle.

Die Zusammenarbeit mit einem Dämon hat etwas Ergreifendes, die Umgebung selbst verändert dabei ihr Wesen. Offiziell gehörte die Küche mir, doch im Laufe der Zeit bemerkte ich, wie nicht allein die Küche, sondern die ganze Welt, die sie umgab, aus meinen in Kamantes Hände überging. Er verstand bis zur Vollkommenheit, was ich von ihm verlangte, und war sich über meine Wünsche im klaren, bevor ich sie aussprach. Aber wozu und warum er so und nicht anders arbeitete, das konnte ich niemals recht begreifen. Es war doch eine seltsame Sache, daß ein Mensch es so weit in einer

Kunst bringen konnte, für die ihm jegliche Voraussetzungen fehlten, die er gar nicht verstand und die er letztendlich zutiefst verachtete. Kamante konnte ja keine Vorstellung davon haben, wie unsere Gerichte schmecken sollten, und trotz seiner Bekehrung und seiner Kenntnisse von der Zivilisation blieb er ein Leben lang ein stockkonservativer Kikuyu, verwurzelt in den Bräuchen seines Stammes, an die er unerschütterlich als an die einzig menschenwürdigen glaubte. Er kostete zwar manchmal von den Gerichten, die er kochte, doch immer zögernd und mißtrauisch, etwa so, wie eine Hexe eine Kostprobe von ihrem Gebräu nehmen würde. Nie ließ er sich dazu überreden, seine Speisen zu essen, und hielt sein Leben lang an den Maiskolben seiner Väter fest. Was dies betraf, so konnte ihn seine Intelligenz manchmal vollkommen verlassen, und er kam zu mir und bot mir einen Kikuyu-Leckerbissen an, eine geröstete Süßkartoffel oder einen Klumpen Hammeltalg, so wie einem manchmal ein Hund, der seit vielen Jahren mit zivilisierten Menschen zusammenlebt, einen Knochen als Geschenk auf den Fußboden legt. Ich glaube, daß Kamante die Mühe, die wir uns mit unserem Essen machen, im Grunde seines Herzens für hellen Wahnsinn hielt. Mitunter versuchte ich, seine Meinung über alle diese Dinge aus ihm herauszubekommen, doch obwohl er über vieles sehr offen sprach, war er in anderen Bereichen völlig verschlossen, und so arbeiteten wir in der Küche Hand in Hand, und jeder ließ die Ansicht des anderen über die Bedeutung des Essens unangetastet.

Ich schickte Kamante in den Muthaiga Klub, um ihn dort vom Koch unterrichten zu lassen, und zu meinen Freunden in Nairobi, wenn ich bei ihnen ein neues, gutes Gericht gegessen hatte, und als seine Ausbildung abgeschlossen war, wurde mein Haus für seine Küche in der ganzen Kolonie berühmt. Das war mir ein großes Vergnügen. Jetzt wollte ich Publikum haben, und ich freute mich, wenn meine Freunde und Bekannten bei mir speisten und das Essen lobten. Aber Kamante machte sich nichts aus dem Lob irgendeines Menschen. Den persönlichen Geschmack meiner besten Freunde, die häufig die Farm besuchten, ließ er sich jedoch sehr angelegen sein: »Ich werde die Fische für Bwana Berkeley Cole heute abend in Weißwein kochen«, sagte er mit einem Ernst, als wäre von einem Geisteskranken die Rede, »er schickt dir viele Kisten Weißwein zum Fischekochen.«

Um das Urteil eines Sachverständigen über unsere Arbeit zu hören, lud ich meinen alten Freund Mister Charles Bulpett zum Essen ein. Mister Bulpett war ein Globetrotter der älteren Generation, die selbst nur ein oder zwei Generationen jünger war als Phileas Fogg. Er hatte die ganze Welt bereist und überall vom Besten gekostet, was sie zu bieten hatte, und er war niemals in Sorge um die Zukunft gewesen, wenn er nur den gegenwärtigen Augenblick genießen konnte. In Büchern über Sport und Bergsteigen, die vor fünfzig Jahren erschienen sind, kann man von seinen Taten lesen, über seine schwierigen Bergbesteigungen in der Schweiz und in Mexiko, von denen er als der einzige Überlebende heimkehrte, und in einem amüsanten Buch über berühmte Wetten, das »Light come – light go« heißt, wird beschrieben, wie er wegen einer Wette in Frack und Zylinder die Themse durchschwamm – doch in späteren Jahren schwamm er auch, was romantischer war, durch den Hellespont wie Leander und Byron. Wenn er die Farm zu einem Essen unter vier Augen besuchte, gab ich mir am Tag zuvor die größte Mühe, um ihn mit dem Besten zu bewirten, was das Haus zu bieten hatte. Es ist eine besondere Genugtuung, einem Mann, den man sehr gern hat, etwas Gutes auf den Tisch zu bringen, das man selbst gekocht hat. Zum Dank erzählte er mir Geschichten und legte mir seine Ansichten über das Essen und viele andere Dinge dar, und er sagte, er habe nie in seinem Leben besser gespeist.

Der Prinz von Wales erwies mir die Ehre, zum Abendessen auf meine Farm zu kommen, und machte mir

Komplimente für eine Cumberlandsoße, die es zum Schinken gab. Als ich Kamante erzählte, welche Anerkennung seine Kochkunst gefunden hatte, hörte er mir – das einzige Mal – mit wirklich echtem Interesse zu. Alle Eingeborenen haben von Königen eine hohe Meinung und sprechen gern von ihnen. Ein halbes Jahr später bekam er Lust, sich dieses Lob noch einmal anzuhören, und fragte mich plötzlich in der Art eines französischen Lesebuchs: »Hat dem Sohn des Sultans die Soße des Schweins geschmeckt? Hat er sie ganz allein aufgegessen?«

Auch außerhalb der Küche lieferte mir Kamante Beweise seines guten Willens. Er wollte mir gern helfen und beistehen, wie es seiner Auffassung von den Möglichkeiten oder Gefahren des Lebens entsprach.

Einmal kam er plötzlich kurz nach Mitternacht mit einer brennenden Laterne in der Hand in mein Schlafzimmer, ganz still und entschlossen, wie in einer höheren Mission. Da konnte er noch nicht lange in meinem Haus gewesen sein, denn er war sehr klein, wie er da neben meinem Bett stand, und ähnelte mit seinen großen, abstehenden Ohren einer Fledermaus, die ins Zimmer geschlüpft ist, oder einem kleinen afrikanischen Irrlicht, das bei Nacht seines Amtes waltet. Er sprach mich mit ernster Stimme an. »Msabu«, sagte er, »ich finde, du solltest aufstehen.« Ich richtete mich im Bett auf, verwirrt und ärgerlich, denn ich dachte, wenn wirklich eine Gefahr gedroht hätte, dann wäre Farah gekommen, um mich zu holen. Doch als ich Kamante aufforderte zu verschwinden, rührte er sich nicht von der Stelle. »Msabu«, wiederholte er, »ich finde, du solltest besser aufstehen. Ich glaube, Gott kommt.« Als ich das hörte, erhob ich mich und fragte ihn, wieso er das glaube. Er führte mich mit großer Würde ins Eßzimmer, das nach Westen, nach Ngong Hills lag. Hier sah ich eine merkwürdige Erscheinung. In den Bergen loderte ein großes Feuer, und das Gras brannte vom Fuß des Gebirges bis zu seinem Gipfel, in einer Linie, die vom Haus aus gesehen fast senkrecht war. Man hatte wirklich den Eindruck, als bewegte sich eine riesige Gestalt aus Feuer auf uns zu. Ich sah mir das eine Weile gemeinsam mit Kamante an, und dann erklärte ich ihm, wie alles zusammenhing. Ich glaubte ihn beruhigen zu müssen, denn er war gewiß außer sich vor Entsetzen, doch meine Erklärung schien kaum einen Eindruck auf ihn zu machen. Offenbar hielt er seine Mission damit, daß er mich gerufen hatte, für beendet. »Na ja«, sagte er, »das mag ja sein. Aber ich finde, wenn Gott wirklich gekommen wäre, dann wärst du doch besser aufgestanden.«

3. Der Eingeborene im Haus des Siedlers

In einem Jahr blieb der große Regen aus.

Das war ein tragisches, entsetzliches Erlebnis, und wer das als Farmer durchgemacht hat, vergißt es nie. Viele Jahre später, fern von Afrika und in einem nordischen Klima, fährt man nachts beim Geräusch eines plötzlichen Regenschauers aus dem Schlaf und sagt: »Endlich, Endlich.«

In normalen Jahren begann die lange Regenzeit um den zweiundzwanzigsten März und dauerte bis in den Juni.

Während der letzten Monate vor dem Regen wurde die Welt mit jedem Tag heißer und trockener. Man keuchte, die Natur selbst schien zu fiebern, es war wie in Europa vor einem schweren Gewitter, aber noch drükkender und schwüler. Die Masai, meine Nachbarn jenseits des Flusses, setzten um diese Zeit große Flächen der Steppe in Brand, damit bei den ersten Regenschauern frisches, grünes Gras für ihr Vieh nachwachsen konnte. Die Luft über der Steppe tanzte in der gewaltigen Feuersbrunst, die langen grauen und regenbogenfarbenen Rauchschwaden trieben über die Erde, und Hitze und Brandgeruch drangen über das bebaute Land herein wie der Atem eines Ofens. Riesengroße violette und rosenrote Wolken ballten und lösten sich am Himmel auf, in der Ferne zog ein leichter Regenschauer einen blauen Streifen schräg über den Horizont. Die ganze Welt dachte nur an das eine.

Eines Abends, unmittelbar vor Sonnenuntergang, rückte die Landschaft plötzlich von allen Seiten näher. Die Berge kamen dicht an das Haus heran und wirkten mit ihren dunklen, grünen und blauen Farben ganz lebendig und kraftvoll. Als ich ein paar Stunden später wieder hinausging, sah ich, daß sich die Sterne in die Tiefe des Himmels zurückgezogen hatten. Ich spürte die Nachtluft dicht und voller Verheißungen.

Wenn dann über meinem Kopf ein lautes Rauschen gewandert kam, war es der Wind in den hohen Bäumen des Waldes und nicht der Regen; wenn es über den Boden lief, war es der Wind in den Büschen und im hohen Gras und nicht der Regen; wenn es direkt auf der Erde rischelte und raschelte, war es der Wind in den Maisfeldern – der dem Regen im Klang so ähnlich war, daß man sich immer wieder täuschen ließ und ihm sogar mit einem gewissen Vergnügen lauschte, als spielte sich vor einem auf der Bühne ein sehnsuchtsvoll erwartetes Ereignis ab – und nicht der Regen.

Wenn aber die Erde wie ein Resonanzboden mit einem tiefen, vollen, anwachsenden Brüllen Antwort gab und die ganze Welt um mich sang – in allen Dimensionen, über mir und unter mir –, dann war es der Regen. Das war, als kehrte man nach langer Abwesenheit zum Meer zurück; das war wie die Umarmung eines Geliebten.

Doch in einem Jahr blieb der lange Regen aus. Da schien sich das Universum selbst von uns abzuwenden. Es wurde kühler, und an einigen Tagen war es kalt, aber die Atmosphäre enthielt keinerlei Feuchtigkeit, alles wurde nur dürrer und dürrer, es war, als würde die Welt von jeglicher Kraft und Anmut verlassen. Das Wetter war weder schlecht noch gut, es existierte überhaupt nicht mehr. Ab und zu lief ein trauriger Wind, wie Zugluft, durch die Landschaft, sämtliche Farben verblaßten und verblichen, Feld und Wald hatten jeden Duft verloren, das Unterholz vertrocknete und ließ die welken Blätter hängen. Auf dem Land lastete das bedrückende Gefühl, in Ungnade gefallen zu sein. Im Süden lagen die verbrannten Steppen schwarz und öde da, mit Streifen von grauer und weißer Asche.

Jeder Tag, der jetzt ohne Regen zu Ende ging, machte eine Hoffnung und einen unserer Pläne auf der Farm zunichte. Was wir in den letzten arbeitsreichen Monaten gepflügt und beschnitten und gepflanzt hatten, daraus wurde nun das Werk von Toren – *bure.* Die Arbeit auf der Farm erlahmte und geriet schließlich ganz ins Stokken.

Auf den Steppen und in den Bergen trockneten die Wasserlöcher aus, und viele fremde Arten von Enten und Gänsen kamen zu meinem Teich am Weg. Den zweiten Teich, der sich in einer entlegenen Gegend der Farm befand, suchten frühmorgens und bei Sonnenuntergang Zebras auf, um zu trinken. Sie kamen in langen Reihen, jeweils zwei- oder dreihundert, gewandert, die Stuten hielten ihre Fohlen dicht bei sich, und sie hatten keine Angst vor mir, wenn ich mitten unter sie ritt. Wir versuchten sie jedoch von unserem Land zu vertreiben, um das Wasser, das ständig sank und in den Teichen jetzt sehr niedrig stand, für unser eigenes Vieh aufzusparen. Trotzdem war es ein Vergnügen, hinunter zum Teich zu gehen, denn dort wuchs das Schilfrohr so frisch und grün im Schlamm, mitten in der braunen Landschaft.

Die Eingeborenen wurden unter der Dürre stumm. Ich konnte ihnen kein Wort über die Wetteraussichten entlocken, und sie verstanden gewiß mehr als wir von den Zeichen in Luft und Wind. Für sie stand die Existenz auf dem Spiel. In den großen Dürrejahren früherer Zeiten hatten sie oder ihre Väter manchmal neun Zehntel ihrer Herden eingebüßt. Ihre Shambas vertrockneten, und auf den grauen, staubigen Flächen waren nur ein paar welke Mais- und Kartoffelpflanzen übrig. Allmählich eignete ich mir ihr Verhalten an und klagte und sprach nicht mehr von den schweren Zeiten, als wäre ich in Ungnade gefallen.

Damals hatte ich jedoch noch nicht lange genug unter den Eingeborenen gelebt, um ihre vollkommene Ruhe erlernt zu haben, wie sie einige Europäer beherrschen, die seit vielen Jahrzehnten allein unter ihnen leben. Ich war jung und mußte, um am Leben zu bleiben und nicht mit dem Staub, der in hohen Säulen von den Wegen aufwirbelte, oder mit dem Rauch über der Steppe ganz davongeweht zu werden, meine Kräfte auf etwas konzentrieren. Ich begann in den Abendstunden Geschichten und Märchen zu schreiben, die meine Gedanken weit weg in andere Länder und Zeiten führen konnten. Einige dieser Geschichten hatte ich schon früher zur Unterhaltung eines Freundes erzählt, der mich häufig auf der Farm besuchte. Wenn ich aufhörte zu schreiben und ins Freie ging, wehte ein scharfer, grausamer Wind, der Himmel war klar und mit einer Million von harten Sternen bedeckt, alles war trocken.

Zuerst schrieb ich nur abends, später begann ich damit jedoch häufig schon am Morgen, obwohl ich da eigentlich auf die Felder gehört hätte. Dort gab es schwierige Dinge zu entscheiden – sollten wir den vertrockneten Mais unterpflügen und das Feld ein zweites Mal bepflanzen, sollten wir die Kaffeekirschen pflücken, um die Bäume zu retten, oder nicht. Ich schob alle Entscheidungen über die Farm von einem Tag zum anderen auf.

Ich setzte mich zum Schreiben ins Eßzimmer, und auf dem Eßtisch lagen viele Papiere verstreut, denn zwischendurch mußte ich mich Rechnungen und Kostenanschlägen widmen und auf die kurzen, verzweifelten Berichte meines Verwalters antworten. Meine Leute fragten mich, was ich da machte, und als sie hörten, daß ich ein Buch schreiben wolle, hielten sie das für einen letzten Versuch, uns über die schweren Zeiten hinwegzuretten, und fortan erkundigten sie sich häufig, wie es mit meiner Arbeit gehe. Sie kamen herein und betrachteten mich lange, und die Farbe ihrer Köpfe stimmte so genau mit der dunklen Täfelung des Eßzimmers überein, daß es abends so aussah, als würden mir nur lange, weiße Gewänder, mit der Rückseite zur Wand, Gesellschaft leisten.

Mein Eßzimmer hatte drei große Fenster, die zur gepflasterten Terrasse, zu den Rasenflächen und zum Wald hin lagen. Das Gelände fiel sanft zu dem kleinen Fluß ab, der die Grenze zwischen meinem Land und dem Masai-Reservat darstellte. Der Fluß war vom Haus nicht zu sehen, man konnte seinen gewundenen Lauf jedoch verfolgen, wenn man sich an die breite Linie der dunkelgrünen Akazien zwischen den blasseren, olivgrünen Waldbäumen hielt. Jenseits des Flusses erhoben sich wieder Hügel, und oberhalb der bewaldeten Höhen zogen sich güne Ebenen bis zum Fuß der Berge hin.

»Und hätte ich den Glauben, der Berge versetzen könnte, so wäre es dieser Berg, den ich mit mir nähme, wohin ich reiste.«

Der Wind wehte von Osten, das Eßzimmer lag geschützt, und seine Fenster standen immer offen. Deshalb war die Westseite das Hauses bei den Eingeborenen beliebt, und sie gingen nach Möglichkeit hier entlang, über die Rasenfläche, um mit dem Geschehen im Haus in Kontakt zu bleiben. Aus demselben Grund hielten sich auch die kleinen Hütejungen auf dem Rasen auf und ließen dort ihre Ziegen weiden.

Die kleinen Kikuyuhütejungen, die mit den Ziegen und Schafen ihrer Väter auf der Farm herumliefen und ständig gute Weideplätze für sie suchten, waren so etwas wie ein Verbindungsglied zwischen dem Leben der Wildnis und dem Leben in meinem zivilisierten Haus. Meine Angestellten betrachteten sie mit Mißtrauen und verwehrten ihnen den Zutritt. Oft wurden zwischen Küche und Waldrand Grobheiten ausgetauscht, wie »... die Herden anbrüllen/die schnellen Söhne des Waldes.«

Doch die Kinder waren von der Zivilisation begeistert und liebten sie sehr. Ihnen war sie nicht gefährlich, sie konnten ihr davonlaufen, wenn sie wollten. Ihr Zentrum war eine alte deutsche Kuckucksuhr, die im Eßzimmer hing. Eine Uhr war im Hochland ansonsten ein absoluter Luxusgegenstand. Man konnte während des ganzen Jahres die Zeit nach dem Stand der Sonne genau berechnen. Und da man nichts mit Eisenbahnzügen zu tun hatte und sich das Leben auf der Farm nach eigenem Gutdünken einrichten konnte, war die Frage, wie spät es sei, vollkommen nebensächlich. Aber dies war eine außergewöhnliche Uhr. Jede volle Stunde riß mitten in einem Büschel von runden, roten Rosen ein Kuckuck sein Türchen auf und kam herausgestürzt, um mit lauter, hochmütiger Stimme die Uhrzeit zu verkünden. Für die Jugend der Farm bedeutete sein Erscheinen jedesmal eine neue Seligkeit. Die Kinder konnten am Sonnenstand genau berechnen, wann der Augenblick für die Ausrufung der Mittagsstunde gekommen war, und nach halb zwölf sah ich, wie sie sich, zusammen mit ihren Ziegenherden, die sie nicht zu verlassen wagten, von allen Seiten dem Hause näherten. Ihre dunklen Köpfe und die braunen und weißen Köpfe der Ziegen schwammen durch das Gebüsch und das hohe Gras des Waldes wie die Köpfe von Fröschen in einem Teich. Die Jungen ließen ihre Ziegen auf dem Rasen zurück und schlichen lautlos auf nackten Sohlen herein. Die ältesten von ihnen mochten zehn und die jüngsten um zwei Jahre alt sein. Sie benahmen sich tadellos und hielten sich bei ihren Besuchen an eine Art selbstverordnetes Zeremoniell, das ihnen erlaubte, frei im Haus herumzulaufen, solange sie nichts anrührten, sich nicht setzten und nicht ungefragt redeten. Wenn der Kuckuck aus seiner Tür flog, lief eine große Bewegung von Entzücken und verhaltenem Lachen durch die ganze Schar. Manchmal kam auch ein winzig kleiner Hirte, der sich für seine Ziegen nicht verantwortlich fühlte, in den frühen Morgenstunden allein ins Zimmer. Er blieb lange und ganz versunken vor der Uhr stehen, die jetzt stumm und verschlossen war, machte ihr dann eine langgezogene, singende Liebeserklärung auf Kikuyu und ging mit gravitätischen Schritten wieder hinaus. Meine Diener lachten über die Hütejungen und vertrauten mir an, daß diese Kinder sehr einfältig seien und gewiß glaubten, der Vogel in der Uhr sei lebendig.

Jetzt kamen sie selbst herein, um mir beim Schreiben zuzusehen. Kamante stand manchmal stundenlang an der Wand. Seine Augen, die unter ihren Wimpern schwarzen Tropfen glichen, liefen über der Walze meiner Schreibmaschine hin und her, als wollte er die Maschine so gründlich kennenlernen, daß er sie auseinandernehmen und wieder zusammensetzen könnte.

Eines Abends, als ich aufsah und diesem tiefen, aufmerksamen Blick begegnete, sprach er mich eine Sekunde später an. »Msabu«, sagte er, »glaubst du wirklich, daß du ein Buch schreiben kannst?« Ich gab zur Antwort, daß ich es hoffte. Um sich ein Gespräch mit Kamante vorzustellen, muß man sich vor jedem Satz eine lange, gewichtige, gleichsam verantwortungsvolle Pause denken. Alle Eingeborenen sind Meister in der Kunst des Pausenmachens und stellen damit eine Konversation in Aussicht. Jetzt also machte Kamante eine solche lange Pause und sagte dann: »Ich glaube das nicht.« Ich hatte keinen anderen Menschen, mit dem ich über mein Buch hätte sprechen können, ich legte meinen Bogen beiseite und fragte ihn, warum er das nicht glaube.

Es zeigte sich nun, daß er sich dieses Gespräch vorher überlegt und vorbereitet hatte. Er hielt wahrhaftig eine Ausgabe der Odyssee auf dem Rücken und legte sie jetzt mit Nachdruck auf den Tisch. »Schau, Msabu«, sagte er, »das ist ein gutes Buch. Das hängt von vorn bis hinten zusammen. Selbst wenn man es am Rücken aufhebt und heftig schüttelt, fällt es nicht auseinander. Der Mann, der das geschrieben hat, der ist klug. Aber was du da schreibst«, fuhr er in einem Ton fort, in dem Verachtung, aber auch echte Anteilnahme lag, »das ist ja ohne Zusammenhang. Hier ist was, da ist was. Wenn deine Leute hereinkommen und vergessen die Tür zu schließen, fliegt es herum, einiges weht auf den Fußboden, und dann wirst du sehr böse. Das wird kein gutes Buch.« Ich erklärte ihm, daß Leute in Europa das Buch zusammenheften könnten, so daß es nicht auseinanderfiele.

»Wird dein Buch dann genauso schwer wie das hier?« fragte Kamante und hielt mir die Odyssee hin. Als er sah, daß ich nachdachte, gab er mir den Band in die Hand, damit ich ihn zum Vergleich selbst wiegen könne. »Nein«, sagte ich, »so schwer wird es wohl nicht, aber in der Bibliothek gibt es ja auch viele andere Bücher, die leichter sind.« – »Und genauso fest?« fragte er. Ich antwortete, daß es teuer sei, ein Buch so fest zu machen. Das ließ er sich eine Weile durch den Kopf gehen, und zum Zeichen dafür, daß er doch noch Hoffnung in mein Buch setzte und seine Zweifel vielleicht etwas bereute, machte er sich daran, die auf den Boden gefallenen Blätter aufzusammeln und auf den Tisch zu legen. Aber auch danach verließ er mich nicht, sondern blieb stehen, wartete ein Weilchen und fragte mich dann ernst: »Msabu, was ist denn in Büchern?«

Um ihm ein Beispiel zu geben, erzählte ich ihm die Geschichte von Odysseus und Polyphemos, wie Odysseus sich »Niemand« nannte, Polyphemos das Auge ausstach und ihm entkam, indem er sich unter dem Bauch eines Widders festband. Kamante hörte aufmerksam zu meinte dann, daß der Widder zu derselben Rasse gehört habe wie die Schafe von Mister Long aus Elmentaita, die er auf den großen Tierausstellungen in Nairobi gesehen hatte. Dann kam er auf Polyphemos zurück und fragte mich, ob er nicht schwarz wie die Kikuyu gewesen sei. Als ich verneinte, wollte er wissen, ob Odysseus zu meinem Stamm gehört habe. »Wie«, fragte er, »sagte er das Wort *Niemand* in seiner eigenen Sprache? Sag mir das.«

»Er sagte *Utis*«, entgegnete ich. »Er nannte sich Utis, das bedeutet in seiner Sprache Niemand.«

»Mußt du jetzt dieselbe Geschichte noch einmal schreiben?« fragte er. »Nein«, sagte ich, »man kann schreiben, worüber man will. Ich könnte genausogut über dich schreiben.« Kamante, der im Laufe des Gesprächs sein Herz so weit wie selten geöffnet hatte, zog sich nun plötzlich ganz in sich zurück. Er schlug die Augen nieder und fragte mich leise, welchen Teil ich von ihm beschreiben wolle. »Ich könnte wohl von der Zeit schreiben«, sagte ich, »als du krank warst und die Schafe auf der Steppe gehütet hast. Woran hast du damals gedacht?« Kamantes Augen irrten durch das ganze Zimmer, schließlich antwortete er vage: »*Sijui* – ich weiß nicht.« – »Hast du nicht manchmal Angst gehabt?« fragte ich ihn. Nach einer langen Pause sagte er mit großer Bestimmtheit: »Doch, doch. Alle Jungen auf der Steppe haben manchmal Angst.« – »Und wovor hattest du Angst?« fragte ich. Kamante schwieg eine Weile. Sein Gesicht nahm einen sehr konzentrierten, tiefen Ausdruck an, der Blick war ganz nach innen gekehrt. Dann aber lächelte er mich ein wenig schräg an. »Vor Utis«, sagte er, »die Jungen auf der Steppe haben Angst vor Utis.«

Einige Tage später hörte ich, wie Kamante meinen anderen Leuten erklärte, daß die weißen Menschen in Europa das Buch, an dem ich schriebe, zusammenheften könnten, und mit ungeheuren Kosten könnte es auch so fest werden wie die Odyssee, die er ihnen zeigte. Doch er persönlich würde niemals glauben, fügte er hinzu, daß es auch blau werden könnte.

Kamante besaß eine besondere Fähigkeit, die ihm in meinem Haus häufig zugute kam. Ich glaube, er konnte weinen, wann immer er wollte. Wenn ich ihn einmal ernsthaft ausschimpfte, dann baute er sich in gerader Haltung vor mir auf und sah mich aufmerksam und mit einem Ausdruck tiefer Trauer an, den das Gesicht eines Schwarzen innerhalb eines Augenblicks annehmen kann. Seine Lider schwollen, und ohne daß sich sein Gesichtsausdruck sonst veränderte, füllten sich seine Augen mit großen, hellen Tränen, die ihm eine nach der anderen langsam über die Wangen rollten. Ich wußte wohl, daß es Krokodilstränen waren, und bei einem anderen Menschen hätten sie keinen Eindruck auf mich gemacht. Doch mit Kamante war das eine andere Sache. Sein flaches, hölzernes Gesicht sank in diesen Momenten in jene Welt von Dunkelheit und grenzenloser Einsamkeit zurück, in der er so viele Jahre heimisch gewesen war. Schwere, helle Tränen wie diese hatte er vielleicht als kleiner Junge auf der Steppe geweint, von seinen Schafen umgeben. Sie waren für mich bedrükkend, und ich brachte es nicht fertig, noch weiter über die Fehler zu reden, für die ich ihn ausgeschimpft hatte. In gewisser Weise war das eine demoralisierende Vorstellung. Da aber ein echtes menschliches Verständnis zwischen uns bestand, glaube ich, daß Kamante sehr wohl wußte, daß ich ihn durchschaute und seine Reuetränen nicht überbewertete – ich glaube sogar, daß er sie eher für ein Zeremoniell, das er den höheren Mächten des Lebens schuldig war, als für den Versuch hielt, mich zu betrügen.

Er bezeichnete sich selbst stets als einen Christen. Mir war nicht klar, was er sich unter diesem Wort vorstellte, und ich versuchte ihn ein paarmal zu katechisieren. Doch er erklärte mir, er glaube dasselbe wie ich, und da ich ja wissen müsse, was das sei, sei es sinnlos, ihn danach zu befragen. Dies war mehr als eine Ausrede, es war in gewisser Weise sein Programm und Glaubensbekenntnis. Er hatte sich dem Gott der Europäer anheimgegeben. Im Dienste dieser Macht war er bereit, jeden beliebigen Befehl auszuführen, doch er war durchaus nicht gewillt, für eine Arbeitsmethode, die sich vielleicht als genauso unvernünftig wie die Arbeitsmethoden der Weißen herausstellen könnte, Gründe anzuführen.

Manchmal geschah es, daß mein Verhalten nicht mit

dem übereinstimmte, was er von den schottischen Missionaren, die ihn bekehrt hatten, gelernt hatte. Dann kam er zu mir und fragte mich, wer recht habe.

Die Unvoreingenommenheit der Eingeborenen war etwas Überraschendes, denn man erwartet, bei den primitiven Völkern mehr als ein dunkles Tabu zu finden. Ich glaube, dies war durch ihre frühe Bekanntschaft mit so vielen verschiedenen Stämmen und Rassen und durch die lebhaften menschlichen Kontakte begründet, die Ostafrika zuerst durch den alten Elfenbein- und Sklavenhandel und später durch Kolonisten und Großwildjäger erlebt hatte. Fast jeder Eingeborene, bis hin zu den Hütejungen auf der Steppe, war irgendwann in seinem Leben mit einer ganzen Reihe von Nationalitäten in Berührung gekommen, die sich voneinander und von ihm selbst so sehr unterschieden wie ein Italiener von einem Eskimo: Engländer, Buren, Araber, Somali, Inder, Swahili, Masai und Kavirondo. Was die Empfänglichkeit für neue Ideen und die Beweglichkeit der Seele betraf, waren die Eingeborenen viel weltmännischer als die Kolonisten und Missionare, die in einer Vor- oder Provinzstadt, in einer kleinen stagnierenden Gesellschaft mit festgefügten Begriffen von der Welt aufgewachsen waren. Viele Mißverständnisse, die zwischen Weißen und Farbigen entstanden, hatten ihre Ursache in diesem Umstand.

Es ist eine beunruhigende Erfahrung, wenn man persönlich das Christentum für ein ganzes Volk repräsentiert.

Einmal kam ein junger Kikuyu mit Namen Kitau aus dem Kikuyu-Reservat zu mir und trat in meinen Dienst. Er war ein nachdenklicher junger Mensch, ein Beobachter und ein aufmerksamer Diener, und ich mochte ihn gern. Als er drei Monate bei mir gewesen war, bat er mich eines Tages um ein Empfehlungsschreiben an meinen alten Freund, den Scheich Ali bin Salem in Mombasa, denn, sagte er, er habe ihn in meinem Haus gesehen und habe nun den Wunsch, in seinen Dienst zu treten. Da ich Kitau, der sich mit den Sitten des Hauses gerade vertraut gemacht hatte, ungern gehen lassen wollte, sagte ich ihm, daß ich lieber seinen Lohn erhöhen würde. Nein, sagte er, er verlasse mich nicht, weil er höheren Lohn verlange, sondern weil er nicht länger bleiben könne. Nun erzählte er mir, daß er in seiner Hütte tief im Reservat den Entschluß gefaßt habe, entweder Christ oder Mohammedaner zu werden, er habe sich nur noch nicht für eins von beiden entscheiden können. Deshalb sei er zu mir gekommen und habe für mich gearbeitet, denn er wisse ja, daß ich Christin bin, und er sei drei Monate in meinem Haus geblieben, um sich die *desturi*, die Sitten und Gebräuche der Christen, anzusehen. Jetzt wolle er für drei Monate zu Scheich Ali in Mombasa ziehen und die *desturi* der Mohammedaner kennenlernen. Und danach wolle er endlich seine Entscheidung treffen. Ich glaube, wenn ein Erzbischof sich das alles angehört hätte, dann hätte er einen Schreck bekommen und wie ich geantwortet oder zumindest gedacht: »Herrgott, Kitau, das hättest du mir gleich bei deiner Ankunft sagen können!«

Die Mohammedaner lehnen es ab, Fleisch von einem Tier zu essen, dessen Kehle nicht von einem Mohammedaner nach gesetzlich vorgeschriebener Weise durchschnitten wurde. Das ist auf einer Safari, wo man möglichst wenig Proviant mitnimmt und damit rechnet, die Nahrung für seine Leute unterwegs zu schießen, häufig ein großes Problem. Wenn ein Stück Wild vom Schuß getroffen fällt, stürzen die Mohammedaner wie auf Windesflügeln davon, um ihm, bevor es verendet, die Kehle durchzuschneiden, und man selbst verfolgt ihr Bemühen mit brennenden Augen. Wenn sie nun stehenbleiben und Kopf und Arme hängen lassen, bedeutet es, daß das Wild schon tot gewesen ist und daß man entweder wieder viele Kilometer hinter einem neuen Zebra oder Kongoni herlaufen oder die mohammedanischen Teilnehmer der Safari hungern lassen muß.

In den ersten Monaten des Krieges war ich mit sechs

Ochsenwagen auf Safari und hatte als Unterbefehlshaber drei Mohammedaner. Als ich am Abend vor dem Aufbruch in Kijabe zufällig den mohammedanischen Scherif traf, der selbst auf Reisen war, bat ich ihn, meine Leute für die Dauer der Safari vom Gesetz zu dispensieren. Der Scherif war trotz seiner Jugend ein verständiger Mann. Er redete lange mit Farah und meinen anderen beiden Leuten und sagte schließlich: »Diese Dame ist eine Jüngerin Jesu Christi. Wenn sie auf der Safari ihr Gewehr abfeuert, wird sie laut oder zumindest in ihrem Herzen ›Im Namen Gottes‹ sagen. Mit Hilfe dieser Worte können ihre Kugeln das Messer eines rechtgläubigen Mohammedaners ersetzen, solange die Expedition dauert. Ihr dürft das Fleisch der Tiere essen, die sie schießt.«

Das Ansehen des Christentums in Afrika leidet unter der Intoleranz der christlichen Missionen untereinander.

Als ich in Afrika war, hatte ich die Gewohnheit, in der Heiligen Nacht die französische Mission zu besuchen, um mir dort die Mitternachtsmesse anzuhören. Zu dieser Jahreszeit war es heiß. Wenn man durch die Akazienplantage und durch das bebaute Land fuhr, hörte man in der warmen, klaren Luft das Läuten der Kirchenglocken schon von weitem. Auf dem Kirchenplatz hatte sich eine große, lebhafte Menschenmenge versammelt, die französischen und italienischen Geschäftsleute aus Nairobi waren mit ihren Familien zur Kirche gekommen, die Nonnen der Klosterschule hatten sich eingefunden, und vor der Kirchentür drängte sich die eingeborene Gemeinde in ihren bunten Festgewändern. Die große, schöne Kirche war von vielen hundert Kerzen prachtvoll erleuchtet und mit großen Transparenten geschmückt, die die Väter selbst angefertigt hatten.

Als Kamante das erste Jahr in meinem Dienst war, sagte ich ihm am Weihnachtsabend, daß ich ihn, weil er doch auch Christ sei, mit zur Christmette nehmen wolle, und beschrieb ihm die vielen schönen Dinge, die es dabei zu sehen gebe, als wäre ich selbst einer der Väter.

Kamante hörte mit großem Interesse zu und ging dann fort, um sich seine besten Kleider anzuziehen. Doch als der Wagen schon vor der Tür stand, kehrte er in entsetzlicher Erregung zurück und weigerte sich mitzufahren. Er wollte mir den Grund nicht erklären und zwinkerte bei meinen Fragen heftig mit den Augen, doch schließlich kam es heraus: Nein, er könne mich nicht begleiten. Er habe erst jetzt verstanden, daß ich ihn zur französischen Mission mitnehmen wolle, und vor dieser Mission hätten ihn die schottischen Missionare immer gewarnt. Ich versicherte ihm, daß dies alles ein Mißverständnis sei, und forderte ihn auf, trotzdem mitzukommen. Da aber begann er vor meinen Augen gleichsam zu versteinern, er starb, er verdrehte die Augen, und aus seinem Gesicht brach Schweiß. »Nein, nein, Msabu«, stieß er flüsternd hervor, »ich komme nicht mit, ich kann nicht mitkommen. Da drin in der großen Kirche, das weiß ich ganz genau, da ist eine Msabu, die ist *mbaya sana,* entsetzlich böse.«

Diese Worte stimmten mich traurig, und ich wußte nicht, was ich tun sollte, entschloß mich aber doch, ihn gegen seinen Willen mitzunehmen und seine Erleuchtung der Heiligen Jungfrau zu überlassen. Die französischen Väter hatten in ihrer Kirche eine Madonna aus Pappmaché, ganz weiß und himmelblau, und Statuen beeindrucken die Eingeborenen fast immer, wogegen es ihnen schwerfällt, Gemälde zu erfassen und zu begreifen. Ich versprach Kamante meinen Schutz, und als er dann entsetzensstarr und dicht auf meinen Fersen die Kirche betrat, hatte er noch im selben Augenblick alle seine Skrupel vergessen. Nun war es zufällig die schönste Christmette, die jemals in der Missionsstation zelebriert worden war. In der Kirche gab es eine große *Nativité,* eine Grotte mit der Heiligen Familie, die direkt aus Paris gekommen war. Sie wurde von kleinen hellen Sternen beleuchtet, und rings um die Grotte standen über hundert Spielzeugtiere – rotgemalte Kühe mit Glocken um den Hals und schneeweiße Lämmer mit Fellen aus

Watte, ohne kleinliche Rücksichten auf die Proportionen –, was in den Seelen sämtlicher Kikuyu ein gewaltiges, begeistertes Echo hervorgerufen haben muß.

Nach seiner Bekehrung zum Christentum fürchtete sich Kamante nicht mehr, einen Toten zu berühren. Früher hatte er Angst davor gehabt, und als ein Kranker, den man auf die Terrasse vor meinem Haus gebracht hatte, dort starb, wollte er mir ebensowenig wie die anderen Kikuyu beim Wegtragen helfen. Er zog sich zwar nicht wie sie bis auf den Rasen zurück, blieb aber völlig reglos auf den Steinen stehen, wie ein kleines schwarzes Denkmal. Ich weiß nicht, woher diese Berührungsangst kommt, denn persönlich fürchten die Kikuyu den Tod sehr wenig, während die Weißen, die Angst vor dem Sterben haben, die Toten ohne Scheu anfassen. Hier spürt man wieder, daß ihre Wirklichkeit eine andere als unsere Wirklichkeit ist. Doch alle Siedler wissen, daß man in diesem Bereich keine Macht über die Eingeborenen hat und sich selbst Ärger erspart, wenn man sie gar nicht erst zu kommandieren versucht, denn sie würden wirklich lieber sterben als ihre Sitten ändern. Dieses Vorurteil war nun aus Kamantes Seele verschwunden. Er machte sich über die anderen lustig, die noch in dessen Gewalt waren. Dabei war er nicht frei von Eitelkeit, so als wollte er mit der Macht und Überlegenheit seines eigenen Gottes prahlen. Ich hatte auch Gelegenheit, seinen Glauben auf die Probe zu stellen. Kamante und ich mußten im Laufe der Zeit dreimal gemeinsam einen Toten tragen. Das erste Mal war es ein junges Kikuyumädchen, das direkt vor meinem Haus von einem Ochsenkarren überfahren worden war, der zweite Tote war ein junger Mann, den beim Holzfällen im Wald ein stürzender Baum erschlagen hatte. Der dritte war ein alter weißer Mann, der auf die Farm gekommen war, dort gewohnt und von da an in ihrem Leben eine Rolle gespielt hatte.

Er war ein Landsmann von mir, ein alter blinder Däne mit Namen Knudsen. Eines Tages, als ich in Nairobi war, tastete er sich bis an meinen Wagen, stellte sich vor und bat mich um ein Haus auf meiner Farm, denn er hatte keinen Ort zum Wohnen. Ich hatte gerade einen weißen Mann entlassen müssen, um unsere Ausgaben einzuschränken, und konnte ihm daher einen leeren Bungalow zur Verfügung stellen, und so zog er auf die Farm.

Er gab eine merkwürdige Figur auf einer Farm im Hochland ab, denn er war so mit Leib und Seele dem Meer verbunden, daß es schien, als hielten wir einen alten, kranken und gestutzten Albatros auf der Farm. Er war von den Prüfungen des Lebens, von Krankheit und Alkohol gebrochen, gebeugt und krumm und hatte die besondere Haarfarbe der Rothaarigen, wenn sie ergraut sind – als ob er sich allen Ernstes Asche aufs Haupt gestreut oder als ob ihn sein eigenes Element gezeichnet und gesalzen hätte. Doch in seinem Inneren brannte eine Flamme, die keine Asche ersticken konnte. Er stammte aus einer alten dänischen Fischerfamilie, war Seemann und Fischer und später einer der allerersten Pioniere in Afrika gewesen – was für ein Wind ihn nun auch dorthin geweht haben mochte.

Der alte Knudsen hatte sich in seinem Leben mit vielen Dingen versucht, vornehmlich mit solchen, die mit dem Meer, mit Meeresvögeln oder mit Fischen zu tun haben, und immer hatte ihn das Unglück verfolgt. Einmal, erzählte er mir, sei er ein wohlhabender Fischer am Victoriasee gewesen und habe viele Klafter Netze – die besten Fischnetze der ganzen Welt – und ein Motorboot besessen. Doch während des Krieges habe er alles verloren. In dieser Tragödie, von der er mir wiederholt erzählte, gab es einen dunklen Punkt, ein verhängnisvolles Mißverständnis oder den Verrat eines Freundes, ich weiß nicht, was es war, denn seine Darstellung war jedesmal ein wenig anders. Immer wenn er an diesen Punkt kam, wurde er von einer entsetzlichen Erregung und Wut ergriffen, stotterte und verlor den Faden. Es muß jedoch etwas Wahres an seiner phantastischen Geschichte gewesen sein, denn während er auf der Farm wohnte, zahlte ihm die Regierung – als eine Art Entschädigung für seine Verluste während des Krieges – eine Pension von einer Rupie pro Tag.

All das erzählte er mir, wenn er mich in meinem Haus besuchte. Dorthin nahm er häufig Zuflucht, denn in seinem Bungalow fühlte er sich nicht wohl. Die kleinen eingeborenen Jungen, die ich ihm zur Hilfe gegeben hatte, liefen ihm wieder weg, weil er sie erschreckte, wenn er sie in seiner Wut, mit vorgerecktem Kopf und tastend mit seinem langen Stock, verfolgte. Wenn er aber in glänzender Laune war, saß er zuweilen mit einer Tasse Kaffee auf meiner Veranda und sang mir dänische Vaterlandslieder vor, ganz allein, mit lauter Stimme und ungeheurer Energie. Es war uns beiden ein Vergnügen, dänisch zu sprechen, und so tauschten wir viele Betrachtungen über die Ereignisse auf der Farm aus, nur um uns in unserer Muttersprache auszudrücken. Doch nicht immer hatte ich Geduld mit ihm, denn wenn er sich erst einmal zurechtgesetzt hatte, war er schwer wieder loszuwerden. Im täglichen Umgang hatte er in vieler Hinsicht Ähnlichkeit mit dem Alten vom Meer in den Abenteuern Sindbads des Seefahrers.

Er hatte einmal meisterhaft Fischnetze geknüpft, die besten Fischnetze auf der ganzen Welt, nun stellte er in seinem Haus auf der Farm *kibokos*, afrikanische Peitschen, her, die aus Flußpferdhaut geschnitten werden. Er kaufte sich von den Eingeborenen am Naivashasee eine Flußpferdhaut, und wenn er Glück hatte, konnte er daraus fünfzig Kibokos schneiden. Ich habe heute noch eine Reitpeitsche, die er mir geschenkt hat, und sie ist ausgezeichnet. Dieses Handwerk umgab sein Haus mit einem fürchterlichen Gestank, es roch wie der Horst eines alten Aasgeiers. Später, als wir zusammen einen Teich auf der Farm angelegt hatten, war er zumeist dort am Ufer anzutreffen, sein Spiegelbild senkrecht unter sich im Wasser, tief in Gedanken versunken, wie ein Watvogel in einem Zoologischen Garten.

Der alte Knudsen hatte in seiner eingefallenen, keuchenden Brust ein ungestümes, unbesiegtes, wildes Herz und glühte wie ein kleiner Junge von Kampfeslust und Rachedurst. Er war ein großer romantischer Quälgeist, Gewalttäter und Raufbold, haßte mit ungeheurer Kraft und war ständig und bis zur Weißglut von einem ungeheuren Zorn auf fast alle Menschen und Institutionen geschüttelt, mit denen er in Berührung kam. Er beschwor den Himmel, rief Feuer und Schwefel auf ihre Häupter herab und malte den Teufel an die Wand wie Michelangelo persönlich. Wenn er Leute gegeneinander aufbringen konnte, geriet er außer sich vor Freude, wie ein kleiner Junge, der zwei Hunde aufeinander oder einen Hund auf eine Katze hetzt. Es war ergreifend und großartig, daß die Seele des alten Knudsen auch jetzt noch, da er nach einem langen, schweren Leben sozusagen in eine stille Bucht gespült worden war und die Segel hätte streichen können, so leidenschaftlich wie die Seele eines Jungen nach Widerstand, Kampf und Schrecken lechzte. Mir wurde klar, daß ich hier einen alten Berserker vor mir hatte, direkt einem Grabhügel der Heldenzeit entstiegen, und mit dem einen Bein im Grab.

Er sprach von sich selbst ausnahmslos in der dritten Person, vom »alten Knudsen«, und niemals, ohne über alle Maßen aufzuschneiden und zu prahlen. Der alte Knudsen war ein Teufelskerl – es gab nichts auf der Welt, was er nicht im Handumdrehen in den Griff bekommen hätte, und keinen Gegner, den er nicht auf der Stelle fürs ganze Leben zum Krüppel hätte schlagen können. Was die anderen Leute betraf, so war er ein abgrundtiefer Pessimist und sah für alle ihre Unternehmungen ein baldiges, katastrophales und wohlverdientes Ende voraus. Doch in eigener Sache war sein Optimismus ohne Grenzen. Er leuchtete gleichsam von neuen Ideen und sprühte von Projekten. Kurz vor seinem Tod vertraute er mir unter dem Siegel der Verschwiegenheit einen kolossalen Plan an, der, wie er mir sagte, den alten Knudsen endlich einmal zum Millionär und alle seine Feinde zuschanden machen sollte. Dieser Plan lief darauf hinaus, vom Grund des Naivashasees all die hunderttausend Tonnen Guano zu heben, den die Schwimmvögel seit Erschaffung der Welt dort abgelegt hatten. Mit einer letzten, ungeheuren Kraftanstrengung fuhr er tatsächlich nach Naivasha, um diesen Plan dort im einzelnen zu überprüfen, und starb sozusagen in seinem Glanz. Dieses Unternehmen vereinte in sich alles, was seinem Herzen teuer war: tiefes Wasser, Vögel, verborgene Schätze und sogar einen Duft von jenen Dingen, über die man mit Damen nicht reden sollte. Gekrönt wurde der ganze Plan – wie der Makronenkuchen, den der alte Knudsen zu seiner Konfirmation geschenkt bekommen hatte und auf den er häufig zurückkam – von einer Statue des alten Knudsen selbst, einer herrlichen Gestalt, vergoldet von vielen Millionen, wie Neptun mit seinem Dreizack, der die Gewässer beherrscht. Auf welche Weise der Guano vom Grund des Sees ans Tageslicht gebracht werden sollte, weiß ich nicht.

Zwischen den gewaltigen Taten des alten Knudsen auf allen Gebieten, seinen Fähigkeiten und Kräften, so wie er sie beschrieb, und der Kläglichkeit und Ohnmacht des alten Erzählers bestand ein trauriges Mißverhältnis, das niemand übersehen konnte, und mir kam es allmählich so vor, als hätte ich es mit zwei verschiedenen Personen zu tun. Im Hintergrund wuchs die riesige Gestalt des alten Knudsen empor, unbesiegt und furchteinflößend, und was ich vor mir hatte, war sein kleiner, schwacher, gebrochener Diener und Jünger, der es niemals müde wurde, von ihm zu berichten. Dieser demütige Mann hatte sich die Aufgabe gestellt, den Namen des alten Knudsen hochzuhalten und zu verherrlichen, und er war getreu bis in den Tod. Er hatte den alten Knudsen ja wirklich gesehen, den niemand sonst, Gott ausgenommen, gesehen hatte, und danach duldete er keines Menschen Zweifel oder Ketzerei.

Ein einziges Mal habe ich gehört, daß er das Personalpronomen der ersten Person benutzte. Das war einen Monat vor seinem Tod. Er hatte einen Herzanfall erlitten – später starb er an seiner Herzkrankheit –, und da ich ihn seit einer Woche nicht auf der Farm gesehen hatte, ging ich zu seinem Bungalow, um mich nach seinem Zustand zu erkundigen. Ich fand ihn in seinem Bett, umgeben vom entsetzlichen Gestank der Flußpferdhäute, in einem kahlen, schmutzigen Zimmer. Sein Gesicht war bleigrau, die matten Augen lagen tief in ihren Höhlen. Als ich ihn ansprach, gab er keine Antwort. Erst lange danach, als ich schon aufgestanden war und wieder gehen wollte, sprach er. Er sagte mit schwacher, heiserer Stimme: »Ich bin sehr krank.« Bei dieser Gelegenheit war nicht vom alten Knudsen die Rede, der ganz gewiß niemals krank oder mutlos war, sondern sein getreuer Diener erlaubte sich ausnahmsweise, seine eigene Not zu klagen.

Der alte Knudsen langweilte sich auf der Farm, und von Zeit zu Zeit schloß er die Tür seines Hauses ab, ging davon und verschwand aus unserem Gesichtskreis. Das geschah in der Regel dann, glaube ich, wenn er auf irgendeine Weise erfahren hatte, daß ein alter Freund, auch ein Pionier aus den herrlichen, entschwundenen Zeiten, in Nairobi zu Besuch war. Er blieb eine Woche oder vierzehn Tage weg, bis wir fast vergessen hatten, daß es ihn gab, und kehrte dann so erschöpft und krank zurück, daß er sich kaum zu seinem Haus schleppen und seine Tür aufschließen konnte. Danach igelte er sich meistens ein paar Tage ein, ich glaube, aus Angst vor mir – er nahm wohl an, ich würde seinen Ausflug mißbilligen und seine jetzige Schwäche ausnutzen, um ihn zu demütigen und über ihn zu triumphieren. Denn obwohl der alte Knudsen auf meiner Veranda bisweilen laut von der Seemannsbraut sang, welche die Wogen liebt, und von seinem Mädchen, das mit in den Krieg ziehen will, hegte er im Herzen doch ein tiefes Mißtrauen gegen alle Frauen und sah sie als die natürlichen Feinde des Mannes an, die ihm aus Prinzip und zu ihrem Vergnügen Knüppel zwischen die Beine warfen, wenn er sich eine Freude im Leben gönnen wollte.

Kurz bevor er starb, war er zehn Tage fort gewesen, und niemand wußte, daß er auf die Farm zurückgekehrt war. Bei dieser Gelegenheit muß er wohl doch von seinen sonstigen Gewohnheiten abgewichen sein, denn er befand sich auf dem schmalen Pfad, der von seinem Haus zu meinem durch die Plantage führte, als er tot umfiel. Dort fand ich ihn zusammen mit Kamante, als wir am späten Nachmittag unterwegs in die Steppe waren, um dort im niedrigen, frischen Gras Champignons zu suchen, denn es war April, und die lange Regenzeit hatte begonnen.

Es war, als hätte es so sein sollen, daß gerade Kamante den alten Knudsen fand, denn von allen Eingeborenen auf der Farm war er der einzige, der ihm etwas Sympathie und Interesse bezeigt hatte. Er hatte sich auch auf seine besondere Art um ihn gekümmert, wie sich ein Außenseiter um den anderen kümmert, hatte ihm Eier gebracht und darauf geachtet, daß ihm nicht alle Totos davonliefen.

Der alte Mann lag auf dem Rücken, quer über den Pfad. Der Hut war bei seinem Fall ein Stückchen weitergerollt, seine Augen waren nicht ganz geschlossen. Es war merkwürdig, wie stark, gefaßt und überlegen er im Tode aussah. Na, da bist du endlich, alter Knudsen, dachte ich.

Ich wollte ihn in sein Haus tragen, doch ich wußte, daß es vergebliche Mühe wäre, einige der Kikuyu, die vorübergingen oder in der Nähe auf ihren Shambas bei der Arbeit waren, zu Hilfe zu rufen – wenn sie entdeckten, weshalb ich sie gerufen hatte, würden sie nur wieder davonlaufen. Ich beauftragte Kamante, rasch zum Haus zurückzulaufen und Farah zu holen, aber der Junge rührte sich nicht von der Stelle. »Warum soll ich denn zum Haus laufen?« fragte er. »Du siehst doch wohl, daß ich den alten Bwana nicht allein tragen kann«, entgegnete ich, »und ihr Kikuyu seid so närrisch, daß ihr Angst davor habt, einen toten Mann anzurühren.« Kamante brach in sein kurzes, lautloses Gelächter aus. »Du vergißt wieder mal, daß ich ein Christ bin, Msabu«, sagte er.

Er faßte den alten Mann bei den Füßen, und ich nahm den Kopf, und so trugen wir ihn zu seinem Bungalow. Ab und zu mußten wir anhalten, ihn niederlegen und uns ausruhen, und dann stand Kamante kerzengerade da und starrte auf Knudsens Füße – er hat wohl gesehen, daß die schottischen Missionare diese Haltung in Gegenwart des Todes einnehmen, dachte ich. Als wir den alten Knudsen dann auf sein Bett gelegt hatten, suchte Kamante im ganzen Zimmer und in der Küche nach einem Tuch, um es über sein Gesicht zu breiten, fand jedoch nur eine alte Zeitung. »So haben es die Christen im Hospital gemacht«, erklärte er mir.

Noch lange danach erinnerte sich Kamante mit Vergnügen an meine Unwissenheit in dieser Situation. Es konnte geschehen, daß er bei seiner Arbeit in der Küche, wie von einer heimlichen Freude erfüllt, plötzlich auflachte. »Weißt du noch, Msabu«, sagte er, »wie du damals vergessen hast, daß ich ein Christ bin, und geglaubt hast, ich hätte Angst, *Mzungu mzee,* den alten weißen Mann, tragen zu helfen?«

Nach seiner Bekehrung fürchtete sich Kamante auch nicht mehr vor Schlangen. Ich hörte einmal, wie er den anderen Jungen erklärte, daß ein Christ, wenn er wolle, seinen Fuß auf den Kopf der größten Schlange setzen und ihn zertreten könne. Ich habe nicht gesehen, daß er es versucht hätte, doch ich habe beobachtet, wie er ganz ruhig, mit entschlossenem Gesicht und den Händen auf dem Rücken, vor Esas Hütte stand, als eine der breiten, dicken Schlangen, die Puffottern heißen, aufs Dach gekrochen war. Alle anderen Kinder meines Haushalts hatten sich in großen Ringen, wie Spreu vor einem Wirbelwind, zerstreut und waren unter herzzerreißendem Geheul tief in den Wald gelaufen, und Farah eilte ins Haus, holte eine Flinte und schoß die Schlange herunter. Als alles überstanden war und die Wogen sich wieder geglättet hatten, fragte Nyori, der Sohn meines Saisi, Kamante: »Warum hast du denn nicht deinen Fuß auf den Kopf der furchtbaren Schlange gesetzt und ihn zertreten?« – »Weil sie oben auf dem Dach war«, entgegnete Kamante.

Eine Zeitlang übte ich mich im Bogenschießen. Obwohl ich kräftig war, fiel es mir schwer, den Wanderobo-Bogen zu spannen, den Farah mir beschafft hatte. Nach einigem Üben wurde ich dennoch ein leidlicher Bogenschütze. Kamante, der zu dieser Zeit noch sehr klein war, sah mir zu, wenn ich auf die Bäume des Rasens zielte, doch seine Haltung drückte Zweifel aus. Eines Tages fragte er mich: »Bist du auch ein Christ, wenn du mit dem Bogen schießt? Ich dachte, die richtigen Christen schießen mit dem Gewehr.« Ich zeigte ihm in meiner Bilderbibel ein Bild von Ismael, dem Sohn der Hagar, und las ihm vor: »Und Gott war mit dem Knaben, der wuchs und wohnte in der Wüste und ward ein guter Schütze.« – »Na ja«, sagte Kamante, »er war genauso wie du.«

Kamante hatte auch eine glückliche Hand mit kranken Tieren. Er zog meinen Hunden Splitter aus den Pfoten und entfernte Jiggers – Sandflöhe, die sich Menschen und Tieren ins Fleisch bohren und großes Unheil anrichten –, und als einer der Hunde einmal von einer Schlange gebissen wurde, gelang es ihm, das Tier durch lange, geduldige Behandlung zu heilen.

Eine Zeitlang hatte ich einen Storch mit einem gebrochenen Flügel im Haus. Bei seinem Anblick bekam ich Heimweh, denn er sah aus, als sei er in Dänemark zu Hause. Er hatte einen entschlossenen, reservierten Charakter, spazierte durch alle Zimmer, und wenn er in meine Schlafkammer geriet, stürzte er sofort auf meinen großen Spiegel los und trug flügelschlagend und mit langen Sätzen ein heftiges Duell, gleichsam auf Degen, mit seinem eigenen Spiegelbild aus. Dieser Storch folgte Kamante auf seinem Weg zwischen den Häusern, und man mußte unwillkürlich glauben, daß er den steifen, gemessenen Gang des Jungen bewußt nachahmte. Ihre Beine hatten etwa den gleichen Umfang. Die kleinen Hütejungen, die einen Blick für Parodistisches hatten, schrien begeistert auf, wenn die beiden an ihnen vorüberschritten, und Kamante verstand wohl, was sie meinten. Doch er interessierte sich niemals sonderlich dafür, was andere Leute von ihm dachten, und ließ die Jungen statt dessen für den Storch in Tümpeln und auf Wiesen Frösche fangen.

Kamante übernahm es dann auch, Lulu zu pflegen.

4. Eine Antilope

Wie Kamante aus der Steppe in mein Haus gekommen war, so kam Lulu aus dem Wald.

Östlich von meiner Farm befand sich das Ngong-Waldreservat, das zu jener Zeit fast ganz aus Urwald bestand. Es hat mir sehr leid getan, daß man den alten Wald später fällte und an seiner Stelle Eukalyptus und Australische Seideneiche pflanzte. Der wilde Wald hätte für die Stadt Nairobi ein herrlicher Park sein können.

Der afrikanische, jungfräuliche Wald ist eine mystische Region. Man reitet direkt in einen alten, grünen Gobelin hinein, der im Laufe der Zeit an einigen Stellen verblaßt und an anderen nachgedunkelt ist, jedoch einen unendlichen Reichtum an grünen Farbtönen behalten hat. Man kann den Himmel gar nicht sehen, doch das Sonnenlicht fällt durch das Laub und spielt und funkelt auf vielerlei Weise. Das eisgraue Schmarotzermoos, das wie ein langer Bart von den Bäumen hängt, und die Fülle der Schlingpflanzen, die Stämme und Zweige umwinden, verleihen dem urwüchsigen Wald ein bedeutungsvolles und geheimnisvolles Gepräge. Am Sonntag, wenn es auf der Farm nichts zu tun gab, war ich mit Farah häufig hier, wir ritten die Hänge hinauf und hinunter und über die kleinen, gewundenen Bäche.

Die Luft im Wald war kühl wie rieselndes Wasser und getränkt mit dem Duft von Laub und Gras. Wenn zu Beginn der langen Regenzeit die Schlingpflanzen blühten, ritt man von einer Duftsphäre in die andere. Hier wuchs eine afrikanische Daphne mit kleinen, klebrigen hellroten und weißen Blüten, deren Duft fast betäubend war und dem von Flieder und Maiglöckchen glich. Hier und da hatten die Eingeborenen ausgehöhlte Baumstämme mit Lederriemen an den Zweigen aufgehängt, damit die Bienen darin Waben bauten und ihnen Honig lieferten. Einmal sahen wir hinter einer Biegung mitten auf dem Weg einen Leoparden sitzen – eine Tierfigur im Gobelin.

Hier lebte, hoch über der Erde, ein munteres, geschwätziges Völkchen, die kleinen grauen Affen. Wo eine Schar von ihnen über den Weg gezogen war, hing ihr Geruch noch lange in der Luft, ein trockener, muffiger Geruch wie von Mäusen. Wenn man dann weiterritt, konnte man über sich plötzlich ein Brausen und Schwirren hören – da eilte die ganze Kolonie in eigener Sache weiter. Manchmal, wenn man einige Zeit reglos haltgemacht hatte, entdeckte man auch einen Affen, der unbeweglich in einem Baum saß, und nach und nach sah man, daß der ganze Wald ringsum voller Affen war, die wie Früchte auf den Zweigen saßen, schwarz oder hellgrau, je nachdem, wie die Sonne durch das Laub auf sie fiel, und alle hatten sie lange, hängende Schwänze. Sie machten ein eigenartiges Geräusch, das an einen schmatzenden Kuß erinnerte, dem ein diskretes Hüsteln folgte. Wenn man diesen Laut vom Boden her nachahmte, sah man, daß die Affen mit einer affektierten, verwunderten Miene den Kopf von einer Seite zur anderen drehten, doch sowie man eine plötzliche Bewegung machte, waren sie allesamt im selben Augenblick verschwunden, und man konnte an dem leiser werdenden Rauschen der

Baumkronen, in denen sie wie Fische im Wasser verschwanden, hören, in welche Richtung sie entflohen.

Im Ngong-Wald bin ich mitten an einem sehr heißen Tag auf einem schmalen Pfad im Dickicht auch dem großen Waldschwein begegnet, das einem selten unter die Augen kommt. Es eilte ganz plötzlich mit seiner Frau und zwei kleinen Ferkeln an mir vorüber, und vor dem sonnendurchleuchteten Grün nahm sich diese Familie aus, als bestünde sie aus mehreren gleichartigen Figuren unterschiedlicher Größe, die aus dunklem Papier geschnitten waren. Es war ein großartiger, mystischer Anblick, wie ein Spiegelbild in einem Waldsee, wie etwas, das vor tausend Jahren geschehen war.

Lulu war eine junge Buschbock-Antilope, und der Buschbock ist vielleicht die schönste aller Antilopenarten in Afrika. Die Buschbock-Antilopen sind ein wenig größer als Damhirsche, leben im Wald und sind scheu und flüchtig, man sieht sie längst nicht so oft wie die Antilopen der Steppe. Doch in Ngong Hills und im umliegenden Land gab es viele Buschböcke, und wenn man sein Lager im Gebirge aufgeschlagen hatte und sehr früh am Morgen oder bei Sonnenuntergang auf der Jagd war, konnte man manchmal ein Dutzend oder mehr von ihnen entdecken. Wenn sie auf eine Waldlichtung hinaustraten und die Sonne auf sie fiel, dann glänzte ihr Fell so rot wie Kupfer. Das Männchen hat ein Paar fein geschwungener Hörner.

Daß Lulu Mitglied meines Haushalts wurde, ging folgendermaßen zu:

Ich fuhr eines Morgens von der Farm nach Nairobi. Meine Kaffeeaufbereitungsanlage war einige Monate zuvor abgebrannt, und ich mußte wegen Festlegung und Auszahlung der Versicherungssumme sehr häufig in die Stadt fahren. In dieser frühen Morgenstunde schwirrte mir der Kopf von Zahlen und Berechnungen. Auf der Ngong-Straße riefen mich ein paar Kikuyu-Kinder an, die am Straßenrand standen und ein winzig kleines

Buschbock-Kitz in die Höhe hielten, um es mir zu zeigen. Sie hatten das Kitz wahrscheinlich im Dickicht gefunden und wollten es mir jetzt verkaufen, doch ich habe für den Kauf von wilden Tieren niemals viel übrig gehabt, und da ich spät dran war und keine Zeit für Geschäfte dieser Art hatte, fuhr ich weiter.

Als ich am Abend zurückkehrte und an derselben Stelle vorüberkam, wurde abermals laut gerufen – die kleine Gruppe stand noch immer am Straßenrand. Die Kinder waren ein wenig müde und niedergeschlagen, denn sie hatten im Laufe des Tages wohl mehrfach versucht, das Kitz an andere Vorbeifahrende zu verkaufen, und waren jetzt um so eifriger bemüht, den Handel noch vor Sonnenuntergang abzuschließen. Sie hielten das Kitz hoch empor, damit ich es sehen konnte. Doch ich hatte einen langen Tag in der Stadt mit vielen anstrengenden Sitzungen hinter mir und mochte nicht anhalten und mit den Kindern verhandeln und fuhr weiter. Als ich zu Hause ankam, dachte ich nicht einmal mehr daran, sondern aß Abendbrot und ging ins Bett.

Kaum war ich eingeschlafen, da wachte ich wieder auf, und zwar in größtem Entsetzen. Das Bild der Kinder und des kleinen Buschbocks hatte sich nun verdichtet und Gestalt angenommen, und ich hatte es so klar vor Augen, als wäre es gemalt. Ich setzte mich erschrokken auf, als hätte jemand versucht, mich zu erwürgen. Was soll aus dem Kitz in den Händen seiner Tyrannen werden? dachte ich. Den ganzen Tag hatten sie mit ihm in der Sonne gestanden und es an den gefesselten Läufen emporgehalten, damit ich es sehen sollte. Es war zu klein, um sich selbst Nahrung zu suchen. Da war ich zweimal am selben Tag an ihm vorbeigefahren, wie Priester und Levit in einer Person, und hatte ihm nicht einen einzigen Gedanken geschenkt. Und jetzt, in diesem Augenblick, wo war es jetzt?

Von echter Panik geschüttelt, stand ich auf und weckte alle meine Leute. Ich befahl ihnen, das Kitz zu suchen, und drohte ihnen samt und sonders mit der Entlassung, wenn ich es am Morgen nicht gebracht bekäme. Sie waren sofort mit Leib und Seele bei der Sache. Zwei von ihnen waren am selben Tag mit mir im Wagen gefahren und hatten weder dem Kitz noch den Kindern das geringste Interesse bezeigt. Nun führten sie das große Wort und erklärten den anderen zahlreiche Details, was Ort, Zeit und die Familie der Jungen betraf. Es war eine mondhelle Nacht. Meine Leute brachen sogleich auf und zerstreuten sich unter lebhafter Erörterung der Situation in der Landschaft. Ich hörte sie immer wieder davon sprechen, daß sie allesamt entlassen würden, wenn sich das Kitz nicht finden ließe.

Als Farah mir früh am nächsten Morgen den Tee ins Zimmer brachte, wurde er von Juma begleitet, der das Kitz in seinen Armen trug. Es war ein Weibchen, und wir nannten es Lulu, was auf Swahili »Perle« bedeutet.

Lulu war zu dieser Zeit nicht größer als eine Katze und hatte große, ruhige, violette Augen. Ihre Beine waren so zart, daß man befürchtete, sie könnten zerbrechen, wenn sie sie beim Niederlegen und Aufstehen zusammen- und auseinanderfaltete. Ihre Ohren waren glatt wie Seide und unendlich ausdrucksvoll. Ihre kühle Nase war so schwarz wie ein Trüffel. Sie hatte winzig kleine Hufe, die ihr beim Gehen Ähnlichkeit mit einer vornehmen chinesischen Dame der alten Schule verliehen, die sich die Füße schnürt. Es war ein merkwürdiges Erlebnis, etwas derart Vollkommenes wie Lulu in den Händen zu halten.

Lulu gewöhnte sich an das Haus und seine Bewohner sehr schnell und benahm sich, als wäre sie daheim. In der ersten Woche bedeuteten die gebohnerten Fußböden meiner Zimmer für sie ein Lebensproblem, und sowie sie von den Teppichen abkam, rutschten ihr die Beine nach allen vier Seiten weg. Das sah verheerend aus, aber sie selbst nahm es nicht so schwer, und mit der Zeit lernte sie es, sich auf den blanken Fußböden zu bewegen, und machte dabei ein Geräusch wie ein ärgerlich trommelnder Finger. Sie war in allen Gepflogenheiten überaus geziert und apart. Schon als ganz kleines Kitz war sie eigensinnig, und wenn ich sie an einer Sache hinderte, die sie sich in den Kopf gesetzt hatte, machte sie eine Miene, als wollte sie sagen: Jetzt bitte keine Szene!

Kamante zog sie mit der Nuckelflasche auf und sperrte sie auch über Nacht ein, wir mußten gut auf sie achtgeben, denn sobald die Dunkelheit hereingebrochen war, kamen die Leoparden zum Haus. Sie hielt sich deshalb an ihn und folgte ihm auf Schritt und Tritt. Manchmal, wenn er ihr Mißfallen erregte, versetzte sie seinen dünnen Beinen einen Stoß mit ihrem harten jungen Kopf. Sie war so schön, daß man beim Anblick dieses Paares unwillkürlich eine Illustration zu einer Umkehrung des Märchens von der Schönen und dem Tier zu sehen glaubte.

In all der Zeit, die ich in Afrika verbrachte, hielt ich nur eine Hunderasse, nämlich schottische Windhunde. Es sind große, hochbeinige, elegant gebaute, rauhhaarige Tiere mit langen, schwarzgrauen Köpfen und schwarzen Augenringen. Edlere, klügere, selbstlosere Hunde gibt es nicht. Sie haben sich unserem Leben und unseren Gewohnheiten vorzüglich angepaßt, müssen also seit vielen Jahrhunderten mit Menschen zusammengelebt haben. Man sieht sie auch auf alten Gemälden und Gobelins, und sie haben die Gabe, ihre Umgebung selbst in ein Gemälde zu verwandeln und sie um ein paar Jahrhunderte älter zu machen – sie verbreiten eine feudale Atmosphäre. Den ersten meiner schottischen Windhunde – er hieß Dusk – hatte mir Frau Flach von Ållonø zur Hochzeit geschenkt, und er war mit mir nach Afrika gereist. Er war treu und ohne Furcht und hatte einen vornehmen Charakter. Als ich zu Kriegsbeginn für die Regierung im Masai-Reservat auf Safari war, hat er mich begleitet. Doch einige Jahre später wurde er von einer Herde Zebras getötet. Zu jener Zeit, als Lulu in mein Haus kam, hatte ich zwei seiner Söhne bei mir.

Die schottischen Windhunde paßten gut zur afrikanischen Natur und zu den afrikanischen Eingeborenen. Vielleicht lag das an der hohen Lage, der leichten Luft – in allen dreien, den Tieren, der Natur und den Eingeborenen, war wohl eine Hochlandmelodie, denn im Flachland, in Mombasa, nahmen sich meine Hunde anders aus. Hier im Hochland schien es, als wäre die weite herbe Landschaft – die Steppen, Berge und Flüsse – erst mit meinen schottischen Hunden vollkommen. Alle meine Hunde waren große Jäger und hatten eine bessere Witterung als andere Windhunde, doch bei der Jagd gebrauchten sie mehr die Augen, und es war ein großartiger, schöner Anblick, wenn zwei von ihnen zusammenarbeiteten. Ich ließ sie mitkommen, wenn ich ins Wildreservat ritt, obwohl das verboten war, und sie zerstreuten die großen Herden der Zebras und Gnus über die Ebene, daß es aussah, als würden sämtliche Sterne des Himmels in wilder Unordnung als Sternschnuppen über das Firmament laufen. Wenn ich aber zusammen mit meinen Hunden im Masai-Reservat auf der Jagd war, ging mir niemals ein angeschossenes Stück Wild verloren.

Sie nahmen sich auch gut im Urwald aus – dunkelgrau zwischen den vielen dunkelgrünen Farbtönen. Hier brachte einer von ihnen eigenmächtig ein großes Pavian-Männchen zur Strecke, das ihm zuvor in der Hitze des Kampfes die Schnauze durchgebissen hatte. Sein Profil war dadurch ruiniert, doch alle auf der Farm hielten das für eine höchst ehrenvolle Narbe, denn Paviane sind gefährliche, zerstörungswütige Tiere und von den Eingeborenen gefürchtet.

Meine Hunde waren sehr klug, und sie fanden heraus, wer von meinen Leuten Mohammedaner war und nicht in Berührung mit ihnen kommen durfte.

In meinen ersten Jahren in Afrika hatte ich einen Somali mit Namen Ismail als Gewehrträger, er starb, während ich noch im Lande war. Er war ein Gewehrträger der alten Schule, und Leute dieser Art gibt es gar nicht mehr. Die alten Großwildjäger der Jahrhundertwende hatten ihn ausgebildet, zu einer Zeit, als Afrika noch das glückliche Jagdgefilde war. Seine Bekanntschaft mit der Zivilisation beschränkte sich ausschließlich auf den Bereich der Jagd, er sprach ein Jäger-Englisch und unterschied dabei zwischen meiner großen und meiner jungen Flinte. Als Ismail in sein Heimatland zurückgekehrt war, bekam ich einmal von ihm einen Brief, der an *Lioness Blixen* adressiert war und *Honourable Lioness* begann. Ismail war strenggläubiger Mohammedaner und wollte um nichts in der Welt einen Hund berühren, was ihm in seinem Beruf oft sehr hinderlich war. Aber mit Dusk machte er eine Ausnahme und hatte nichts dagegen, daß ich ihn in unserem Maultierwagen mitnahm, wenn wir auf die Jagd fuhren, er ließ ihn sogar in seinem Zelt schlafen. Dusk, sagte er, könne einen Mohammedaner nämlich am Aussehen erkennen und würde einen Rechtgläubigen des Islam niemals berühren. Ismail versicherte mir sogar, daß Dusk sofort unterscheiden könne, wer ein wirklich frommer Mohammedaner sei und wer es mit dem Koran leichtnehme. Einmal sagte er zu mir: »Ich merke, daß dieser Dusk vom gleichen Stamm ist wie du selbst, er lacht die Leute aus.«

Nun erkannten meine Hunde schnell, welche Stellung Lulu im Hause einnahm. Wenn es um sie ging, wurde der Hochmut der stolzen Jäger zu Wasser. Sie stieß sie vom Milchnapf weg und verdrängte sie abends von ihren Plätzen am Kamin, wo der Fußboden warm war. Ich hatte Lulu ein Halsband mit einem Glöckchen umgebunden, und es kam so weit, daß meine Hunde, sobald sie den Klang des Glöckchens in den Räumen hörten, von selbst resigniert ihre Plätze am Feuer verließen und sich an einer anderen Stelle des Zimmers hinlegten. Doch wenn sich Lulu wie eine vollendete Dame, die ihre Röcke um sich sammelt und niemandem im Weg sein will, vor dem Kamin niederließ, dann waren ihre feinen Manieren unnachahmlich. Sie trank ihre Milch mit einer zuvorkommenden, gezierten Miene, als hätte eine übertrieben freundliche Wirtin sie dazu genötigt. Wenn sie hinter den Ohren gekrault werden wollte, drückte sie diesen Wunsch in der gleichen schnippisch herablassenden Weise aus, in der eine junge Frau dem Ehemann erlaubt, mit ihren Fingern zu spielen.

Als Lulu erwachsen war und ihre Schönheit sich voll entfaltet hatte, war sie eine schlanke, sanft gerundete junge Hindin, anmutig von Kopf bis Fuß. Sie sah aus wie eine sorgsam gemalte Illustration zu Heines Versen über die frommen, klugen Gazellen am Ganges.

Aber fromm war Lulu nicht. In ihr steckte der sogenannte Teufel. Sie hatte die besondere weibliche Eigenschaft, so zu erscheinen, als wäre sie nur auf Abwehr aus und allein darauf bedacht, die Integrität ihres Wesens zu wahren, bis zur Vollkommenheit entwickelt, während sie in Wirklichkeit mit allen Nerven auf einen blitzschnellen Angriff eingestellt war. Gegen wen? Gegen die ganze Welt. Ihre Laune war absolut unberechenbar, und sie stürzte auf mein Pferd los, wenn es ihr in den Weg kam. Ich mußte an den alten Hagenbeck in Hamburg denken, der gesagt hat, daß von allen Tieren, die Raubtiere eingeschlossen, der Familie der Hirsche am wenigsten zu trauen sei. Man kann ohne böse Folgen mit einem Leoparden befreundet sein, doch ein junger Hirsch, dem man vertraut, fällt einem früher oder später in den Rücken.

Lulu war der Stolz des Hauses, auch wenn sie sich so ungeniert wie eine junge Kokette benahm. Aber wir konnten sie nicht glücklich machen. Manchmal kehrte sie uns den Rücken, lief für mehrere Stunden weg oder blieb einen ganzen Tag verschwunden. Zu anderen Zeiten, wenn der Geist über sie kam und ihre Unzufriedenheit mit der Umwelt einen Höhepunkt erreichte, führte sie auf dem Rasen vor dem Haus zu ihrem eigenen Vergnügen eine Art Kriegstanz auf, der tatsächlich aussah wie ein »kurzes Zickzack-Gebet zum Satan«.

Oh, Lulu, dachte ich, ich weiß, du hast wunderbare Kräfte und kannst höher springen, als je sich ein Mensch vorzustellen vermag. Du bist jetzt außer dir vor Wut, du wünschst uns allen den Tod, und wir wären tatsächlich tot, wenn du die Mühe auf dich nehmen würdest, uns zu erschlagen. Du irrst, wenn du dein Unglück darin siehst, daß wir dich hinter Hürden eingesperrt haben, die zu hoch für dich sind – wie sollten wir das tun können, du große Springerin? –, nein, dein Unglück ist, daß wir keine aufgestellt haben. Die große Kraft ist in dir selbst, und die Hindernisse sind es auch, und es ist so, daß die Zeit noch nicht erfüllt ist.

An einem Abend kehrte Lulu nicht nach Hause zurück, und wir warteten auf sie eine ganze Woche lang vergeblich. Das bedrückte uns alle. Ein heller Ton war aus dem Haus verschwunden, und nun waren wir nicht besser als andere Häuser. Ich dachte an die Leoparden am Fluß, und eines Abends sprach ich darüber mit Kamante.

Wie immer schwieg er eine Weile, um meinen Unverstand zu schlucken und zu verdauen. Erst nach ein paar Tagen kam er wieder auf die Angelegenheit zu sprechen.

»Du glaubst wohl, Lulu ist tot, Msabu«, sagte er. Ich mochte es nicht direkt aussprechen, sondern entgegnete, daß ich nicht begreifen könne, warum sie nicht zurückgekehrt sei. »Lulu ist nicht tot«, sagte Kamante, »sie hat geheiratet.« Das war eine erfreuliche, überraschende Neuigkeit, und ich fragte ihn, woher er das wisse. »Freilich ist sie verheiratet«, sagte er. »Sie wohnt mit ihrem Bwana im Wald, aber sie hat das Haus nicht vergessen. Fast jeden Morgen kommt sie hierher. Ich streue ihr zerstoßenen Mais hinter die Küche, und sobald die Sonne aufgeht, kommt sie aus dem Wald und frißt davon. Ihr Bwana ist bei ihr, aber er hat Angst vor den Menschen, weil er sie nicht kennt. Er steht hinter dem Rasen an dem großen weißen Baum, aber ans Haus wagt er sich nicht heran.«

Ich gab Kamante den Auftrag, mich zu rufen, wenn er Lulu das nächste Mal erblickte. Ein paar Tage später kam er vor Sonnenaufgang ins Haus und holte mich.

Es war ein prachtvoller Morgen. Die letzten Sterne zogen sich in den rostfarbenen Himmelsraum zurück, während wir warteten. Der Himmel war hoch und klar, doch unsre eigene Welt war noch dunkel und von tiefer Stille erfüllt. Das Gras war feucht und schimmerte zwischen den Bäumen, wo sich der Boden senkte, von Tau wie mattes Silber. Die Morgenluft war kalt und von einer Schärfe, die in nördlichen Ländern verkündet, daß der Frost nicht mehr fern ist. – Wie oft man das auch erlebt, dachte ich, so kann man sich in diesem Schatten und in dieser Kühle doch unmöglich vorstellen, daß ein paar Stunden später Sonne und grelles Licht unerträglich sein werden. – Der graue Nebel lag auf den Bergen und zeichnete auf seltsame Weise ihre Formen nach. Wenn jetzt dort oben die Büffel weideten, mußte es bitterkalt wie mitten in einer Wolke für sie sein.

Das große Gewölbe über uns füllte sich sacht mit Klarheit, wie ein Glas mit Wein, und unversehens, ganz sanft fingen die Berggipfel die ersten Sonnenstrahlen auf und erröteten. Und langsam, so wie sich die Erde zur Sonne neigte, wurden die Grashänge am Fuß der Berge und die tiefergelegenen Masai-Wälder in Gold getaucht. Und jetzt färbten sich die Kronen der hohen Bäume auf meinem eigenen Land rot wie Kupfer. Zu dieser Zeit kamen die großen, violetten Waldtauben, die in den Bäumen jenseits des Flusses wohnten, zur Farm geflogen, um von den Kap-Kastanien meiner Wälder zu fressen. Sie waren nur eine sehr kurze Zeit des Jahres hier. Ihr Morgenflug, den sie in wilder Eile unternahmen, glich einem Kavallerieangriff in der Luft. Aus diesem Grunde erfreute sich das morgendliche Taubenschießen auf der Farm bei meinen Freunden in Nairobi großer Beliebtheit. Wenn ich sie dazu eingeladen hatte, kamen sie, um pünktlich zu sein, so früh am Morgen, gerade bei Sonnenaufgang, daß die Scheinwerfer ihrer Automobile noch brannten, wenn sie in die Auffahrt vor meinem Haus einbogen.

In diesem klaren Schatten, den Blick auf die goldenen

Höhen und den leichten Himmel gerichtet, hatte man das Gefühl, als wäre man in Wirklichkeit auf dem Grund des Meeres, ringsum von kühlem Wasser umströmt, und starrte auf die sonnenbeschienene, goldene Oberfläche des Ozeans.

Ein Vogel begann zu zwitschern, und gleich darauf hörte ich etwas tiefer im Wald ein Glöckchen läuten. Ja, das war eine Freude, Lulu war zurückgekehrt! Das Läuten kam näher, und ich konnte an seinem Rhythmus ihre Bewegungen verfolgen, sie ging, blieb stehen, ging weiter, um eine Hütte herum und direkt auf uns zu. Auf einmal war es etwas Lustiges und Merkwürdiges, einen Buschbock so dicht bei den Häusern zu sehen. Sie stand ganz reglos da und hatte wohl nur Kamante und nicht mich erwartet, lief jedoch nicht davon. Sie betrachtete mich ohne Furcht und schien unsre alten Streitigkeiten und ihre Undankbarkeit, als sie uns ohne ein Wort verlassen hatte, vollkommen vergessen zu haben.

Die Lulu der Wälder war ein freies, unantastbares Wesen, sie war verwandelt, sie hatte sich ihr Recht verschafft. Unser Zusammentreffen hatte den gleichen Charakter, als wäre ich einer Prinzessin, die ich während ihrer Verbannung und nur als Thronprätendentin gekannt hatte, in ihrer ganzen königlichen Würde wiederbegegnet. Lulu zeigte in ihrer Art ebensowenig Kleinlichkeit wie König Louis Philippe, als er erklärte, der König von Frankreich entsinne sich nicht der Beleidigungen, die man dem Herzog von Orleans zugefügt habe. Sie war jetzt die vollkommene Lulu. Ihre Angriffslust war verschwunden, denn wen und warum sollte sie angreifen? Sie behauptete ihr göttliches Recht mit Ruhe und Anmut. An mich erinnerte sie sich insofern, als sie wußte, daß man sich nicht vor mir zu fürchten brauchte. Eine Minute starrte sie mich unverwandt an, ihre violetten Augen waren ohne jeden Ausdruck und blinzelten nicht – mir fiel ein, daß Götter und Göttinnen niemals blinzeln –, und ich hatte das Gefühl, der kuhäugigen Hera von Angesicht zu Angesicht gegenüberzustehen.

Sie knabberte direkt vor meiner Nase an einem Grashalm, machte dann einen leichten, munteren kleinen Sprung und spazierte hinter die Küche, wo ihr Kamante Mais auf den Boden gestreut hatte.

Kamante berührte mit einem Finger meinen Arm und zeigte dann zum Wald. Als ich in diese Richtung sah, entdeckte ich unter einem großen Kap-Kastanienbaum am Rand des Rasens die kleine schwarzbraune Silhouette eines Buschbock-Hirsches mit einem schönen Gehörn, der unbeweglich wie ein Baumstamm stand. Kamante beobachtete ihn eine Weile und lachte. »Sieh mal an«, sagte er, »Lulu hat ihrem Mann schon so oft erklärt, daß bei den Häusern nichts zu befürchten ist, aber er traut sich doch nicht hierher. Jeden Morgen denkt er: Heute will ich es tun. Aber wenn er aus dem Wald kommt, dann hat er einen kalten Stein im Bauch« – das ist in der Welt der Eingeborenen ein verbreitetes Leiden, das die Arbeit auf der Farm oft sehr erschwert –, »und dann bleibt er stehen, an diesem Baum.«

Lulu kam nun oft frühmorgens zum Haus. Ihr helles Glöckchen verkündete, daß die Sonne den Berghang erreicht hatte, ich lag im Bett und wartete auf sie. Manchmal blieb sie ein oder zwei Wochen aus, und wir vermißten sie und sprachen von den Leuten, die in den Bergen auf die Jagd gingen. Dann aber meldeten meine Leute wieder voller Freude: »Lulu ist da«, als wäre die verheiratete Tochter des Hauses zu Besuch gekommen. Ein paarmal sah ich noch die Silhouette des Hirsches zwischen den Bäumen, doch Kamante hatte richtig gesehen: er brachte niemals den Mut auf, bis an das Haus zu kommen.

Eines Tages, als ich aus Nairobi zurückkehrte, erwartete mich Kamante vor der Küche und berichtete mir in großer, fröhlicher Erregung, Lulu sei um die Mittagszeit auf der Farm gewesen und habe ihr Toto bei sich gehabt. Einige Tage später hatte ich selbst die Ehre, ihr zwischen den Hütten der Leute zu begegnen. Sie war wachsam und ließ nicht mit sich spaßen. Das winzig kleine

Kitz, das ihr auf den Fersen folgte, war in all seinen Bewegungen genauso graziös und bedächtig, wie sie es selbst gewesen war, als wir sie kennengelernt hatten. Die lange Regenzeit war gerade zu Ende, und Lulu war nun diesen ganzen Sommer in der Nähe der Häuser zu finden, nicht nur morgens und abends, sondern auch nachmittags und sogar mitten am Tage, und da hielt sie sich im Schatten der Bäume auf.

Lulus Kitz fürchtete sich vor den Hunden nicht im geringsten und ließ sich ohne weiteres von ihnen beschnuppern, doch an die Eingeborenen oder an mich konnte es sich nicht gewöhnen, und wenn wir es anzufassen versuchten, stürzten Mutter und Kind augenblicklich davon und verschwanden im Wald.

Lulu selbst ließ nach ihrer ersten langen Abwesenheit vom Haus keinen von uns wieder so nahe an sich heran, daß wir sie hätten berühren können. Ansonsten war sie freundlich und verstand, daß wir uns ihr Kitz gern ansehen wollten, sie geruhte sogar, ein Stück Zuckerrohr von einer ausgestreckten Hand zu nehmen. Sie ging im hellen Sonnenschein zur offenen Eßzimmertür und starrte nachdenklich ins Dämmerlicht der Räume, doch über die Türschwelle trat sie nie wieder. Zu diesem Zeitpunkt hatte sie sich ihr Glöckchen vom Hals geschafft, und sie kam und ging und lief zwischen den Häusern herum, ohne jedes Geräusch.

Meine Leute boten mir an, das Kitz einzufangen und wie einst Lulu im Haus zu halten, doch ich fand, das wäre ein schnöder Dank für Lulus nobles Vertrauen zu uns gewesen.

Und ich war auch der Meinung, daß die freie Verbindung zwischen dem Haus und den Antilopen eine seltene und ehrenvolle Beziehung war. Lulu kam aus der Wildnis, um uns zu zeigen, daß sie mit uns auf freundschaftlichem Fuße stand, und sie vereinte mein Haus mit der afrikanischen Landschaft, so daß niemand sagen konnte, wo das eine aufhörte und das andere begann.

Lulu kannte den Wald in- und auswendig. Sie wußte,

wo das große Wildschwein sein Lager hatte, und sie hatte den Nashörnern bei der Paarung zugesehen. Sie muß im offenen Buschland, wo Wald und Steppe einander begegnen, bei Sonnenaufgang beobachtet haben, wie das vom Löwen getötete Zebra von den Besitzern der Nacht an die Besitzer des Tages überging – lange nachdem der Löwe abgezogen ist, heben die gefräßigen, scheuen Hyänen den Kopf zum roten Himmel im Osten und schleichen davon, und dann lassen sich die großen dunklen Geier, die während der Nacht unbeweglich wie tote Gegenstände in den niedrigen Dornbäumen gesessen haben, das kurze Stück durch die Luft wie Steine zur Erde fallen und stürzen sich auf das Aas, um es in einem einzigen Augenblick in eine lebendige, unruhige Masse von kämpfenden, schlagenden Flügeln zu verwandeln.

In Afrika gibt es einen Kuckuck, der in den Mittagsstunden der heißesten Tage und mitten im Walde ruft. Da glaubt man endlich den Pulsschlag ganz Afrikas zu hören. Doch niemals ist es mir gelungen, den Kuckuck zu sehen, und auch anderen nicht, denn niemand hat mir erzählen können, wie dieser Vogel aussieht. Lulu aber ist vielleicht auf dem grünen Pfad unter dem Zweig gegangen, auf dem der rufende Kuckuck saß.

Ich las damals gerade ein Buch über die Kaiserin von China, und ich las, wie die junge Yahanola nach der Geburt ihres Sohns ihre Eltern besuchte und in ihrer grünen, golden verhängten Sänfte die verbotene Stadt verließ. Jetzt, dachte ich, glich mein Haus dem Elternhaus der mächtigen Kaiserin.

Die beiden Antilopen, die große und die kleine, trieben sich den ganzen Sommer über in der Nähe meines Hauses herum, und wir brauchten niemals lange zu warten, bis wir eine von ihnen oder alle beide entdeckten. Als die nächste lange Regenzeit begann, erzählten mir meine Leute, Lulu sei mit einem neuen Kitz zurückgekehrt. Ich habe es selbst nicht gesehen, denn zu dieser Zeit kamen sie nicht mehr so dicht ans Haus, doch etwas später begegnete ich im Wald drei Buschböcken auf einmal.

Der Bund zwischen Lulu und ihrer Familie und meinem Haus hielt viele Jahre. Die Antilopen waren ständig in der Nähe. Sie kamen und gingen, als wären meine Rasenflächen und die Einfahrt eine Provinz des Waldes. Meistens erschienen sie unmittelbar vor Sonnenuntergang und bewegten sich eine Weile zwischen den Bäumen, wie zarte, dunklere Schatten im Schatten, doch wenn sie auf dem Rasen herumspazierten und weideten, leuchtete ihr Fell in der Nachmittagssonne wie Kupfer. Eine davon war Lulu, denn sie kam dicht heran und ging um das Haus herum. Wenn sich ein Wagen näherte oder wenn wir ein Fenster öffneten, spitzte sie die Ohren, und die Hunde kannten sie. Lulus Fell wurde mit den Jahren dunkler. Doch auch ihre Kinder und vielleicht ihre Enkelkinder wagten sich manchmal in die Nähe des Hauses. Als ich eines Nachmittags mit dem Wagen heimkehrte, fand ich auf der Terrasse vier Buschböcke um das Salz versammelt, das ich für meine Kühe ausgestreut hatte.

Es war bemerkenswert, daß mit Ausnahme des ersten großen, schönen Hirsches, Lulus Bwana, der mit stolz erhobenem Kopf unter der Kastanie gestanden hatte, niemals ein Buschbockhirsch zum Haus kam. Wie es schien, hatten wir es hier mit einem Wald-Matriarchat zu tun.

Die Jäger und Naturforscher der Kolonie entwickelten mit der Zeit für Lulu und ihre Familie ein großes Interesse, und der Jagdaufseher suchte die Farm mehrmals auf, um sich die Tiere anzusehen und zu beobachten. In unserer Zeitung, *The East African Standard,* wurde ein Artikel über sie geschrieben.

Die Jahre, in denen Lulu und ihre Familie in die Nähe meines Hauses kamen, waren die glücklichsten Jahre meines ganzen Lebens in Afrika. Deshalb sah ich meine Bekanntschaft mit den Antilopen des Waldes als ein Zeichen der Freundschaft an, als eine große Gunst oder ein

Geschenk von Afrika selbst. Es enthielt das ganze Land, gute Vorzeichen, einen Pakt aus alten Zeiten, ein Lied:

> Fliehe, mein Freund, und sei gleich einem Reh
> oder einer jungen Hindin auf den Würzbergen!

In den letzten Jahren meines Afrika-Aufenthaltes sah ich Lulu und die Ihren immer seltener, und ich glaube, im allerletzten Jahr, das ich dort verbrachte, kamen sie gar nicht mehr. Die Zeiten hatten sich geändert. Südlich von meiner Farm hatte man das Land parzelliert und an Siedler vergeben, man hatte den Wald gerodet und Häuser gebaut. Wo zuvor Waldlichtungen gewesen waren, keuchten und fauchten jetzt Traktoren. Von den neuen Farmern waren viele eifrige Jäger, und überall in der Landschaft sangen die Flinten. Ich glaube, das Wild hatte sich weiter nach Westen und in die Wälder des Masai-Reservats verzogen.

Ich weiß nicht, wie alt eine Antilope werden kann. Vielleicht ist Lulu, des Lebens müde, vor langer Zeit gestorben.

Oft, sehr oft habe ich in den frühen Morgenstunden vor Tagesanbruch Lulus helles Glöckchen zu hören geglaubt, und im Schlaf erfüllte sich mein Herz mit Freude. Ich bin mit dem Gefühl aufgewacht, daß etwas Merkwürdiges und Wunderbares geschehen würde, in diesem Augenblick.

Wenn ich so im Bett lag und an Lulu dachte, überlegte ich mir, ob sie in ihrem Walddasein wohl selbst von ihrem Glöckchen geträumt haben mochte. Ob durch ihren kleinen Kopf mit den unvergleichlichen, großen, dunklen Augen und den feinen Ohren wohl jemals Bilder von Menschen und Hunden geglitten sind, wie Schatten über das Wasser.

Ich weiß ein Lied von Afrika, dachte ich, von den Giraffen und vom afrikanischen Neumond, der auf dem Rücken liegt, von den Pflügen auf dem Feld und von den verschwitzten Gesichtern der Kaffeepflücker. Weiß Afrika auch ein Lied von mir? Zittert die Luft über der

Steppe jemals mit einer Farbe, die ich an mir hatte, spielen die Kinder ein Spiel, in dem mein Name vorkommt, wirft der Vollmond einen Schatten auf die kiesbestreute Einfahrt des Hauses, der dem meinen gleicht? Halten die Adler von Ngong nach mir Ausschau?

Ich habe nie wieder etwas von Lulu gehört.

Doch von Kamante habe ich gehört. Sein letzter Brief ist noch keinen Monat alt. Aber diese Nachrichten aus Afrika kommen auf eine unwirkliche Weise und ähneln mehr Schatten und Spiegelbildern des Lebens als Mitteilungen davon.

Kamante kann ja nicht schreiben, und er kann auch nicht Englisch. Wenn er oder ein anderer von meinen Leuten es sich in den Kopf setzen, daß es nun Zeit sei, mir einen Brief zu schicken, dann gehen sie zu einem professionellen indischen Schreiber, der mit seinem Schreibpult, mit Papier, Feder und Tinte vor dem Postamt sitzt, und erklären ihm, was nach ihrer Meinung in dem Brief stehen solle. Mit dem Englisch der professionellen Schreiber ist es auch nicht weit her, und man kann kaum von ihnen sagen, daß sie schreiben können, obwohl sie selbst davon überzeugt sind. Um ihre Kunstfertigkeit zu beweisen, schmücken sie die Briefe mit vielen Zeichen und Schnörkeln aus, die das Entziffern erschweren. Sie haben auch die Angewohnheit, jeden Brief mit zwei oder drei verschieden farbigen Tinten zu schreiben, und was immer der Grund dafür sein mag, so erwecken sie damit den Eindruck, daß ihnen die Tinte ausgegangen ist und daß sie aus einem ganzen Regiment von Flaschen die letzten Reste herausquetschen. Das Ergebnis von alledem sind Botschaften solcher Art, wie die Leute sie einst vom Orakel in Delphi erhielten. Die Briefe, die ich bekomme, haben eine Perspektive. Ich spüre, daß eine Mitteilung darin steckt, die dem Absender schwer auf dem Herzen gelegen und ihn veranlaßt hat, drei bis vier Meilen vom Kikuyu-Reservat zum Postamt zu gehen. Doch diese Mitteilung ist in Dunkel gehüllt. Der billige, schmutzige Bogen Papier, der viele tausend Meilen zu mir gereist ist, schreit mich an, doch ich verstehe nicht, was er sagt.

Kamante hat als Korrespondent seine eigene Manier. Er legt drei oder vier Briefe in denselben Umschlag und bezeichnet sie: *Erster Brief, Zweiter Brief, Dritter Brief* und so fort. Der Inhalt ist bei allen derselbe und wird nur mal für mal wiederholt. Vielleicht versucht er mich dadurch tiefer zu beeindrucken, er hatte die gleiche Gewohnheit, wenn wir miteinander sprachen und wenn er mir eine Sache besonders gut erklären oder einprägen wollte. Vielleicht fällt es ihm schwer aufzuhören, wenn er das Gefühl hat, mit einem Freund über so große Entfernung endlich in Verbindung gekommen zu sein.

Kamante schreibt, er sei arbeitslos, und das schon lange. Darüber wundere ich mich nicht, denn er war wirklich Kaviar für die Menge, ich hatte einen königlichen Koch ausgebildet und ihn in einem Land von Kolonisten zurückgelassen. Und für ihn brauchte es mehr noch als für andere eine Zauberformel, ein »Sesam, öffne dich«. Nun ist das Wort verlorengegangen, der Stein hat sich wieder um die geheimnisvollen Schätze seines Inneren geschlossen. Dort, wo der große *Chef* – tief in Gedanken und voller Weisheit – gewandelt ist, da sieht die Welt jetzt nichts weiter als einen kleinen, dünnbeinigen Kikuyu, einen Zwerg mit einem flachen, stillen Gesicht.

Was hat Kamante zu sagen, wenn er den weiten Weg nach Nairobi geht, sich vor dem geldgierigen, hochmütigen indischen Schreiber aufstellt und ihm langsam die Botschaft erklärt, die um die halbe Welt reisen soll? Die Zeilen sind genauso krumm wie seine Finger, und die Sätze haben keinen Zusammenhang. Aber Kamante hat eine große Seele, und man erkennt ihn wieder in allem, was er tut. Seine Stimme hat Kraft, wenn er zu mir übers Meer ruft, sie hat etwas vom Klang der Harfe des Hirtenknaben David.

Ich bringe hier ein Bruchstück von einem solchen *Zweiten Brief:*

»Ich war nicht dich vergessen, Memsahib. Geehrte

Memsahib. Jetzt alle deine Diener, sie sind nie froh, weil du weg warst vom Land. Wenn wir Vogel wären, fliegen wir und sehen dich. Dann wir heimkehren. Deine alte Farm war gut für Kuh kleine Kalb schwarze Leute. Jetzt haben sie gar nichts, Kuh, Ziege, Schaf, sie haben gar nichts. Jetzt alles böse Leute, die freuen sich im Herzen, weil deine alten Leute, die waren arm Menschen jetzt. Nun weiß Gott all diese Dinge, zu helfen deinen Dienern.«

Und in einem *Dritten Brief* liefert Kamante ein Beispiel dafür, wie uns die Eingeborenen auch etwas Schönes, Schmeichelhaftes sagen können:

»Schreib und sag uns, ob du kehrst her. Wir alle glauben du komm. Weil warum? Wir glauben, du kannst uns nie vergessen. Weil wir glauben du weißt noch unser Gesicht und die Namen unserer Mutter.«

Wollte uns ein weißer Mann etwas Schönes sagen, so würde er schreiben: »Ich kann Sie niemals vergessen.« Doch der Afrikaner sagt: »Wir glauben von dir nicht, daß du uns jemals vergessen kannst.«

II Die Geschichte eines Unglücksfalls

1. *Der unglückselige Schuß*

Am Abend des 19. Dezembers ging ich aus dem Haus, um nachzusehen, ob es wohl regnen würde. Das taten gewiß viele Farmer des Hochlands zu dieser Zeit. Manchmal, in einem guten Jahr, gingen um Weihnachten ein paar heftige Regenschauer nieder, und das war für die Kaffeebäume, die während der kurzen Regenzeit im Oktober geblüht hatten und jetzt Früchte ansetzten, von großem Nutzen. In dieser Nacht sah es gar nicht nach Regen aus, der Himmel war klar, leuchtete von Sternen und schwieg triumphierend.

Der Sternenhimmel über dem Äquator ist reicher als der nördliche, und man betrachtet ihn häufiger, denn man ist in den Tropen oft nachts im Freien. In Nordeuropa sind die Winternächte zu kalt, als daß man die Sterne mit Vergnügen studieren könnte, und in den Sommermonaten, wo der klare Himmel so blaß wie ein Hundsveilchen ist, sind sie kaum wahrzunehmen.

Verglichen mit den Nächten des Nordens, sind die tropischen Nächte gesellig, wie die katholischen Kirchen im Vergleich zu den protestantischen, die man nur dann betreten darf, wenn man darin etwas zu tun hat. Im großen Raum der Tropennacht kommen und gehen Menschen und Tiere, hier geschehen mehr Dinge als am Tage. In Afrika und Arabien, wo die Mittagssonne Menschen töten kann, ist die Nacht die rechte Zeit zum Wachen und Reisen. In diesen Ländern erhielten die Sterne ihre Namen, sie haben den Menschen viele Jahrhunderte als Leitsterne gedient und sie in langen Linien über den Wüstensand und über das Meer gezogen, den einen nach Osten und andere nach Norden und Süden und Westen. Automobile laufen nachts besonders gut, es ist eine Freude, unter den Sternen zu fahren, und wenn man seine Freunde in einer anderen Gegend des Landes besuchen will, legt man den Zeitpunkt nach dem nächsten Vollmond fest. Man geht bei Neumond auf Safari, um die ganze lange Reihe der mondhellen Nächte vor sich zu haben. Wenn ein Europäer, der lange in den Tropen gelebt hat, zu Besuch in Europa ist, dann wird er höchst merkwürdig davon berührt, wie wenig Empfinden die Leute dort für die Bewegung des Mondes haben. Der Neumond war für den Kameltreiber der Chadidscha das Zeichen zum Aufbruch – wenn er sich am Himmel zeigte, sollten die Karawanen davonziehen. Den Blick auf ihn geheftet, war er einer jener Philosophen, die Weltsysteme aus Mondschein schaffen. Er muß ihn lange angesehen haben, um ihn zu jenem Zeichen zu erwählen, in dem er siegen sollte.

Ich selbst habe mir bei den Eingeborenen einen Namen gemacht, weil ich einige Male als erste den dünnen Silberbogen des neuen Mondes mitten im Sonnenuntergang entdeckte, und vor allem, weil ich zwei oder drei Jahre hintereinander als erste jenen Neumond erblickte, der den heiligen Monat der Mohammedaner, den Ramadan, eröffnet.

Die Siedler lassen den Blick langsam um den ganzen Horizont wandern. Zuerst nach Osten, denn wenn es Regen gibt, kommt er von dort, und da steht die helle Spica, die »Ähre«, im Sternbild Jungfrau. Dann nach Süden, um das Keuz des Südens zu begrüßen, den großen Pförtner der Welt, den Geliebten der Weltumsegler, und weiter oben, unter dem leuchtenden Streifen der Milchstraße, Alpha und Beta im Kentauren. Im Südwesten strahlt der Sirius groß am Himmel und direkt im Westen der nachdenkliche Canopus, über den schwachen Umrissen von Ngong Hills, die jetzt fast eingeebnet und gestreckt erscheinen, funkelt die Reihe der Diamanten: Rigel, Beteigeuze und Bellatrix. Und ganz zuletzt schaut der Siedler nach Norden, denn wir kehren alle einmal nach Norden zurück, und dort begegnet er dem Großen Bären persönlich, der jetzt durch die himmlische Perspektive ganz ruhig auf dem Kopf steht. Das wirkt wie ein Bärenspaß, ein nordischer Spaß, der die Herzen der nordischen Auswanderer freuen muß.

Menschen, die im Schlaf träumen, kennen eine besondere Art von tiefer Zufriedenheit, die nicht der Welt des Tages angehört, eine vollkommen passive Verzücktheit und Leichtigkeit des Herzens, süß wie Honig auf der Zunge. Das eigentlich Faszinierende des Traums ist das Gefühl unbegrenzter Freiheit, das er hervorruft. Diese Freiheit ist nicht die eines Tyrannen, der die Welt unter seinen Willen zwingt, sondern die eines Künstlers, der selbst keinen Willen hat, der frei ist vom Wollen. Die besondere Freude des Träumers liegt nicht in dem, was er träumt, sondern darin, daß im Traum alles geschieht, ohne daß er sich im geringsten dafür anstrengen muß und ohne daß er Einfluß darauf nehmen kann. Große Landschaften formen sich von selbst, weite Aussichten eröffnen sich, vielfältige, schöne Farben treten hervor, Wege und Häuser, von denen er nie gehört, die er nie gesehen hat. Fremde Menschen kommen und gehen, sind Freund oder Feind, und der Träumende hat ihnen weder Gutes noch Böses getan. Der Gedanke an Flucht und Verfolgung kehrt ständig im Traum wieder, und beides ist gleich faszinierend. Im Traum werden äußerst geistreiche und witzige Dinge von all und jedem gesagt. Es stimmt zwar, daß die Träume verblaßt sind und ihren Sinn verloren haben, wenn man sich manchmal bei Tage an sie erinnert, denn sie gehören einer anderen Ebene an, doch sobald man sich in der nächsten Nacht schlafen legt, ist der Strom eingeschaltet und ihre Vortrefflichkeit wieder da. Was immer darin geschehen mag, so empfindet der Träumende die Freiheit um sich und in sich wie Licht und hohe Luft, ein überirdisches Glück. Er ist der Auserwählte, ein Hochbegnadeter, ohne die geringste Beziehung zu dem, was geschieht, und alle Dinge erscheinen ihm zur Bereicherung und Freude. – »Die Könige von Tarsis sollen Geschenke bringen.« – Er nimmt an einer großen Schlacht oder an einer Jagd oder an einem Ball teil und wundert sich, daß er inmitten dieser großen Ereignisse das Vorrecht genießt, im Bett zu liegen. Doch wenn einem das Gefühl von Freiheit verlorengeht, wenn der Gedanke an etwas Notwendiges in die Welt des Traumes eindringt und irgendwo darin Eile oder Mühe gefordert wird, wenn da ein Brief ist, den man schreiben, ein Zug, den man erreichen muß, oder wenn man sich selbst dafür anstrengen muß, daß die Pferde des Traums galoppieren und die Flinten auch schießen, dann geht es mit den Träumen bergab, und sie wandeln sich in Alpträume um, die eine schlechte und vulgäre Art von Träumen sind.

Was in der wachen Welt einem Traum am nächsten kommt, das ist die Nacht in einer großen Stadt, wo niemand uns kennt, oder das sind die Nächte in Afrika. Auch da gibt es eine unbegrenzte Freiheit. Ständig ereignen sich in der Nähe große Dinge, Schicksale entscheiden sich um uns herum, überall ist heftige Bewegung, und das Ganze hat nicht das geringste mit uns zu tun.

In Afrika war die Luft, sobald die Sonne untergegangen war, voller Tiere. Die Fledermäuse bewegten sich so lautlos hin und her wie große Autos auf dem Asphalt. Die Falkennachtschwalbe strich vorüber, jener Vogel, der auf den Straßen sitzt und dessen Augen eine Sekunde rot im Licht der Autoscheinwerfer funkeln, bevor er direkt vor den Rädern senkrecht in die Höhe fliegt. Die kleinen Springhasen waren unterwegs und vergnügten sich auf ihre besondere Weise, sie sprangen nach einem eigenen Rhythmus, als tauchten sie im Wasser, und ähnelten Känguruhs en miniature. Die Zikaden sangen im hohen Gras ein unendliches Lied, Düfte schwebten am Boden entlang, und Sternschnuppen liefen über den Himmel wie Tränen über ein Gesicht. Du selbst warst der Auserwählte, dem alles gebracht wurde. – »Die Könige von Tarsis sollen Geschenke bringen.«

Wenige Meilen weiter, im Masai-Reservat, wechselten jetzt die Zebras die Weiden, die Herden wanderten als lange, helle Streifen über die graue Steppe. Die Büffel bewegten sich hoch oben in den Bergen. Meine jungen Männer von der Farm zogen vorüber, zwei oder drei hintereinander, als dunkle, schmale Schatten auf dem

Rasen. Jetzt arbeiteten sie nicht für mich, sondern waren in eigener Sache unterwegs, und was sie vorhatten, ging mich nichts an. Sie wiesen selbst darauf hin, indem sie beim Anblick meiner glühenden Zigarette auf der Veranda nur langsamer schritten und grüßten, ohne stehenzubleiben. »Jambo, Msabu.« – »Jambo, Morani – junge Krieger –, wo wollt ihr hin?« – »Wir wollen in Kathegus Dorf. Bei Kathegu ist heute nacht eine große Ngoma. Leb wohl, Msabu.« – Einige, die zusammen gingen, nahmen Trommeln mit zum Tanz, und wenn man die Trommelschläge von weitem hörte, dann glichen sie dem schwachen Pulsschlag in einem Finger der Nacht. Und plötzlich, unerwartet, wurde das Ohr von einem tiefen Ton getroffen, der eher ein Vibrieren der Luft zu sein schien: es war das ferne, kurze Brüllen des Löwen. Er war unterwegs, er lief über die Steppe, wo er war, geschahen viele Dinge. Das Gebrüll wiederholte sich nicht, doch es hatte den Horizont erweitert. Die langen Täler und die Wasserlöcher waren mir nah gebracht.

Während ich so vor meinem Haus stand, fiel in einiger Entfernung ein Schuß. Ein einzelner Schuß. Dann schloß sich die nächtliche Stille wieder überall. Die Zikaden, die, wie um zu lauschen, für einen Augenblick geschwiegen hatten, ließen ihr langes, eintöniges Lied im Gras von neuem erklingen.

Ein einzelner Schuß in der Nacht, das hat etwas merkwürdig Schicksalschwangeres und Definitives, das ist, als hätte uns jemand mit einem einzigen Wort, das er nicht wiederholen will, eine Botschaft zugerufen. Ich stand lange da und überlegte, was das wohl zu bedeuten habe. In dieser Dunkelheit konnte niemand etwas aufs Korn nehmen, und wenn man ein Tier verscheuchen will, dann gibt man zwei oder mehrere Schüsse ab. Vielleicht war es mein alter indischer Schmied Pooran Singh in der Mühle, dachte ich, vielleicht hat er auf Hyänen geschossen, die sich auf das Gelände der Mühle geschlichen und über die Ochsenhäute hergemacht haben, die wir dort, mit Steinen beschwert, aufgehängt hatten, um später Riemen daraus zu schneiden. Pooran Singh war kein Held, doch womöglich hatte er sich zusammengenommen, die oberste Halbtür seiner Hütte geöffnet und seine alte Flinte abgefeuert. Aber auch er hätte aus beiden Läufen geschossen und neu geladen und wieder geschossen, wenn er die Süße der Heldentat erst einmal gekostet hatte. Doch ein einzelner Schuß und dann Stille?

Ich wartete noch einige Zeit auf einen zweiten Schuß, doch der kam nicht, und als ich zum Himmel blickte, sah ich, daß auch der Regen ausbleiben würde. Da ging ich ins Bett, nahm mir ein Buch und ließ die Lampe brennen. Wenn es einem in Afrika gelingt, aus den fürchterlichen Büchersendungen, die man auf guten Schiffen den ganzen Weg von Europa bis hierher transportieren läßt, ein Buch herauszufinden, das die Lektüre überhaupt lohnt, dann liest man es, wie ein Schriftsteller gelesen sein möchte. Man betet zu Gott, der Autor möge so gut bleiben, wie er begonnen hat. Der Gedanke folgt begeistert einer neuen, tiefen, frischen Spur.

Zwei Minuten später bog ein Motorrad mit rasender Geschwindigkeit in die Einfahrt und hielt vor dem Haus, und jemand klopfte heftig an die Tür, die vom Wohnzimmer in den Garten führte. Ich zog mir Rock und Bluse an und schlüpfte in ein Paar Schuhe, nahm die Lampe und ging hinaus. Draußen stand der Verwalter meiner Kaffeeaufbereitungsanlage, im Lampenschein funkelten seine Augen wild, und sein Gesicht war schweißbedeckt. Er hieß Belknap, war Amerikaner und als Mechaniker beispiellos tüchtig und begabt, hatte jedoch ein unausgeglichenes Temperament. Für ihn war die Situation der Farm stets entweder rosenrot oder finster und ohne einen Hoffnungsschimmer. In der ersten Zeit seiner Tätigkeit hatten mich diese großen Schwankungen in seiner Haltung zum Leben und bei der Einschätzung der Verhältnisse und Aussichten der Farm in Unruhe und gleichsam in eine geistige Riesenschaukel versetzt, doch nun hatte ich mich daran gewöhnt. Seine jähen Kehrtwendungen und Sprünge waren im Grunde nichts weiter als eine Art täglicher Geistesgymnastik, zu der seine tatkräftige Seele, die Bewegung brauchte, ihre Zuflucht genommen hatte, weil bei uns so wenig passierte. Das konnte man bei energischen jungen Männern, vor allem bei solchen, die in Städten aufgewachsen waren, in Afrika häufig beobachten. Diesmal aber kam er geradewegs aus einer Tragödie und hatte sich noch nicht entscheiden können, ob er seine hungernde Seele mit einer möglichst dramatischen Darstellung sättigen oder sich von ihrem Grauen befreien sollte, indem er sie herunterspielte. Er sah in diesem Dilemma wie ein kleiner Junge aus, der sich überschlägt, um als erster von einem Unglücksfall zu erzählen, und stotterte beim Sprechen. Zu guter Letzt spielte er das Ereignis dann doch herunter, denn trotz allem war seine Rolle darin nicht die beste, und auch diesmal war er in Afrika vom Schicksal um ein wirkliches Erlebnis betrogen worden.

Belknap berichtete mir, wie friedlich und fröhlich alles begonnen hatte. Er hatte seinem Koch freigegeben, und in seiner Abwesenheit hatte der siebenjährige Küchen-Toto Kabero, dessen Vater, der alte Fuchs Kaninu, mein Squatter und nächster Nachbar auf der Farm war, in der Küche eine Kindergesellschaft veranstaltet. Im Laufe des Abends war diese Gesellschaft sehr lustig geworden, und Kabero hatte die Flinte seines Herrn geholt und war, um seine wilden Freunde von Steppe und Shambas zu beeindrucken, als weißer Mann vor ihnen aufgetreten. Belknap besaß einen großen Hühnerhof, er mästete Kapaune und Poularden und kaufte auf den Auktionen in Nairobi Rassehühner, und auf seiner Veranda hatte er eine Schrotflinte stehen, um Habichte und wilde Katzen zu vertreiben. Als wir später die Sache besprachen, beharrte Belknap darauf, daß die Flinte nicht geladen gewesen sei und daß die Kinder die Patronen selbst hervorgeholt und sie geladen hätten. Ich glaube aber, daß ihn hier sein Gedächtnis im Stich gelassen hatte, denn selbst wenn die Kinder gewollt hätten, wäre es ihnen kaum möglich gewesen, die Flinte zu laden.

Wahrscheinlicher ist, daß er die Flinte dieses eine Mal geladen auf der Veranda abgestellt hatte. Wie immer es gewesen sein mag, so steckte jedenfalls eine Patrone im Lauf, als Kabero im Übermut seiner Jugend und seiner Popularität mitten zwischen die sorglosen Gäste gezielt und auf den Abzug gedrückt hatte. Der Schuß war durch das ganze Haus gedröhnt. Drei Kinder waren leicht verletzt in großem Entsetzen aus der Küche gelaufen. Zwei waren liegengeblieben, entweder schwer verletzt oder tot. Belknap schloß seinen Bericht mit einem langen und schweren Fluch auf das ganze Afrika und alle Dinge, die hier passierten.

Während seiner Rede waren Farah und meine Leute aus dem Haus gekommen, hatten schweigend zugehört und holten nun eine Laterne. Wir packten in großer Eile Verbandszeug und Desinfektionsmittel zusammen. Ein Versuch, mein Automobil in Gang zu setzen, wäre nur Zeitverschwendung gewesen, also liefen wir, so schnell wir konnten, den Hügel hinunter durch den Wald zu Belknaps Haus. Die schwankenden Stallaternen warfen unsere Schatten von einer Seite des Pfades zur anderen. Im Laufen hörten wir, näher und näher, mehrere kurze, heisere, gebrochene Schreie, die Todesschreie eines Kindes.

Die Küchentür stand weit offen, als wäre der Tod hinein- und wieder hinausgestürzt, um den Raum in völliger Zerstörung zurückzulassen, wie einen Hühnerstall, in dem der Marder gehaust hat. Auf dem Tisch stand eine Lampe, die bis zur Decke blakte, und der Pulvergeruch hing noch in der Luft des kleinen Raums. Die Flinte lag auf dem Tisch neben der Lampe. Der ganze Fußboden schwamm von Blut, ich rutschte darin aus. Es ist schwierig, den Schein einer Stallaterne auf einen bestimmten Punkt zu richten, doch sie kann einen ganzen Raum und eine Situation hell erleuchten. Ich erinnere mich an Dinge, die ich im Licht von Stallaternen gesehen habe, viel besser als an andere Dinge.

Ich kannte die beiden Kinder, die von dem Schuß getroffen worden waren, von den Steppen der Farm, wo sie die Schafe ihrer Väter gehütet hatten. Wamai, Jogonas Sohn, ein lebhafter, aufgeweckter kleiner Junge, der eine Zeitlang meine Abendschule besucht hatte, lag zwischen Tür und Tisch auf dem Boden. Er lebte noch, war aber dem Tode nahe und ohne Bewußtsein, obwohl er ab und zu leise jammerte. Wir hoben ihn auf und legten ihn an die Wand, um in der Küche Platz zu haben. Das schreiende Kind war Wanyangerri, der Jüngste von der ganzen Gesellschaft. Er setzte sich auf und beugte sich zur Lampe vor, das Blut strömte wie Wasser von einer Pumpe aus seinem Gesicht – falls man es noch Gesicht nennen konnte, denn er mußte direkt vor der Flinte gestanden haben, und der Schuß hatte seinen ganzen Unterkiefer weggerissen. Er hielt die Arme zur Seite ausgestreckt, und sie gingen auf und nieder wie Pumpenschwengel, wie die Flügel eines Hühnchens, dem der Kopf abgeschlagen worden ist.

Wenn man ganz unvermittelt einem so entsetzlichen Unglück und Elend gegenübersteht, fällt einem nur ein einziger Ausweg ein, den man von der Jagd und aus den Viehställen kennt: sofort töten und allem ein Ende setzen. Doch einen Augenblick später weiß man, daß es diese Möglichkeit hier nicht gibt, und die Gedanken werden von Angst und Sorge gelähmt. Verzweifelt umfaßte ich mit beiden Händen den Kopf des verletzten Kindes und drückte ihn, und im selben Augenblick, als hätte ich ihn tatsächlich getötet, hörte er auf zu schreiben, ließ die Arme sinken und saß reglos da, als wäre er aus Stein. Jetzt weiß ich also, wie einem zumute ist, der durch Handauflegen heilt.

Ein Patient, dem das halbe Gesicht weggeschossen ist, läßt sich schwierig verbinden, weil er bei dem Versuch, die Blutung zu stillen, ersticken kann. Ich mußte den Jungen auf Farahs Knie heben und von ihm festhalten lassen, denn wenn sein Kopf vornüber gefallen wäre, hätte ich keinen Verband anlegen können, und wäre er zurückgesunken, hätte er das Blut in den Hals bekommen. Das Kind saß jedoch vollkommen still, und so gelang es uns schließlich, eine Bandage zu wickeln.

Wir legten Wamai auf den Tisch und hielten die Lampe hoch, um ihn genauer zu untersuchen. Er hatte die volle Ladung in Hals und Brust bekommen, blutete jedoch nicht stark. Nur aus seinen Mundwinkeln liefen zwei dünne Streifen Blut. Es war ein seltsamer Anblick, wie still das eingeborene Kind nun dalag, das so voller Leben wie ein junges Tier gewesen war. Während wir es betrachteten, veränderte sich sein Gesicht und nahm selbst einen Ausdruck von tiefer Verwunderung an. Ich schickte Farah nach Hause, um das Automobil zu holen, denn wenn wir die beiden Kinder ins Krankenhaus schaffen wollten, dann war keine Zeit zu verlieren.

Während wir auf Farah warteten, fragte ich nach Kabero, jenem Jungen, der die Flinte abgefeuert und all dieses Blut vergossen hatte. Da erzählte mir Belknap über ihn eine merkwürdige Geschichte. Einige Tage zuvor hatte Kabero seinem Herrn ein Paar alte Shorts abgekauft, die er am Monatsende mit einer Rupie von seinem Lohn bezahlen sollte. Als Belknap den Schuß hörte und hinaus in die Küche eilte, stand Kabero mitten im Raum, die rauchende Flinte in der Hand. Er starrte Belknap eine Sekunde an und griff dann mit der Linken in die Tasche jener Hose, die er vor kurzem gekauft und nun für die Kindergesellschaft angezogen hatte, holte eine Rupie heraus und legte sie auf den Tisch, während er mit seiner Rechten gleichzeitig die Flinte wegwarf. Und nachdem er auf solche Art mit der Welt abgerechnet hatte, verließ er sie und war mit dieser großen Geste tatsächlich von der Erdoberfläche verschwunden, obwohl wir das damals noch nicht wußten.

Das war für einen Eingeborenen ein ungewöhnliches Verhalten, denn in der Regel verstehen sie es, ihre Schulden, und vor allem ihre Schulden an Weiße, dem Zentrum ihres Denkens fernzuhalten. Vielleicht hatte Kabero diesen Augenblick so sehr als Jüngstes Gericht empfunden, daß er sich dazu verpflichtet fühlte, seine

Rolle darin zu spielen, vielleicht hatte er versucht, sich in der Stunde der Not einen Freund zu sichern, oder aber der Schock und der Tod seiner Freunde hatten die begrenzte Gedankenwelt des Kindes insgesamt gesprengt und kleine Stücke von der Peripherie direkt in den Mittelpunkt seines Bewußtseins geschleudert.

Zu jener Zeit besaß ich ein altes Overland-Auto. Ich will nicht schlecht von ihm reden, denn es hat mir viele Jahre treu gedient, doch es ließ sich selten dazu bewegen, auf mehr als zwei Zylindern zu laufen. Die Scheinwerfer waren auch nicht in Ordnung, daher pflegte ich, wenn ich zum Ball in den Muthaiga Klub fuhr, als Rücklicht einc Sturmlaterne, eingehüllt in ein rotes Seidentuch, zu verwenden. Das Auto mußte angeschoben werden, und das dauerte nachts, wenn es kalt war, sehr lange. Doch jetzt schoben alle meine Leute mit, und wir konnten es starten.

Gäste, die mich auf der Farm besuchten, hatten sich über den Zustand meiner Straße beschwert, ich selbst fand sie jedoch sehr gut instand gehalten. Während der Todesfahrt dieser Nacht sah ich ein, daß sie recht hatten. Ich ließ zuerst Farah chauffieren, doch weil es mir vorkam, als steuerte er absichtlich in alle tiefen Löcher und Wagenspuren der Straße, tauschte ich mit ihm und setzte mich selbst ans Lenkrad. Vorher mußte ich am Teich aussteigen und mir im dunklen Wasser die Hände waschen. Die Entfernung nach Nairobi erschien mir unendlich lang, ich dachte beim Fahren, daß ich in dieser Zeit nach Hause, nach Dänemark, hätte kommen können.

Das Eingeborenenkrankenhaus von Nairobi steht auf einem hohen Hügel, unmittelbar bevor die Straße in jene Mulde abbiegt, in der die Stadt gelegen ist. Jetzt war das ganze Krankenhaus dunkel und wirkte friedlich. Wir hatten Mühe, es aus dem Schlaf zu wecken. Nach langer Zeit kam ein alter goanesischer Arzt oder Hilfsdoktor in einem höchst eigentümlichen Nachtgewand zur Tür. Er war wohlbeleibt, von merkwürdig glattem und ruhigem Wesen und hatte die Gewohnheit, dieselbe große Geste erst mit der einen und dann mit der anderen Hand auszuführen. Als ich Wamai mit den anderen aus dem Wagen hob, streckte er sich ein wenig in meinen Armen, und als wir ihn in das hellerleuchtete Krankenzimmer getragen hatten, sah ich, daß er tot war. Der alte Goanese deutete mit der einen Hand auf ihn und sagte: »Er ist tot.« Dann deutete er mit der anderen Hand auf Wanyangerri und sagte: »Er ist lebendig.« Ich habe diesen alten Mann niemals wiedergesehen, denn ich bin nie wieder bei Nacht, wenn er wohl Wache hatte, in diesem Krankenhaus gewesen. Während unserer Begegnung habe ich mich über seine Art geärgert, doch wenn ich später an ihn dachte, schien es mir, als wäre uns das Schicksal persönlich in langen weißen Kleidern auf der Schwelle des Hauses entgegengetreten und hätte Leben und Tod gleichmäßig verteilt.

Wanyangerri, der aus seiner Apathie erwachte, als wir ihn ins Haus trugen, steigerte sich innerhalb eines Augenblicks in eine entsetzliche Panik. Er wollte nicht im Krankenhaus bleiben und klammerte sich an jeden von der Farm fest, den er erwischen konnte, schrie auf und zitterte heftig. Der alte Goanese brachte ihn schließlich mit einer Morphiumspritze zur Ruhe, warf mir einen Blick über seine große Brille zu und wiederholte: »Er lebt.« Ich entfernte mich und überließ die beiden Kinder, das lebende und das tote, jedes auf seiner Bahre, ihrem jeweiligen Schicksal.

Belknap war uns auf seinem Motorrad gefolgt, um uns beim Anschieben zu helfen, falls der Wagen unterwegs streikte. Jetzt kam er zu mir und sagte, wir müßten den Unglücksfall der Polizei melden. Wir fuhren in die Stadt zum River Road-Polizeirevier und gerieten sogleich in das gesamte Nachtleben von Nairobi. Bei unsrer Ankunft war kein weißer Polizeibeamter auf dem Revier, und während man einen holte, warteten wir draußen im Auto. Die lange Straße war von Eukalyptusbäumen eingefaßt, dem typischen Baum aller Kolonistenstädte des

Hochlands. Bei Nacht verströmten ihre langen, schmalen Blätter einen kräftigen, herben, angenehmen Duft, und im Schein der Straßenlaternen nahmen sie sich seltsam aus. Eine ganze Gruppe von eingeborenen Polizisten schleppte eine große, prachtvolle junge Swahilifrau aufs Revier, sie setzte sich mit allen Kräften zur Wehr, biß und zerkratzte die Gesichter der Polizisten und schrie wie ein gestochenes Schwein. Ein Haufen Raufbolde wurde hereingebracht, sie mußten noch auf der Treppe des Reviers gewaltsam daran gehindert werden, aufeinander loszugehen. Ein soeben gestellter Dieb kam mit einem ganzen Gefolge von Nachtschwärmern daher, von denen einige für ihn und andere für die Polizei Partei ergriffen, und alle schrien sie ihre Meinungen lauthals durcheinander. Schließlich tauchte ein junger Polizeibeamter auf, der gewiß direkt aus einer munteren Gesellschaft kam. Er bereitete Belknap eine Enttäuschung, denn er schrieb seinen Rapport nur zu Anfang mit dem lebhaftesten Interesse und in größter Eile nieder, dann versank er in tiefe Gedanken, bewegte den Bleistift nur noch langsam, gab das Schreiben schließlich ganz auf und steckte seinen Bleistift wieder in die Tasche. Ich war für die Nachtluft zu dünn angezogen und fror. Endlich konnten wir nach Hause fahren.

Am nächsten Morgen, als ich noch im Bett lag, merkte ich an der konzentrierten Todesstille, daß sich vor dem Haus eine Menge Leute versammelt hatten. Wer, das wußte ich, es waren die alten Männer der Farm, sie hockten draußen auf den Steinen, mummelten, spuckten und flüsterten miteinander. Ich wußte auch genau, was sie wollten. Sie waren hergekommen, um mir zu erzählen, daß sie nun eine Kyama auf der Farm abhalten müßten, um über den Schuß in der letzten Nacht und den Tod des Kindes eine Entscheidung zu fällen.

Eine Kyama ist eine Versammlung der Ältesten der Farm, die mit Einverständnis der Regierung in den örtlichen Streitigkeiten der Squatter richtet. Wenn sich die alten Männer versammeln, um über ein Verbrechen oder einen Unglücksfall zu befinden, gleichen sie einer Schar von kahlköpfigen Geiern. Sie bleiben wochenlang sitzen und mästen sich mit Hammelfleisch, Gevattergeschwätz und Unglück. Ich wußte, daß sie mich dazu überreden wollten, die Angelegenheit mit ihnen zu erörtern und mich an den Verhandlungen zu beteiligen und dann das endgültige Urteil zu sprechen. Ich war nicht in der Stimmung, das Unglück der letzten Nacht in allen Einzelheiten durchzugehen, und ließ mein Pferd holen, um ihnen davonzureiten.

Als ich aus dem Haus trat, sah ich, wie erwartet, zur Linken, bei den Hütten meiner Leute, den großen Kreis der alten Männer auf der Erde sitzen. Um die Würde ihrer Versammlung zu betonen, taten sie, als bemerkten sie mich nicht, bis ihnen aufging, daß ich fortreiten wollte. Da kamen sie schleunigst auf ihre alten Beine und gaben mir mit den Armen Zeichen. Ich winkte zurück und ritt davon.

2. Im Reservat

Ich wollte ins Masai-Reservat. Zuerst mußte ich durch den Fluß reiten, doch von dort konnte ich das Wildreservat innerhalb einer Viertelstunde erreichen. Ich hatte schon einige Zeit auf der Farm gewohnt, bis ich endlich eine Stelle gefunden hatte, wo man den Fluß durchqueren konnte. Der Abstieg war sehr steil, und der Weg am anderen Ufer war mit losen Steinen bedeckt. – »Doch ist man erst darinnen, wie jauchzt die Seele laut vor Freud.«

Hier lag das wogende Land offen und groß vor mir ausgebreitet, eine Galoppstrecke von fünfzig Meilen. Es gab weder Einzäunungen noch Gräben, keine Wege und keine menschlichen Behausungen, ausgenommen die Dörfer der Masai, von ihnen Manyattas genannt, die das halbe Jahr leer standen, während die großen Wanderer mit ihren Herden zu anderen Weideplätzen unterwegs waren. Da und dort sah man auf der Steppe niedrige alte

Dornbäume, lange, tiefe Täler und Flußläufe mit großen, flachen Steinen, wo man sich als Furt einen Wildwechsel suchen mußte.

Nach einiger Zeit spürte man, wie still es hier war. Wenn ich heute auf mein Leben in Afrika zurückblicke, scheint mir, man könnte es als das Leben eines Menschen beschreiben, der aus einer lärmenden, unruhigen Welt in ein stilles Land gekommen ist.

Unmittelbar vor der Regenzeit verbrannten die Masai das alte, trockene Gras, und wenn die Steppe dann schwarzbraun und öde dalag, ritt es sich dort nicht gut. Der Staub des verbrannten Grases wirbelte unter den Hufen des Pferdes auf und flog einem in die Augen, die abgesengten Halme waren hart und scharf wie Glas und zerschnitten den Hunden die Pfoten. Doch wenn dann der Regen kam und das neue Gras frisch und grün die Steppe bedeckte, dann ritt es sich wie auf Sprungfedern. Das Pferd geriet vor Freude fast außer sich, wenn es den elastischen Rasen unter seinen Hufen spürte. Auf den frischen Grasflecken weideten viele verschiedene Arten von Gazellen und nahmen sich darauf wie Spielzeugtiere aus, die man auf ein grünes Tuch gestellt hat. Man konnte direkt in eine Herde von Elenantilopen reiten, die riesigen, friedlichen Tiere ließen einen ganz dicht an sich heran, bevor sie, mit stolz erhobenem Kopf, die langen Hörner weit zurückgelegt, davontrabten, wobei ihnen das schwere, schaukelnde Brustfell eine plumpe Silhouette verlieh. Sie sahen aus, als wären sie aus einer alten ägyptischen Grabschrift herausgetreten. Damals aber hatten sie den Boden gepflügt, von Menschen begleitet, und sie waren auch jetzt noch Haustieren ähnlich, was in der Wildnis wunderbar märchenhaft erschien und an die Viehherden nordischer Feen denken ließ. Die Giraffen hielten sich tiefer im Reservat auf.

Im ersten Monat nach der Regenzeit gab es hier eine wilde, weiße Federnelke, die in einer solchen Fülle blühte, daß es von weitem aussah, als wären große Gebiete der Steppe mit Schnee bedeckt.

Ich wollte Zuflucht in der Welt der Tiere suchen und mich von den Menschen entfernen. Nach den Ereignissen der letzten Nacht war mir schwer ums Herz. Die alten Männer, die um mein Haus herum saßen, waren mir unheimlich. So ein Gefühl müssen die Leute in alter Zeit gehabt haben, wenn sie glaubten, eine Hexe in der Nachbarschaft hätte sie ins Auge gefaßt und vielleicht in eben diesem Augenblick ein Wachskind unter dem Kleid, um es auf ihren Namen taufen zu lassen.

Was die Ausübung von Recht und Gesetz betraf, so war meine Beziehung zu den Eingeborenen von eigentümlicher Art. Ich konnte mich aus ihren Rechtsstreitigkeiten nicht heraushalten, denn mir lag vor allem daran, daß auf der Farm Frieden herrschte. Wenn ein Streit unter den Squattern nicht beigelegt werden konnte, dann entwickelte er sich genauso wie jene Wunden, die man in Afrika Veldtsore nennt: sie heilen, wenn man es nicht verhindert, an der Oberfläche zu, eitern aber darunter weiter und entzünden sich, bis man sie tief ausschält und gründlich reinigt. Das war den Eingeborenen durchaus klar, und wenn sie eine Streitfrage wirklich ernsthaft und endgültig klären wollten, dann kamen sie zu mir und baten mich um ein Urteil.

Da ich von ihren Gesetzen keine Ahnung hatte, muß ich bei diesen großen Rechtsangelegenheiten häufig wie eine Primadonna gewirkt haben, die kein einziges Wort von ihrer Rolle kann und der die übrigen Schauspieler fortwährend soufflieren müssen. Diese Aufgabe übernahmen meine alten Männer mit großem Takt und viel Geduld. Manchmal habe ich wohl auch den Eindruck einer gekränkten Primadonna gemacht, die mit ihrer Rolle unzufrieden ist, nicht weiterspielen will und von der Bühne abtritt. Wenn das geschah, empfanden meine Zuschauer das als einen harten Schlag von der Hand des Schicksals, der ihren Verstand überstieg, sie sahen in tiefem Schweigen zu und spuckten aus.

Man hat in Europa und Afrika völlig verschiedene Vorstellungen von Gerechtigkeit, und dem einen Erdteil fällt es schwer, sich in die Ansichten des anderen hineinzuversetzen.

Die Afrikaner können sich nur eine einzige Möglichkeit vorstellen, wie man eine Balance in die ewigen Wechselfälle des Lebens bringen kann: der Schaden muß ersetzt werden. So wie das Wasser dorthin strömt, wo der Wasserstand gesunken ist, versuchen sie die Löcher auszugleichen, die das Schicksal gerissen hat, und das Motiv einer Handlung spielt für sie gar keine Rolle. Ob man nun seinem Feind auflauert und ihm in der Dunkelheit die Kehle durchschneidet oder ob man einen Baum fällt und dabei ein unvorsichtiger Wanderer erschlagen wird, das kommt für sie, was die Konsequenz betrifft, aufs gleiche heraus. Die Gesellschaft hat einen Verlust erlitten, und der muß so gut wie möglich ersetzt werden. Der Afrikaner macht sich keine Gedanken über Schuld oder Verdienst – entweder weil ihm Kopfarbeit zu langwierig erscheint oder weil er irgendwie der Meinung ist, daß ihn diese Frage nichts angeht –, doch er vertieft sich mit Leidenschaft in schwierige Berechnungen, wie viele Schafe oder Ziegen ein Verbrechen oder Unglück aufwiegen können. Dafür hat er unendlich viel Zeit, und er arbeitet sich langsam und todernst in ein ganzes Labyrinth von Sophisterei hinein. Als ich diesem Gedankengang in Afrika zuerst begegnete, stieß er mit meinen eigenen Begriffen von Recht und Unrecht heftig zusammen.

Alle Afrikaner sind in dieser Beziehung gleich. Die Somali haben ein ganz anderes Naturell als die Kikuyu und verachten sie, doch sie setzen auf genau dieselbe Art Mord, Raub und Vergewaltigung in Geld oder in Vieh zu Hause um, in heißgeliebte Kamelstuten und Pferde, deren Stammtafeln sie in ihren Herzen tragen.

Einmal kam die Nachricht nach Nairobi, daß Farahs zehnjähriger kleiner Bruder in einem Dorf in Somaliland, das Buramur hieß, einen Stein aufgehoben, nach einem Jungen aus einem anderen Stamm geworfen und ihm dabei zwei Zähne ausgeschlagen hatte. Aus diesem

Anlaß versammelten sich Vertreter beider Stämme auf der Farm, saßen Nacht für Nacht in Farahs Haus auf dem Fußboden und redeten ernst miteinander. Darunter waren spindeldürre Greise, die nach Mekka gepilgert waren und einen grünen Turban trugen, hochmütige junge Somali, die, wenn sie nicht wie hier mit den wichtigen Fragen des Lebens beschäftigt waren, den großen europäischen Reisenden als Gewehrträger dienten, und dunkeläugige, scheue Jungen mit runden Wangen, die im Namen ihrer Familie kamen, sich sehr sittsam zurückhielten, den Worten der Älteren lauschten und mit irgendwelchen Dingen in ihren Taschen spielten. Wie mir Farah erzählte, wurde die Sache deshalb so ernst genommen, weil der Stein das Aussehen des Jungen verdorben hatte und er später, wenn die Zeit heran war, Schwierigkeiten beim Heiraten haben könnte. Er würde von seinen Ansprüchen, was die Schönheit oder den guten Ruf der Braut betraf, vielleicht ablassen müssen. Nach langwierigen Verhandlungen wurde die Strafe auf fünfzig Kamele festgesetzt, das heißt ein halbes Sühnegeld, denn ein ganzes Sühnegeld sind hundert Kamele. Nun wurden im fernen Somaliland feierlich fünfzig Kamele eingekauft, die dereinst dem Preis für eine Somalijungfrau zugeschlagen werden sollten, um sie zu veranlassen, die fehlenden zwei Schneidezähne ihres Bräutigams zu übersehen. Vielleicht wurde hier der Ausgangspunkt für eine große Tragödie geschaffen. Farah selbst war sehr zufrieden und meinte, er sei gut davongekommen.

Die Schwarzen auf der Farm wollten nicht verstehen, daß ich Einwände gegen ihr System haben könnte. Wenn sie einen großen Verlust erlitten hatten, kamen sie zuallererst zu mir, um eine Entschädigung zu verlangen.

Einmal, mitten in der Kaffee-Ernte, wurde ein junges Kikuyumädchen mit Namen Wamboi direkt vor meinem Haus von einem Ochsenwagen überfahren und getötet. Die Karren transportierten den Kaffee vom Feld zur

Mühle, und ich hatte es meinen Leuten auf der Farm verboten, sich auf die Fuhre zu setzen und mitzufahren. Sonst hätten sich nämlich fortwährend ein paar junge Leute einen Spaß daraus gemacht, auf derart gemächliche Weise – denn jeder kann mit Leichtigkeit einen Ochsen überholen – von einem Ende der Farm zum anderen zu fahren, und diese Fuhren wären für meine Ochsen zu schwer geworden. Aber die jungen Kikuyu-Kutscher brachten es nicht übers Herz, die dunkeläugigen Mädchen abzuweisen, die fortwährend neben den Karren herliefen und darum bettelten, mitfahren zu dürfen, sie gaben ihnen lediglich den Rat, dort, wo der Weg von meinem Haus aus einzusehen war, vom Karren abzuspringen. Wamboi stürzte dabei, und das Rad rollte über ihren kleinen dunklen Kopf und zerdrückte die Hirnschale, ein wenig Blut lief in die Wagenspur.

Ich ließ ihre alten Eltern holen, die beide auf dem Feld Kaffee pflückten, und sie kamen und beklagten ihr Kind. Ich wußte, daß der Tod der Tochter einen schweren ökonomischen Verlust für sie bedeutete, denn Wamboi war im heiratsfähigen Alter und hätte ihnen wohl bald einen guten Preis an Schafen und Ziegen und vielleicht auch eine Färse oder zwei eingebracht. Sie hatten seit der Geburt des Mädchens mit diesem guten Geschäft gerechnet, und nun wäre es in nächster Zukunft abgeschlossen worden. Ich überlegte, wie weit ich gehen sollte, um ihnen zu helfen, doch die beiden kamen mir zuvor und stellten mir ihre Schadenersatzforderung mit großem Nachdruck.

Nein, sagte ich, ich würde nicht bezahlen. Ich hätte den Mädchen auf der Farm verboten, auf meinen Wagen mitzufahren, das sei allen bekannt. Die alten Leute nickten bei meinen Worten zustimmend – sie hatten nichts dagegen einzuwenden. Doch sie beharrten auf ihrer Forderung. Sie argumentierten damit, daß jemand bezahlen müsse. Ein Einwand gegen dieses Prinzip ging ihnen ebensowenig in den Kopf wie die Relativitätstheorie, und es war nicht eigentlich Habgier oder Rachsucht, was sie veranlaßte, mir auf den Fersen zu bleiben, als ich die Verhandlungen abbrach und nach Hause ging. Sie folgten mir entsprechend einem Naturgesetz, als strahlte ich eine magnetische Kraft aus.

Sie setzten sich vor mein Haus und warteten. Sie waren arm, klein und unterernährt und sahen auf meinem Rasen wie zwei Dachse aus. So blieben sie sitzen, bis die Sonne verschwunden war und ich ihre dunklen Umrisse auf dem Gras kaum noch erkennen konnte. Sie waren in Verzweiflung versunken, Trauer und ökonomischer Verlust vereinten sich in ihren dunklen Herzen zu einem überwältigenden Schmerz. Farah war den ganzen Tag in der Stadt, während seiner Abwesenheit schickte ich ihnen, als im Haus die Lampen angezündet wurden, so viel Geld, daß sie sich ein Schaf dafür kaufen konnten. Das war ein taktischer Fehler, denn sie nahmen es als erstes Zeichen dafür, daß die belagerte Stadt ermattete, und richteten sich für die Nacht ein. Ich weiß nicht, was sie jemals zum Weggehen hätte bewegen können, wenn ihnen nicht in tiefer Nacht eingefallen wäre, daß sie den jungen Kikuyu, der die Ochsen vor dem Karren kutschiert hatte, verklagen könnten. Dieser Plan ließ sie wortlos vom Rasen aufstehen und zog sie am nächsten Tag nach Dagoretti, wo unser Polizeibeamter wohnte.

Nun kam es zu langwierigen Unterhandlungen mit viel Hin und Her und zur ständigen Anwesenheit zahlreicher eingeborener Polizisten, die jung und großsprecherisch waren. Doch unser Polizeikommissar bot den alten Leuten lediglich an, den jungen Kutscher wegen Mordes an den Galgen zu bringen, und selbst das gab er auf, als er die Aussagen der Zeugen in dieser Angelegenheit gehört hatte. Die Ältesten der Farm waren nicht bereit, eine Kyama zu veranstalten, nachdem sowohl der Polizeikommissar als auch ich die Forderungen der Eltern abgewiesen hatten. Schließlich mußten sich die alten Leute, wie es andere auch tun müssen, einem Relativitätsgesetz beugen, von dem sie kein Wort verstanden.

Einige Male verlor ich bei Kyamas mit meinen Ältesten die Geduld und sagte ihnen ungeschminkt die Meinung: »Ihr alten Männer legt den Morani so viele Bußen auf, daß sie nie eine Möglichkeit haben, sich etwas zu sparen. Die jungen Männer können keine Bewegung machen, ohne daß ihr gleich über sie herfallt, und dann kauft ihr alle jungen Mädchen selbst.«

Die Alten hörten andächtig zu, und ihre kleinen dunklen Augen in den vertrockneten, runzligen Gesichtern glitzerten, sie bewegten die Lippen, als wollten sie meine Rede für sich wiederholen. Ausnahmsweise gefiel es ihnen, dieses ausgezeichnete Prinzip in Worten ausgedrückt zu hören.

Trotz aller Meinungsverschiedenheiten zwischen mir und meinem Gerichtsbezirk enthielt mein Richteramt eine Fülle an Möglichkeiten, und ich hätte ungern darauf verzichtet. Ich war jung und hatte mich mit dem Problem Recht und Unrecht beschäftigt, doch zumeist aus der Sicht desjenigen, der verurteilt wird, und hatte noch nie auf einem Richterstuhl gesessen. Ich gab mir große Mühe, gerecht zu entscheiden und den Frieden auf der Farm zu bewahren. Wenn die Fragen, die man mir vorlegte, allzu schwierig waren, mußte ich mich manchmal zurückziehen und über sie nachdenken. Dann streifte ich mir im Geist den Talar über den Kopf, um in meinen Überlegungen nicht gestört zu werden. Ein solches Verhalten übte auf die Leute der Farm stets die größte Wirkung aus, und ich hörte sie noch lange danach ehrfurchtsvoll von jenem Fall sprechen, der so schwierig gewesen war, daß ihm kein Mensch in weniger als acht Tagen auf den Grund gekommen wäre. Man kann die Eingeborenen fast immer damit beeindrucken, daß man mehr Zeit an eine Angelegenheit verschwendet als sie selbst, was in Wirklichkeit aber eine schwierige Sache ist.

Die Erklärung dafür, daß die Eingeborenen mich zu ihrem Richter wünschten und meinen Urteilen überhaupt Wert beimaßen, ist jedoch in ihrer besonderen mythologischen oder theologischen Veranlagung zu suchen.

Wir Europäer haben die Fähigkeit, Mythen zu bilden, verloren und müssen uns mit dem begnügen, was die Vorzeit gesammelt und uns hinterlassen hat. Doch die Gedanken der Afrikaner bewegen sich auf den alten, dunklen Pfaden leicht und natürlich. Ihre Veranlagung und Begabung in dieser Richtung tritt vor allem in ihrem Umgang mit Weißen zutage.

Das erkennt man schon deutlich an den Namen, die sie den Europäern, mit denen sie in Berührung kommen, nach ganz kurzer Bekanntschaft geben. Wer seinen Freunden im Hochland einen Brief mit einem Läufer schicken oder nach dem Weg zu ihrer Farm fragen will, muß wissen, wie sie bei den Eingeborenen heißen, denn die kennen sie unter keinem anderen Namen. Ich hatte einmal einen Nachbarn, der sehr ungesellig war und niemals einen Gast bei sich sah – bei den Eingeborenen hieß er *Sahani Moja* – nur eine Schüssel. Mein schwedischer Freund Erik Otter hieß *Risasi Moja* – nur eine Patrone, was besagte, daß er für jedes Stück Wild nur eine einzige Patrone brauchte, und das war ein rühmlicher Name. Unter meinen Bekannten war auch ein eifriger Autofahrer, der »Halb Mann – Halb Auto« hieß. Wenn die Eingeborenen einen Europäer nach einem Tier benennen – Fisch, Giraffe, fetter Ochse –, dann bewegt sich ihre Einbildungskraft auf den gleichen Wegen wie die der alten Völker, als sie Kentauren und Faune und Harpyien schufen, und tatsächlich sind die Weißen für den Eingeborenen Menschen und Tiere oder Geister und Maschinen in einer Gestalt.

Und in Worten liegt Magie. Ein Mensch, der viele Jahre von seiner gesamten Umgebung mit einem Tiernamen gerufen wird, fühlt sich schließlich mit dem Tier verwandt, nach dem er genannt ist, und erkennt sich darin wieder. Wenn er dann nach Europa zurückkehrt, überkommt ihn ein Gefühl der Leere, weil er die Verbindung zu seinem Bruder im Tierreich verloren hat und niemand dort weiß, daß sie zwei zusammengehören.

Im Zoologischen Garten von London traf ich einmal

einen alten pensionierten Beamten aus Afrika, den ich unter dem Namen *Bwana Tembo* – Herr Elefant – gekannt hatte. Er stand allein und ganz still vor dem Elefantengehege, in Betrachtung der Tiere versunken. Vielleicht ging er häufig dorthin, vielleicht sogar täglich. Sein eingeborener Diener hätte es in Ordnung gefunden, daß er die Elefanten besuchte, doch außer mir, die ich nur auf der Durchreise hier war, gab es wohl in ganz London keinen Menschen, der ihn wirklich verstand.

Die Gedanken der Schwarzen wandeln auf seltsamen Wegen. Darin sind sie unseren entschwundenen Vorfahren ähnlich, für die es eine natürliche Vorstellung war, daß Odin eins seiner Augen weggeben mußte, um die ganze Welt zu durchschauen, und die sich den Gott der Liebe als ein Kind dachten, das selbst nichts von der Liebe wissen konnte. Es ist wahrscheinlich, daß die Kikuyu auf der Farm meine Größe als Richter gerade darin sahen, daß ich mich in den Gesetzen, nach denen ich Recht sprach, nicht im geringsten auskannte.

Diese mythische Gabe befähigt die Eingeborenen, Erlebnisse auf uns zu übertragen, gegen die wir uns nicht wehren und die wir nicht abschütteln können. Sie sind imstande, uns zu Symbolen zu machen. Das war eine merkwürdige Erfahrung. Ich habe sie einige Male gemacht und habe für mich selbst ein Wort dafür geprägt: sie benutzten mich als eherne Schlange. Europäer, die lange mit Eingeborenen zusammengelebt haben, werden verstehen, was ich meine, obwohl dieser Ausdruck der Bibel nicht ganz korrekt entspricht.

Trotz allem, was wir in Afrika bewirkt haben, trotz der großen wissenschaftlichen und technischen Fortschritte und auch trotz der »Pax Britannica« glaube ich, daß dies der einzige echte praktische Nutzen ist, den die Eingeborenen von uns gehabt haben.

Sie konnten nicht alle Weißen und nicht alle im gleichen Grade für diesen Zweck verwenden, doch in ihrer eigenen Welt verliehen sie uns Rang und Würde danach, in welchem Maße wir für sie als eherne Schlangen brauchbar waren. Viele meiner Freunde, Denys Finch-Hatton, Galbraith und Berkeley Cole und Sir Northrup Mcmillan, genossen in dieser Eigenschaft bei den Eingeborenen ein hohes Ansehen.

Lord Delamere war eine eherne Schlange erster Größe. Ich weiß noch, wie ich einmal zu jener Zeit, als die große Landplage, die Heuschrecken, über das Land gekommen war, durch das Hochland reiste. Die Heuschrecken hatten schon im Vorjahr hier gehaust, jetzt kamen ihre kleinen krabbelnden, schwarzen Nachkommen hervor, fraßen alles, was noch übrig war, und ließen nicht einen Grashalm zurück. Das war für die Eingeborenen ein furchtbarer Schlag, und nach allem, was sie schon im Jahr davor durchgemacht hatten, wurde ihnen jetzt die Last zu groß und brach ihnen das Herz. Sie stöhnten und jammerten wie kranke Hunde, sie rannten mit dem Kopf gegen eine Wand, die sich vor ihnen in der Luft erhob. Da erzählte ich ihnen zufällig, daß ich am Tag zuvor durch Delameres Farm gefahren sei und überall, in allen seinen Gehegen und auf seinen Weiden die Heuschrecken gesehen hätte. Und ich fügte hinzu, Delamere sei darüber in großer Verzweiflung und heftiger Raserei gewesen. Im selben Augenblick wurden meine Zuhörer still und wirkten fast zufrieden. Sie fragten mich, was Delamere wörtlich über sein Unglück gesagt habe, und als ich es berichtete, baten sie mich, es zu wiederholen, und dann sprachen sie kein Wort mehr.

Ich selbst besaß als eherne Schlange nicht die Größe oder Bedeutung Lord Delameres, war aber für meine Leute viele Male brauchbar.

Während des Krieges, als das Schicksal des *Carrier-Corps,* des eingeborenen Trägerkorps, so schwer auf der ganzen Eingeborenenwelt lastete, kamen meine Squatter zu mir und setzten sich um mein Haus. Sie sprachen nicht, nicht einmal miteinander. Sie hefteten ihren Blick auf mich und machten mich zur ehernen Schlange. Ich konnte sie nicht wegschicken, sie richteten ja keinen Schaden an, und wenn ich sie weggeschickt hätte, dann hätten sie sich nur woanders auf dieselbe Weise hingesetzt. Das war viel schwerer zu ertragen, als man annehmen sollte. Ich überstand es dadurch, daß mein Bruder gerade zu dieser Zeit mit seinem Regiment in die vordersten Schützengräben von Vimy Ridge geschickt wurde. Ich konnte meinen Blick auf ihn heften und ihn zur ehernen Schlange machen.

In gleicher Weise gebrauchten mich die Kikuyu als Leichenbitter und Klageweib, wenn es auf der Farm ein großes Unglück gab. Das also würde jetzt nach dem unglücklichen Schuß geschehen. Die Leute wußten, daß ich den Tod der Kinder betrauerte, und das gab ihnen selbst die Kraft, die ganze Sache von sich abzustreifen. In den schwierigen Zeiten der Farm richteten sie ihre Augen auf mich, wie die katholische Gemeinde auf ihren Pfarrer sieht, der den Kelch allein, jedoch in ihrem Namen leert.

Magie besitzt die besondere Eigenschaft, daß man sich nie wieder ganz von ihr befreien kann, wenn man einmal ihr Gegenstand gewesen ist. Es war ein schmerzliches, ein schweres Schicksal, als eherne Schlange aufgerichtet zu werden. Ich wäre ihm gern entflohen, wenn es möglich gewesen wäre. Und doch kommen viele Jahre später Zeiten, wo man denkt: Soll ich mir diese Behandlung gefallen lassen, ich, die ich eine eherne Schlange gewesen bin?

Auf dem Heimweg zur Farm begegnete ich im Fluß – buchstäblich mitten im Wasser – einer kleinen Gesellschaft von Kaninus Söhnen, drei jungen Männern und einem Kind. Sie waren mit langen Speeren bewaffnet und schritten rasch vorwärts. Als ich sie anhielt und fragte, ob sie etwas Neues von ihrem Bruder wüßten, blieben sie mit starren Mienen und niedergeschlagenen Augen stehen, fast bis zu den Knien im Wasser. Sie antworteten mir mit leiser Stimme: Kabero sei nicht nach Hause gekommen, und niemand habe etwas von ihm gehört, seit er in der letzten Nacht weggelaufen war, sie seien nun von seinem Tod überzeugt. – Er mußte sich also entweder aus Verzweiflung das Leben genommen haben – denn der Gedanke an Selbstmord liegt allen Eingeborenen und sogar den Kindern nahe –, oder er hatte sich im Wald verirrt, und die wilden Tiere hatten ihn gefressen. Seine Brüder hatten ihn überall gesucht, nun waren sie auf dem Weg ins Reservat, um sich dort nach ihm umzusehen.

Als ich die Uferböschung erklommen und mein eigenes Land erreicht hatte, drehte ich mich um und schaute auf die Ebene zurück. An dieser Stelle lag mein Land höher als das Reservat. Nirgends, soweit man sehen konnte, war ein Zeichen von Leben, nur die Zebras weideten und galoppierten in weiter Ferne. Kaninus Söhne kamen am anderen Ufer aus dem Gebüsch hervor und zogen rasch im Gänsemarsch weiter, die kleine Gruppe nahm sich wie eine kurze Kohlraupe aus, die sich in großer Eile durch das Gras schlängelt, dann und wann blitzte in ihren Waffen die Sonne. Sie schienen für ihre Wanderung ein bestimmtes Ziel zu haben, doch was konnte das sein? Das einzige Zeichen, an dem sie sich bei ihrer Suche nach dem verschwundenen Kind hätten orientieren können, wären die Geier gewesen, die immer dort in der Luft kreisen, wo eine Leiche in der Steppe liegt, und die dem Jäger am Morgen anzeigen, wo die Löwen in der Nacht Blut vergossen haben.

Hier aber konnte es nur ein sehr kleiner toter Körper sein, keine Festmahlzeit für die Schwelger der Luft. Sie würden sich nicht sehr zahlreich einfinden, und sie würden auch nicht lange dort bleiben.

All das waren traurige Vorstellungen. Ich ritt nach Hause.

3. *Wamai*

Ich ging zur Kyama, von Farah begleitet. Ich nahm ihn zu allen Verhandlungen mit den Eingeborenen mit, denn obgleich er in seinen eigenen Affären nicht sonderlich viel Vernunft bewies und wie alle Somali völlig den Kopf verlor, wenn es um Stammesstreitigkeiten und Stammesvorurteile ging, war er in den Angelegenheiten anderer Leute stets klug und besonnen und auch vollkommen unparteiisch. Außerdem war er mein Dolmetscher, denn er sprach ganz vorzüglich Swahili.

Noch ehe ich bei der Versammlung angelangt war, wußte ich, daß die Verhandlungen in der Hauptsache darauf hinauslaufen würden, Kaninu so gründlich wie überhaupt möglich zu schröpfen. Jetzt würde er mitansehen müssen, daß seine Schafe von Fremden weggeführt wurden, einige als Schadenersatz für die Familie des toten Kindes und die Familien der verletzten Kinder, andere zur Fütterung der Alten in der Kyama. Dieser Gesichtspunkt war mir von Anfang an zuwider. Schließlich hat Kaninu seinen Sohn genauso verloren wie die anderen Väter ihre Söhne, dachte ich, und das Schicksal seines Kindes war das traurigste von allen. Wamai war tot und hatte ausgelitten, und Wanyangerri lag im Krankenhaus, wo man sich um ihn kümmerte. Kabero aber war von allen verlassen, und keiner wußte, wo seine Gebeine ruhten.

Kaninu eignete sich für die Rolle des Widders, der zum Fest gemästet wird, besonders gut. Er war einer der wohlhabendsten Squatter meiner Farm und auf ihrer Liste als Besitzer von fünf Ehefrauen, fünfunddreißig Stück Rindvieh und sechzig Ziegen eingetragen. Sein Dorf lag meinem Park oder Wald direkt gegenüber, ich bekam also einiges von seinen Kindern und seinen Ziegen zu sehen und hatte ständig Mühe, seine Frauen am Fällen meiner großen Bäume zu hindern. Die Kikuyu kennen keinen Luxus, wenn sie ein Stadium erreicht haben, wo sie nicht mehr zu hungern brauchen, leben die Reichen genauso wie die Armen, und wenn ich Kaninu in einer seiner Hütten besuchte, fand ich darin kein einziges Möbelstück, ausgenommen ein paar Holzschemel zum Sitzen. Doch in den Hütten und um sie herum wimmelte es von alten Frauen, jungen Leuten und Kindern, und bei Sonnenuntergang sah sich Kaninu seine Kühe an, die in einer langen Reihe über die Steppe zum Melken zogen, eine nach der anderen, neben sich ihren blauen Schatten im Gras. All das verlieh dem alten, mageren Mann im Lederumhang, dessen Gesicht von feinen, schmutzverklebten Lachfältchen überzogen war, eine regelrechte Glorie als Nabob der Farm.

Ich hatte in den letzten Jahren mehrere ernsthafte Zusammenstöße mit Kaninu gehabt und ihm einige Male sogar gedroht, ihn von der Farm zu verweisen, und das alles wegen eines eigentümlichen, sündhaften Handels, den er nicht lassen konnte. Kaninu stand mit unseren Nachbarn, den Masai, auf freundschaftlichem Fuß und hatte viele seiner Töchter an sie verheiratet. Wie die Kikuyu mir selbst erzählten, hatten die Masai in früheren Zeiten Ehen mit ihnen für unter ihrer Würde gehalten. Doch im letzten Menschenalter hatte die sterbende Nation eingesehen, daß sie ihren Stolz ablegen müsse, wenn sie ihren Untergang aufhalten wolle. Die Masaifrauen bekamen keine Kinder, und nun waren die fruchtbaren jungen Kikuyumädchen im Masai-Reservat gefragt. Kaninus Sprößlinge waren alle sehr hübsch, und er hatte im Laufe der Jahre viele glatte, muntere junge Färsen im Tausch gegen seine Töchter über die Grenze geholt. Und mehr als ein alter Kikuyu-Familienvater tätigte zu dieser Zeit große Geschäfte in derselben Branche. Der mächtige Kikuyuhäuptling Kinanjui hatte, so sagte man mir, fünfundzwanzig seiner jungen Töchter ins Masai-Reservat geschickt und dafür mehr als zweihundert Stück Vieh eingehandelt. Doch vor einem Jahr war das Masai-Reservat wegen Maul- und Klauenseuche unter Quarantäne gekommen, und die Ausfuhr von Tieren aus diesem Gebiet war verboten. Das brachte Kaninu in einen entsetzlichen Konflikt. Die Masai sind Nomaden und wechseln ihren Aufenthaltsort nach den Jahreszeiten, nach dem Regen und den Weidemöglichkeiten. Sie treiben ihre Herden über die halbe Welt, und die Kühe, die jetzt gesetzlich Kaninu gehörten, waren manchmal mehrere hundert Meilen von seinem Dorf entfernt, in wilden Gegenden, wo niemand wußte, was ihnen geschah. Die Masai sind im Viehhandel mit anderen Stämmen und vor allem mit den Kikuyu, die sie verachten, ohne Gewissen. Sie sind leidenschaftliche Krieger und haben den Ruf, als Liebhaber ganz unvergleichlich zu sein. In ihren Händen erging es den Kaninu-Töchtern wie in alten Tagen den Sabinerinnen: sie wandten ihre Herzen von ihrem eigenen Stamm ab, und man konnte ihnen nicht mehr vertrauen. Daher faßte der resolute alte Kikuyu den Entschluß, seine Kühe in Sicherheit zu bringen und sie nachts, wenn die für das Quarantänegesetz zuständigen Beamten schliefen, heimlich aus dem Reservat durch den Fluß auf meine Farm zu holen. Das war nun wirklich ein Schurkenstreich, denn die Eingeborenen hatten für die Bedeutung der Quarantänegesetze durchaus Verständnis und lobten sie. Hätte man Kaninus Kühe aus dem Masai-Reservat auf meinem Land entdeckt, dann wäre die ganze Farm unter Quarantäne gekommen. Deshalb stellte ich nachts am Fluß Wachposten auf, um Kaninus Kühe und Handlanger abzufangen, und in mondhellen Nächten spielten sich am Ufer zahlreiche große, dramatische Auftritte ab, mit Hinterhalt und Angriff und wilder Flucht am silberglänzenden Fluß, und die jungen Färsen, die den ganzen Wirbel verursacht hatten, liefen in alle Richtungen davon.

Jogona, der Vater des getöteten Wamai, war dagegen ein armer Mann. Er hatte nur eine einzige alte Frau, und alles, was er sonst noch auf der Welt besaß, waren drei Ziegen. Zu mehr würde er es auch gewiß nie bringen, denn er war eine einfältige Seele. Ich kannte Jogona gut. Ein Jahr vor dem unglückseligen Schuß und vor der Kyama war auf der Farm ein grausamer Mord geschehen. Man hatte zwei Inder, die ein Stück flußaufwärts eine Mühle von mir gepachtet und dort Maismehl für die Kikuyu gemahlen hatten, nachts getötet und ihr gesamtes Warenlager gestohlen. Die Mörder wurden niemals gefunden. Die Nachricht von diesem Mord hatte sämtliche indischen Handelsleute und Müller aus dem Umkreis vieler Meilen vertrieben, so als hätte ein Sturm sie weggeblasen, und ich hatte Pooran Singh in meiner Mühle mit einer alten Schrotflinte bewaffnen müssen, um ihn zum Bleiben zu bewegen, wozu er erst nach langem Zureden den Mut aufbrachte. Ich selbst hatte in den ersten Nächten, nachdem man mich zur Besichtigung der Ermordeten in den entsetzlich blutbespritzten Mühlenraum geholt hatte, schleichende Schritte ums Haus gehört und eine Woche lang auf der Veranda eine Wache aufgestellt. Dieser Wächter war Jogona gewesen. Mit seinem ungewöhnlich sanften Wesen hätte er gegen Mörder nichts ausrichten können, doch er war ein freundlicher und fröhlicher alter Mann, mit dem sich gut reden ließ. In Haltung und Art hatte er Ähnlichkeit mit einem vergnügten Kind, war offen und intensiv im Ausdruck, und er lachte immer, wenn er mich erblickte. Auch als er mich jetzt bei der Kyama auftauchen sah, schien er sich zu freuen.

Aber der Koran, den ich damals studierte, sagt: »Du sollst das Recht nicht beugen zum Vorteil des Armen.«

Außer mir war sich zumindest noch ein Teilnehmer der Versammlung darüber im klaren, daß es nun darum ging, Kaninu nach Kräften zu rupfen. Das war Kaninu selbst. Die anderen alten Männer saßen im Kreis, aufmerksam und beherrscht, jetzt sollten große Entscheidungen fallen. Kaninu hatte sich seinen großen Ziegenfellumhang über den Kopf gezogen, von Zeit zu Zeit stieß er ein leises Jammern oder Winseln aus, wie ein Hund, der vom Heulen erschöpft ist und nur noch seine Trauer wachhält.

Die alten Männer hätten am liebsten mit dem Fall des verletzten Kindes Wanyangerri begonnen, denn dieser bot ihnen unbegrenzte Möglichkeiten zum Palaver. – Wie hoch sollte die Entschädigung festgesetzt werden, wenn Wanyangerri seinen Verletzungen erliegen würde? Wenn er für sein ganzes Leben entstellt sein würde? Wenn er die Sprache verloren hätte? Farah teilte ihnen in meinem Auftrag mit, daß ich mich auf keinerlei Diskussion darüber einlassen würde, bevor ich nicht mit dem Arzt des Krankenhauses in Nairobi gesprochen hätte. Sie schluckten ihre Enttäuschung hinunter und brachten ihre Bedenken im nächsten Fall vor.

Ich erklärte den Alten, daß es ihnen obliege, die ganze Angelegenheit möglichst schnell zu regeln, es sei nicht Sinn der Sache, daß sie den Rest ihres Lebens darüber beraten sollten, denn es sei klar, daß es sich hier nicht um einen Mord, sondern um einen Unglücksfall handele, Kaninus Toto sei kein Mörder.

Die Versammlung beehrte meine Rede mit ihrer vollen Aufmerksamkeit, doch sowie ich ausgesprochen hatte, gab es Protest.

»Msabu, wir wissen nichts«, sagten sie – das war ein Ausdruck, den sie häufig gebrauchten, der jedoch nichts zu bedeuten hatte, denn sie waren davon überzeugt, alles zu wissen. »Aber wie wir sehen, weißt du in diesem Fall auch nicht viel, und wir verstehen nur die Hälfte von dem, was du uns sagst. Es war ganz bestimmt Kaninus Toto, der die Flinte abgefeuert hat. Wie wäre es sonst möglich, daß er als einziger nicht verwundet wurde? Wenn du mehr davon hören willst, dann kann dir das Mauge erzählen. Sein Sohn war auch dabei, und ihm wurde ein Ohr abgeschossen.«

Mauge gehörte zu den reichen Squattern der Farm und war gewissermaßen Kaninus Konkurrent. Er war eine stattliche Erscheinung, und sein Wort hatte auf der Farm Gewicht, obwohl er ein schlechter Redner war und sich ab und zu unterbrechen mußte, um nachzudenken.

»Msabu«, sagte Mauge, »mein Sohn hat es mir so erzählt: Alle Jungen haben die Flinte angefaßt, einer nach dem anderen, und haben auf Kabero gezielt. Aber er wollte ihnen nicht erklären, wie man damit schießt, nein, das wollte er ganz und gar nicht. Schließlich hat er die Flinte wieder an sich genommen, und da hat sie sofort geschossen. Sie hat alle Jungen verwundet und Wamai, Jogonas Sohn, getötet. So ist es wirklich gewesen.«

»Das weiß ich doch alles schon«, entgegnete ich, »und so etwas nennt man einen Unfall oder einen Unglücksfall. Kabero hatte nicht die Absicht, die anderen Totos zu töten, genausogut hätte ich einen Schuß aus meinem Haus abgeben können oder du, Mauge, aus deinem.«

Diese Behauptung versetzte die Versammlung in heftige Bewegung, alle sahen auf Mauge, der unter ihren Blicken unruhig wurde. Als sie eine Weile ganz leise miteinander geflüstert hatten, begannen sie die Diskussion schließlich von neuem. »Msabu«, sagten sie, »diesmal verstehen wir kein Wort von deiner Rede. Wir müssen glauben, daß du an eine Kugelbüchse denkst, denn du schießt ja selbst gut damit, aber mit einer Schrotflinte schießt du nicht gut. Wenn mit einer Kugelbüchse geschossen worden wäre, dann hättest du natürlich vollkommen recht. Aber mit einer Schrotflinte kann kein Mensch von deinem Haus oder von Mauges Haus bis zu Bwana Menanyas Haus schießen und Leute darin töten, das ist unmöglich.«

Nach einer Pause sagte ich: »Na ja, alle wissen nun, daß Kaninus Sohn derjenige war, der die Flinte abgefeuert hat, und Kaninu wird Jogona eine bestimmte Anzahl Schafe als Entschädigung bezahlen. Aber alle wissen auch, daß Kaninus Sohn nicht böse war und Wamai nicht absichtlich getötet hat, und Kaninu wird nicht so viele Schafe bezahlen, wie er es bei einem Mordfall getan hätte.«

Nun trat ein alter Mann mit Namen Ereri vor und sprach. Er hatte zur Zivilisation eine engere Beziehung als die anderen, denn er hatte sieben Jahre im Gefängnis gesessen.

»Msabu«, begann er, »du sagst, daß Kaninus Sohn nicht böse war und daß Kaninu deshalb nicht so viele Schafe bezahlen wird. Aber wenn sein Sohn *mbaya* – böse – gewesen wäre und sich Mühe gegeben hätte, Wamai zu töten, wäre denn das gut für Kaninu gewesen?

Hätte er sich denn so darüber gefreut, daß er uns dann viel mehr Schafe bezahlt hätte?«

»Ereri«, sagte ich, »du weißt, daß Kaninu seinen Sohn verloren hat. Du gehst ja selbst abends zur Schule, wie ich gesehen habe. Da weißt du wohl, daß Kabero tüchtig in der Schule war. Wenn er das auch in anderen Dingen war, dann ist sein Verlust für Kaninu ein schwerer Schlag.«

Da entstand eine lange Pause, im Kreis wurde es mucksmäuschenstill. Auf einmal stieß Kaninu einen langen Jammerschrei aus, als hätte er sich plötzlich an einen vergessenen Schmerz oder an eine vergessene Pflicht erinnert.

»Memsahib«, sagte Farah, »laß die Kikuyu jetzt die Zahl nennen, die sie in ihrem Herzen haben.« Er sprach mit mir Swahili, damit die Versammlung ihn verstehen sollte, und es gelang ihm, die Leute damit in Verlegenheit zu bringen, denn eine Zahl, eine abgemachte Sache also, geben die Eingeborenen nicht gern aus der Hand. Farah ließ seine Augen im Kreis herumwandern und sagte in einem hochmütigen Ton, über die Köpfe der Kikuyu hinweg: »Hundert.« Hundert Schafe, das war eine phantastische Zahl, ein Vorschlag, an den niemand im Ernst gedacht hätte. Auf die Kyama senkte sich Schweigen. Die alten Männer spürten, daß sie dem Somali-Humor ausgeliefert waren, und verhielten sich nun ganz still. Es verging eine lange Zeit, bis ein uralter Mann flüsterte: »Fünfzig.« Doch diese Zahl war an sich ohne Gewicht und wurde von dem Zugwind, der mit Farahs Scherz in den Ring eingedrungen war, hinweggefegt. Wieder verging eine längere Zeit, dann sagte Farah keck wie ein erfahrener Viehhändler: »Vierzig.« Da geriet der gelähmte Gedankenfluß der Alten wieder in Bewegung, und sie begannen lebhaft miteinander zu reden. Jetzt mußten sie erst eine Weile überlegen und zusammen kakeln und meckern, doch auf jeden Fall war damit die Grundlage für weitere Verhandlungen geschaffen. Wir verließen die Kyama, und zu Hause sagte mir Farah im

Vertrauen: »Ich glaube, die alten Männer werden vierzig Schafe von Kaninu nehmen.«

Doch Kaninu hatte bei der Kyama noch eine weitere Prüfung zu bestehen, denn jetzt stand der alte, dickbäuchige Karthegu auf, der ebenfalls zu den Großen der Farm gehörte und Oberhaupt einer riesigen Familie war, und schlug vor, man solle die Schafe besichtigen, die Kaninu abzuliefern hätte, und sie Stück für Stück kennzeichnen. Das widersprach den Bräuchen der Kikuyu, Jogona wäre niemals von selbst darauf gekommen, und ich vermutete dahinter eine Absprache zwischen Karthegu und Jogona, die darauf hinauslief, daß Karthegu den Rahm abschöpfen wollte. Ich wartete nun ab, was dabei herauskommen würde. Erst einmal schien sich Kaninu in sein Martyrium zu fügen, er ließ den Kopf hängen und jammerte, als würde ihm für jedes Tier, das genannt wurde, ein Zahn ausgezogen. Doch als Karthegu schließlich, etwas zögernd, auf eine große, gelbe, hornlose Ziege zeigte, da brach Kaninu das Herz, und mit seiner Seelenstärke war es zu Ende. Er stieg mit einer großen Geste aus seinem Ziegenfellumhang, wie ein Toter, der aus dem Grab aufersteht, und brüllte auf wie ein Stier. Es war ein verzweifelter Schrei um Hilfe, an mich gerichtet, ein fürchterliches *De profundis.* Im nächsten Augenblick begriff er, daß ich auf seiner Seite war und daß seiner gelben Ziege keine Gefahr drohte. Da setzte er sich sofort wieder hin und gab keinen Laut mehr von sich. Doch kurz darauf warf er Karthegu einen vielsagenden, sarkastischen Blick zu.

Nach einer Woche, in der die Kyama zahlreiche ordentliche und außerordentliche Sitzungen abgehalten hatte, wurde endgültig festgelegt, daß Kaninu als Bußgeld vierzig Schafe an Jogona zahlen sollte, aber es sollte kein Schaf eigens dafür ausgesucht werden.

Vierzehn Tage später erzählte mir Farah abends beim Essen, was es Neues in der Sache gab.

Am Tag zuvor, sagte er, waren drei alte Kikuyu aus Nyeri auf die Farm gekommen. Sie hatten in ihren Hütten von dem verhängnisvollen Schuß und von den vierzig Schafen gehört. Nun waren sie den langen Weg hierhergewandert, um öffentlich aufzutreten und zu erklären, daß Wamai nicht Jogonas Sohn, sondern der ihres älteren, verstorbenen Bruders gewesen sei und daß die Entschädigung für seinen Tod also rechtmäßig ihnen zufallen müsse.

Ich lachte über diese Frechheit und sagte Farah, das sehe den Kikuyu aus Nyeri ähnlich. »Nein«, entgegnete er nachdenklich, »ich glaube, sie haben recht. Jogona ist tatsächlich vor sechs Jahren aus Nyeri zur Farm gekommen, und wie ich erfahren konnte, ist Wamai wirklich nicht Jogonas Sohn und ist es niemals gewesen«, sagte Farah. »Jogona hat großes Glück gehabt«, fuhr er fort, »daß ihm vor zwei Tagen fünfundzwanzig der vierzig Schafe, die er bekommen soll, ausgeliefert worden sind, sonst hätte sie Kaninu wohl lieber nach Nyeri gegeben, um die schmerzliche Begegnung mit ihnen auf der Farm zu vermeiden, wo sie ihm nun nicht mehr gehören. Aber Jogona muß sich auch jetzt noch in acht nehmen, denn die drei Kikuyu aus Nyeri sind nicht so leicht loszuwerden. Sie haben sich auf der Farm festgesetzt und damit gedroht, die ganze Angelegenheit den örtlichen Behörden in Dagoretti vorzulegen.«

Ich war also durch Farahs Bericht vorbereitet, als die drei Leute aus Nyeri ein paar Tage später auf der Terrasse vor meinem Haus erschienen. Alle drei gehörten zu den unteren Schichten der Eingeborenen und sahen so recht wie drei alte, zottige, schmutzige Hyänen aus, die zweihundert Kilometer in Wamais Blutspur getrabt waren, um Jogona zu Leibe zu rücken. Der stellte sich mit ihnen zusammen ein, in der heftigsten Erregung und Verzweiflung. Die unterschiedliche Haltung beider Parteien war wohl darin begründet, daß die Kikuyu aus Nyeri nichts zu verlieren hatten, während Jogona fünfundzwanzig Schafe besaß. Die drei Fremden saßen ohne Lebenszeichen auf ihren Steinen, etwa wie drei Wanzen auf einem Schaf. Sie waren mir von Anfang an unsympathisch, denn wie immer sich die Sache verhielt, so hatten sie sich um das Kind zu seinen Lebzeiten nicht gekümmert. Und Jogona tat mir leid, er hatte sich bei der Kyama gut verhalten, und ich hatte den Eindruck, daß er wirklich um Wamai trauerte. Als ich nun meine Fragen an ihn richtete, zitterte er so heftig und seufzte und stöhnte so grauenhaft, daß er nicht zu verstehen war und daß wir bei dieser Zusammenkunft nicht weiterkamen.

Doch als ich zwei Tage später morgens an meiner Schreibmaschine saß, kehrte Jogona zurück und bat mich feierlich, alles aufzuschreiben, was er mir über seine Beziehung zu dem toten Kind und dessen Familie zu vermelden hatte. Er wollte diesen Bericht mitnehmen und auf dem Polizeirevier vorlegen. Jogona war in seiner Art beeindruckend, denn er war sehr gefühlsstark und sich dessen, was er sagte und tat, überhaupt nicht bewußt. Ganz offensichtlich hielt er seinen Entschluß für etwas Großes und Ernstes, das für ihn selbst nicht ohne Gefahren war.

Ich schrieb seine Erklärung für ihn auf. Das dauerte einige Zeit, denn es war ein langer Bericht über Dinge, die sich vor mehr als sechs Jahren ereignet hatten und die sehr verwickelt und schwierig darzulegen waren. Während Jogona sie auseinandersetzte, mußte er immer wieder innehalten und sich korrigieren, ein langes Stück in seiner Geschichte zurückgehen und wieder von vorn anfangen. Dabei hielt er seinen Kopf mit beiden Händen umschlossen und schlug sich dann und wann mit der flachen Hand auf den Scheitel, als wollte er die Tatsachen aus seinem Kopf herausschlagen. Einmal stellte er sich mit dem Gesicht zur Wand, wie es die Kikuyufrauen bei der Entbindung tun.

Ich schrieb Jogonas Bericht mit einem Durchschlag, den ich noch heute besitze.

Es war nicht leicht, dem Bericht zu folgen. Er schilderte eine ganze Reihe von unklaren Verhältnissen und war voll von umständlichen, überflüssigen Details. Kein Wunder, daß es Jogona schwergefallen war, sich an die

Tatsachen zu erinnern und sie zusammenzutragen, um so erstaunlicher war es, daß er es überhaupt fertiggebracht hatte. Der Bericht begann folgendermaßen:

»Zu jener Zeit, als Waweru Wamai in Nyeri im Sterben lag« – *nataka kufa,* zu sterben wünschte, sagt man auf swahili –, »hatte er zwei Frauen. Die eine Frau hatte drei Töchter, und nach Wawerus Tod heiratete sie einen anderen Mann. Was die zweite Frau betraf, so hatte Waweru ihrer Familie noch nicht den vollen Preis für sie bezahlt, er schuldete ihrem Vater noch zwei Ziegen. Diese Frau hatte sich an einer Last Brennholz verhoben und danach eine Fehlgeburt gehabt, und niemand wußte, ob sie noch Kinder bekommen könnte ...«

In dieser Weise ging es weiter, und der Leser wurde in ein verwirrendes Labyrinth von Kikuyu-Verhältnissen und Kikuyu-Vorstellungen hineingezogen:

»... Diese Frau hatte ein kleines Kind, das Wamai hieß. Der Junge war damals krank, und die Leute glaubten, er hätte Pocken. Waweru liebte diese Frau und ihr Kind sehr, und als er im Sterben lag, war er sehr bekümmert, weil er nicht wußte, was nach seinem Tod aus ihnen werden sollte. Deshalb ließ er seinen Freund Jogona Kanyagga rufen, der nicht weit entfernt von ihm wohnte. Jogona Kanyagga schuldete Waweru zu dieser Zeit zwei Rupien für ein Paar Schuhe. Waweru schlug ihm nun vor, daß sie einen Vertrag schließen sollten ...«

Dieser Vertrag legte fest, daß Jogona die Frau und das Kind seines sterbenden Freundes übernehmen und ihrer Familie die beiden Ziegen bezahlen sollte, die von ihrem Kaufpreis noch ausstanden. Nun führte der Bericht erst einmal alle Ausgaben auf, die Jogona für die Frau und das Kind Wamai auf sich genommen hatte. Damals, als Wamai krank gewesen war, hatte Jogona kurz nach seiner Übersiedelung zu ihm eine ungewöhnlich gute Medizin besorgt, erklärte er. Einmal hatte er auch in einer indischen Duka Reis für ihn gekauft, weil Maismehl bei ihm nicht anschlagen wollte. Bei einer anderen Gelegenheit hatte er einem weißen Farmer in der

Nachbarschaft, der behauptet hatte, Wamai hätte einen seiner Truthähne in den Teich gejagt, fünf Rupien bezahlen müssen. Dieser letzte Posten – bares Geld, dessen Beschaffung gewiß mit großen Schwierigkeiten verbunden gewesen war – hatte auf Jogona einen tiefen Eindruck gemacht, denn er kam immer wieder darauf zurück. An der Art, wie er mir den Bericht diktierte, wurde mir klar, daß er zu dieser Zeit vergessen hatte, daß dieses Kind nicht sein eigenes war. Er war von der Ankunft und der Forderung der drei Fremden nicht nur deshalb erschüttert, weil er einen ökonomischen Verlust befürchtete, sondern noch aus einem anderen Grund. Sehr schlicht veranlagte Menschen haben eine besondere, großherzige Fähigkeit, anderer Leute Kinder aufzunehmen und für sie Gefühle wie für ihre eigenen Kinder zu hegen. Dasselbe kann man bei einfachen Leuten in Europa beobachten.

Als Jogona sein Erzählung schließlich beendet und ich alles aufgeschrieben hatte, sagte ich, daß ich sie ihm nun vorlesen würde. Während ich las, wandte er sich von mir ab, als wollte er seine Aufmerksamkeit durch nichts ablenken lassen.

Doch als ich seinen eigenen Namen nannte: »... ließ er Jogona Kanyagga rufen, der sein Freund war und nicht weit entfernt von ihm wohnte«, wandte er mir blitzschnell sein Gesicht zu und sah mich groß an, mit einem wilden, flammenden Blick, so überströmend von Lachen, daß der alte Mann in einen Jungen, ja, in ein Symbol der Jugend verwandelt wurde. Als ich mit dem ganzen Dokument fertig war und zum zweitenmal seinen Namen nannte, der zur Beglaubigung unter seinem Fingerabdruck stand, warf er mir den gleichen eindringlichen, ergriffenen Blick zu, der diesmal jedoch tiefer und ruhiger war, erfüllt von einer völlig neuen Würde.

Einen solchen Blick schenkte Adam Gott dem Herrn, als der ihn aus Staub erschaffen und ihm den lebendigen Odem in seine Nase geblasen hatte und der Mensch eine lebendige Seele geworden war. Ich hatte ihn erschaffen und ihm sein Ich gezeigt, Jogona Kanyagga, der das ewige Leben besaß. Als ich ihm das Dokument überreichte, nahm er es ehrfürchtig und begierig an sich, hüllte es in einen Zipfel seines Umhangs und umschloß es mit seiner Hand. Er wollte es um nichts in der Welt verlieren, denn seine Seele war darin, und es war ihm der Beweis seiner Existenz. Hier war etwas, das er, Jogona Kanyagga, ausgerichtet hatte und das seinen Namen für alle Zeiten bewahren sollte, das Fleisch war Wort geworden und wohnte unter uns, voller Gnade und Wahrheit.

In eben der Zeit, als ich in Afrika lebte, wurde die Welt des geschriebenen Wortes den afrikanischen Eingeborenen erstmals geöffnet. Da hatte ich eine Möglichkeit, die Vergangenheit beim Schwanz zu packen und ein Stück unsrer eigenen Geschichte mitzuerleben – jene Epoche, als sich die Schriftsprache in ähnlicher Weise der großen, einfachen Bevölkerung Europas offenbarte. Ich glaube, daß die Reaktion des Volkes auf die Welt des Buches in beiden Fällen genau die gleiche war. Eine so demütige und begeisterte Zustimmung können Menschen dem Prinzip *l'art pour l'art* nur bei sehr wenigen Gelegenheiten bekundet haben.

Diese Briefe und Mitteilungen, die sich die jungen Eingeborenen schickten – denn obgleich auch einzelne alte Leute vom Zeitgeist mitgerissen wurden und sogar meine Schule besuchten, wo sie sich geduldig durch das Abc arbeiteten, hielten sich die meisten der älteren Generation diesem neuen Phänomen doch mißtrauisch fern –, waren anfangs von professionellen Briefschreibern verfaßt. Nur ganz wenige Eingeborene konnten lesen, und deshalb kamen meine Hausangestellten und die Squatter und Arbeiter der Farm mit ihren Briefen zu mir, um sie sich vorlesen zu lassen. Während ich einen nach dem anderen öffnete und las, wunderte ich mich darüber, wie nichtssagend ihr Inhalt war. Das war der übliche Irrtum eines zivilisierten Menschen voller Vorurteile. Ebensogut hätte man den kleinen Ölzweig botanisch bestimmen können, den Noahs Taube heimbrachte. Wie er auch ausgesehen haben mag, so war er doch bedeutungsvoller als die ganze Arche mit allen Tieren. Er war Träger einer neuen, grünen Welt.

Die Briefe der Eingeborenen waren fast gleichlautend. Sie hielten sich an ein heiliges und unantastbares Schema und klangen mehr oder weniger wie folgt: »Mein lieber Freund, Kamao Morefu. Nun will ich die Feder in die Hand nehmen« – nicht im buchstäblichen Sinn, denn federführend war ja der professionelle Schreiber –, »um dir einen Brief zu schreiben, denn ich hatte schon lange vor, dir einen Brief zu schreiben. Mir geht es gut, und ich hoffe, daß es dir durch Gottes Barmherzigkeit auch gut geht. Meiner Mutter geht es gut. Meiner Frau geht es nicht gut, aber ich hoffe, daß es deiner Frau durch Gottes Barmherzigkeit gut geht.« – Nun folgte häufig eine lange Liste von Namen, mit einer kurzen Bemerkung zu jedem, die zumeist völlig unwesentlich, zuweilen jedoch auch überaus phantastisch war. Dann schloß der Brief: »Jetzt, mein Freund, will ich diesen Brief beenden, denn ich habe keine Zeit, um dir noch mehr zu schreiben. Dein Freund Ndwetti Lori.«

Vor hundertfünfundzwanzig Jahren, als zwischen jungen, wissensdurstigen Europäern ähnliche Botschaften ausgetauscht wurden, schwangen sich dafür Postillione in den Sattel, die Pferde galoppierten, das Posthorn wurde lustig geblasen, und man stellte Papier mit gezackten, vergoldeten Kanten her. Die Briefe wurden mit Sehnsucht erwartet und waren herzlich willkommen. Sie wurden viele Male gelesen und dann aufbewahrt. Ich habe selbst einige davon gesehen.

Bevor ich Swahili sprechen lernte, hatte ich zur Korrespondenz der Eingeborenen eine etwas kuriose Beziehung: ich konnte ihre Briefe lesen und verstand selbst davon kein Wort. Swahili war ursprünglich keine Schriftsprache, erst die Weißen haben sie entwickelt. Sie ist der Aussprache genau angepaßt und kann den Leser nicht durch eine veraltete Orthographie in Verwirrung bringen. Wenn ich nun an meinem Tisch saß und die Briefe andächtig, Wort für Wort, vorlas, während mich die Adressaten in atemloser Spannung umgaben, konnte ich die Wirkung meines Textes verfolgen, ohne zu ahnen, worum es tatsächlich ging. Manchmal brachen die Zuhörer bei meinem Vortrag in Tränen aus oder rangen die Hände, andere Male schrien sie laut vor Freude, die häufigste Wirkung war Gelächter, und sie wanden sich die ganze Zeit, während ich las, in Lachkrämpfen.

Als ich es später so weit brachte, daß ich die Worte auch verstehen konnte, wurde mir klar, daß sich die Wirkung einer Neuigkeit um ein Vielfaches erhöht, wenn diese schriftlich mitgeteilt wird. Mitteilungen dieser Art wären in mündlicher Form auf Zweifel oder Spott gestoßen – denn alle Eingeborenen sind große Skeptiker –, jetzt aber wurden sie so buchstäblich und andächtig wie die Worte des Evangeliums aufgenommen. In ähnlicher Weise haben die Eingeborenen für alle Versprecher ein feines Ohr, ein solches Versehen bereitet ihnen innige Schadenfreude, sie vergessen es nie und können einen Mann für den Rest seines Lebens nach einem Versprecher taufen. Wenn aber ein Brief einen Fehler enthielt, was häufig vorkam, denn die Schreiber waren sehr unwissende Leute, bemühten sie sich, gewaltsam einen Sinn hineinzubringen. Sie konnten sich darüber wundern und darüber miteinander reden, doch sie wollten eher die unwahrscheinlichsten Dinge glauben als das geschriebene Wort in Zeifel ziehen. In einem Brief, den ich einem jungen Kikuyu auf der Farm vorlas, machte der Briefschreiber unter anderem die kurze Mitteilung: »Ich habe einen Affen gekocht.« Ich erklärte dem Empfänger des Briefes, daß sein Freund ihm gewiß mitteilen wolle, daß er einen Affen gefangen habe, denn beide Wörter sind sich auf swahili ähnlich, aber darauf wollte sich der junge Kikuyu keineswegs einlassen. »Nein, Msabu, nein«, sagte er. »Was hat er in dem Brief an mich geschrieben? Was steht da?« – »Da steht«, sagte ich, »er habe einen Affen gekocht. Aber wie sollte denn das möglich sein? Und wenn er ihn wirklich gekocht hätte, dann hätte er dir wohl ausführlicher geschrieben, wie und warum er das getan hat.« Der junge Kikuyu, den eine solche Kritik am Wort der Schrift verstimmte, erbat sich seinen Brief zurück, faltete ihn sorgfältig zusammen und ging damit fort.

Was nun den Bericht betraf, den ich für Jogona aufgeschrieben hatte, so gereichte er ihm zu großem Nutzen. Als unser Bezirkskommissar ihn gelesen hatte, wies er die Klage der Leute aus Nyeri ab, und sie mußten scheelen Blickes in ihr Dorf zurückschleichen, ohne eine Beute von der Farm mitzunehmen.

Von nun an war das Dokument für Jogona ein großer Schatz. Ich bekam es im Laufe der Zeit viele Male zu sehen. Jogona fertigte dafür einen kleinen, perlenbestickten Lederbeutel an und hängte ihn sich an einem Riemen um den Hals. Dann und wann, meistens an einem Sonntagmorgen, trat er plötzlich in die Gartentür, nahm seinen Beutel ab und holte das Papier hervor, damit ich es ihm vorlese. Einmal, als ich nach einer Krankheit zum erstenmal wieder auf der Farm ausritt, hatte er mich von weitem gesehen und lief mir nach, bis er, völlig außer Atem, mein Pferd erreichte, und hielt mir das Schriftstück hin. Sein Gesicht nahm bei jedem Vorlesen den gleichen Ausdruck eines tiefempfundenen, andächtigen Triumphes an, und wenn ich fertig war, strich er das Papier sorgfältig glatt, faltete es zusammen und steckte es in den Beutel zurück. Die Bedeutung des Dokuments schwächte sich durch das wiederholte Lesen nicht ab, sondern erhöhte sich, als bestünde das größte Wunder für Jogona darin, daß es sich nicht veränderte. Die Vergangenheit, die er mit so großer Mühe gesammelt und festgehalten hatte und die wohl jedesmal, wenn er sich mit ihr beschäftigte, ihr Aussehen wechselte, war hier vor seinen Augen für allezeit eingefangen, geordnet und fixiert. Sie war Geschichte geworden und erfuhr von nun an keine Veränderung oder den Schatten einer Wandlung mehr.

4. Wanyangerri

Als ich das nächstemal in Nairobi war, besuchte ich Wanyangerri im Krankenhaus der Eingeborenen.

Auf meinem Land wohnten so viele Squatter-Familien, daß fast zu jeder Zeit Patienten von der Farm im Krankenhaus lagen, und ich kannte die Oberschwester und die eingeborenen Krankenpfleger gut. Diese Oberschwester, die schon etwas bejahrt war, trug so dick Rouge und Puder auf, wie ich es nie bei einer Frau gesehen habe. Mit dem weißen Kopfputz sah ihr breites Gesicht wie das Gesicht einer russischen Holzpuppe aus, die sich in der Mitte auseinanderschrauben läßt und eine zweite und darin eine dritte Puppe enthält und unter der Bezeichnung Katinka im Handel ist. Sie war eine freundliche, tüchtige Oberschwester, wie man es von einer Katinka erwarten durfte.

Jeden Donnerstag wurden die Räume aller Krankenstationen gereinigt und gelüftet, und währenddessen wurden sämtliche Betten auf den offenen Platz zwischen den Gebäuden geschoben. Das war für das Krankenhaus der glücklichste Tag. Man hatte vom Hof eine herrliche Aussicht: im Vordergrund die trockene, verbrannte Ahti-Ebene und in weiter Ferne die blauen Berge von Donyo Saboul und die langgestreckten Mua-Höhen. Die alten Kikuyufrauen nahmen sich in den weißbezogenen Krankenhausbetten merkwürdig aus, so als hätte man alte, ausgediente Pferde oder andere alte Zugtiere vor sich. Sie machten sich in meiner Gegenwart über ihre Situation ein wenig lustig, jedoch mit säuerlicher Miene, wie etwa ein altes Maultier auf einem Kissen grinsen würde, denn die Eingeborenen haben vor Krankenhäusern Angst.

Als ich Wanyangerri zum erstenmal im Krankenhaus besuchte, war er so verwirrt und verzweifelt, daß ich dachte, der Tod wäre für ihn eine Erlösung. Er fürchtete sich vor allem und weinte die ganze Zeit, die ich bei ihm war. Zitternd und bebend in seinem Verband, bettelte und flehte er, ich solle ihn zurück auf die Farm mitnehmen.

Eine Woche verging, bevor ich wieder dorthin kam. Da war er völlig verändert, sehr gefaßt und ruhig, und empfing mich mit großer Würde. Er freute sich jedoch sehr, mich zu sehen, und die Krankenpfleger erzählten mir, er habe mit Ungeduld und Spannung auf mich gewartet. Diesmal konnte er mir nämlich voller Stolz erzählen – wobei er seine Sätze durch einen Gummischlauch im Mund spuckte –, daß man ihn am Tag zuvor totgeschlagen habe und in einigen Tagen wieder totschlagen werde.

Der Arzt, der Wanyangerri behandelte, war während des Krieges in Frankreich gewesen und hatte dort vielen jungen Männern die Gesichter zusammengeflickt. Er gab sich Mühe mit ihm und leistete eine sehr gute Arbeit. Er setzte ihm eine Schiene als Kieferknochen ein und schraubte sie an den restlichen Knochen des Gesichts fest, nähte die zerrissenen Fleischstückchen zusammen und formte daraus eine Art Kinn. Wanyangerri erzählte mir, daß er für diese Flickarbeit auch ein Stück Haut von seiner Schulter genommen habe.

Als die Behandlung endlich abgeschlossen war und der Verband abgenommen wurde, war das Gesicht des Kindes völlig verändert und sah wie der Kopf einer Eidechse aus, weil ihm das Kinn fehlte. Aber der Junge konnte wieder wie andere Leute essen und sprechen, obwohl er nach seiner Verletzung ständig ein wenig lispelte. All das dauerte viele Monate. Wenn ich Wanyangerri besuchen kam, bat er mich häufig um Zucker, und ich nahm ihm deshalb stets ein paar Löffel Streuzucker in einer Papiertüte mit.

Sofern die Eingeborenen nicht völlig gelähmt und entsetzensstarr vor dem Unbekannten im Krankenhaus werden, murren und jammern sie und denken sich verschiedene Fluchtmöglichkeiten aus. Eine davon ist der Tod, denn vor ihm haben sie keine Angst. Die Europäer, die die Krankenhäuser gebaut und eingerichtet haben, die darin arbeiten oder die kranken Eingeborenen mühsam hierhergeschleppt haben, beklagen sich bitter darüber, daß die »Neger« nichts von Dankbarkeit wüßten und daß ihnen alles, was man für sie tue, gleichgültig sei.

Diese Mentalität der Eingeborenen hat für Weiße etwas Demütigendes und Empörendes. Es ist nämlich tatsächlich egal, was man für sie tut, oder anders ausgedrückt: man kann eigentlich nichts für sie tun. Sie danken uns nicht, und sie tragen uns nichts nach, und selbst wenn man will, kann man ein ihnen möglicherweise zugefügtes Unrecht nicht wiedergutmachen. Das ist für uns ungewohnt und beunruhigend, es hebt in gewisser Weise unsre Existenz als Menschen auf und zwingt uns in eine Rolle, die wir uns keineswegs selbst aussuchen würden – als wären wir Naturphänomene, als wären wir das Wetter.

Hier besteht zwischen den Eingeborenen und den zugewanderten Somali ein großer Unterschied. Die Somali reagieren auf unser Verhalten, ja, man kann sich im Zusammensein mit ihnen kaum rühren, ohne ihre Gefühle auf irgendeine Weise in heftige Bewegung zu versetzen. Sie sind zu großer Dankbarkeit fähig und können auch jahrelang einen tiefen, bitteren Groll empfinden. Eine Wohltat ist ebenso in ihre Herzen eingemeißelt wie eine Beleidigung. Sie sind strenggläubige Mohammedaner und haben wie alle Mohammedaner einen Moralkodex, nach dem sie uns beurteilen. Im Umgang mit ihnen kann man sich durch eine einzige Handlung einen Namen machen oder ihn zerstören.

Die Masai nehmen in dieser Hinsicht eine Sonderstellung unter den eingeborenen Stämmen ein. Sie können sich erinnern, sie können Dankbarkeit empfinden, und sie können nachtragend sein. Ihr Groll richtet sich gegen uns alle und wird erst dann ausgelöscht sein, wenn der ganze Stamm ausgelöscht ist.

Doch die vorurteilsfreien Kikuyu, Wakamba und Kavirondo haben keinen solchen Kodex. Für sie steht fest, daß die Mehrzahl der Menschen zu allem imstande ist, und man kann sie nicht verärgern, auch nicht, wenn man es wollte. Man kann sagen, daß ein Kikuyu, der sich davon beeindrucken läßt, wie er in einer bestimmten Situation behandelt wird, ein schlechter oder aus der Art geschlagener, närrischer Kikuyu ist – er gleicht einem Menschen, der das Leben oder Gott nach der jeweiligen Wetterlage beurteilen möchte. Wenn die Eingeborenen die Möglichkeit haben, entsprechend ihrer Natur und ihren Stammessitten zu leben, dann betrachten sie unser Verhalten, wie sie die Veränderungen in der Natur, wie sie das Wetter sehen. Sie urteilen nicht, sind jedoch scharfe Beobachter. Aus der Summe ihrer Beobachtungen ergibt sich dann, was man bei ihnen gilt, unser guter oder schlechter Name in der eingeborenen Welt. Sehr arme Gesellschaftsschichten Europas sind in dieser Hinsicht den afrikanischen Eingeborenen ähnlich; sie urteilen nicht, sondern ziehen eine Summe.

Wenn die Eingeborenen irgendeine Liebe oder Achtung für uns empfinden, dann auf die gleiche Weise wie man Gott liebt: nicht weil wir etwas für sie tun, nein, deswegen überhaupt nicht, sondern weil wir etwas für sie sind.

Eines Tages entdeckte ich bei meiner Wanderung durchs Krankenhaus drei neue Patienten – einen tiefschwarzen Mann mit dickem, schwerem Kopf und zwei kleine Jungen –, die alle drei einen Verband um den Kopf trugen. Auf dieser Station war ein Krankenpfleger, der einen Buckel hatte und in seiner Art ein großer Erzähler war. Er nahm sich gern Zeit, mit mir die interessantesten Fälle der Station durchzusprechen. Als er nun sah, daß ich vor den Betten der neuen Patienten stehenblieb, kam er zu mir und erzählte mir ihre Geschichte.

Alle drei waren Nubier und in der Kapelle von *King's African Rifles*, dem schwarzen Regiment der Kolonie, angestellt – die Jungen als Trommelschläger und der Mann als Hornist. Dieser Mann hatte eines Tages Pech und großen Ärger gehabt und darüber den Verstand verloren, wie es bei Schwarzen vorkommt. Erst hatte er in den Baracken nach allen Seiten um sich geschossen, und als das Magazin seines Gewehrs leer war, hatte er sich mit den beiden Jungen, mit denen er sonst eng befreundet war, in seiner Wellblechhütte eingeschlossen. Der Krankenpfleger bedauerte, daß ich die drei nicht drei Wochen früher, bei ihrer Ankunft im Krankenhaus, gesehen hätte – da hatten sie in ihrem Blut geschwommen, und ich hätte darauf geschworen, meinte er, daß es mit ihnen vorbei sei. Jetzt waren sie außer Gefahr, und der Mörder hatte seinen Verstand wieder beisammen.

Der Erzähler ließ sich reichlich Zeit mit seiner Geschichte, und die drei Patienten, von denen sie handelte, hörten in ihren Betten mit lebhaftem Interesse zu. Manchmal unterbrachen sie ihn und korrigierten ein paar Einzelheiten. Die beiden Jungen wandten sich an den Mann, der im Bett zwischen ihnen lag, ließen sich ihre Worte von ihm bestätigen und sich dabei helfen, ihren Bericht so eindrucksvoll wie möglich zu gestalten. »Hast du nicht Schaum vorm Mund gehabt? Hast du nicht geschrien?« fragten sie ihn. »Hast du nicht gesagt, du willst uns in kleine Stücke schneiden, nicht größer als eine Heuschrecke?« Der Mörder sagte mit zerquältem Gesicht: »Ja, ja.«

Es geschah häufig, daß ich in Nairobi einen halben Tag warten mußte, auf den Beginn einer Geschäftsbesprechung oder auf die Post aus Europa, wenn der Zug von der Küste Verspätung hatte. Wenn ich dann nicht wußte, wie ich mir die Zeit vertreiben sollte, fuhr ich zum Krankenhaus der Eingeborenen und unternahm mit ein paar Rekonvaleszenten eine Spazierfahrt. Zu jener Zeit, als Wanyangerri im Krankenhaus lag, hielt der Gouverneur, Sir Edward Northey, ein junges Löwenpaar im Park des Regierungsgebäudes, das an den Zoologischen Garten von London geschickt werden sollte. Diese Löwen spielten im Bewußtsein der Kranken eine große Rolle, und sie baten mich ständig, mit ihnen in den Park zu fahren und die Löwen zu besichtigen. Ich hatte den drei Patienten von der Militärmusik versprochen, sie mitzunehmen, sobald ihre Kräfte es wieder zulassen würden, doch keiner von ihnen wollte mit mir fahren, bevor nicht alle drei dazu imstande wären. Das dauerte bei dem Hornisten am längsten, er war noch nicht wieder zu Kräften gekommen, als der eine Junge schon aus dem Krankenhaus entlassen war. Der kam nun jeden Tag dorthin und erkundigte sich, wie es dem Hornisten gehe. Als ich ihn eines Nachmittags vor dem Gebäude traf, erzählte er mir, der andere habe noch immer furchtbare Kopfschmerzen, »was ja auch kein Wunder ist, wenn man an all die Teufel denkt, die er im Kopf gehabt hat«, sagte er.

Schließlich kamen sie alle drei mit und standen dann tief ergriffen vor dem Löwenkäfig. Einen der jungen Löwen machte das lange Anstarren wütend, er stand plötzlich auf, reckte sich und gab ein kurzes Gebrüll von sich. Da zuckten die Zuschauer zusammen, und der kleinere Junge suchte hinter dem Rücken des Hornisten Zuflucht. Als wir nach Hause fuhren, sagte er zu ihm: »Dieser Löwe war genauso schrecklich wie du.«

Solange Wanyangerri im Krankenhaus war, ruhte seine Angelegenheit, ohne jedoch auf der Farm in Vergessenheit zu geraten. Ab und zu kamen seine Familienangehörigen und fragten mich nach seinem Zustand, doch mit Ausnahme seines kleinen Bruders schienen sie Angst davor zu haben, ihn im Krankenhaus zu besuchen.

Auch Kaninu kam zu meinem Haus, spätabends und wie ein schnüffelnder alter Dachs, und versuchte, eingedenk seiner Schafe und Ziegen, mich über das Befinden des kranken Kindes auszufragen. Von Zeit zu Zeit sprachen Farah und ich unter vier Augen über Wanyangerris Leiden und veranschlagten sie auf so und so viele Schafe.

Ein paar Monate nach dem Unglücksfall kam Farah wieder darauf zu sprechen und machte mich mit den letzten Ereignissen in diesem Zusammenhang vertraut.

Bei solchen Anlässen kam er zu mir, wenn ich mein Abendbrot aß, stellte sich am Tischende in Positur und begann mich zur Erkenntnis zu erleuchten. Farah sprach gut Englisch und auch Französisch, gebrauchte jedoch in beiden Sprachen Wendungen, die für ihr charakteristisch waren. Sein Gesicht und seine ganze Haltung waren beherrscht und voller Würde, doch mitunter begann er das Gespräch vollkommen abstrakt.

»Memsahib«, sagte er, »Kabero.« Das also war das Programm oder Thema. Ich wartete nun auf die Fortsetzung.

Nach einer Pause nahm Farah den Faden wieder auf. »Du glaubst, Memsahib, daß Kabero tot ist und daß ihn die wilden Tiere gefressen haben«, sagte er. »Er ist nicht tot. Er ist bei den Masai.«

Das war für mich eine erfreuliche Überraschung, doch als ich mir vorstellte, von wieviel Heuchelei ich umgeben war, wurde mir etwas unheimlich zumute, und ich fragte ihn, woher er das wisse. »Oh, das weiß ich«, sagte Farah, »Kaninu hat allzu viele Töchter« – dieses »allzu« war ein besonderer Ausdruck in Farahs Mund –, »die mit Masai verheiratet sind. Kabero hat geglaubt, daß ihm kein anderer helfen würde, und da ist er zum Mann seiner Schwester gelaufen. Es stimmt schon, daß er eine schlimme Nacht erlebt hat, bevor er dort ankam. Er saß die ganze Zeit auf einem Baum, und darunter lauerten die Hyänen. Jetzt ist er bei den Masai. Es gibt einen alten, reichen Masai, der über fünfhundert Kühe, aber keine eigenen Kinder besitzt, und der möchte Kabero gern haben. Kaninu weiß über alles Bescheid, und er ist mehrere Male bei den Masai gewesen und hat mit ihnen gesprochen. Er getraut sich nicht, dir davon zu erzählen, denn er fürchtet, wenn die weißen Leute das erfahren, dann wird Kabero in Nairobi gehängt.«

Farah sprach von den Kikuyu stets sehr hochmütig. »Die Masaifrauen bekommen selbst keine Kinder«, sagte er. »Deshalb sind sie auf Kikuyukinder erpicht, die später ihre Kühe erben können. Sie stehlen allzu viele. Aber dieser Kabero«, fuhr er fort, »der kommt zu dir auf die Farm zurück, wenn er erwachsen ist. Es wird ihm nämlich nicht gefallen, daß er sein Leben lang mit den Masai von einem Ort zum andern ziehen soll. Dazu sind die Kikuyu zu faul.«

Ich konnte von der Farm aus das Schicksal des aussterbenden Masaivolkes jenseits des Flusses von Jahr zu Jahr verfolgen. Es waren Krieger, denen man den Krieg verboten hatte, der Stamm war jetzt ein alter Löwe mit beschnittenen Klauen – eine kastrierte Nation. Man hatte ihnen die Speere und sogar die schweren, langen, bemalten Schilde aus Büffelhaut weggenommen, und wenn ihre Herden nun durchs Wildreservat zogen, folgten die Löwen ihrer Spur. Ich hatte einmal auf der Farm drei junge Stiere, die verschnitten und danach im Hof der Kaffeeaufbereitungsanlage eingesperrt wurden, weil sie später als Ochsen meine Pflüge ziehen sollten. In der Nacht witterten die Hyänen ihr Blut, drangen in den Hof ein und töteten sie. Dies ist das Schicksal der Masai, dachte ich.

»Kaberos Mutter«, sagte Farah, der wie alle Mohammedaner, die ich kennengelernt habe, die Mütter viel höher als die Väter setzt, »ist traurig, weil sie ihren Sohn so viele Jahre nicht sehen kann.«

Ich wußte nicht, ob ich Farahs Erzählung glauben sollte oder nicht, deshalb ließ ich Kaninu nicht rufen. Doch als er das nächste Mal zum Haus kam, ging ich selbst hinaus und sprach mit ihm. »Kaninu«, fragte ich, »ist Kabero am Leben? Ist er bei den Masai?« Man kann einen Eingeborenen fragen, was man will, man findet ihn niemals unvorbereitet. Kaninu brach augenblicklich über sein verlorenes Kind in Tränen aus. Ich sah und hörte mir das einige Minuten an. »Kaninu«, fuhr ich fort, »hol Kabero zurück. Er wird nicht aufgehängt. Seine Mutter soll ihn auf der Farm behalten dürfen.« Kaninu hatte sein Klagen nicht einen Moment unterbrochen, um mir Gehör zu schenken, mußte aber meine unglückliche Wendung mit dem Hängen aufgeschnappt haben. Sein Gejammer bekam einen tieferen Klang, und nun erging er sich in einer langen Beschreibung der großen Hoffnungen, zu denen Kabero berechtigt habe, und daß er ihm lieber gewesen sei als alle seine anderen Kinder.

Kaninu hatte eine große Schar von Kindern und Enkelkindern, die sich ständig in der Nähe meines Hauses aufhielten. Darunter war ein winzig kleines Enkelkind mit Namen Sirunga. Seine Mutter gehörte zu jenen Kaninu-Töchtern, die ins Masai-Reservat geheiratet hatten, sie war jedoch später zu ihrer Familie zurückgekehrt und hatte ihr Kind mitgebracht. Die Vermischung der beiden Rassen in Sirungas Blut hatte bei ihm eine Art verrückter Begabung hervorgebracht, eine wuchernde, wilde Fülle von Einfällen und Launen. Er wirkte nicht wie ein richtiger Mensch, sondern wie ein kleines Flämmchen, ein Nachtvogel, ein kleiner Dämon der Farm. Da er jedoch Epileptiker war, hatten die anderen Kinder Angst vor ihm, sie jagten ihn weg, wenn er mit ihnen spielen wollte, und nannten ihn *sheitani* – Teufel. Da hatte ich Sirunga in mein Haus genommen. Er war zu klein und zu krank, um etwas ausrichten zu können, doch er war ein einfallsreicher Hofnarr und Hanswurst und folgte mir auf Schritt und Tritt, wie ein kleiner, unruhiger, schwarzer Schatten. Kaninu kannte meine Vorliebe für Sirunga sehr wohl und hatte bisher mit großväterlichem Wohlwollen dazu gelächelt. Doch jetzt packte er zu, kehrte diese Zuneigung gegen mich, benutzte sie zum Äußersten. Er erklärte mit großem Nachdruck: Lieber solle Sirunga zehnmal von Leoparden gefressen werden, als daß er Kabero verlieren wolle. Ja, jetzt, wo Kabero tot sei, mochte auch Sirunga draufgehen, das mache gar keinen Unterschied, denn Kabero, Kabero sei sein Augenstern und sein Herzblut gewesen.

Wäre Kabero nun wirklich tot gewesen, dann hätte ich David vor mir gehabt, der seinen Sohn Absalon beklagt, eine Tragödie, in die man nicht eingreifen sollte. Wenn aber Kabero am Leben war und sich bei den Masai versteckt hielt, dann war es mehr als eine Tragödie, es war ein Kampf oder eine Flucht und ein wildes Spiel um das Leben eines Kindes.

In der Steppe habe ich Gazellen das gleiche Schauspiel aufführen sehen, wenn ich auf meinem Pferd versehentlich in die Nähe ihres neugeborenen Kitzes gekommen war. Sie tanzen vor uns, bleiben unvermittelt stehen, hüpfen auf der Stelle oder hinken und tun, als wären sie verwundet, und das alles, um die Aufmerksamkeit von ihrem Jungen abzulenken. Und plötzlich sieht man unmittelbar vor den Hufen des Pferdes das kleine Kitz, vollkommen reglos, das Köpfchen flach auf das Gras gelegt, mucksmäuschenstill, es liegt wie tot, um sein Leben zu retten, während seine Mutter dafür tanzt. Ein Vogel wendet die gleichen Kunststücke an, um seine Brut zu beschützen, er spielt vollendet die Rolle des angeschossenen Vogels, der seinen gebrochenen Flügel über den Boden schleift.

Hier war es Kaninu, der mir eine Vorstellung gab. Enthielt der Körper des alten Kikuyu, der jetzt glaubte, das Leben seines Kindes stünde auf dem Spiel, tatsächlich so viel Wärme, war er zu so vielen Kapriolen fähig? Seine alten Beine ächzten und knackten, er wechselte das Geschlecht beim Tanzen und verwandelte sich in ein altes Weib, ein Huhn, eine Löwin, denn Schauspielerei gehörte ganz offensichtlich zu den Funktionen des weiblichen Geschlechts. Es war eine groteske Komödie, die ich da sah, und zugleich war sie im höchsten Grade ehrenwert. Es war, als wäre er ein Straußenmännchen, das sich mit dem Weibchen beim Brüten abwechselt. Keine Frau wäre von Kaninus Manövern ungerührt geblieben.

»Kaninu«, sagte ich zu ihm, »wenn Kabero auf die Farm zurückkehren will, dann laß ihn kommen. Es soll ihm kein Leid geschehen. Aber du mußt ihn selbst zu mir bringen, wenn es an der Zeit ist.«

Bei diesen Worten wurde Kaninu totenstill, er senkte den Kopf und ging traurig davon, als wäre ihm nun klargeworden, daß er den letzten Freund verloren hatte, den er auf der Welt besaß.

Ich kann hier ebensogut berichten, daß Kaninu meine Worte in seinem Herzen bewahrt und getan hat, wie ihn geheißen war. Sechs Jahre später, als ich die ganze Geschichte vergessen hatte, ließ er mich eines Tages durch Farah um ein Gespräch bitten. Ich traf ihn vor dem Haus an, in würdiger Haltung auf einem Bein stehend, doch ich merkte, daß seine Seele unruhig war. Er sprach mich in einem freundlichen, heiteren Konversationston an. »Kabero ist zurückgekehrt«, sagte er. Zu diesem Zeitpunkt hatte ich von den Eingeborenen die Kunst des Pausenmachens gelernt, und ich sagte kein Wort. Der alte Kikuyu wand sich unter dem Gewicht meines Schweigens. Er trat von einem Fuß auf den anderen, seine Augenlider zuckten leicht. »Mein Sohn Kabero ist auf die Farm zurückgekommen«, wiederholte er. Ich fragte: »Ist er von den Masai zurückgekehrt?« Allein aus der Tatsache, daß er mich zum Reden gebracht hatte, schloß Kaninu sofort, daß unsere Versöhnung vollzogen sei. Noch wagte er nicht zu lächeln, doch all die schlauen Fältchen in seinem Gesicht vertieften sich und bereiteten sich auf ein Lächeln vor. »Ja, Msabu, ja«, sagte er, »er ist von den Masai zurückgekehrt, um für dich zu arbeiten.«

In der Zwischenzeit hatte die Regierung die *Kipanda*, die Registrierung aller Eingeborenen des Landes, eingeführt, und wir mußten nun einen Polizeikommissar herbestellen, damit Kabero ein ordnungsgemäßer Bewohner der Farm werden konnte. Kaninu und ich setzten einen Tag dafür fest.

An diesem vereinbarten Tag traf Kaninu mit seinem Sohn lange vor dem Polizeikommissar ein. Er stellte mir Kabero in jovialem Tonfall vor, doch in seinem Herzen war er nicht ohne Furcht vor seinem wiedergefundenen Sohn. Er mochte auch Grund dazu haben. Die Masai hatten ein Lämmchen von der Farm bekommen und gaben uns einen jungen Leoparden zurück. Kabero muß

Masai-Blut in seinen Adern gehabt haben, denn Lebensart, Sitten und Gebräuche und Disziplin der Masai allein hätten eine solche Verwandlung nicht bewirken können. Da stand er: ein Masai von Kopf bis Fuß.

Ein Masaikrieger ist ein prachtvoller Anblick. Diese jungen Männer besitzen in höchstem Maße jene besondere Form von Intelligenz, die wir als *chic* bezeichnen, und wie wild, kühn und phantastisch sie auch sind, so leisten sie doch ihrer eigenen Natur und einem Ideal Gehorsam. Ihr besonderer Stil ist nicht gekünstelt und auch nicht einem fremden Wesen nachgeahmt, er ist von innen her gewachsen und unmittelbarer Ausdruck ihrer Rasse und ihrer Geschichte. Dabei gehören Waffen und Schmuckstücke ebenso zu ihnen, wie die Mähne Teil des Löwen und die Hörner Teil des Büffels sind.

Kabero trug das Haar nach Art der Masai, lang und im Nacken mit Schnüren zu einem dicken Zopf geflochten, dazu hatte er ein Stirnband aus Leder. Auch die Kopfhaltung der Masai hatte er sich angeeignet: das Kinn vorgereckt, als überreichte er mir sein junges, hoffärtiges, übermütiges Gesicht auf einem Präsentierteller. Er stand sehr gerade, in der vollkommen passiven, stolzen und höhnischen Positur der Morani, die diese jungen Krieger zum Gegenstand von Beobachtung und Bewunderung macht – eine Statue, eine Figur, die von allen gesehen werden soll, die selbst jedoch nicht sehen kann.

Die jungen Masaikrieger leben fast ausschließlich von Milch und Blut, und vielleicht verleiht diese Kost ihrer Haut die verblüffende Seidenglätte. Ihre Gesichter mit den hohen Jochbeinen und dem keck geschwungenen Kinn sind wie blankpoliert, prall, ohne eine Falte oder Vertiefung, ihre dunklen Augen, die nichts wahrzunehmen scheinen, erinnern an zwei dunkle Steine, eingelegt in ein Mosaik, und überhaupt hat das Äußere der Morani Ähnlichkeit mit einem Mosaik. Ihre Halsmuskeln sind auf beeindruckende Weise geschwollen, wie bei einer wütenden Brillenschlange, einem Leopardenmännchen oder einem Kampfstier, und diese Schwellung ist ein so deutliches Zeichen von Männlichkeit, daß sie für die ganze Welt, die Frauen ausgenommen, eine Kriegserklärung darstellt. Die Gegensätzlichkeit oder das großartige Zusammenspiel ihrer hochmütigen, glatten Gesichter, des starken Halses und der prachtvollen, breiten Schultern und ihrer schlanken Hüften, der schmalen, langen Schenkel und Knie und der langen, geraden, sehnigen Beine gibt ihnen ein besonderes Gepräge – es sind junge Leute, die sich mit eiserner Disziplin ein Höchstmaß an Raubgier, Wildheit und Gefräßigkeit antrainiert haben.

Die Masai haben einen steifen Gang und setzen den einen schmalen Fuß direkt vor den anderen. Doch alle Bewegungen, die sie mit Armen und Händen vollführen, sind geschmeidig und voller Anmut. Wenn ein junger Masaischütze den Pfeil vom Bogen schnellen läßt, glaubt man, mit der Bogensehne die Sehnen seines langen, schmalen Handgelenks in der Luft singen zu hören.

Der Polizeikommissar aus Nairobi war ein junger Mann, der gerade aus England gekommen war und sein Amt mit großem Pflichteifer versah. Er sprach ein korrektes Swahili, so daß Kaninu und ich seine Worte nicht verstanden, und die alte Geschichte von dem unglückseligen Schuß beschäftigte und erregte ihn so sehr, daß er Kaninu sogleich in ein langes Kreuzverhör verwickelte, in dessen Verlauf der alte Kikuyu erstarrte und sich in ein Stück Holz verwandelte. Als der Kommissar mit ihm fertig war, wandte er sich an mich und erklärte, daß man Kaninu nach seiner Ansicht empörend behandelt habe und daß man die ganze Angelegenheit wiederaufnehmen und dem Gericht in Nairobi vorlegen müsse. »Das wird dann viele Jahre Ihres und meines Lebens kosten«, sagte ich. Er bat mich, bemerken zu dürfen, daß man auf dergleichen keine Rücksicht nehmen könne, wenn es um die Ausübung des Rechts gehe. Kaninu warf mir einen grimmigen Blick zu und glaubte für einen Augenblick, er sei in einer Falle gefangen. Schließlich fanden wir heraus, daß der Fall doch schon verjährt sei und sich nicht wiederaufnehmen ließe, und das einzige, was dabei unternommen wurde, war Kaberos ordnungsgemäße Registrierung auf der Farm.

Doch alle diese Dinge geschahen erst viel später. Sieben Jahre lang war Kabero für die Farm gestorben und auf Wanderschaft mit den Masai, und Kaninu hatte eine Menge durchzustehen. Bevor ihn die Sache losließ, griffen neue Kräfte ein, bekamen ihn zu packen und zermalmten ihn.

Über diese Kräfte kann ich wirklich nicht vollen Aufschluß geben. Zum einen, weil sie dunkel und verborgen waren, zum anderen, weil ich zur gleichen Zeit mit Ereignissen beschäftigt war, die mich selbst betrafen und die meine Gedanken von Kaninu und seinem Schicksal, und überhaupt von den Angelegenheiten der Farm, ablenkten. Sie waren daher für mich wie der ferne Kilimandscharo, den man von meinem Land manchmal sehen konnte und manchmal nicht. Die Eingeborenen reagierten auf meine langen Perioden geistiger Abwesenheit ruhig, aber ernst, als wäre ich tatsächlich ihrem Dasein entrückt und auf eine andere Ebene gehoben worden. Später sprachen sie von diesen Zeiten, als wäre ich wirklich nicht auf der Farm gewesen. »Der große Baum vor meinem Haus fiel um«, sagten sie, oder: »Mein Kind ist gestorben, damals, als du bei den weißen Leuten warst.«

Als Wanyangerri so weit wiederhergestellt war, daß er das Krankenhaus verlassen konnte, holte ich ihn auf die Farm zurück, und von da an sah ich ihn nur hin und wieder bei einer Ngoma oder auf der Steppe.

Einige Tage nach seiner Rückkehr stellte sich der Vater, Wainaina, mit Wanyangerris Großmutter vor meinem Haus ein. Wainaina war ein kleiner, ziemlich dicker Mann, was bei den Kikuyu, die fast alle mager sind, eine Seltenheit ist. Er trug auch ein kleines, dünnes Bärtchen, und seine dritte Eigentümlichkeit bestand darin, daß er keinem Menschen direkt ins Gesicht sah. Er wirkte wie ein geistiger Höhlenbewohner, der am liebsten in Frieden gelassen sein will und der Heimweh nach seiner Höhle hat. Mit ihm zusammen kam seine Mutter, eine hochbetagte Kikuyufrau.

Die eingeborenen Frauen rasieren sich die Köpfe völlig kahl, und man gewöhnt sich erstaunlich schnell daran, diese kleinen, hübschen, runden Schädel, die dunklen Nüssen gleichen, geschmückt mit großen Ohrringen und Stirnbändern, als einzigen Ausdruck wahrer Weiblichkeit anzusehen und Haarwuchs auf dem Kopf einer Frau für ebenso unweiblich wie etwa einen Bart zu halten. Wainainas alte Mutter hatte auf ihrem eingetrockneten Scheitel kleine weiße Haarzotteln wachsen lassen und erweckte dadurch den Eindruck von Verkommenheit und Schamlosigkeit, etwa wie ein unrasierter Mann. Sie stützte sich auf zwei lange Stöcke, war selbst stumm und ließ Wainaina das Wort führen. Doch während er sprach, schlug ihr Schweigen Funken, sie war mit einer unverschämten Lebenskraft geladen, von der ihr Sohn nichts geerbt hatte. In Wirklichkeit waren die beiden Uraka und Laskaro, aber das erfuhr ich erst später.

Sie waren in einer scheinbar ganz friedlichen Angelegenheit zu meinem Haus getrottet. Wanyangerri, so erzählte mir sein Vater, könne die Maiskörner nicht mehr kauen, und sie seien arme Leute, sie hätten kein Mehl und auch keine Milchkuh. Ob ich ihm nicht, bis die Verhandlungen über Wanyangerris Fall abgeschlossen seien, ein wenig Milch von meinen Kühen geben würde? Sie wüßten sonst nicht, wie sie den Jungen am Leben halten sollten, bis er seine Entschädigung bekäme, und das wäre doch sonst ein großer Verlust. Farah war in Nairobi, um eine seiner privaten Somali-Rechtsstreitigkeiten zu ordnen, und in seiner Abwesenheit willigte ich ein, Wanyangerri täglich eine Flasche Milch von meinen Kühen zu geben. Als ich meinen Leuten den entsprechenden Auftrag erteilte, reagierten sie sehr unwillig und verdrossen.

Es vergingen vierzehn Tage oder vielleicht drei Wochen, da kam eines Abends Kaninu in mein Haus. Als ich nach dem Essen mit einem Buch vor dem Feuer saß, stand er plötzlich im Zimmer. Im allgemeinen führen die Eingeborenen ihre Verhandlungen am liebsten im Freien, und an der Art, wie Kaninu eintrat und die Tür hinter sich schloß, erkannte ich, daß mich Mitteilungen überraschender Art erwarteten. Doch die erste Überraschung war, daß Kaninu schwieg. Seine gewandte, honigsüße Zunge war so tot, als wäre sie ihm abgeschnitten, und das Zimmer war nach Kaninus Eintritt genauso still wie vor seiner Ankunft. Der große alte Kikuyu sah todkrank aus. Er stützte sich schwer auf seinen Stock, und unter seinem Umhang schien kein Körper zu sein. Seine Augen waren matt und ohne Glanz, und die ganze Zeit, die er im Zimmer war, befeuchtete er mit der Zunge seine spröden Lippen.

Als er endlich den Mund zum Reden öffnete, geschah es nur, um mir langsam und traurig mitzuteilen, daß seine Lage hoffnungslos sei. Kurz darauf fügte er in der gleichen Art hinzu, so als wäre es völlig bedeutungslos, daß er Wainaina zehn Schafe bezahlt habe. Und jetzt, fuhr er fort, verlange Wainaina noch eine Kuh und ein Kalb von ihm, und er habe vor, diese Forderung zu erfüllen. Ich fragte ihn, warum er das getan habe, wo doch noch gar kein Urteil in der Angelegenheit gefällt sei. Kaninu antwortete nicht, er sah mich nicht einmal an. An diesem Abend war er kein großer Squatter mehr, er war ein Wanderer, ein Pilgrim, der keinen Ort zum Bleiben hatte. Er war nur vorbeigekommen, um mir Bericht zu erstatten, und nun mußte er weiter. Ich konnte mir das nur so erklären, daß er sehr krank sein mußte, und nach einer langen Pause sagte ich, daß ich ihn lieber am nächsten Tag ins Krankenhaus fahren wolle. Als er das hörte, warf er mir einen kurzen, tiefen, schmerzerfüllten Blick zu. Der alte Spötter hatte selbst bitteren Spott erfahren, der alte Fuchs spürte, daß er mit einem Bein im Fangeisen steckte.

Doch ehe er ging, tat er etwas, das mir unvergeßlich

ist. Er hob die Hand zum Gesicht, als wollte er eine Träne abwischen. Es wäre ein seltsam Ding gewesen – wie das Ergrünen des Pilgerstabs –, hätte Kaninu wirklich Tränen vergießen können, und noch seltsamer wäre es gewesen, wenn er seine Tränen nicht ausgenutzt hätte. Was ist nur auf der Farm geschehen, während ich mit meinen Gedanken woanders war, dachte ich. Als Kaninu gegangen war, ließ ich Farah kommen und fragte ihn.

Bisweilen sprach Farah mit mir höchst ungern über die Angelegenheiten der Eingeborenen, als wäre es unter seiner Würde, sich damit abzugeben, und unter meiner Würde, mir das anzuhören. Schließlich ließ er sich doch dazu herbei, mir einen Bericht zu geben, doch während er sprach, sah er über meinen Kopf hinweg aus dem Fenster zu den Sternen. Der Grund für Kaninus Selbstaufgabe sei Wainainas alte Mutter, sie sei eine Hexe und habe Hexenkünste mit ihm getrieben.

»Aber Farah«, sagte ich, »Kaninu ist doch wohl zu alt und zu klug, um an Hexerei zu glauben.« – »Nein«, sagte Farah langsam, »nein, Memsahib. Ich glaube, die alte Kikuyufrau kann diese Dinge wirklich machen.«

Die alte Frau hatte zu Kaninu gesagt, seine Kühe sollten schon noch zu spüren bekommen, daß es besser für sie gewesen wäre, wenn Kaninu sie gleich zu Anfang Wainaina überlassen hätte. Jetzt wurden Kaninus Kühe blind, eine nach der anderen. Und unter diesem Schicksalsschlag war Kaninu ganz langsam das Herz zerrissen, so wie in früheren Zeiten den Menschen bei einer besonderen Folter Muskeln und Knochen durch immer größere Gewichte auseinandergezerrt wurden.

Farahs Ton war so besorgt, als er von der Kiuyu-Hexerei erzählte, als wäre auf der Farm die Maul- und Klauenseuche ausgebrochen, eine Krankheit, die wir selbst nicht bekommen, die jedoch unser Vieh vernichten kann.

Ich blieb diesen Abend lange auf und dachte an die Hexerei auf der Farm. Zuerst hatte sie etwas Unheimliches für mich, so als wäre sie aus einem alten Grab gestiegen und drückte sich nun an meiner Fensterscheibe die Nase platt. Ich konnte die Hyänen hören, die etwas entfernt am Flußufer heulten, und mir fiel ein, daß die Kikuyu ihre eigenen Werwölfe hatten – alte Frauen, die sich nachts in Hyänen verwandelten. Vielleicht trabte Wainainas alte Mutter jetzt am Fluß entlang und fletschte in der Nachtluft die Zähne. Doch allmählich wurde mir der Gedanke an Zauberei vertraut. Möglicherweise war das eine natürliche, angemessene Sache. In Afrika geschahen so viele Dinge bei Nacht.

Aber diese alte Frau ist doch ein gemeines, raffgieriges Weib, dachte ich auf swahili. Sie benutzt ihre Kunst dazu, Kaninus Kühe blind zu machen, und läßt mich ihr krankes Enkelkind mit einer Flasche Milch pro Tag von meiner eigenen Herde ernähren.

Ich dachte: Dieser Unglücksfall und alles, was er nach sich gezogen hat, sind der Farm ins Blut gegangen, und das ist meine Schuld. Ich muß Hilfe herbeirufen, sonst wird die Farm in einen bösen Traum, in einen Alptraum hineingerissen. Ich weiß, was ich tun werde, ich werde Kinanjui holen.

5. *Ein Kikuyuhäuptling*

Der große Häuptling Kinanjui wohnte etwa fünfzehn Kilometer nordöstlich von der Farm im Kikuyu-Reservat, in der Nähe der französischen Mission, und herrschte über Hunderttausende von Kikuyu. Er war ein schlauer, kräftiger alter Mann, der ein stolzes Wesen und nicht wenig echte Größe besaß, obwohl er nicht als Häuptling geboren, sondern vor vielen Jahren, als die Engländer mit dem legitimen Kikuyu-Regenten des Gebiets nicht mehr auskamen, dazu ernannt worden war.

Kinanjui war mein Freund und hatte mir schon bei vielen unterschiedlichen Gelegenheiten beigestanden. Seine Manyatta, die ich einige Male aufgesucht hatte, war genauso schmutzig und voller Fliegen wie die Manyattas anderer Kikuyu, jedoch erheblich größer als alle anderen, die ich kannte, denn in seiner Position als Häuptling hatte sich Kinanjui den Freuden der Ehe voll hingegeben. Das Dorf wimmelte von seinen Frauen, die allen Altersklassen angehörten, von spindeldürren, zahnlosen alten Hexen auf Krücken bis zu hochgewachsenen, glatthäutigen jungen Mädchen mit verträumten Gazellen-Augen, an deren schlanken Armen und Beinen Kupfer- und Messingringe klirrten. Seine Kinder spielten und weinten und lernten Laufen. Die jungen Männer, seine Söhne, den Kopf mit dem prachtvollen Schmuck stolz erhoben, gingen aus und ein und richteten viel Unfug an. Kinanjui hatte mir einmal erzählt, daß im Augenblick fünfundzwanzig von seinen Söhnen Morani waren.

Manchmal kam der alte Häuptling auch zur Farm gewandert, in einem prächtigen Fellumhang und von zwei oder drei weißhaarigen Senatoren und einigen seiner Krieger-Söhne begleitet, um mir einen freundschaftlichen Besuch abzustatten und sich nach den Bürden des Regierens eine Ruhepause zu gönnen. Dann saß er ganze Nachmittage in einem meiner großen Verandastühle, den ich für ihn auf den Rasen tragen ließ, und rauchte dicke Zigarren, die ich ihm hinausgeschickt hatte, während seine Ratgeber und seine junge Leibwache um ihn herum im Grase kauerten. Wenn meine Squatter von seiner Ankunft auf der Farm erfuhren, kamen sie zum Haus, verteilten sich in Gruppen über den Rasen, um ihn mit den letzten Ereignissen auf der Farm zu unterhalten, und diese Gesellschaft bildete unter den hohen Bäumen eine Art von politischem Klub. Kinanjui pflegte bei solchen Zusammenkünften in besonderer Weise aufzutreten. Wenn er der Meinung war, daß sich die Verhandlungen allzusehr in die Länge zogen, lehnte er sich im Stuhl zurück, schloß die Augen und atmete tief und langsam – es klang wie ein schwaches, regelmäßiges Schnarchen –, ohne dabei seine Zigarre ausgehen zu lassen. Es war eine Art von Pro-forma-Schlaf, den er sich vielleicht in seinem eigenen Staatsrat angewöhnt hatte. Ich ließ mir manchmal ebenfalls einen Stuhl hinaustragen, setzte mich zu ihm und sprach mit ihm, und bei diesen Gelegenheiten schickte Kinanjui alle anderen Leute weg, um zu betonen, daß jetzt mit dem Regieren der Welt Ernst gemacht werden sollte. In der Zeit meiner Bekanntschaft mit ihm war er nicht mehr der Mann, der er einmal gewesen war, das Leben hatte ihm mitgespielt. Doch wenn er allein und frei mit mir reden konnte, offenbarte er Originalität im Denken und einen reichen, kühnen, erfinderischen Geist. Er hatte das Leben von allen Seiten gesehen und sich seine eigene Meinung darüber gebildet.

Ein paar Jahre zuvor war etwas geschehen, das die Freundschaft zwischen mir und Kinanjui gefestigt hatte.

Eines Tages kam er zu Besuch, als ich gerade mit einem Freund, der ins Hochland reisen wollte, beim Gabelfrühstück saß. Vor der Abreise meines Freundes hatte ich keine Zeit, um mich um den Kikuyuhäuptling zu kümmern. Ich wußte, daß Kinanjui nach seinem langen Spaziergang in der Sonne damit rechnete, daß ich ihm ein Glas zu trinken anbieten würde, während er wartete. Doch da ich von keinem einzigen Getränk genug im Hause hatte, mischten mein Gast und ich alle harten Sachen, die sich auftreiben ließen, in einem großen Wasserglas zu einem Cocktail. Je stärker er würde, dachten wir, um so länger würde seine Wirkung auf den Häuptling anhalten. Ich brachte ihm das Glas persönlich hinaus. Kinanjui feuchtete sich mit einem kleinen, freundlichen Lächeln die Lippen an, schenkte mir den innigsten Blick, den ich je von einem Mann bekommen habe, lehnte den Kopf zurück und leerte das Glas bis auf den letzten Tropfen.

Eine halbe Stunde später, als mein Gast gerade davongefahren war, kamen meine Leute herein und sagten: »Kinanjui ist tot.« Ich spürte im selben Moment, wie sich der Schatten einer Tragödie oder eines Skandals dunkel und riesig vor mir erhob. Ich ging hinaus, um nach Kinanjui zu sehen.

Er lag hinter der Küche am Boden, mit einem völlig ausdruckslosen Gesicht, blauen Lippen und blauen Fingern – starr und eiskalt. Mir war, als hätte ich einen Elefanten erlegt. Es war meine Schuld, daß ein mächtiges, majestätisches Geschöpf, das auf Erden gewandelt war, die Welt um sich herum gesehen und sich eine eigene Meinung über sie gebildet hatte, nicht länger hier wandeln sollte. Und er sah auch geschändet, ausgeplündert oder gefleddert aus, denn die Kikuyu hatten ihm seinen großen Affenfellumhang abgenommen und ihn mit Wasser begossen. In seiner Nacktheit ähnelte er einem Tier, das der Trophäe beraubt ist, deretwegen man es erschossen hat.

Ich wollte Farah den Arzt holen lassen, doch wir bekamen das Auto nicht in Gang, und Kinanjuis Gefolgsleute baten uns immer wieder, noch eine Weile zu warten, bevor wir etwas unternähmen.

Eine Stunde später – ich wollte gerade schweren Herzens hinausgehen und noch einmal mit ihnen reden – kamen meine eigenen Leute und sagten: »Kinanjui ist nach Hause gegangen.« Sie erzählten mir nun, daß er plötzlich aufgestanden sei, seinen Umhang zusammengerafft, seine Leute um sich geschart und sich ohne ein Wort auf den langen Weg in sein Dorf begeben habe.

Ich glaube, daß Kinanjui danach das Gefühl hatte, daß ich ein Risiko eingegangen war und mich sogar einer Gefahr ausgesetzt hatte – es ist nämlich verboten, Eingeborenen Alkohol zu geben –, um ihm eine Freude zu machen. Er ist auch später auf die Farm gekommen und hat bei uns eine Zigarre geraucht, doch von Getränken hat er nicht mehr gesprochen. Ich hätte sie ihm gegeben, wenn er mich darum gebeten hätte, aber ich wußte, daß er das nicht noch einmal tun würde.

Nun schickte ich einen Boten in Kinanjuis Dorf und ließ diesem die ganze Geschichte von dem unglückseligen Schuß berichten. Ich bat ihn, auf die Farm zu kommen, um der Sache ein Ende zu setzen. Nach meiner Ansicht, erklärte ich ihm, sollten wir Wainaina die Kuh und das Kalb geben, wie Kaninu gesagt hatte, und den Fall damit abschließen. Ich freute mich auf Kinanjuis Erscheinen, denn er hatte eine Eigenschaft, die jeder bei einem Freund schätzt: er machte Eindruck, und wo er auftauchte, gerieten die Dinge in Schwung.

Durch diese Nachricht kam die ganze Angelegenheit, um die es eine Zeitlang still gewesen war, wieder in Bewegung, und sie fand ein dramatisches Ende.

Als ich eines Nachmittags nach Hause ritt, sah ich ein Automobil in rasender Geschwindigkeit heranfahren und auf zwei Rädern in die Einfahrt schwenken. Es war ein hochroter Wagen mit viel Nickel. Ich kannte ihn wohl, er gehörte dem amerikanischen Konsul in Nairobi, und ich versuchte nun zu erraten, was für eine dringende Angelegenheit den Konsul wohl in einem solchen Tempo zu mir führen mochte. Doch als ich auf der anderen Seite des Hauses vom Pferd stieg, kam Farah heraus und sagte mir, Kinanjui sei eingetroffen. Er sei in seinem eigenen Wagen vorgefahren, den er tags zuvor dem amerikanischen Konsul abgekauft habe, und er wolle nicht eher aussteigen, bevor ich ihn darin gesehen hätte.

Ich fand Kinanjui kerzengerade im Auto sitzend, unbeweglich wie ein Götzenbild. Er trug einen Umhang aus blauem Affenfell und auf dem Kopf ein enganliegendes Käppchen von der Art, wie die Kikuyu sie aus Schafsmägen herstellen. Er war stets eine imposante Erscheinung, hochgewachsen und breit, nirgendwo ein Gramm überflüssiges Fett. Sein Gesicht war groß, lang und knochig, wie in Holz geschnitten, und es hatte die fliehende Stirn eines Indianers. Seine breite Nase war so ausdrucksvoll, daß sie der zentrale Punkt des ganzen Mannes zu sein schien, als wäre die große, stattliche Gestalt nur dazu da, diese breite Nase standesgemäß umherzutragen. Sie war äußerst unternehmungslustig und wißbegierig, wie ein Elefantenrüssel, und gleichzeitig empfindsam und vorsichtig und auf der Hut, als wäre sie mit allen Nerven auf Angriff wie auf Verteidigung eingestellt. Kinanjui ähnelte auch darin einem Elefanten, daß sein Kopf sehr edel gewesen wäre, hätte er nicht ein wenig zu clever ausgesehen.

Der Häuptling sagte kein Wort und blinzelte nicht, als ich ihm wegen seines Autos Komplimente machte. Er starrte geradeaus, damit ich ihn im Profil sehen sollte, wie den Kopf auf einer Münze. Während ich um den Wagen herumging, drehte er sich, so daß er mir ständig sein königliches Profil zuwandte. Vielleicht hatte er wirklich den Kopf des Königs auf einer Rupie im Sinn. Einer von den jungen Söhnen war der Chauffeur, und der Kühler kochte mächtig. Als die Zeremonie zu Ende war, bat ich Kinanjui, den Wagen zu verlassen. Mit einer majestätischen Gebärde drapierte er seinen Umhang um sich und stieg aus – und drehte im gleichen Moment die Zeit um zweitausend Jahre zurück und begab sich mitten hinein in die Rechtssprechung der Kikuyu.

An der Westseite meines Hauses stand eine steinerne Bank und davor ein Tisch, der aus einem Mühlstein gemacht war. Dieser Stein hatte eine tragische Geschichte. Er war der oberste Stein in jener Mühle gewesen, in der man die beiden Inder ermordet hatte. Nach dem Mord hatte niemand gewagt, die Mühle zu übernehmen, sie stand lange Zeit still und leer, und ich ließ den Stein zu meinem Haus holen, er sollte als Tischplatte Nutzen tun und mich an Dänemark erinnern. Die indischen Müller hatten mir erzählt, ihre Mühlsteine seien übers Meer aus Bombay gekommen – die afrikanischen Steine seien zum Mahlen nicht hart genug. In die Oberfläche des Steins war ein Muster eingemeißelt, und außerdem waren darauf ein paar große, braune Flecke, die meine Leute für das Blut der Inder hielten, das sich nie wieder abwaschen ließe. Dieser Steintisch war in gewisser Weise der Mittelpunkt der ganzen Farm, denn ich pflegte bei all meinen Verhandlungen mit den Eingeborenen daran zu sitzen.

Von der steinernen Bank aus entdeckte ich einmal zur

Neujahrszeit mit Denys Finch-Hatton den Neumond und die beiden Planeten Venus und Jupiter ganz dicht beieinander, es war ein so herrlich strahlendes Bild, daß es fast unwirklich erschien, und ich habe die Sterne später nie wieder in dieser Konstellation gesehen.

Ich setzte mich auf die Steinbank, Kinanjui zur Linken. Farah stand rechts von mir und hatte von hier aus ein wachsames Auge auf die Kikuyu, die sich um das Haus versammelt hatten und von denen immer mehr herbeiströmten, als sich das Gerücht von Kinanjuis Ankunft auf der Farm verbreitete.

Farahs Beziehung zu den Eingeborenen des Landes war malerisch und hatte Spannung. Sie hatte sich – ebenso wie Aufputz und Haltung der jungen Masai – weder heute noch gestern, sondern in vielen Jahrhunderten herausgebildet. Jene Kräfte, die an ihrer Entwicklung beteiligt waren, haben auch große Bauwerke aus Stein errichtet, doch die sind schon längst in Trümmer gesunken.

Wenn man nach Ostafrika kommt und in Mombasa an Land geht, erblickt man hier und da zwischen den alten, grauen Affenbrotbäumen – die mit keiner Pflanzenart der Welt Ähnlichkeit haben, sondern wie Versteinerungen, wie riesige Donnerkeile wirken – die Überreste von Häusern, Minaretten und Brunnen, alles aus grauem Gestein. Ruinen der gleichen Art findet man an der gesamten Küste, in Takaunga, Kalifi und Lamu. Das sind die letzten Überreste jener Städte und Landsitze, die sich die alten arabischen Elfenbeinhändler und Sklavenhändler hier errichtet hatten.

Die Daus der großen Handelsleute kannten alle Fahrwasser der afrikanischen Küste und segelten auf blauen Wegen nach Sansibar, wo die zentralen Märkte abgehalten wurden – zu jener Zeit, als Aladin dem Sultan vierhundert mit Edelsteinen beladene schwarze Sklaven schickte und die Sultanin, während ihr Mann auf der Jagd war, mit ihrem schwarzen Geliebten ein abendliches Fest im Harem feierte und den Tod dafür erleiden mußte.

Die Sklaven aus dem afrikanischen Hochland wurden nicht nach Amerika verkauft, sondern nach Osten, in die Türkei, die Levante und die Mittelmeerländer, und vielleicht gelangten einige Leute meiner hiesigen Stämme sogar bis nach Venedig und fächelten den blonden Damen Kühlung zu und warteten ihnen auf.

Es ist wahrscheinlich, daß die arabischen Kaufleute, die gut verdienten und mit der Zeit reich wurden, ihren Haushalt und ihren Harem in die Villen zwischen der langen Brandung und den großen, blühenden, flammendroten Akazienbäumen holten, während sie ihre Expeditionen ins Hochland schickten.

Denn von hier, aus dem wilden, trockenen Land, den verbrannten Steppen und den unwegsamen, wasserlosen Gebieten, aus dem Land der breiten Dornbäume, der ausgetrockneten Flußläufe und der winzig kleinen, stark duftenden wilden Blumen kam ihr Wohlstand. Hier oben, auf dem First Afrikas, wanderte der schwere, weise, majestätische Träger des Elfenbeins. Er ging ganz in Gedanken und wollte nur seine Ruhe haben, doch man spürte ihn auf und verfolgte ihn, die kleinen dunklen Wanderobo erlegten ihn mit vergifteten Pfeilen und die Araber mit langen, silberinkrustierten Vorderladern, er wurde in Fallen und Gruben gefangen, denn in Sansibar erwartete man seine langen, glatten, goldbraunen Stoßzähne.

Tief in den Wäldern des Hochlands wurden auch kleine Stückchen Land gerodet, geschwendet und mit Süßkartoffeln und Mais bepflanzt, von einem friedlichen Volk, das nicht dazu geschaffen war, Krieg zu führen oder etwas Neues zu erfinden, sondern für sich selbst sorgen wollte. Diese Menschen waren auf den Märkten genauso gefragt wie das Elfenbein.

Die großen und die kleineren Raubvögel sammelten sich im Hochland.

Tous les tristes oiseaux mangeurs de chair humaine
s'assemblent. Es les uns laissant un crâne chauve
les autres aux gibets essuyant leur bec fauve
d'autres d'un mât rompu quittant les noir agrès …

Hierher kamen die kalten, sinnlichen Araber – mit Todesverachtung im Herzen –, deren Gedanken außerhalb der Geschäftszeit mit Algebra, Astronomie und ihrem Harem beschäftigt waren. Mit ihnen zusammen kamen ihre jungen illegitimen Halbbrüder, die Somali, hitzige, streitsüchtige, asketische und habgierige Leute, die ihre zweifelhafte Geburt dadurch wettmachten, daß sie glühende, eifrige Mohammedaner waren und sich strenger an die Gebote des Propheten hielten als die ehelichen Kinder. Ihnen folgten die Swahili, die Küstenbewohner, selbst Sklaven mit Sklavensinn, die grausam, unsittlich und diebisch waren, dabei voll gesunder Vernunft und Späßen, und im Alter dick und fett wurden.

Wenn sie hoch genug stiegen, begegneten ihnen die einheimischen Raubvögel des Hochlands. Die Masai näherten sich schweigend, als lange, schmale schwarze Schatten, mit blitzenden Speeren und schweren Schilden, von tiefem Mißtrauen gegen alle Fremden erfüllt, mit roten Händen, um ihre Brüder zu verkaufen.

Hier oben müssen die verschiedenen Arten der Raubvögel gesessen und miteinander geredet haben. Farah erzählte mir, daß in alten Tagen, bevor die Somali ihre eigenen Frauen aus Somaliland mitbrachten, die Mädchen der Masai die einzigen eingeborenen Frauen waren, mit denen sie sich standesgemäß verheiraten konnten. Dies war in vieler Hinsicht eine merkwürdige Allianz, denn die Somali sind tief religiös, während die Masai überhaupt keine Religion haben und sich nicht im entferntesten für etwas Überirdisches interessieren. Die Somali nehmen es mit ihren Waschungen und ihrer Hygiene sehr genau, und die Masai sind ein schmutziges Volk. Für die Somali ist auch die Jungfräulichkeit der Braut von größter Wichtigkeit, dagegen sind die jungen

Masaimädchen mit ihrer Tugend nicht so kleinlich. Farah hatte dafür eine einfache Erklärung. Die Masai, sagte er, seien niemals Sklaven gewesen. Man kann sie nicht zu Sklaven machen, man kann sie nicht einmal einsperren, im Gefängnis sterben sie innerhalb von drei Monaten. Die englische Regierung bestraft die Masai nicht mit Haft, sondern mit Geldbußen. Durch dieses Unvermögen, unter einem Joch zu leben, haben die Masai, als einziger von allen Stämmen des Landes, einen Platz unter der eingewanderten Aristokratie behauptet.

Alle diese wilden Raubvögel hielten ihre gierigen Blicke auf die bescheidenen Nagetiere des Landes gerichtet. Dabei nahmen die Somali eine Sonderstellung ein. Sie eignen sich nicht dazu, das Oberkommando zu führen, sie geraten leicht in Erregung, und wenn sie sich selbst überlassen sind, verschwenden sie Zeit und Blut an ihre Stammesstreitigkeiten. Doch sie sind stolze Unterbefehlshaber, und vielleicht überließen ihnen die arabischen Kapitalisten viele gefährliche Unternehmungen, während sie selbst in Mombasa saßen. Deshalb entspricht das Verhältnis der Somali zu den Eingeborenen fast dem des Hütehundes zu den Schafen. Sie ließen sie niemals aus dem Auge, sie zeigten ihnen ihre scharfen weißen Zähne. Ob es den Schafen wohl einfallen würde zu sterben, bevor sie die Küste erreichten? Ob sie weglaufen würden? Die Somali verstehen sich auf Geld und den Wert des Geldes, sie haben gewiß auf Essen und Schlaf verzichtet, um die großen lebendigen Werte zu bewachen, die man ihnen anvertraut hatte, und häufig waren sie nur noch Haut und Knochen, wenn sie von ihren Expeditionen zurückkehrten.

Diese Gewohnheit liegt ihnen noch im Blut. Als die spanische Grippe auf der Farm ausbrach, bekam Farah sie als einer der ersten, und er war sehr krank. Doch er ging mit mir, vom Fieber geschüttelt, mit keuchendem Atem und Lippen so steif wie Holz, reihum zu den Squattern, um ihnen Medizin zu bringen und sie zur Einnahme zu zwingen. Er hatte sich erzählen lassen, daß Petroleum ein gutes Mittel gegen die Krankheit sei, und nun kaufte er für unsere Leute große Mengen davon ein. Auch sein kleiner Bruder Abdullai, den ich damals im Hause hatte, erkrankte schwer an der Grippe und schwebte drei, vier Tage zwischen Leben und Tod. Farah grämte sich und sorgte sich um ihn. Doch all das war für ihn nur eine Sache des Gefühls und hatte nichts mit Verantwortung zu tun. Seine Pflicht, sein Lebensunterhalt und sein Prestige waren mit den Leuten der Farm verbunden, der sterbende Hütehund blieb bei den Schafen. Farah wußte auch bestens über alles Bescheid, was in der eingeborenen Welt vor sich ging, obwohl ich nicht sagen kann, woher er sein Wissen hatte, denn außer mit einigen wenigen von den reichsten verkehrte er nicht mit den Kikuyu.

Die Schafe selbst, das friedliche Volk, das weder Schnabel noch Klauen, nur schwache Kräfte und keinen Beschützer auf Erden hatte, sie ertrugen ihr Schicksal in alten Tagen ebenso wie heute mit einer grenzenlosen Fähigkeit zur Resignation. Sie starben nicht unter dem Joch wie die Masai und stürmten nicht gegen das Schicksal an, wie die Somali es tun, wenn sie sich von ihm gekränkt und betrogen fühlen. Sie waren Gottes Freunde in fernen, fremden Ländern und in Ketten. Auch in der Beziehung zu den Menschen, die ihnen Unrecht taten und sie verfolgten, behielten sie ihr Selbstgefühl. Sie wußten ja, daß Verdienst und Ansehen ihrer Verfolger von ihnen abhing. In all ihrem Elend waren sie der Mittelpunkt der ganzen Jagd und des Handels, sie waren die Ware. Auf ihrem langen, blutigen, dornenreichen Weg hatten sie sich in der Tiefe ihrer dunklen, stummen Herzen zum eigenen Gebrauch eine kurzschwänzige Philosophie gemacht, und sie hatten weder vor den Schacherern noch vor den Hütehunden große Achtung. »Ihr gönnt euch Tag und Nacht nicht Rast noch Ruh«, sagten sie, »die Zunge hängt euch aus dem Hals, und ihr keucht, als sollten euch die Rippen zerspringen. Die ganze Nacht seid ihr wach und auf dem Sprung, so daß eure Augen im Sonnenlicht des Tages brennen. All das unseretwegen. Ihr seid für uns da und nicht wir für euch.« Es geschah auch, daß die Kikuyu der Farm Farah ganz plötzlich vorlaut kamen, wie ein Lamm, das direkt vor der Nase des Hütehundes einen Satz macht, damit er aufspringen und laufen muß.

Hier trafen nun Farah und Kinanjui zusammen, der Hütehund und der alte Widder. Farah stand sehr gerade, mit seinem roten und blauen Turban, der schwarzen, goldgestickten arabischen Weste und dem langen arabischen Seidengewand – eine so dekorative Gestalt, wie man sie auf der ganzen Welt suchen konnte. Kinanjui machte sich auf seiner Steinbank breit, vollkommen nackt unter seinem großen Umhang aus Affenfell, ein alter Eingeborener, ein Sodenstück aus dem Mutterboden des afrikanischen Hochlands. Sie behandelten sich gegenseitig mit großer Achtung, doch wenn sie nicht direkt miteinander sprachen, taten sie, nach einer besonderen Etikette, als sähen sie sich nicht.

Man konnte sich diese beiden unschwer hundert Jahre früher vorstellen, vertieft in eine Unterhandlung über eine Sendung Sklaven – lästige Stammesgenossen, die sich Kinanjui vom Halse schaffen wollte. Während der langwierigen Verhandlungen hätte Farah keinen Augenblick den Hintergedanken unterdrückt, daß er den alten Häuptling überfallen und ihn als fetten Happen seiner Warensendung einverleiben könnte. Kinanjui wäre, ohne sich zu irren, Farahs Gedankengang von Minute zu Minute gefolgt und hätte während der ganzen Unterredung gewußt, daß er allein der Situation Gewicht verlieh. Auch das Gewicht seines eigenen schweren und bangen Herzens hätte er gespürt. Denn er war die Hauptperson des Stückes, er war die Ware.

Die große Versammlung, die über die Angelegenheit mit dem unglückseligen Schuß endgültig entscheiden sollte, begann ganz friedlich. Der Anblick Kinanjuis versetzte die Leute der Farm in gehobene Stimmung, die ältesten Squatter standen auf, gingen zu ihm, tauschten ein paar Bemerkungen mit ihm aus, kehrten dann zurück und setzten sich ins Gras. Einige alte Frauen schrien mir vom Außenrand des Things einen Gruß zu: »Jambo, Jerri.« Jerri ist ein Kikuyu-Mädchenname, mit dem mich die alten Frauen der Farm und auch ein paar kleine Kinder anredeten, doch weder die jungen Leute noch die alten Männer nannten mich so. Kaninu nahm seinen Platz in der Versammlung ein, umgeben von seinem großen Familienkreis, wie eine zum Leben erweckte Vogelscheuche, mit glühenden, wachsamen Augen. Wainaina und seine Mutter erschienen ebenfalls und stellten sich etwas abseits von den anderen Kikuyu auf.

Ich erklärte den Leuten langsam und mit so viel Nachdruck, wie ich in meine Worte legen konnte, daß die Angelegenheit zwischen Kaninu und Wainaina nun endlich entschieden sei, diese Entscheidung sei auf einem Stück Papier festgehalten, und Kinanjui sei gekommen, um sie zu beglaubigen. Kaninu solle Wainaina eine Kuh mit einem Färsenkalb geben, und damit solle die Sache abgeschlossen sein, denn kein Mensch könne sie länger ertragen.

Kaninu und Wainaina waren von diesem Beschluß bereits informiert, und Kaninu hatte den Auftrag, die Kuh und das Kalb bereitzuhalten. Wainaina, dessen Unternehmungen das Tageslicht scheuten, wirkte hier wie ein Maulwurf über der Erde und war auch genauso sanft, es war unvorstellbar, daß er Menschen oder Tieren gefährlich werden könnte.

Als ich die Übereinkunft vorgelesen hatte, befahl ich Kaninu, die Kuh zu holen. Kaninu stand auf und schwenkte viele Male und mit großer Kraft die Arme, um so seinen beiden jungen Söhnen, die hinter den Hütten meiner Leute die Kuh festhielten, das Zeichen zu geben. Der Ring öffnete sich feierlich, und Kuh und Kalb wurden langsam hereingeführt.

Im gleichen Moment wechselte die Versammlung

ihren Charakter, so als zöge am Horizont ein Gewitter auf, das mit ungeheurer Geschwindigkeit zum Zenit stürmte.

Nichts auf der Welt ist für die Kikuyu von so viel Interesse und Bedeutung wie eine Kuh mit ihrem Kalb. Blutvergießen, Hexerei, Liebe oder die seltsamen Erfindungen der weißen Leute, alles das vergeht und verschwindet in den Flammen ihrer Leidenschaft für Rindvieh, die einem glühenden Ofen gleicht und nach Steinzeit riecht – als schlüge man Feuer mit einem Feuerstein.

Wainainas Mutter brach augenblicklich in ein langgezogenes Geheul aus und drohte der Kuh, indem sie einen spindeldürren, runzligen Arm und Finger schüttelte. Wainaina fiel in ihr Heulen ein, stammelnd und gebrochen, als würde ein anderer durch ihn sprechen, und erhob seine Stimme zum Himmel. Er wollte diese Kuh nicht annehmen, denn es war die älteste Kuh aus Kaninus ganzer Herde, und das Kalb, das sie jetzt begleitete, war ohne Zweifel das letzte, das sie noch zur Welt gebracht hatte.

Kaninus Parteigänger schrien gegen Wainaina an und unterbrachen ihn, indem sie in rasendem Staccato die großen Tugenden und seltenen Eigenschaften dieser Kuh aufzählten. Hinter ihren Worten spürte man eine verzweifelte Bitterkeit und Todesverachtung.

Die gesamte Bevölkerung der Farm wurde mitgerissen. Keiner der Leute besaß die Kraft, stillzubleiben, wenn eine Kuh mit ihrem Kalb zur Debatte stand. Jeder, aber auch jeder, der vor dem Haus anwesend war, hatte sein Wörtchen mitzureden. Die alten Männer packten einander bei den Armen und boten zum Lob oder zur Verurteilung der Kuh ihre letzten asthmatischen Atemzüge auf. Wenn sie verstummten, fielen die gellenden Stimmen ihrer alten Frauen ein und folgten denen der Männer wie in einem Kanon. Die jungen Männer zischten sich mit tiefen, rauhen Stimmen tödliche persönliche Beleidigungen zu. Innerhalb von zwei oder drei Minuten hatte sich der gesamte offene Platz vor meinem Haus in einen siedenden, brodelnden Hexenkessel verwandelt.

Ich sah Farah an, und er erwiderte meinen Blick, jedoch wie im Traum. Da erkannte ich, daß er ein Schwert war, halb aus der Scheide gezogen, das im nächsten Augenblick rechts und links in der Hitze des Kampfes aufblitzen würde, denn die Somali sind selbst Viehzüchter und Viehhändler. Kaninu schaute zu mir hin wie ein Ertrinkender, der von der Strömung fortgerissen wird. In größter Eile nahm ich die Kuh in Augenschein. Sie war grau, hatte krumme Hörner und stand geduldig im Zentrum des Wirbelsturms, den sie hervorgerufen hatte. Gerade als sämtliche Finger wild gegen sie geschüttelt wurden, begann sie ihr Kalb zu lecken. Soweit ich es zwischen den heftig bewegten dunklen Körpern erkennen konnte, schien es mir eine alte Kuh zu sein.

Schließlich richtete ich meinen Blick auf Kinanjui. Ich weiß nicht, ob er die Kuh überhaupt angesehen hatte. Während ich ihn betrachtete, waren seine Augen starr und blinzelten nicht einmal. Er saß unbeweglich da, wie ein schwerer Block – ohne einen Funken von Gefühl und Verstand –, den man vor meinem Haus aufgestellt hatte. Er wandte seinen Kopf halb von der schreienden Versammlung ab, und da wurde mir klar, wie sehr das Profil das wahre Gesicht eines Königs ist. Die Schwarzen haben die Fähigkeit, sich innerhalb eines Augenblicks in leblose Materie zu verwandeln. Kinanjui hätte mit jedem Wort und mit jeder Bewegung die Flammen um sich herum nur noch mehr angefacht. So aber saß er auf dem Feuer, ohne sich zu rühren, und erstickte es. Das hätte nicht jeder tun können, doch Kinanjui hatte die Seele eines Häuptlings.

Nach und nach fiel die Raserei in sich zusammen. Meine Leute hörten auf zu schreien und redeten wieder in normalem Ton. Schließlich verstummte einer nach dem anderen. Als Wainainas Mutter sich unbeobachtet glaubte, humpelte sie an ihren Stöcken etwas näher an die Kuh heran, um sie genauer zu untersuchen, Farah richtete sich auf und kehrte in die Zivilisation zurück, mit schweißnassem Gesicht.

Als alles ruhig war, ließen wir beide Streitparteien zum Steintisch kommen, ihre Daumen in Wagenschmiere tauchen und das entscheidende Dokument mit ihrem Abdruck stempeln. Wainaina wollte es ungern tun, als sein Finger das Papier berührte, winselte und jammerte er, als würde er sich daran verbrennen.

Die Übereinkunft lautete wie folgt:

Diese Vereinbarung wird heute, am 26. September, zwischen Wainaina wa Bemu und Kaninu wa Muturri auf Ngong getroffen. Der Häuptling Kinanjui ist anwesend und Zeuge des Ganzen.

Die Vereinbarung legt fest, daß Kaninu an Wainaina eine Kuh und ein Färsenkalb zu zahlen hat. Diese Kuh und das Färsenkalb sind für Wainainas Sohn, Wanyangerri, bestimmt, der am 19. Dezember vergangenen Jahres von einer Flinte verwundet wurde, die Kaninus Sohn, Kabero, abgeschossen hat. Die Kuh und das Färsenkalb sollen Wanyangerris persönliches Eigentum sein.

Mit der Übereignung dieser Kuh und dieses Färsenkalbs soll die ganze Angelegenheit abgeschlossen sein. Danach darf kein Mensch sie erwähnen oder ein Gespräch über sie beginnen.

Ngong, den 26. September

Wainainas Zeichen Kaninus Zeichen

Ich war dabei und habe die Verlesung dieses Papiers gehört.

Häuptling Kinanjuis Zeichen

Die Kuh und das Färsenkalb wurden Wainaina in meiner Gegenwart übergeben.

Baronin Blixen

III Gäste der Farm

1. Die großen Tänze

Wir hatten viele Gäste auf der Farm. Für Siedler in einsamen Gegenden ist Gastfreundschaft eine Lebensnotwendigkeit, nicht nur, wenn man auf Reisen ist, sondern auch für die Ansässigen. Ein Gast ist immer willkommen, denn er weiß Neues, und das ist, ob gute oder schlechte Kunde, Brot für die Seele von Leuten, die ein eintöniges Dasein in abgelegenen Häusern führen. Ein Freund, der zu Besuch kommt, ist ein himmlischer Sendbote und bringt das Panem Angelorum mit.

Wenn Denys Finch-Hatton von einer seiner langen Jagdexpeditionen zurückkehrte, hatte er einen solchen Heißhunger auf Gespräch und Diskussion und traf mich auf der Farm so voll von gleichgearteter Sehnsucht an, daß wir bis tief in die Nacht am Abendbrottisch sitzen blieben und redeten. Wir sprachen rasch sämtliche Themen durch, die uns einfielen, und stellten lachend fest, daß wir sie noch meisterten. Weiße, die lange Zeit allein mit Eingeborenen leben, gewöhnen sich daran, ihre Gedanken offen auszusprechen – es besteht kein Grund, weshalb sie sich verstellen sollten –, und sie behalten diese Gewohnheit bei, wenn sie wieder mit Leuten ihrer eigenen Rasse reden. Bei solchen Gelegenheiten malten Denys und ich uns aus, daß die wilden Masai in ihren Manyattas am Fuß der Berge mein Haus leuchten sehen müßten, als wäre Feuer darin, so wie die Weinbauern in Umbrien jenes Haus leuchten sahen, in dem sich der heilige Franz und die heilige Klara über Theologie unterhielten.

Die größten Geselligkeiten, die wir auf der Farm hatten, waren die Ngomas, die Tänze der Eingeborenen. Wenn es eine sehr große Ngoma gab, dann kamen die Kikuyu von weither, und wir hatten manchmal bis zu fünfzehnhundert Gäste. Die Bewirtung, mit der das Haus aufwartete, war jedoch an sich sehr bescheiden. Wir teilten an die alten, kahlköpfigen Frauen, die Mütter und Großmütter der Morani und Nditos, der tanzenden jungen Männer und Mädchen, Schnupftabak aus, und wenn Kinder mit zum Tanz kamen, gab es Zucker, den ihnen Kamante mit einem Holzlöffel abmaß. Einige Male schrieb ich auch an den Polizeikommissar in Dagoretti und erwirkte für meine Squatter die Erlaubnis, *Tembo* zu brauen, ein entsetzliches Getränk, das aus Zuckerrohr gebrannt wird. Doch die eigentlichen Akteure, die unermüdlichen jungen Tänzer, bekamen nichts und brauchten auch nichts. Sie brachten das Fest mit, sie waren für äußere Eindrücke unempfänglich und vollkommen mit dem beschäftigt, was sie in sich hatten. Das einzige, was sie von ihrer Umgebung verlangten, war ein ebener Platz zum Tanzen. In der Nähe meines Hauses gab es gute Tanzplätze, den flachen Rasen unter den Bäumen und den offenen Platz im Wald zwischen den Hütten meiner Leute, der bei der Errichtung des Hauses planiert worden war. Daher genoß die Farm bei den jungen Kikuyu ein hohes Ansehen, und es war ein großes Ereignis für die ganze Gegend, wenn wir zum Ball einluden.

Von den großen Ngomas gab es zwei Arten, einige fanden am Tage und andere bei Nacht statt.

Für die Nachmittagstänze wurde viel Platz benötigt, weil dazu oft ebenso viele Zuschauer wie Tänzer kamen, und deshalb wurden sie stets auf dem Rasen vor meinem Haus veranstaltet. Bei diesen Ngomas stehen und gehen oder laufen die Tänzer in einem Kreis oder in mehreren kleinen Kreisen. Dabei hüpfen sie fortwährend in die Höhe und werfen den Kopf mit dem riesigen Aufputz in den Nacken, oder sie verlagern im Rhythmus des Tanzes ihr Gewicht vor und zurück, von einem Fuß auf den anderen, und die tüchtigsten jungen Männer, die wirklichen Solotänzer, stürzen sich in die Mitte des Kreises und zeigen dort ihr Geschick, vollführen große Sprünge und Würfe und schwenken überaus kunstvoll ihre langen Speere. Die Tänze hinterließen auf dem Rasen Zeichen, größere und kleinere braune, trockene Zauberringe, als wäre das Gras abgesengt, und sie verschwanden nur sehr langsam.

Die großen Ngomas bei Tage ähnelten eher Jahrmärkten als eigentlichen Bällen. Die Zuschauer strömten in Scharen herbei, lagerten sich unter den Bäumen, vergnügten sich miteinander und sahen dem Tanz zu. Wenn die Ankündigung einer Ngoma bis nach Nairobi gedrungen war, geschah es, daß sich die leichtlebigen eingeborenen Damen der Stadt – auf swahili mit dem wohlklingenden Wort *malaya's* bezeichnet – auf die Farm bemühten. Sie fuhren standesgemäß in Maultierwagen des indischen Fuhrmanns Ali Khan vor, waren in großgemusterten Baumwollstoff gehüllt und setzten sich dann wie bunte Blumen hier und da ins Gras. Die anständigen Mädchen der Farm, die wie ihre Mütter und Urgroßmütter Draperien aus gegerbtem, sorgfältig eingeöltem Leder trugen, stellten sich direkt vor den jungen Städterinnen auf und diskutierten offen ihre Bekleidung und ihre Manieren, während die jungen Schönen völlig unangefochten, wie Puppen aus dunklem Holz mit dunklen Glasaugen, mit übereinandergeschlagenen Beinen dasaßen und kleine Zigarren rauchten.

Große Schwärme von wilden Kindern stürzten von einem Kreis zum anderen, um die Tänze zu lernen und nachzuahmen. Am Außenrand des Rasens, wo sie den Erwachsenen nicht im Wege waren, bildeten sie ihre eigenen Tanzkreise und hüpften wie ihre besten Vorbilder stundenlang auf und nieder.

Bevor die jungen Kikuyu zum Tanz erschienen, rieben sie sich mit einer Art hellem Rötel ein, den sie mit Öl vermischten und der auf den Märkten der Eingeborenen eine gefragte Ware war. Das verlieh ihnen ein merkwürdig blondes Aussehen. Mit dieser besonderen Farbe, die es weder im Tier- noch im Pflanzenreich gab, nahmen sich die jungen Leute so ähnlich wie lebendige Versteinerungen aus, wie aus rotem Fels geschlagene Skulpturen. Die Mädchen rieben sich ihre Röckchen und Umhänge ebenso wie ihre Körper ein, so daß alles eine

Einheit bildete, und glichen drapierten Statuen, deren Faltenwurf von einem großen Künstler modelliert worden war. Die jungen Männer waren bei den Ngomas nackt. Doch sie gaben sich bei dieser Gelegenheit große Mühe mit ihrem Haar, strichen den Rötel dick auf ihre schweren Mähnen, flochten sich lange Zöpfe, die sie mit Lederschnüren umwanden, und reckten ihre Kalksteinköpfe stolz in die Höhe. In den letzten Jahren meines Afrika-Aufenthalts verbot die Regierung den Eingeborenen, sich die Köpfe mit Rötel zu bemalen. Diese besondere Dekoration war sowohl bei den Jünglingen als auch bei den Mädchen von großartiger Wirkung, und kein hoher europäischer Orden, kein Diamantenschmuck kann seinem Träger ein deutlicheres Gepräge von Gala geben. Wenn man eine Gruppe rotbemalter Kikuyu von weitem durch die Landschaft wandern sah, dann wußte man, daß in der Nähe große Dinge vor sich gingen, und spürte die Luft von Festlichkeit vibrieren.

Unter dem Gesichtspunkt des Malerischen hatte ein Tanz bei Tage im Freien den Nachteil, daß der Schauplatz nicht begrenzt war. Er war zu groß – wo war sein Anfang und wo sein Ende? Obgleich die Gestalten der Tänzer mit Rötel bemalt waren, von ihrem Hinterkopf ein ganzer Schwanz von Straußenfedern wehte und ihre Fersen große, abstehende Sporen aus Affenfell trugen, wirkten sie notgedrungen vereinzelt und unruhig und unter den hohen Bäumen zu winzig. Die Blicke der Zuschauer irrten über den Festplatz hin und her und konnten die großen und kleineren Kreise der Tanzenden, die verschiedenen Gruppen der Alten oder die Scharen von Kindern, die sich über die Szene bewegten, nicht einfangen. Das Ganze hatte Ähnlichkeit mit alten Schlachtgemälden, die von einem hochgelegenen Standort gemalt sind, auf der einen Seite rückt die Kavallerie vor, auf der anderen geht die Artillerie in Stellung, und einzelne Reiterordonnanzen galoppieren quer über das Schlachtfeld.

Bei diesen Ngomas am Tage herrschte ein ohrenbetäubender Spektakel, und Flöten und Trommeln gingen in dem Lärm, den die Versammelten selbst verursachten, manchmal völlig unter. Wenn sich ein Moran in der Mitte des Kreises besonders auszeichnete, stießen die tanzenden jungen Mädchen traditionell einen gellenden, langgezogenen, vibrierenden Schrei aus. Von den Alten im Gras kam ein ununterbrochener Strom leisen Geplauders. Es war eine Freude zu sehen, wie zwei alte Kikuyufrauen mit einer Kalebasse zwischen sich ihr Fest feierten und sich in Erinnerungen an jene Zeit vertieften, als sie selbst eine Rolle im Kreis gespielt hatten. Ihre Gesichter wurden im Laufe des Nachmittags, während die Sonne und der Tembo-Vorrat in der Kalebasse sank, immer strahlender. Wenn sich dann die alten Ehemänner zu ihnen gesellten, konnte es geschehen, daß eine der Frauen in seligem Angedenken an ihre Jugend mühsam auf die Beine kam, die Arme schwenkte und ein paar Schritte lief, nach Art einer richtigen Ndito, unbemerkt von der Versammlung, jedoch unter dem begeisterten Applaus ihrer Altersgefährten.

Doch bei den nächtlichen Ngomas wurde es ernst.

Sie wurden nur im Herbst getanzt, wenn der Mais geerntet war, und bei Vollmond. Ich weiß nicht, ob sie einmal eine religiöse Bedeutung gehabt haben, in der Haltung der Tanzenden gab es jedoch ein sakrales und geheimnisvolles Element, das darauf hindeuten könnte. Vielleicht wurden diese Tänze seit tausend Jahren nach der Ernte in Afrika getanzt.

Einige dieser nächtlichen Tänze, die bei den Kikuyu in besonders hohem Ansehen standen, wurden von den weißen Siedlern als befremdlich und unanständig empfunden, und sie fühlten sich sogar berufen, sie gesetzlich zu verbieten. Als ich einmal von einem Besuch in Europa zurückkehrte, bemerkte ich, daß die Stimmung auf der Farm sehr niedergedrückt war; ausgerechnet während der Kaffee-Ernte hatte mein Verwalter fünfundzwanzig junge Männer angezeigt und ins Gefängnis sperren lassen, weil sie die verbotenen Tänze getanzt hatten. Als ich ihn danach befragte, erklärte er mir, seine Frau habe den Anblick dieses Tanzes unmöglich ertragen können. Ich nahm mir die ältesten meiner Squatter vor und fragte sie, wie es ihnen in den Sinn gekommen sei, auf solche Art vor dem Haus meines Verwalters zu tanzen, doch sie erklärten mir ernsthaft, die Ngoma habe doch in der Nähe von Karthegus Manyatta stattgefunden: also sechs oder sieben Kilometer von seinem Haus entfernt. Da mußte ich nun nach Nairobi fahren und die Sache mit unserm Bezirkskommissar besprechen, der so vernünftig war, sämtliche Missetäter freizulassen und zum Kaffeepflücken auf die Farm zurückzuschicken.

Die nächtlichen Tänze boten einen großartigen Anblick. Hier war der Schauplatz klar begrenzt, und zwar durch Feuer, und erstreckte sich so weit, wie der Schein der Flammen reichte. Überhaupt war das Feuer die Hauptsache bei der Ngoma. Es war als Beleuchtung eigentlich nicht notwendig, denn im afrikanischen Hochland scheint der Mond strahlend hell und weiß, es diente dazu, eine szenische Wirkung zu erreichen. Es verwandelte den Tanzplatz in einen Raum und verschmolz alle unruhigen Farben und Bewegungen zu einer Einheit.

Die Eingeborenen übertreiben einen Effekt höchst selten. Sie ließen keine großen Scheiterhaufen lodern und zündeten nur so viele Feuer an, wie für ihren Zweck notwendig waren. Am Tag vor der Ngoma wurde das Brennholz von den jungen Frauen der Farm, die sich als die Wirtinnen des Festes betrachteten, zum Tanzplatz getragen und in der Mitte des Tanzkreises gestapelt. Die alten Frauen, die den Ball mit ihrer Anwesenheit beehrten, saßen am Abend um den Stapel herum oder kletterten auf ihn hinauf, und von diesem Vorrat wurde im Laufe der Nacht das Brennmaterial für eine Reihe von kleinen Feuern geholt, die den Platz wie ein Kreis von Sternen umgaben. Und außerhalb dieses Feuerrings tanzten, liefen und sprangen die jungen Männer und

Mädchen, mit dem nächtlichen Wald als Hintergrund. Der Schauplatz mußte so groß sein, daß Hitze und Rauch nicht in den Augen der alten Zuschauer brannten, doch er war trotzdem ein begrenzter Bereich, ein großes Haus, das allen in ihm zur Verfügung stand.

Die Eingeborenen haben keinen Sinn für Kontraste, die Nabelschnur zwischen ihnen und der Natur ist noch nicht ganz durchgeschnitten. Sie veranstalteten ihre Ngoma nur bei Vollmond. Wenn der Mond sein Bestes tat, dann taten sie das ihre, wenn die ganze Welt im gewaltigen Licht des Himmels gebadet lag, fügten sie selbst der großen Beleuchtung über Afrika ihre kleinen, rotglühenden Funken hinzu.

Die Gäste fanden sich in kleinen Gruppen ein, manchmal zwei oder drei zusammen, manchmal zwölf oder fünfzehn. Es waren Freunde, die sich verabredet oder unterwegs zusammengeschlossen hatten. Viele Tänzer waren fünfundzwanzig Kilometer zu Fuß gegangen, um an der Ngoma teilzunehmen. Wenn nun mehrere gemeinsam wanderten, brachten sie Trommeln und Flöten mit, und wenn irgendwo ein großer nächtlicher Tanz stattfand, hörte man es auf allen Wegen und Stegen von Musik und Klingklang tönen und widerhallen, bis zum Mond hinauf. Am Eingang des Tanzkreises hielten die ausgelassenen Wanderer bescheiden an und warteten darauf, daß sich der Ring für sie öffnete. Bisweilen, wenn sie von weither kamen oder wenn es sich um Söhne der großen Häuptlinge in der Nähe handelte, wurden sie von einem alten Squatter, einigen unserer besten jungen Tänzer oder sogar von den Festordnern des Balls empfangen.

Die Festordner der Ngoma waren junge Männer von der Farm wie die anderen auch, sie hatten jedoch die Aufgabe, das Zeremoniell des Tanzes zu überwachen, und nahmen ihr Amt überaus wichtig. Bevor der Tanz begann, stolzierten sie mit gerunzelter Stirn und ernstem Gesicht vor den anderen jungen Leuten auf und ab. Wenn dann der Tanz lebhafter wurde, liefen sie von einem Rand des Kreises zum anderen und achteten darauf, daß alles seine Ordnung hatte. Sie trugen wirkungsvolle Waffen, Bündel von langen Stäben, die sie mit einem Ende fortwährend ins Feuer tauchten und glühend machten. Sie behielten die Tanzenden scharf im Auge, und sowie sie etwas Unschickliches entdeckten, fielen sie wie ein Unwetter über den Sünder her und schleuderten ihm mit furchterregendem Gesicht und wütendem Brummen das ganze Bündel Stöcke mit dem glühenden Ende voran entgegen. Das Opfer krümmte sich, wenn es getroffen wurde, gab jedoch keinen Laut von sich. Eine Narbe, die von einer Brandwunde bei einer Ngoma stammte, galt vielleicht nicht als entehrend.

Bei einem der Tänze stellten sich die jungen Mädchen sittsam auf die Füße der jungen Krieger und umfaßten ihren Leib, während die Jünglinge ihre Arme zu beiden Seiten des Mädchenkopfs ausstreckten, den Speer fest mit den Händen packten, ihn von Zeit zu Zeit anhoben und mit aller Kraft in den Boden stießen. Es war ein hübsches Bild, wie die jungen Frauen des Stammes vor einer großen Gefahr in den Armen ihrer jungen Männer Zuflucht gesucht hatten und wie die Männer sie bewachten und beschützten, sogar gegen Schlangen und anderes Gezücht, und sie auf ihren eigenen Füßen stehen ließen. Bei diesem Tanz, der stundenlang dauerte, nahmen die Gesichter der Tänzer allmählich einen Ausdruck von himmlischer Glückseligkeit an, als wären sie wirklich alle dazu bereit, füreinander zu sterben.

Es gab einen anderen Tanz, bei dem die Tänzer zwischen den Feuern hin und her liefen, einem Solotänzer folgend, der riesige Sätze, Sprünge und Windungen vollführte, wobei sie alle kräftig die Speere schwangen. Ich glaube, dieser Tanz stellte eine Löwenjagd dar.

Bei den nächtlichen Ngomas hatte man außer den Flötenspielern und Trommlern auch noch Sänger. Einige von ihnen waren im ganzen Land berühmt und wurden von weither herbeigerufen. Ihre Kunst war mehr ein rhythmisches Rezitieren als Gesang. Sie improvisierten ihre Balladen an Ort und Stelle, und der rasche, aufmerksame Chor der Tänzer fiel beim Refrain ein. Es hörte sich sehr schön an, wenn sich die einzelne weiche Stimme in die Nachtluft erhob und die vielen anderen Stimmen in regelmäßigen Abständen folgten. Doch wenn der Gesang die ganze Nacht anhielt und von Zeit zu Zeit um der Wirkung willen von Trommeln begleitet wurde, dann wirkte er schließlich grenzenlos eintönig, aber auch seltsam erregend – es war, als könnte man weder ertragen, daß er auch nur einen Augenblick weiterginge, noch daß er jemals aufhörte.

Der berühmteste Sänger meiner Zeit kam aus Dagoretti. Er hatte eine kräftige, klare Stimme und war selbst ein großer Tänzer. Beim Singen ging oder lief er mit langen, gleitenden Schritten im Tanzkreis herum, wobei er jedesmal halb niederkniete. Er hielt eine Hand flach vor den Mund, wahrscheinlich um der Schallwirkung willen, man hatte jedoch den Eindruck, als vertraute er der Versammlung ein großes, gefährliches Geheimnis an. Es schien, als wäre das afrikanische Echo leibhaftig aus dem Wald gekommen und mitten in den Tanz hineingesprungen. Er hatte das Seelenleben des Zuschauerkreises in seiner Gewalt und konnte jeden einzelnen nach Belieben in eine glückliche oder kriegerische Stimmung versetzen oder ein schallenden Gelächter auslösen. Eins seiner Lieder war ein wilder Kriegsgesang. Soweit ich verstand, handelte er davon, daß der Sänger von einem Dorf zum anderen lief, um den ganzen Stamm zum Kampf zusammenzurufen, und den Leuten das Blutbad und die Plünderung ausmalte. Hundert Jahre früher wäre den weißen Siedlern dabei das Blut in den Adern erstarrt. Doch im allgemeinen war er nicht so furchterregend.

In einer Nacht sang er drei Lieder, die ich mir von Kamante übersetzen ließ. Das erste war eine freie Phantasie; man stellte sich vor, daß alle Tänzer ein Schiff bestiegen und nach Volaia segelten. Das zweite Lied, erklärte mir Kamante, sei eine Huldigung an die alten Kikuyufrauen, die Mütter und Großmütter der Sänger und Tänzer. Dieses Lied war lang und hörte sich wirklich hübsch an. Es muß die Weisheit und Liebe der zahnlosen und kahlköpfigen alten Frauen beschrieben haben, die in der Mitte des Platzes um den großen Reisighaufen saßen, mit großer Zufriedenheit zuhörten und dazu nickten und schmatzten. Das dritte Lied, das einen sehr schnellen Rhythmus und einen kurzen, wilden Refrain hatte, löste sofort bei sämtlichen Zuhörern so viel Lustigkeit und Gelächter und so laute Rufe aus, daß der Sänger seine klare, durchdringende Stimme heben mußte, um sich Gehör zu verschaffen, und er lachte beim Singen selbst. Die alten Frauen, von der heftigen Schmeichelei in gute Laune versetzt, klatschten sich auf die Schenkel und rissen vor Vergnügen weit ihre Mäuler auf. Kamante mochte mir den Text nicht übersetzen. Er sagte mürrisch, das sei bloß so ein Unsinn, und lieferte mir nur eine sehr gekürzte Fassung. Die Idee des Liedes war einfach. Nach einer Pestepidemie hatte die Regierung für jede tote Ratte, die auf den Polizeirevieren abgeliefert wurde, eine Belohnung ausgesetzt. Das Lied beschrieb nun, wie die Ratten, als sie überall verfolgt wurden, in den Betten der alten und jungen Frauen des Stammes Zuflucht suchten und was ihnen dort widerfuhr. Die Details, die ich nicht mitbekam, müssen sehr witzig gewesen sein – selbst Kamante, der das Lied äußerst unwillig wiedergab, konnte zuweilen ein säuerliches Lächeln nicht unterdrücken.

Bei einer der nächtlichen Ngomas gab es einen dramatischen Zwischenfall.

Es war ein abendliches Fest mir zu Ehren, kurz bevor ich zu Besuch nach Europa fuhr. Das Jahr war gut gewesen, und es wurde in großem Stil gefeiert, mehr als tausend Kikuyu waren zugegen. Als der Tanz einige Stunden gedauert hatte und ich hinausging, um ihn mir noch einmal anzusehen, bevor ich mich schlafen legte, wurde mir ein Stuhl hingestellt, mit der Rückenlehne zu einer Gesindehütte, und einige der alten Squatter kamen zu mir und unterhielten mich.

Plötzlich lief durch den Kreis der Tänzer eine heftige Bewegung, ein tiefes Raunen der Überraschung und Angst, ähnlich dem Wind, wenn er durch ein Maisfeld weht. Der Tanz wurde langsamer und langsamer, geriet aber noch nicht völlig ins Stocken. Ich fragte einen der alten Männer, was denn los sei. Er antwortete sogleich, jedoch mit leiser Stimme: »*Masai na kudja* – die Masai kommen.«

Ein Läufer mußte die Nachricht überbracht haben, denn es dauerte eine Weile, bevor sich mehr ereignete, und die Kikuyu hatten wohl ihrerseits melden lassen, daß sie ihre fremden Gäste empfangen wollten. Es war gegen das Gesetz, daß die Masai zu einer Kikuyu-Ngoma erschienen, in früheren Zeiten war allzuviel Unruhe dadurch entstanden. Meine Leute stellten sich hinter meinen Stuhl, alle wandten das Gesicht zum Eingang des Tanzplatzes. Als die Masai sich näherten, wurde der Tanz sofort unterbrochen.

Zwölf junge Masai-Krieger wanderten in den Kreis, und als sie ein paar Schritte gemacht hatten, hielten sie an und blieben steif und schweigend stehen, ohne nach rechts oder links zu blicken, und blinzelten nur ein wenig ins Feuer. Abgesehen von ihren Waffen, dem Schmuck und ihrem prachtvollen Kopfputz, waren sie nackt, einer von ihnen trug wie die Morani, wenn sie in den Krieg ziehen, einen Helm oder eine Glorie aus Löwenfell. Ihre Beine waren vom Knie bis zum Fuß mit einem breiten roten Streifen bemalt, so daß es aussah, als strömte das Blut aus einer Wunde am Knie. Sie standen kerzengerade und steifbeinig da, den Kopf in den Nacken geworfen, voller Hochmut und tödlichem Ernst. Sie waren Sieger und Gefangene zugleich. Offensichtlich waren sie gegen ihren Willen zum Tanz gekommen, die dumpfen Trommelschläge waren über den Fluß bis tief ins Reservat gedrungen, unentwegt und unablässig, und hatten in den Herzen der jungen Krieger Unruhe geweckt. Zwölf von ihnen hatten ihrem Ruf nicht widerstehen können.

Auch die Kikuyu waren in heftige Bewegung geraten, verhielten sich jedoch höflich gegen ihre Gäste. Der erste Tänzer der Farm hieß die Masai im Kreis willkommen, sie nahmen sehr stolz und in tiefem Schweigen ihre Plätze ein, und der Tanz begann von neuem. Trotzdem war er jetzt ganz anders als zuvor – große Ereignisse lagen in der Luft. Die Trommeln klangen lauter und lauter, und der Rhythmus wurde rascher. Wäre die Ngoma nun weitergegangen, dann hätten wir große Taten zu sehen bekommen, wenn Kikuyu und Masai als Tänzer voreinander aufgetreten wären. Aber dazu kam es nicht, denn es gibt Dinge, die nicht möglich sind, auch wenn alle Seiten den besten Willen haben.

Was da im einzelnen geschah, weiß ich nicht. Plötzlich geriet der Kreis der Tänzer ins Schwanken und brach auseinander. Einer schrie auf. Innerhalb weniger Sekunden drängte sich vor mir auf dem Platz eine dichte Menschenmenge, ich hörte das Geräusch von schnellen Schlägen und zu Boden fallenden Körpern, und in der Nachtluft über unseren Köpfen wogte es von Speeren. Alle sprangen auf, die hochgepriesenen alten Frauen in der Mitte des Rings kletterten mühsam auf den Reisigstapel, um genau zu verfolgen, was vor sich ging.

Als die Bewegung abgeebbt war und das wilde Getümmel sich etwas zerstreut hatte, sah ich mich von einer großen Schar erregter und ängstlicher Leute umgeben, die um mich einen kleinen freien Raum gelassen hatten. Zwei alte Squatter kamen zu mir und erklärten mir sehr leise und mit Abscheu, was sich ereignet hatte – die Masai hätten gegen Gesetz und Ordnung verstoßen – und wie die Situation gegenwärtig war. Ein Masai und drei Kikuyu seien schwer verletzt, »in Stücke gehauen«, sagten die alten Männer. Ob ich sie nicht wieder zusammennähen wolle, fuhren sie ernsthaft fort. Sonst bekämen sie alle großen Ärger mit der Regierung. Ich fragte sie, was bei den Kämpfern denn abgehauen worden sei. »Der Kopf«, antworteten sie stolz, mit dem Bedürfnis der Eingeborenen, eine Katastrophe so dramatisch wie möglich darzustellen. Während ich überlegte, was ich tun sollte, kam Kamante quer über den Platz mit einer Stopfnadel und einem langen Faden in der einen und meinem Fingerhut in der anderen Hand. Ich war mir noch immer nicht schlüssig, als plötzlich Ereri vortrat. Er hatte sieben Jahre im Gefängnis gesessen und dort das Schneidern gelernt. Nun freute er sich wohl, daß er Gelegenheit hatte, in Übung zu bleiben und seine Kunstfertigkeit vorzuführen. Als er sich anbot, die Sache zu übernehmen und die Verletzten zusammenzunähen, konzentrierte sich das Interesse sogleich auf ihn. Er nähte die Verletzten tatsächlich zusammen, und sie genasen nach seiner Behandlung. Später erzählte er gern von seiner Tat. Doch Kamante sagte mir im Vertrauen, die Köpfe seien nicht ganz ab gewesen.

Weil die Anwesenheit der Masai beim Tanz ein Verstoß gegen das Gesetz gewesen war, mußten wir ihren verletzten Krieger einige Wochen in einer Hütte versteckt halten, die sonst den Dienern meiner weißen Gäste zur Verfügung stand. Hier erholte er sich und ging schließlich davon, ohne Ereri mit einem Wort zu danken. Es ist wohl hart für einen Masai, von einem Kikuyu verwundet und kuriert zu werden.

Als ich gegen Ende der Nacht noch einmal hinausging, um mich nach den Verletzten zu erkundigen, sah ich, daß die Feuer in der grauen Morgenluft noch brannten. Dazwischen bewegten sich einige junge Kikuyu mit großer Geschwindigkeit. Sie liefen und sprangen und stocherten mit langen Stöcken in der Glut, alles unter Anleitung einer uralten Squatterfrau, Wainainas Mutter. Sie trieben einen Zauber gegen die Masai, der ihre Liebeserfolge bei den jungen Kikuyumädchen vereiteln sollte.

2. Ein Gast aus Asien

Die Ngomas waren traditionelle gesellschaftliche Veranstaltungen auf der Farm. Im Laufe der Zeit wurden die ersten Tänzer von ihren Brüdern und Schwestern auf dem Tanzplatz abgelöst und später von ihren Söhnen und Töchtern.

Doch wir hatten auch Besuch aus fernen Ländern. Der Monsun weht von Bombay. Weise und erfahrene alte Männer gingen an Bord von Schiffen, fuhren über das Meer und besuchten die Farm.

In Nairobi wohnte ein großer indischer Holzhändler mit Namen Choleim Hussein, und als ich in der ersten Zeit Land für die Farm urbar machte, hatte ich geschäftlich mit ihm zu tun. Er war ein eifriger Mohammedaner und mit Farah befreundet. Eines Tages kam er zu mir und fragte mich, ob er den Hohenpriester aus Indien zu mir mitbringen dürfe. Der Hohepriester reise nun bald den weiten Weg über das Meer, erzählte mir Choleim Hussein, um seine Gemeinden in Mombasa und Nairobi zu inspizieren. Da wollten ihn die Gemeinden in gebührender Weise unterhalten und hätten sich deshalb den Kopf zerbrochen, und es sei ihnen nichts Besseres eingefallen, als mit ihm hierherzufahren und ihm die Farm zu zeigen. Ob ich ihn empfangen wolle? Als ich erwiderte, er werde mir willkommen sein, erklärte mir Choleim Hussein, daß der alte Mann von so hohem Rang und so großer Gottesfurcht sei, daß er nichts essen könne, was in Töpfen zubereitet sei, die jemals Ungläubige benutzt hätten. Doch darum brauchte ich mich nicht zu kümmern, fügte er rasch hinzu. Die mohammedanische Gemeinde von Nairobi werde die gesamte Mahlzeit zubereiten und sie rechtzeitig mit einem Maultierwagen herschicken, falls ich nur damit einverstanden sei, daß der Hohepriester sie in meinem Haus einnehme. Einen Augenblick später griff Choleim Hussein die Angelegenheit mit einiger Mühe wieder auf: Da gebe es noch eine Sache, die er mir sagen wolle, nur noch eine. Überall, wohin der Hohepriester komme, sei es Sitte und Brauch, ihm ein Geschenk zu überreichen, und in einem Haus wie dem meinen könnten das nicht weniger als einhundert Rupien sein. Aber darum brauchte ich mich auch nicht zu kümmern, beeilte er sich zu erklären, die Mohammedaner von Nairobi hätten das Geld schon eingesammelt und wollten mich nur bitten, es dem Hohenpriester zu überreichen. Aber würde der Hohepriester denn nicht glauben, fragte ich, daß es ein Geschenk von mir persönlich sei? Dazu ließ sich keine stichhaltige Erklärung aus Choleim Hussein herausbekommen. Es kommt vor, daß sich die dunklen Leute uns nicht verständlich machen können, und wenn es ihr Leben gilt. Erst einmal lehnte ich die Rolle ab, die mir die mohammedanische Gemeinde von Nairobi zugedacht hatte, doch als ich die tiefe Enttäuschung in den Gesichtern von Hussein und Farah sah, die noch vor einem Augenblick vor Hoffnung geleuchtet hatten, gab ich meinen Stolz auf und dachte, der Hohepriester könne ja glauben, was er wolle.

An jenem Tag, als der Gast kommen sollte, hatte ich die ganze Sache vergessen und war aufs Feld gegangen, um meinen neuen Traktor auszuprobieren. Titi, Kamantes kleiner Bruder, wurde zu mir hinausgeschickt. Der Traktor machte einen so großen Lärm, daß ich nicht hörte, was der Junge sagte, und der Motor war so schwierig anzuwerfen, wenn er einmal ins Stocken geraten war, daß ich ihn nicht abzuschalten wagte. Titi lief wie ein verrücktes Hündchen neben dem Traktor her, stöhnend und japsend in der lockeren Erde und in der dicken langen Staubwolke, bis wir das Ende des Feldes erreichten und anhielten. »Die Priester sind gekommen«, rief er mir zu. »Was für Priester?« rief ich zurück. »Alle Priester«, erklärte er mir stolz. Sie waren in vier Wagen gekommen, in jedem sechs. Ich ging nun mit Titi zurück, und als wir in der Nähe des Hauses waren, erblickte ich, auf dem Rasen verstreut, einen Schwarm von weißgekleideten Gestalten, so als hätte sich ein Schwarm großer, weißer Vögel um das Haus niedergelassen oder als wäre eine Schar von Engeln zur Farm herabgestiegen. Man mußte einen ganzen Kirchenrat aus Indien hergeschickt haben, um die Rechtgläubigkeit in Afrika zu befestigen. Doch die Gestalt des Hohenpriesters, der mir, von zwei untergeordneten Priestern begleitet und, in ehrerbietigem Abstand, von Choleim Hussein gefolgt, entgegenschritt, war nicht zu verkennen. Es war ein sehr kleiner, alter Mann mit einem feinen, edlen Gesicht, wie aus uraltem Elfenbein geschnitzt. Das Gefolge rückte dicht um uns zusammen und zog sich dann etwas zurück. Man erwartete, daß ich den Gast allein unterhalten würde.

Wir konnten nicht miteinander reden, er verstand weder Englisch noch Swahili, und ich verstand seine Sprache nicht, und so drückten wir unsre gegenseitige Hochachtung pantomimisch aus. Wie ich merkte, hatte man ihm das Haus schon gezeigt, alle silbernen Dinge, die ich besaß, waren auf Tischen ausgestellt, und die Räume waren nach indischer Art mit vielen Blumen dekoriert. Ich ging nun mit dem alten Hohenpriester zur Westseite des Hauses, setzte mich mit ihm auf die steinerne Bank und überreichte ihm, unter der atemlosen Aufmerksamkeit der Zuschauer, seine einhundert Rupien, die in ein grünes Tuch aus Choleim Husseins Besitz eingehüllt waren.

Ich war in gewisser Weise voreingenommen gegen den alten Priester, weil man ihn mir als so übertrieben empfindlich geschildert hatte. Als ich ihn jetzt so alt und klein neben mir sah, überlegte ich einen Augenblick, ob die Situation für ihn selbst nicht bedrückend sein könnte. Doch während wir zusammen in der Nachmittagssonne saßen, ohne den geringsten Versuch, ein Gespräch zu führen, und uns nur in aller Eintracht Gesellschaft leisteten, wurde mir auf einmal klar, daß ihn wohl nichts auf der Welt aus dem Gleichgewicht bringen könnte. Er schien sich auf eine merkwürdige, besondere Weise in Sicherheit zu befinden und vollkommen gelassen und unbekümmert zu sein. Er hatte ein feines, höfliches Wesen und lächelte und nickte geheimnisvoll, wenn ich auf die Berge und die hohen Bäume zeigte, als wäre er an allem, was er sah, interessiert und gleichzeitig außerstande, durch irgend etwas überrascht zu werden. Ich fragte mich, ob diese zur Schau getragene Sorglosigkeit wohl in einer totalen Unkenntnis der Schlechtigkeit der Welt begründet war oder ob die Ursache dafür in einem tieferen Wissen und Verständnis lag. Letztendlich muß es ja auf das gleiche herauskommen, ob Giftschlangen gar nicht existieren oder ob es einem durch immer stärkere Giftinjektionen gelungen ist, gegen ihr Gift immun zu werden. Der alte Mann hatte das ruhige Gesicht eines winzig kleinen Kindes, das noch nicht sprechen gelernt hat, sich für alles interessiert und sich durch nichts überraschen läßt. Ich hätte, was dies betraf, genausogut ein paar Stunden mit einem Wickelkind auf der Steinbank sitzen können, einem schönen, vornehmen Kind, dem Jesuskind, wie es ein alter Meister gemalt hat, ich hätte es ganz still betrachten und ab und zu die Kufen einer geistigen Wiege bewegen können. Alte Damen von Welt, die alles gesehen und alles erlebt haben, zeigen häufig den gleichen Gesichtsausdruck. Er ist nicht maskulin, und er paßt am besten mit einem Kleid oder Wickeltuch zusammen, und auch zu dem herrlichen weißen Kaschmirgewand meines alten Gastes paßte er sehr gut. Die einzigen Menschen in männlicher Kleidung, bei denen ich diesen Ausdruck gesehen habe, waren begabte Zirkusclowns.

Der Hohepriester war müde und wollte lieber sitzen bleiben, während Choleim Hussein die anderen Priester zum Fluß hinunterführte und ihnen die Mühle zeigte. Der vogelleichte alte Mann interessierte sich für Vögel. Ich hatte zu jener Zeit einen zahmen Storch, der sich in der Nähe des Hauses aufhielt, und eine Schar Gänse, die niemals geschlachtet wurden und auf dem Rasen herumliefen, um meinem Park Ähnlichkeit mit Dänemark zu verleihen. Der indische Priester zeigte sich sehr an ihnen interessiert und versuchte ihre Herkunft zu ergründen, indem er in alle Himmelsrichtungen deutete. Auch meine Hunde liefen auf dem Rasen herum, als wäre das tausendjährige Reich in Wahrheit angebrochen. Ich hatte angenommen, Farah und Choleim Hussein würden verlangen, daß ich sie in den Hundezwinger sperrte. Choleim Hussein hatte als echter, frommer Mohammedaner vor ihnen sonst eine tödliche Angst, wenn er geschäftlich die Farm besuchte. Jetzt bewegten sie sich zwischen den weißgekleideten Priestern – es war wie ein Bild des Löwen, der Seite an Seite mit den Lämmern wandert. Es waren jene Hunde, die nach Ismaels Meinung den Unterschied zwischen Mohammedanern und Angehörigen anderer Religionen erkennen konnten.

Bevor der Hohepriester sich verabschiedete, schenkte er mir zum Andenken an seinen Besuch einen Ring mit einer Perle. Da wollte ich ihm auch etwas zur Erinnerung verehren, über Choleim Husseins Geld hinaus, und ließ Farah aus dem Magazin das Fell eines Löwen holen, den wir einige Zeit zuvor auf der Farm geschossen hatten. Der alte Mann umfaßte eine der großen Krallen und probierte mit klarem, wachsamem Blick an seiner feinen, wächsernen Wange, wie scharf sie sein mochte.

Als er abgereist war, überlegte ich, ob sein magerer, edler Kopf wohl jede Kleinigkeit im Gesichtskreis der Farm wahrgenommen oder ob er überhaupt nichts gesehen hatte. Etwas hatte er jedoch bemerkt, denn drei Monate später bekam ich einen Brief aus Indien mit einer völlig verkehrten Anschrift, der sehr lange unterwegs gewesen war. Darin fragte ein indischer Prinz an, ob er einen meiner »grauen Hunde« kaufen könne, von denen sein Hoherpriester ihm erzählt habe, und er bat mich, selbst meinen Preis zu nennen.

3. *Die Somalifrauen*

Es gab eine kleine Gruppe von Gästen, die auf der Farm eine große Rolle spielten, von denen ich aber nicht so viel schreiben kann, wie ich möchte, denn es würde ihnen nicht gefallen. Das waren Farahs Frauen.

Als Farah heiratete und seine Frau aus Somaliland auf die Farm brachte, wurde sie von einer sanften und lebhaften kleinen Schar dunkler Tauben begleitet: ihrer Mutter, ihrer jüngeren Schwester und einer kleinen Cousine, die man in der Familie erzogen hatte. Wie Farah mir erzählte, war das in seinem Land Brauch und Sitte. In Somaliland werden die Ehen von den Ältesten der Familie arrangiert, entsprechend der Herkunft und dem Vermögen der jungen Leute, und in den besten Familien sehen sich Braut und Bräutigam nicht vor dem Hochzeitstag. Doch die Somali sind eine ritterliche Nation und lassen ihre jungen Mädchen nicht im Stich. Man hat es am liebsten, daß ein frischverheirateter Mann nach seiner Hochzeit ein halbes Jahr im Dorf seiner Frau wohnt, damit sie solange ihre Stellung als Wirtin und als eine Person mit Ortskenntnis und Einfluß behaupten kann. Wenn dies jedoch nicht möglich ist und die Braut gleich nach der Hochzeit ihr Heim verlassen muß, dann zögern ihre weiblichen Verwandten nicht, sie ein Stück Wegs in die Ehe zu begleiten, auch wenn sie mit ihr in ferne Länder ziehen müssen.

Diesem kleinen Kreis von Somalifrauen in meinem Haushalt schloß sich später noch ein mutterloses junges Mädchen des Stammes an, das Farah zu sich nahm, vermutlich nicht ohne an den möglichen Profit zu denken, wenn sie ins heiratsfähige Alter käme, nach dem Beispiel von Ester und Mardochai. Die Kleine war sehr aufgeweckt und lebhaft, und es war für mich eine merkwürdige Beobachtung, wie sich die jungen Mädchen, als sie heranwuchs, bemühten, eine Somali-Jungfrau *comme il faut* aus ihr zu machen. Als sie auf die Farm kam, war sie elf Jahre alt und mochte nicht zu Hause sitzen, sondern begleitete mich, wenn sie irgend konnte. Sie ritt auf meinem Pferd und trug mein Gewehr, oft kam sie mit mir und den eingeborenen Jungen zum Fischteich, schürzte ihr Kleidchen und lief barfüßig mit einem Fischnetz auf dem schilfbewachsenen Ufer herum. Den kleinen Somalimädchen wird der Kopf geschoren, und nur ein Kranz von dunklen Löckchen und eine lange Locke auf dem höchsten Punkt des Scheitels bleiben stehen. Das ist eine hübsche Mode, und die Kleine sah damit wie ein leichtfertiger, schelmischer junger Mönch aus. Doch im Laufe der Zeit und unter dem Einfluß der erwachsenen Mädchen verwandelte sie sich und wurde von ihrem Verwandlungsprozeß selbst völlig erfüllt und ergriffen. Als hätte man ein schweres Gewicht an ihre Beine gebunden, begann sie langsam, ganz langsam zu gehen. Sie schlug nach ihren besten Vorbildern die Augen nieder und lief davon, wenn sich ein Fremder zeigte. Ihr Haar wurde jetzt nicht mehr geschnitten, und als der Tag kam, da es lang genug war, flochten die jungen Mädchen daraus eine Menge winzig kleiner Zöpfe. Sie ertrug sämtliche Unannehmlichkeiten des Rituals mit einem so großen Ernst, als würde sie lieber sterben, als auf einen einzigen davon zu verzichten.

Farah erzählte mir, daß die alte Frau, seine Schwiegermutter, in ihrem Heimatdorf allgemein geachtet sei, weil ihre Töchter bei ihr eine vorzügliche Erziehung genossen hatten und dort als das Musterbild feiner Sitten galten.

Die drei jungen Mädchen hatten auch wirklich ein höfliches, feines Wesen, und nie sind mir Damen begegnet, die mehr ladylike waren. Ihre jungfräuliche Züchtigkeit und Würde wurde durch ihre Kleidung betont. Die Röcke hatten eine ungeheure Weite, jeder bestand aus zehn Metern Stoff – das weiß ich, weil ich in Nairobi oft Seide oder Baumwollstoff für sie eingekauft habe. In diesen großen Stoffmengen bewegten sich ihre schlanken Knie auf geheimnisvolle Weise.

Tes nobles jambes, sous les volants qu'elles chassent,
tourmentent les désirs obscurs et les agacent
comme deux sorcières qui font
tourner un philtre noir dans un vase profond.

Die Mutter der jungen Mädchen war eine imposante Gestalt, so breit und schwer und bedächtig, daß sie einer Elefantenkuh glich, die sich mit kühlem Wasser und Schlamm bespritzt hat. Ich habe sie niemals zornig gesehen. Lehrer und Pädagogen müßten sie um ihre hervorragenden Eigenschaften beneiden, in ihren Händen war Erziehung nicht Zwang und nichts Langweiliges, sondern es war eine große, vornehme Verschwörung, in die ihre Schüler aufgenommen wurden. Das kleine Haus, das ich ihnen im Wald hatte bauen lassen, wurde mit ihr als Vorsteherin eine höhere Mädchenschule für weiße Magie, und die drei jungen Mädchen, die so sittsam auf den Waldpfaden in seiner Nähe wandelten und sich niemals weit von ihm entfernten, waren drei junge Hexen in der Lehre. Sie konzentrierten alle Kräfte auf ihre Studien, denn am Ende der Lehrzeit winkte ihnen die Belohnung – eine große Macht. Sie wetteiferten in aller Freundschaft miteinander, jede wollte die andere übertreffen. Alle Somalimädchen heiraten, sie brauchen keine Angst zu haben, daß sie sitzenbleiben, und wenn man wirklich und buchstäblich auf dem Markt ist und der Preis offen und freimütig diskutiert wird, dann ist es auch recht und billig, daß jeglicher Wettstreit offen und ehrlich ausgetragen wird. Farahs junge Frau, die nicht mehr um ihren Preis zu bangen brauchte, nahm an der Akademie eine Sonderstellung ein – sie war die tüchtige Schülerin, die den Doktorgrad in der Zauberkunst schon erworben hatte. Man konnte sie häufig in vertraulichem Gespräch mit der alten Oberhexe sehen, eine solche Ehre wurde den jungen Mädchen niemals zuteil.

Alle diese jungen Frauen schätzten ihren eigenen Wert sehr hoch ein. Eine mohammedanische Jungfrau darf nicht unter ihrem Stand heiraten, das wäre für ihre

Familie eine große Schande. Ein Mann kann das tun, er ist nichts Bessers wert, und in früheren Zeiten ist es geschehen, daß junge Somali sich Masaifrauen nahmen. Doch während ein Somalimädchen in einen arabischen Stamm einheiraten kann, ist es unmöglich, daß ein arabisches Mädchen nach Somaliland heiratet, denn die Araber sind das auserwählte Volk – der Prophet war Araber. Ein junges Mädchen vom Stamme des Propheten kann auch nicht in einen anderen arabischen Stamm einheiraten. Allein durch ihr Geschlecht hatten die jungen Frauen dieser Rasse Anspruch auf eine Karriere in der Gesellschaft. Sie verglichen dieses Prinzip in aller Unschuld mit den Regeln, nach denen man edle Pferde züchtet, denn die Somali haben von Stuten eine hohe Meinung.

Als wir uns näher kennengelernt hatten, fragten mich die jungen Mädchen einmal, ob es denn stimme, was sie gehört hätten, daß einige Stämme in Europa ihre Jungfrauen *bure* – umsonst – an die Männer gäben. Pfui, wie häßlich! Wie müßten sich die Eltern schämen, und die Mädchen auch, die sich eine solche Behandlung gefallen ließen! Wo war da ihre Selbstachtung und wo der Respekt vor der Frau oder vor der Jungfräulichkeit? – Wenn sie selbst in einem so erbärmlichen Stamm geboren wären, dann wollten sie lieber unverheiratet in ihr Grab gehen, sagten die Somalimädchen einhellig.

Wir haben heutzutage in Europa keine Gelegenheit, uns jene Technik zu vergegenwärtigen, die mit dem Ideal der Jungfräulichkeit und seiner Verehrung verbunden war, und die alten Bücher hatten mir die Augen für ihren besonderen Zauber nicht zu öffnen vermocht. Jetzt erst verstand ich, wie es zugegangen war, daß mein Großvater und mein Urgroßvater einst überwunden und in die Knie gezwungen worden waren. Diese Technik war sowohl Religion als auch Strategie und Ballett, und alles geschah mit Andacht und Disziplin und mit großer Anmut. Ihr größter Reiz bestand in dem Zusammenspiel der vielen entgegengesetzten Kräfte.

Denn hinter dem ewigen, standhaften »Nein, nein, nein« der Jungfrauen lag eine große Freigebigkeit, und hinter ihrer Prüderie steckten Lachlust und Todesverachtung. Sie waren Töchter eines kriegerischen Volks, und sie manövrierten sich durch das ganze strenge Ritual der Prüderie, als ob es ein großer, graziöser Kriegstanz wäre. Sie ließen sich die Butter nicht vom Brot nehmen, und sie würden auch nicht eher ruhen, bis sie das Herzblut ihrer Feinde getrunken hätten. Sie traten so hübsch und fein wie drei gefräßige junge Wölfinnen im Schafspelz auf. Die Somali sind eine zähe Nation, abgehärtet und ausgedörrt in den Wüsten und auf dem Meer. Sie müssen großen Druck ertragen haben, und hohe Wellen müssen über sie hinweggespült sein, bis ihre Frauen so hart und so glänzend wie Bernstein wurden.

Die alte Frau und die jungen Mädchen schmückten und putzten Farahs Haus nach Art der Somali – das heißt, nach Art eines Nomadenvolkes, das jederzeit zum Aufbruch gezwungen sein kann –, mit vielen Teppichen und Stickereien an den Wänden. Weihrauch gehörte für sie unbedingt zu einem Heim. Die Somali haben viele Sorten von süßem und starkem Räucherwerk. In meinem täglichen Leben auf der Farm hatte ich sehr wenig mit Frauen zu tun, jetzt machte ich es mir zur Gewohnheit, bei Sonnenuntergang, wenn die Arbeit auf dem Feld beendet war, ein Stündchen bei den Somalifrauen in Farahs Haus zu sitzen.

Sie interessierten sich für alles auf der Welt und hatten an den täglichen Ereignissen, den Mißgeschicken und Unglücksfällen auf der Farm, viel Freude und Vergnügen. Über jeden Scherz konnten sie lachen, daß es wie ein großes, dreistimmiges Glockenspiel durch das Haus klang. Als ich ihnen das Stricken beibringen wollte, war das für sie ein solcher Spaß, als hätte ich eine Kasperle-Vorstellung gegeben.

Ihre Unschuld hatte nichts mit Unwissenheit zu tun. So jung sie waren, hatten sie doch alle an Wochenbetten und Sterbelagern gestanden, und sie sprachen darüber in allen Details. Manchmal erzählten sie mir Märchen, die den »Geschichten aus tausendundeiner Nacht« ähnlich waren, in der Regel zum komischen Genre gehörten und die Liebe sehr frei behandelten. Alle ihre Geschichten stimmten darin überein, daß die Heldin, ob anständig oder nicht, den männlichen Gestalten überlegen war und sie schließlich an die Wand drückte. Die Mutter der Mädchen saß dabei und hörte mit einem leisen, feinen Lächeln zu.

In dieser abgesonderten Frauenwelt, sozusagen hinter ihren Mauern und Bastionen, spürte ich die Gegenwart eines besonderen, starken und mächtigen Ideals, ohne dessen Hilfe es der Besatzung nicht möglich gewesen wäre, so heldenmütig standzuhalten: den Gedanken an ein tausendjähriges Reich, in dem die Frauen die Welt beherrschten. Da nahm die alte Mutter eine neue Gestalt an und thronte als schweres, dunkles Symbol der großen, weiblichen Gottheit, die es in alten Zeiten gegeben hatte, noch vor dem Gott des Propheten. Diese Gottheit verloren die Frauen nicht aus den Augen, obgleich sie in erster Linie praktisch dachten.

Die jungen Mädchen wollten gern etwas von europäischen Sitten und Gebräuchen wissen und hörten aufmerksam zu, wenn ich ihnen Verhalten und Kleidung europäischer Damen beschrieb, als hätten sie vor, ihre strategische Ausbildung mit einem Schnellkurs darin abzuschließen, wie die Männer einer anderen Rasse besiegt und niedergehalten werden.

Die eigenen Kleider spielten in ihrem Dasein eine ungeheuer große Rolle, und das war nicht verwunderlich, denn sie waren sowohl Kriegsmaterial als auch Kriegsbeute und Siegestrophäen, gleichsam eroberte Fahnen.

Die jungen Somali, ihre Ehemänner und Freier, sind von Natur enthaltsam und über Essen und Trinken und ihr persönliches Wohlbefinden erhaben, sie sind hart und genügsam wie das Land, aus dem sie kommen, und Frauen sind ihre Lust. Ihre Begierde nach Frauen ist unersättlich, sie stellen für sie zweifellos den höchsten

Wert des Lebens dar. Pferde, Kamele und Vieh mögen zwar als Besitz auch gut sein, können sich jedoch niemals mit den Gattinnen messen. Die Frauen der Somali bestärken und unterstützen ihre Männer in den beiden unterschiedlichen Anlagen ihrer Natur. Sie verachten einen weichen Mann und üben mit seiner Schwäche nicht die geringste Nachsicht, und sie bringen große persönliche Opfer, um ihren eigenen Preis hochzuhalten.

Ohne das Zutun eines Mannes können sie sich nicht soviel wie ein Paar Pantoffeln kaufen, sie können nicht einmal sich selbst besitzen, sondern müssen zwangsläufig irgendeinem Mann, einem Vater, einem Bruder oder einem Ehemann gehören, aber sie sind doch immer und überall der höchste Wert des Leben. Es war ein erstaunliches Phänomen, das beiden Seiten zur Ehre gereichte, welche Mengen von Seide, Gold, Bernstein und Korallen die Somalifrauen aus ihren Männern herauspressen konnten. Jedesmal, wenn die langen, anstrengenden Handelssafaris überstanden waren, wurden sämtliche Strapazen und Wagnisse, alle List und alle Ausdauer sogleich in Frauenputz umgesetzt.

Die jungen Mädchen, die noch keinen Mann erpressen konnten und bescheiden gekleidet waren, machten soviel wie möglich aus ihrem schönen Haar und sahen der Zeit entgegen, da sie selbst die Sieger besiegen und die Unterdrücker unterdrücken würden. Sie liehen ihren Schmuck bereitwillig untereinander aus und vergnügten sich in aller Eintracht damit, das jüngste Mädchen, das als die Schönste von ihnen galt, mit den Sachen der verheirateten Schwester herauszuputzen. Sie setzten ihr auch mit viel Spaß und Gelächter den goldenen Kopfschmuck auf, den Jungfrauen nicht tragen dürfen.

Alle Somali führen gern Prozesse, und Farah war ständig in große Rechtsangelegenheiten verwickelt, deretwegen er nach Nairobi fahren mußte oder die sein Stamm auf der Farm diskutierte. Wenn so eine Sache im Gange war, versuchte mich die alte Frau jedesmal, wenn ich sie besuchen kam, auf eine sanfte und schlaue Weise darüber auszuhorchen. Sie hätte auch Farah fragen können, der hatte so großen Respekt vor ihr, daß er ihr alles erzählt hätte, doch sie zog den Umweg vor und wandte sich an mich. Auf diese Weise konnte sie, wenn es ihr paßte, den Schein der schönsten weiblichen Unwissenheit über die Affären der Männer wahren – sie verstand ja kein Wort davon. Wenn sie nun einen Ratschlag erteilen würe, dann könnte das in sibyllinischer Weise geschehen, göttlich inspiriert, und niemand könnte jemals darüber Rechenschaft von ihr verlangen.

Bei den großen Somalizusammenkünften auf der Farm oder bei großen religiösen Festlichkeiten hatten die Frauen viel Arbeit, sie trafen Vorbereitungen und kochten das Essen. Obwohl sie selbst nicht am Fest teilnahmen und die Moschee nicht betreten durften, waren sie voller Ehrgeiz und eifrig bemüht, die Zusammenkunft in jeder Beziehung prächtig zu gestalten, und nicht einmal untereinander vertrauten sie sich an, was sie in ihren Herzen von dem Ganzen hielten. Bei solchen Gelegenheiten erinnerten sie mich so lebhaft an die Damen früherer Generationen in meinem eigenen Land, daß ich sie in Turnüren und mit langen, schmalen Schleppen vor mir zu sehen glaubte. Auf genau dieselbe Art haben die skandinavischen Frauen zur Zeit meiner Mutter und meiner Großmutter – die selbst nicht auf die Jagd gingen, die zivilisierte Sklavinnen gutmütiger, egozentrischer Barbaren waren – bei den großen, heiligen Festen der Männer, den herbstlichen Treibjagden, die Honneurs gemacht.

Die Somali sind viele Jahrhunderte Sklavenhändler und Sklavenbesitzer gewesen, und ihre Frauen verstanden es, mit den Eingeborenen in einer einfachen, unbekümmerten Art umzugehen. Der Dienst bei Somali oder Arabern fällt den Eingeborenen nicht so schwer wie bei Weißen, denn alle farbigen Rassen haben etwa den gleichen Lebensrhythmus. Farahs junge Frau war unter den Kikuyu der Farm allgemein angesehen und beliebt, und

Kamante sagte mir viele Male im Vertrauen, sie sei sehr klug.

Die jungen Somalifrauen kamen auch gut mit meinen europäischen Freunden aus, die häufig die Farm besuchten, wie Berkeley Cole und Denys Finch-Hatton. Sie sprachen oft von ihnen und wußten über alles, was sie unternahmen, erstaunlich gut Bescheid. Wenn sie ihnen begegneten, plauderten sie mit ihnen unbefangen wie ältere Schwestern, die Hände in die Falten ihrer Kleider gesteckt. Doch diese Beziehung enthielt auch Spannung und große Möglichkeiten, weil sowohl Berkeley als auch Denys Somali-Diener hatten, mit denen die Mädchen um nichts in der Welt zusammentreffen durften. Sobald Jama und Bilea auf der Farm erschienen, mit ihren Turbanen, mit langen, geraden Beinen, dunklen Augen und weißen Zähnen, waren meine jungen Somalifrauen wie vom Erdboden verschwunden und hatten nicht die geringste Spur hinterlassen. Wenn sie in dieser Zeit etwas mit mir zu besprechen hatten, dann kamen sie um die Hausecke geschlichen, einen ihrer vielen Röcke über den Kopf geschlagen und vor dem Gesicht. Die Engländer sagten, daß ihnen das hier bewiesene Vertrauen schmeichele, doch in ihren Herzen wehte wohl ein leiser, kalter Zugwind, weil sie für so vollkommen harmlos gehalten wurden.

Manchmal nahm ich die Mädchen mit, wenn ich im Auto durch die Gegend fuhr oder Besuche machte. Ich fragte dann jedesmal vorher ihre Mutter, ob es auch anginge, denn ich wollte nicht, daß der Ruf der Mädchen durch meine Schuld befleckt würde. Südlich von der Farm wohnte eine junge australische Dame, mit der ich befreundet war, und sie lud meine Somalifrauen zum Tee ein. Das war ein großes Ereignis in ihrem Leben. Sie schmückten sich stundenlang, bis sie so hübsch und bunt wie ein Blumenstrauß waren, und als wir durch die Farm fuhren, zwitscherte und sang es hinter mir im Wagen wie in einem großen Vogelbauer. Sie interessierten sich brennend für Haus und Kleider meiner Freundin, ja sogar für ihren Mann, wenn wir ihn von weitem reiten oder auf seiner Farm pflügen sahen. Als der Tee serviert wurde, stellte sich heraus, daß ihn nur die verheiratete Schwester und die Kinder trinken durften, die jungen Mädchen mußten darauf verzichten, da seine Wirkung als zu erregend galt. Sie begnügten sich mit Kuchen und fanden sich fröhlich und gottergeben damit ab. Ob sich das kleine Mädchen, das mit zu Besuch war, den Genuß von Tee noch erlauben könnte oder ob sie schon das Alter erreicht hätte, wo er für sie gefährlich wäre, darüber gingen ihre Meinungen auseinander. Die verheiratete Schwester hielt dafür, daß sie noch Tee trinken dürfe, doch das Kind warf uns einen tiefen, dunklen, stolzen Blick zu und wies die Tasse zurück.

Die junge Cousine war ein stilles, nachdenkliches Mädchen mit rotbraunen Augen. Sie las Arabisch und konnte lange Stücke des Korans auswendig. Sie hatte Sinn für Theologie, und wir führten zahlreiche Gespräche über Religion und die Sonderbarkeit des Lebens überhaupt. Von ihr erfuhr ich, wie die Geschichte mit Josef und Potiphars Weib wirklich zusammehing. Sie wollte gelten lassen, daß Jesus von einer Jungfrau geboren sei, nicht aber, daß er Gottes Sohn wäre, denn Gott konnte keine Kinder im Fleische haben. »Mariammo«, sagte sie, »welche die lieblichste aller jungen Mädchen war, ging eines Morgens in ihrem Garten spazieren, und ein hoher Engel, den der Herr ausgesandt hatte, berührte ihre Schulter mit der Spitze seines Flügels, so hat sie empfangen.« Bei einem unserer Gespräche zeigte ich ihr eine Ansichtskarte von Thorvaldsens Christusfigur in der Frauenkirche zu Kopenhagen. Als sie die Karte sah, war sie sogleich auf sanfte, verzückte Weise in Jesus verliebt. Danach konnte sie nie genug von ihm hören, sie seufzte und wechselte die Farbe, wenn ich ihr von ihm erzählte. Über Judas machte sie sich viele Gedanken: Was für ein Mensch war er eigentlich? Gab es wirklich solche Leute? – Sie selbst hätte ihm mit Freuden die Augen ausgekratzt. Es war eine echte Leidenschaft, die dem Weihrauch glich, den die Somali in ihren Häusern brannten, aus dunklem Holz von fernen Bergen, und der uns fremdartig, süß und stark erscheint.

Ich fragte die französischen Väter, ob ich meine jungen mohammedanischen Frauen zur Missionsstation mitbringen dürfe, um ihnen die Kirche zu zeigen. Die Frauen waren sogleich Feuer und Flamme und freuten sich, daß etwas Neues geschehen sollte, und so fuhren wir eines Nachmittags dorthin und traten feierlich, eine nach der anderen, in den kühlen Kirchenraum. Die jungen Mädchen waren nie zuvor in einem so hohen Gebäude gewesen. Sie schauten empor und hoben die Hände über den Kopf, um sich zu schützen, falls die Decke auf sie herabstürzen würde. In der Kirche waren Statuen, und so etwas hatten sie außer auf meiner Postkarte noch nie gesehen. Die Heilige Jungfrau der französischen Väter war ganz in Weiß und Himmelblau und hielt eine Lilie in der Hand, ihr gegenüber stand der heilige Josef mit dem Jesuskind auf dem Arm. Die jungen Mädchen wurden beim Anblick der Lieblichkeit Jungfrau Marias ganz stumm, sie seufzten und stöhnten vor ihrem Standbild. Die Geschichte Josefs war ihnen gut bekannt, und sie hatten ihn als den edlen und treuen Ehemann und Beschützer der Mariammo stets geschätzt. Jetzt warfen sie ihm tiefe, dankbare Blicke zu, weil er auch das Kind für seine Gattin trug. Farahs Frau, die damals ihr erstes Kind erwartete, hielt sich die ganze Zeit, die sie in der Kirche verbrachte, in der Nähe der Heiligen Familie auf. Die französischen Väter waren sehr stolz auf ihre Kirchenfenster, die in Nachahmung von Glasmalereien mit buntem Papier beklebt waren und die Leidensgeschichte Christi darstellten. Die junge Cousine versank in Betrachtung dieser Fenster und ging um die ganze Kirche herum, ohne den Blick von ihnen abzuwenden, sie rang vor Mitgefühl die Hände und beugte die Knie, als hätte sie selbst das Kreuz getragen.

Auf dem Heimweg sprachen sie kaum ein Wort und hatten wohl Angst, daß sie eine allzu große Unwissenheit verraten könnten, wenn sie mir Fragen stellten. Doch als ich am Abend an ihrer Hütte vorüberging, hörte ich sie sehr eifrig mit ihrer Mutter reden. Erst ein paar Tage später fragten sie mich, ob die heiligen Väter die Jungfrau Maria und den heiligen Josef dazu veranlassen könnten, von ihren Sockeln herabzusteigen.

Die junge Cousine heiratete auf der Farm, und zwar in einem hübschen kleinen Bungalow, der damals leerstand und den ich den Somali für ihre Eheschließungen zur Verfügung stellte. Das Hochzeitsfest war großartig und dauerte sieben Tage. Ich war dabei, als die wichtigste Zeremonie vollzogen wurde und eine lange Prozession von singenden Frauen die verschleierte Braut dem Bräutigam und seiner Prozession von singenden Männern entgegenführte. Braut und Bräutigam hatten sich bis zu diesem Augenblick noch nie gesehen, und ich überlegte, ob sich das Mädchen wohl ihren Mann so ähnlich wie Thorvaldsens Christus vorgestellt hatte oder ob sie neben ihrem himmlischen auch ein irdisches Ideal besaß. Im Laufe der Woche fuhr ich einige Male zum Hochzeitshaus. Zu jeder Zeit klang es von Festlichkeit wider und duftete nach Hochzeitsweihrauch. Da wurden munter und schwungvoll Schwertertänze und große Frauentänze getanzt, und die alten Männer auf der Veranda schlossen riesige Viehgeschäfte ab. Maultierwagen aus Nairobi trafen ein oder fuhren ab. Nachts sah man im Schein der Stallaternen die kostbarsten Farbstoffe Arabiens und Somalilands sich zwischen Haus und Wagen hin und her bewegen: Umbra, Ocker, Koschenille, Krapprot, Indigo und Safran.

Farahs Sohn Ahamed wurde auf der Farm geboren und *Saufe* genannt, was, soviel ich weiß, Säge bedeutet. Er hatte von der Ängstlichkeit der Kikuyukinder keine Spur. Schon als winzig kleines Kind, als er noch eingehüllt und eingewickelt wie eine Eichel und sein dunkler, runder Kopf fast ohne Körper war, saß er kerzengerade da und sah einem direkt in die Augen – es war, als hielte man ein Löwenjunges auf den Knien, einen kleinen Falken auf der Hand. Er hatte den munteren Sinn seiner Mutter geerbt, und als er gehen und laufen konnte, wurde er ein großer, lustiger Abenteurer und spielte unter den eingeborenen Kindern der Farm eine wichtige Rolle.

4. Der alte Knudsen

Es gab einige Gäste aus Europa, die es auf die Farm schwemmte wie Treibgut in stilles Gewässer und die sich dort drehten und wendeten, bis sie schließlich wieder davongespült wurden oder sich auflösten und versanken.

Der alte Knudsen, ein Däne, kam krank und blind auf die Farm und blieb dort so lange, wie er zum Sterben brauchte, ein einsames Tier. Er ging auf den Wegen der Farm, unter seinem Elend gebeugt. Lange Zeiten sprach er kein Wort, denn seine Last war so schwer, er hatte keine Kraft mehr zum Sprechen, und wenn er es tat, klang seine Stimme wie die von Wölfen und Hyänen – ein einziger Jammerschrei.

Doch wenn er wieder zu Atem kam und seine heftigen Schmerzen für kurze Zeit nachließen, dann sprühte der sterbende Mann noch einmal Funken. Dann kam er zu mir und legte mir ausführlich dar, daß er ständig gegen eine krankhafte melancholische Anlage in seiner Natur ankämpfen müsse, eine unsinnige Neigung, alle Dinge schwarz zu sehen. Die müsse er überwinden. Die äußeren Umstände, die seien nämlich gar nicht schlecht, die seien, zum Henker noch mal, nicht zu verachten. Aber Mißmut, Mißmut, Trübsinn, das sei ein häßliches, abscheuliches Laster.

Als die Zeiten für die Farm schwer waren, kam Knudsen einmal auf die Idee, Holzkohle zu brennen und an die Inder in Nairobi zu verkaufen. In diesem Unternehmen würden viele tausend Rupien stecken, versicherte er mir, und unter Leitung des alten Knudsen könne es niemals fehlschlagen. Er sei nämlich in seiner bewegten Vergangenheit auch hoch oben in Nordschweden gewesen, dort habe er die Kunst erlernt und beherrsche sie noch aus dem Effeff. Er übernahm es auch, sie den Eingeborenen beizubringen. Als wir dann zusammen im Wald arbeiteten, führte ich mit ihm lange Gespräche.

Köhlerei ist eine wunderbare Arbeit. Sie hat zweifellos etwas Berauschendes, und es ist bekannt, daß Köhler die Dinge anders als andere Leute sehen – sie haben einen Hang zum Phantasieren und Fabulieren, und Waldgeister kommen zu ihnen und leisten ihnen Gesellschaft. Wenn der Meiler ausgebrannt und geöffnet ist und der Inhalt auf dem Boden verstreut liegt, dann ist die fertige Holzkohle ein herrlich Ding. Sie ist so glatt wie Seide, ein Stoff, der gereinigt, von seinem Gewicht befreit und unsterblich gemacht worden ist – die kleine, dunkle, erfahrene Mumie des Waldes selbst. Die Szenerie für die Werkstatt des Köhlers ist überaus reizvoll. Da wir nur das Unterholz wegschlugen – denn aus dicken Stämmen läßt sich keine Holzkohle brennen –, arbeiteten wir die ganze Zeit unter den Kronen der hohen Bäume. Im stillen, schattigen afrikanischen Wald duftete das frischgeschlagene Holz wie reife Stachelbeeren, und der durchdringende, herbe, säuerliche Geruch der brennenden Meiler war so befreiend und erfrischend wie eine steife Brise vom Meer. Die gesamte Umgebung hatte etwas Theatralisches, was in der Wildnis unter dem Äquator, wo es keine Theater gab, zauberhaft war. Die dünnen, leichten, blauen Rauchwolken stiegen in regelmäßigen Abständen von den Meilern auf, und die dunklen Meiler selbst hatten Ähnlichkeit mit kleinen Zelten auf der Bühne: unser Arbeitsplatz stellte das Lager von Schmugglern oder Räubern in einer romantischen Oper dar. Die dunklen Gestalten der Eingeborenen bewegten sich lautlos zwischen Bäumen und Meilern hin und her. Wenn im afrikanischen Wald das Unterholz gelichtet ist, taucht stets eine Menge von großen Schmetterlingen auf, die sich in Scharen auf den abgeschlagenen Stümpfen niederlassen. Das Ganze wirkte geheimnisvoll und unschuldig. Die kleine gekrümmte Gestalt des alten Knudsen stimmte mit dieser Umgebung vollkommen überein, er tappte und humpelte mit großer Energie herum, wo er doch jetzt eine Lieblingsarbeit zu beaufsichtigen hatte, rothaarig, als hätte er ein Flämmchen auf dem Kopf, knurrend oder ermunternd wie ein Puck, der alt und blind und entsetzlich boshaft geworden ist. Er tat seine Arbeit ernst und gewissenhaft und übte mit seinen eingeborenen Lehrlingen erstaunlich viel Geduld. Wir waren uns nicht immer einig. In Paris, wo ich als junges Mädchen eine Malerschule besuchte, hatte ich gelernt, daß man die beste Holzkohle aus Olivenholz gewinnt, aber Knudsen hielt dagegen, daß Olivenholz keine Knorren habe, und alle wüßten doch – Himmel, Arsch und Zwirn! –, daß die Hitze in den Knorren steckte!

Hier im Wald trug ein besonderer Umstand dazu bei, daß sich Knudsens harter Sinn erweichte. Das Laub der afrikanischen Bäume ist sehr zart und zumeist fingerförmig, und wenn das dichte Unterholz weggeschlagen und der Wald sozusagen ausgehöhlt ist, dann ist das Licht darin fast das gleiche wie in einem dänischen Buchenwald Anfang Mai, wenn die Knospen kaum oder gerade erst aufgesprungen sind. Darauf wies ich den alten Knudsen hin, und dieser Gedanke gefiel ihm so gut, daß er sich während der Zeit, als wir im Wald Holzkohle brannten, in eine Art Phantasie hineinlebte: wir beide, er und ich, machten einen Pfingstausflug im dänischen Wald. Auf einer Lichtung stand ein alter, hohler Baum, den er nach einer Gaststätte bei Kopenhagen »Lottenborg« taufte. Als ich eines Tages ein paar Flaschen Bier in »Lottenborg« versteckte und ihn dann zu einem Hellen einlud, ließ er sich dazu herab, dies für einen guten Spaß zu halten.

Wenn wir alle unsere Meiler angezündet hatten, setzten wir uns und sprachen über das Leben. Ich erfuhr vieles über Knudsens Vergangenheit und die merkwürdigen Abenteuer, die er überall in der Welt erlebt hatte. Bei solchen Gesprächen war es wichtig, daß nur vom alten Knudsen die Rede war, sonst wäre man in den schwarzen Mißmut verfallen, vor dem er selbst gewarnt hatte. Er hatte viele Dinge erlebt: Schiffbruch, Pest, Fische von unbekannter Art und seltsamen Farben, Trinkgelage, Wasserhosen, drei Sonnen gleichzeitig am Himmel, falsche Freunde, finstere Schurkereien, kurzzeitigen Erfolg, diesen und jenen plötzlichen Goldregen, der sogleich wieder versiegt war. Durch seine gesamte Odyssee zog sich wie ein roter Faden ein starkes Gefühl: Haß und Verachtung für das Gesetz, alle seine Werke und alles, was gesetzlich war. Er war ein geborener Aufrührer, in jedem Gesetzesbrecher sah er einen Freund, und eine Gesetzesübertretung war für ihn gleichbedeutend mit einer Heldentat. Er sprach sehr gern von Königen und königlichen Familien, Artisten und Taschenspielern, Zwergen und verrückten Leuten, denn sie standen in seinen Augen außerhalb des Gesetzes. Er vertiefte sich auch mit Freude in Gedanken, die mit Verbrechen, Revolution, Betrug und Schwindel und allem zu tun hatten, was dem Gesetz auf der Nase herumtanzte. Doch für den guten Bürger hegte er Verachtung, und Gesetzestreue war für ihn das Kennzeichen einer Sklavenseele. Nicht einmal an das Gesetz der Schwerkraft glaubte er, und er hatte nicht den geringsten Respekt vor ihm, was mir klarwurde, als wir zusammen Bäume fällten. Es wollte ihm absolut nicht in den Kopf, warum es tatkräftigen und vorurteilsfreien Leuten nicht möglich sein sollte, es in sein Gegenteil zu verkehren.

Er bemühte sich eifrig, mir die Namen der Leute einzuprägen, die er gekannt hatte – und es waren fast alles Schurken und Schwindler –, doch den Namen einer Frau erwähnte er in seinen langen Erzählungen nie. Es war, als hätte er sowohl die hübschen Mädchen der Insel Seeland als auch die unbarmherzigen Frauen der Hafenstädte aus seiner Erinnerung ausgelöscht. Dennoch geschah es, wenn ich mich mit ihm unterhielt, daß ich die Gegenwart einer Frau in seinem Leben spürte. Wer sie eigentlich gewesen war, konnte ich nicht wissen – seine Frau, seine Mutter, seine Schulmeisterin oder die Frau seines ersten Arbeitgebers. In Gedanken nannte ich sie Madam Knudsen. Ich stellte sie mir sehr klein vor, weil er selbst von so kurzer Statur war. Sie war jene Frau, die alle Freuden des Mannes verdirbt, die das Gesetz und die Propheten auf ihrer Seite hat und ihr Recht behauptet. Sie war jene Frau, die Gardinenpredigten hält und Großreinemachen und große Wäsche veranstaltet, die allen kecken Unternehmungen einen Riegel vorschiebt, den Jungen die Gesichter wäscht und den Männern das Schnapsglas vor der Nase vom Tisch wegschnappt. Sie war Gesetz und Ordnung in höchsteigener Person. Mit ihrem Anspruch auf Alleinherrschaft hatte sie zwar eine entfernte Ähnlichkeit mit der weiblichen Gottheit der Somalifrauen, aber Madam Knudsen machte sich nicht die Mühe, die Männer durch Betörung zu unterwerfen, sie regierte mit Großmäuligkeit und Rechthaberei. Der alte Knudsen muß ihr in jungen Jahren begegnet sein, als sein Gemüt noch so weich war, daß sie darin einen unauslöschlichen Eindruck hinterlassen konnte. Er war vor ihr auf See geflüchtet, denn sie haßte das Meer, und dorthin kam sie nicht. Jetzt aber, wo er wieder auf festem Boden war, konnte er ihr nicht entwischen, er hatte sie bei sich, wo er ging und stand. Unter seinem rotweißen Haar und in seinem wilden Herzen fürchtete er sie mehr als irgendeinen Mann, und er verdächtigte alle Frauen auf der Welt, eine verkleidete Madam Knudsen zu sein.

Unsere Köhlertätigkeit brachte uns keinen Profit. Es ließ sich nämlich nicht vermeiden, daß von Zeit zu Zeit einer unsrer Meiler Feuer fing, und damit ging der Verdienst vieler Wochen innerhalb einer halben Stunde in Rauch auf. Knudsen nahm sich unser Fiasko sehr zu Herzen und dachte lange darüber nach. Schließlich fand er die Erklärung und meinte, daß kein Mensch auf der

Welt an einem Ort Holzkohle brennen könne, wo man nicht reichlich Schnee zur Hand habe.

Der alte Knudsen half mir auch, einen Teich auf der Farm anzulegen. Unsere Hauptstraße führte an einer Stelle durch eine breite, grasbewachsene Mulde, in der eine Quelle sprudelte, und ich dachte mir einen Plan aus, wie man unterhalb der Mulde einem Damm bauen und sie in einen See verwandeln könnte. An Wasser fehlt es einem in Afrika immer, und es wäre ein großer Vorteil für unser Vieh, wenn es hier auf dem Feld eine Tränke hätte und nicht den weiten Weg zum Fluß zurücklegen müßte. Der Gedanke an einen Damm beschäftigte die ganze Farm Tag und Nacht und wurde von allen erörtert. Als er dann endlich verwirklicht war, hielten wir unsere Tat für etwas Gewaltiges und Historisches. Er war zweihundert Fuß lang.

Der alte Knudsen sprach von nichts anderem als vom Damm, und er lehrte Pooran Singh eine primitive Kipplore bauen. Nachdem der Damm vollendet war, machte er noch einige Male großen Ärger, weil er das Wasser nicht halten wollte. Wenn die große Regenzeit begann, gab er an mehreren Stellen nach und wurde mehr als einmal halb weggespült. Knudsen kam auf die Idee, den Erdwall zu befestigen, indem er die Ochsen der Farm und das Vieh der Squatter auf ihrem Weg zum Teich darübertreiben ließ. Jede Kuh, jedes Kalb und jede Ziege mußte ihren Beitrag leisten und die Aufschüttung fester stampfen. Knudsen hatte dabei mehrere große, blutige Kämpfe mit den kleinen Hütejungen auszufechten, denn er bestand darauf, daß die Tiere langsam über den Damm gehen sollten, während die wilden kleinen Totos sie mit hocherhobenem Schwanz darüber galoppieren ließen. Endlich, als Knudsen mit meiner Unterstützung den Sieg über die Hütejungen errungen hatte, zeichnete sich die lange Reihe des gemächlich über den Damm marschierenden Viehs am Himmel ab wie Noahs Tiere, die in die Arche ziehen. Und der alte Knudsen, mit seinem Stock unter dem Arm, sah wie der große

Schiffbauer Noah persönlich aus, der seine Tiere zählt und bei dem Gedanken, daß alle Leute, nur er nicht, bald ertrinken sollen, eine innige Freude empfindet.

Im Laufe der Zeit bekam ich hier eine große Wasserfläche, und das Wasser war an einigen Stellen drei Meter tief. Die Straße führte direkt durch den See, und das Ganze bot einen prachtvollen Anblick. Später bauten wir weiter unten noch zwei Dämme und legten eine Reihe von Teichen an, die sich wie Perlen auf einer Schnur ausnahmen. Der Teich wurde nun auf seine Weise das Herz der Farm. Dort herrschte immer Leben und Treiben, Tiere und Kinder scharten sich in großer Zahl um ihn, und wenn in der trockenen Jahreszeit die Wasserlöcher auf der Steppe und in den Bergen versiegten, kamen viele Vögel: Reiher, Ibisse, Eisvögel, Wachteln und ein Dutzend verschiedener Enten- und Gänsearten.

Abends, wenn die ersten Sterne angezündet wurden, ging ich zum Teich und setzte mich ans Ufer, und zu dieser Zeit kehrten die Vögel heim. Die Schwimmvögel haben einen zielbewußten Flug, der sich von dem anderer Vögel unterscheidet. Sie sind auf Reisen, unterwegs von einem bestimmten Ort zum anderen – und was für eine Perspektive hat der Zug der Wildenten! Sie beschrieben ihre Bahn über den glasklaren Himmel und fielen lautlos und senkrecht ins Wasser, Pfeilspitzen gleich, von einem himmlischen Bogenschützen rücklings abgeschossen. Einmal schoß ich im Teich ein Krokodil. Das war etwas Merkwürdiges, denn es mußte vom Athi-Fluß zwanzig Kilometer quer durch das Land hierhermarschiert sein. Und wie konnte es wissen, daß jetzt Wasser war, wo es nie welches gegeben hatte?

Als der erste Teich fertig war, kam der alte Knudsen zu mir und vertraute mir einen Plan an, wie man Fische darin aussetzen könne. Wir hatten in Afrika eine Art Barsche, die sehr schmackhaft waren, und Knudsen und ich machten uns Hoffnung auf reiche Fänge. Es war aber nicht leicht, an diese Barsche heranzukommen. Das Wild-Departement, das sie in den Teichen der Kolonie ausgesetzt hatte, wollte das Fischen dort noch nicht erlauben. Doch Knudsen erzählte mir, er wisse einen Teich, der keinem anderen auf der Welt bekannt sei, und aus dem könnten wir so viele Fische herausholen, wie wir wollten. Dahin sollten wir fahren, erklärte er mir, den Teich mit Netzen absuchen und die Fische in Eimern und Gefäßen mit dem Auto nach Hause schaffen. Wir brauchten nur Wasserpflanzen mit ins Wasser zu stecken, dann würden sie am Leben bleiben. Er war so besessen von seinem Plan, daß er zitterte, als er ihn mir entwickelte. Eigenhändig knüpfte er für unser Unternehmen eins seiner berühmten Fischnetze.

Doch je näher der Zeitpunkt für unsere Expedition rückte, um so mystischer nahm sie sich aus. Sie müsse bei Vollmond und um Mitternacht stattfinden, sagte er. Ursprünglich hatten wir drei Eingeborene mitnehmen wollen, doch er reduzierte diese Zahl auf zwei und schließlich auf einen und fragte mich fortwährend, ob dieser Schwarze nun auch absolut zuverlässig sei – und zu guter Letzt erklärte er, es sei viel besser, wenn nur er und ich dorthin führen. Dieser Plan gefiel mir nicht, denn wir beide hätten die Gefäße nicht allein aus dem Teich heben und ins Auto tragen können, aber Knudsen blieb bei seiner Meinung, daß es so wirklich am besten sei. Er verpflichtete mich, keinem Menschen etwas von unserer Expedition zu sagen. Ich hatte im Wild-Departement gute Freunde, und wie schwer es mir auch fiel, so mußte ich ihn schließlich fragen: »Sagen Sie mal, Knudsen, wem gehören die Fische eigentlich, die wir da fangen wollen?«

Knudsen antwortete mit keinem Wort. Er spuckte aus – nach Seemannsart in hohem Bogen –, streckte seinen Fuß in dem alten, geflickten Schuh vor und verschmierte die Spucke am Boden. Dann drehte er sich um und ging ganz langsam davon. Dabei zog er den Kopf ein, so daß er nichts mehr sehen konnte und sich mit dem Stock vorwärtstasten mußte – noch einmal war er ein geschlagener Mann, ein heimatloser Flüchtling in einer kalten, niederträchtigen Welt. Und als wäre seine Geste ein Zauberspruch gewesen, blieb ich auf der Stelle stehen, wo er mich verlassen hatte, triumphierend, als Siegerin in Madam Knudsens Pantoffeln.

Der Plan mit der Fischerei wurde zwischen Knudsen und mir nie wieder erwähnt. Erst nach seinem Tod konnte ich mit Unterstützung des Wild-Departements Barsche im Teich aussetzen. Sie gediehen gut und fügten ihr stummes, kaltes, rastloses Leben allem anderen Leben des Teichs hinzu. Wenn man mitten am Tage vorüberging, konnte man sie an der Oberfläche stehen sehen, wie Fische aus dunklem Glas in dem matten, sonnenbeschienenen Wasser. Jedesmal wenn ein unerwarteter Gast ins Haus kam, wurde mein Toto Tumbo mit einer primitiven Angelrute zum Teich geschickt und zog einen zweipfündigen Barsch heraus.

Als ich den alten Knudsen tot auf dem Pfad im Kaffeefeld gefunden hatte, schickte ich einen Läufer mit einem Brief nach Nairobi, um der Polizei seinen Tod zu melden. Ich hätte ihn gern auf der Farm unter einem großen Baum begraben, doch tief in der Nacht kamen zwei Polizeibeamte und brachten einen Sarg in ihrem Wagen mit, um ihn in die Stadt zu holen. In der Zwischenzeit war ein heftiger Gewitterschauer über der Farm niedergegangen, wir hatten an die hundert Millimeter Regen bekommen, denn die lange Regenzeit hatte gerade begonnen. Der Weg zu Knudsens Haus glich einem Fluß, wir fuhren durch Ströme und Wände aus Regen. Als wir ihn in den Wagen trugen, dröhnten die Donnerschläge wie große Kanonen über unserem Kopf, und allenthalben schlugen die Blitze ein, so dicht wie Ähren eines Kornfelds. Das Auto hatte keine Ketten an den Rädern und konnte sich auf dem Weg kaum halten, es schlingerte heftig von einer Seite zur anderen. Das hätte dem alten Knudsen gefallen, dachte ich, er wäre mit seinem Abgang von der Farm zufrieden gewesen.

Danach konnte ich mit der Obrigkeit in Nairobi über die Art seiner Beerdigung nicht einig werden. Das entwickelte sich zu einem langwierigen Streit, und ich mußte in dieser Angelegenheit mehr als einmal in die Stadt fahren. Es war ein Erbe, das mir der alte Knudsen hinterlassen hatte, sein letzter Schlag ins Gesicht des Gesetzes, diesmal durch einen Stellvertreter. Da war ich nicht mehr Madam Knudsen, sondern ein Bruder.

5. Ein Flüchtling schläft auf der Farm

Es gab einen Wanderer, der auf die Farm kam und dort übernachtete, um am nächsten Tag weiterzuziehen und niemals zurückzukehren, an ihn habe ich später oft gedacht. Er hieß Emmanuelson und war Schwede, und als ich ihm zum erstenmal begegnete, war er Maitre d'hôtel im »Norfolk« in Nairobi. Er war ein korpulenter junger Mann mit einem roten, aufgedunsenen Gesicht, der die Angewohnheit hatte, sich neben meinen Stuhl zu stellen, wenn ich beim Lunch saß, und mir mit lauter, unangenehmer Stimme etwas von dem alten Land und unseren gemeinsamen Bekannten dort zu erzählen. Er unterhielt mich mit einer solchen Ausdauer, daß ich mein Gabelfrühstück nach einiger Zeit ins Stanley-Hotel verlegte, es gab damals nur diese beiden Hotels in der Stadt, und danach hörte ich nur noch manchmal von ihm. Emmanuelson schien ein Talent zu haben, ins Fettnäpfchen zu treten, wie man so sagt, und wich in seinem Geschmack und in seinen Vorstellungen, was die Freuden des Lebens betraf, wohl ein wenig vom Üblichen ab. Die anderen Skandinavier der Kolonie sahen ihn scheel an.

Eines Nachmittags tauchte er unerwartet bei mir auf, in großer Unruhe und Erregung, und bat mich, ihm etwas Geld zu leihen, damit er sich sofort nach Tanganjika absetzen könne, sonst drohe ihm das Gefängnis. Entweder kam nun meine Hilfe zu spät, oder Emmanuelson gab das Geld für andere Dinge aus, jedenfalls hörte ich kurze Zeit darauf, man habe ihn in Nairobi verhaftet. Er wurde zwar nicht eingesperrt, doch seine Situation in der Stadt war gewiß schwierig.

Als ich einen Monat danach eines Abends so spät mit meinem Pferd heimkehrte, daß die Sterne schon am Himmel standen, entdeckte ich auf den Fliesen vor meinem Haus einen Mann, der dort wartete. Es war Emmanuelson, und er vermeldete seine Ankunft mit großer Herzlichkeit: »Hier ist ein Landstreicher, Frau Baronin.«

Ich fragte ihn, was ihn wohl hergeführt habe, und da erzählte er mir, er habe sich im Weg geirrt und sei an mein Haus geraten. Welchen Weg er habe gehen wollen, fragte ich ihn. – Nach Tanganjika. – Das klang nicht sehr wahrscheinlich, denn die große Landstraße nach Tanganjika verlief geradeaus, und die Straße zu meiner Farm bog davon ab. – Wie er nach Tanganjika kommen wolle, fragte ich ihn. – »Zu Fuß«, antwortete er. »Das ist doch unmöglich«, sagte ich, »das sind drei Tagesreisen ohne Wasser durchs Masai-Reservat, und gerade jetzt sind die Löwen dort eine große Plage.« Die Masai waren an diesem Tag auf der Farm gewesen und hatten sich darüber beklagt und mich gebeten, einen der Löwen zu schießen. – Jawohl, jawohl, das sei ihm alles bekannt, entgegnete Emmanuelson, aber er wolle trotzdem nach Tanganjika gehen – er wisse nicht, was er sonst tun solle. Und da wolle er nun fragen, ob er mir vielleicht, wo er sich doch verirrt habe, beim Abendessen Gesellschaft leisten und auf der Farm übernachten dürfe, um dann früh am nächsten Morgen weiterzuziehen? Aber falls mir das nicht recht sei, dann könne er sich genausogut gleich auf den Weg machen, es sei ja so sternklar.

Ich war während unseres Gesprächs auf meinem Pferd sitzen geblieben, um ihm zu bedeuten, daß er nicht ins Haus geladen sei – ich hatte keine Lust, ihn hereinzubitten und mit ihm zu Abend zu essen. Doch seinen Worten hatte ich entnommen, daß er mit einer Einladung eigentlich gar nicht rechnete. Er hatte kein Vertrauen zu meiner Gastfreundschaft und auch nicht zu seinen eigenen Überredungskünsten, und wie er da im nächtlichen Dunkel vor meinem Haus stand, sah er sehr einsam aus, ein Mann, der keinen Freund auf der Welt besaß. Er wollte mit seiner herzlichen Art lediglich erreichen, daß zumindest ich den Schein wahren konnte, für ihn selbst war die Zeit, was diese Dinge betraf, vorbei. Wenn ich ihn nun abwies, dann wäre das kein Unglück und keine Unfreundlichkeit, sondern ganz in Ordnung. Das war die Ritterlichkeit eines gehetzten Tieres. Ich rief meinen Saisi, um ihm das Pferd zu übergeben, und stieg ab.

»Kommen Sie herein, Emmanuelson«, sagte ich, »Sie können hier Abendbrot essen und über Nacht bleiben.«

Im Lampenlicht bot Emmanuelson einen traurigen Anblick. Er war mit einem langen, schwarzen Überzieher bekleidet, wie ihn kein Mensch in Afrika trägt. Er war unrasiert und hatte sich lange die Haare nicht schneiden lassen. Seine alten Schuhe waren über den Zehen zerrissen. Offensichtlich nahm er keinerlei Habseligkeiten nach Tanganjika mit, seine Hände waren leer. Wie es schien, sollte ich die Rolle des gesalbten Priesters spielen, der seine Hand auf das Haupt des lebendigen Bocks legt und ihn wegschickt in die Wüste.

Ich dachte, hier sei Wein vonnöten. Berkeley Cole, der zumeist das Haus mit Wein versorgte, hatte mir einige Zeit zuvor eine Kiste besonders guten Burgunder geschickt, und nun gab ich Juma den Auftrag, eine Flasche davon zu öffnen. Als wir uns zu Tisch gesetzt hatten und Emmanuelsons Glas gefüllt war, nippte er daran, hielt es gegen das Licht und betrachtete es lange, etwa wie ein Mensch, der andächtig Musik hört. »Famos«, sagte er, »famos. Das ist ja ein 1906er Chambertin!« Es stimmte wirklich, und das flößte mir Respekt vor Emmanuelson ein.

Sonst sagte er zu Anfang nicht viel, und ich wußte nicht, was ich zu ihm sagen sollte. Ich fragte ihn, wie es denn möglich sei, daß er gar keine Arbeit habe finden können. Er antwortete, daß er eben nichts von den Dingen verstehe, für die sich die Leute hier interessierten. Er habe seinen Abschied vom Hotel bekommen, und Maitre d'hôtel sei übrigens gar nicht sein Beruf.

»Verstehen Sie etwas von Buchführung?« fragte ich ihn. – »Nein, nicht das geringste«, sagte er, »ich hatte immer die größte Mühe, zwei Zahlen zusammenzuzählen.« – »Haben Sie Ahnung von Vieh?« fragte ich weiter. »Von Kühen?« fragte er. »Nein, nein, vor Kühen habe ich große Angst.« – »Können Sie denn einen Traktor fahren?« fragte ich. Hier zeigte sich in seinem Gesicht ein schwacher Hoffnungsschimmer. »Nein«, sagte er, »aber ich glaube, das könnte ich wohl lernen.« – »Aber nicht auf meinem Traktor«, sagte ich. »Nun sagen Sie mal, Emmanuelson, was haben Sie eigentlich jemals gemacht? Was ist Ihr wirklicher Beruf?« Da machte sich Emmanuelson auf seinem Stuhl sehr gerade. »Was ich bin?« rief er aus, »ich bin doch Schauspieler!«

Ich dachte: Gott sei Dank, dann ist es wirklich nicht meine Aufgabe, diesem verlorenen Mann zu helfen, jetzt ist es an der Zeit, eine allgemeinmenschliche Konversation zu führen. »Schauspieler sind Sie also«, sagte ich, »das stelle ich mir herrlich vor. Und was waren Ihre Lieblingsrollen, als Sie auf der Bühne gestanden haben?« – »Oh, ich bin Tragöde«, sagte Emmanuelson, »meine besten Rollen waren der Armand in der ›Kameliendame‹ und der Oswald in ›Gespenster‹.«

Nun sprachen wir eine Weile über diese Stücke, über die verschiedenen Schauspieler, die wir darin gesehen hatten, und wie nach unserer Meinung diese Rollen gespielt werden müßten. Emmanuelson sah sich im Zimmer um. »Frau Baronin haben wohl nicht zufällig Ibsens Dramen hier?« fragte er. »Sonst könnten wir die Schlußszene der ›Gespenster‹ zusammen spielen, wenn Sie nichts dagegen hätten, die Rolle der Frau Alving zu übernehmen.« Ich besaß Ibsens Werke nicht. »Aber vielleicht erinnern Sie sich daran?« sagte Emmanuelson, der sich für seinen Plan begeistert hatte. »Ich kann den gesamten Oswald auswendig. Die letzte Szene ist ja die beste. Was echte Tragik betrifft, wissen Sie, da ist sie einfach unübertrefflich.«

Die Sterne leuchteten am Himmel, die Nacht war klar und warm, die Regenzeit war nicht mehr fern. Ich fragte Emmanuelson, ob er wirklich vorhabe, nach Tanganjika zu gehen. »Ja«, sagte er und grinste ein wenig, »jetzt muß ich mein eigener Souffleur sein.« – »Da haben Sie ja Glück, Emmanuelson«, sagte ich kurz darauf, »daß Sie nicht verheiratet sind.« – »Jawohl«, sagte er, »jawohl.« Nach einer kleinen Pause fügte er bescheiden hinzu: »Übrigens bin ich verheiratet.«

Im Laufe des Gesprächs beklagte sich Emmanuelson darüber, daß sich ein weißer Mann in Afrika gegen die Konkurrenz der Eingeborenen, die für einen viel niedrigeren Lohn arbeiteten, nicht behaupten könne. »In Paris zum Beispiel«, sagte er, »da konnte ich immer für kurze Zeit einen Job als Kellner finden, in diesem oder jenem Café.« – »Warum sind Sie dann nicht in Paris geblieben, Emmanuelson?« fragte ich ihn. Er warf mir einen blitzschnellen, scharfen Blick zu. »Paris?« sagte er. »Nein, nein. Weiß Gott, da bin ich gerade noch im letzten Augenblick rausgekommen.«

Emmanuelson besaß einen einzigen Freund in der Welt, auf den er im Laufe des Abends mehrfach zu sprechen kam. Wenn er den nur erreichen könnte, dann würde alles anders werden, denn der lebe in glänzenden Verhältnissen und sei sehr hilfsbereit. Dieser Mann war Zauberkünstler und reiste um die ganze Erde. Als Emmanuelson das letzte Mal von ihm gehört hatte, war er in San Francisco gewesen.

Ab und zu sprachen wir über Literatur und Theater und kamen dann wieder auf Emmanuelsons Aussichten zurück. Wie er mir erzählte, hatten ihm seine Landsleute in Afrika einer nach dem anderen den Rücken zugekehrt. »Sie sind in einer schwierigen Lage, Emmanuelson«, sagte ich, »ich kann mir eigentlich nicht vorstellen, daß man in einer noch schwierigeren Lage sein kann.« – »Nein, das kann ich mir auch nicht vorstellen«, sagte er,

»aber da gibt es etwas, das habe ich mir neulich überlegt, und daran haben Sie vielleicht nicht gedacht: Irgendeiner von allen Menschen muß ja in der schlimmsten Lage sein.« Er hatte seine Flasche geleert und schob das Glas ein wenig von sich weg. »Diese Reise«, sagte er, »das ist für mich so etwas wie ein Hasardspiel, Rouge-et-Noir. Ich habe hier eine Chance, mir alle meine Probleme vom Hals zu schaffen, vielleicht kann ich mir bei dieser Gelegenheit auch den Hals brechen. Aber andererseits kann ich auch in etwas hineingeraten, wenn ich nach Tanganjika komme.«

»Ich möchte fast annehmen, daß Sie es schaffen«, sagte ich, »einer von den indischen Lastwagen nimmt Sie vielleicht auf der Landstraße mit.« – »Jawohl, aber da gibt es ja die Löwen«, sagte Emmanuelson, »und die Masai.« – »Glauben Sie an Gott?« fragte ich ihn. »Ja, ja, ja«, sagte Emmanuelson. Eine Weile war er ganz still. »Sie werden mich wohl für einen entsetzlichen Skeptiker halten, wenn Sie jetzt hören, was ich zu sagen habe«, fuhr er fort, »aber ich glaube nur an Gott und an sonst nichts auf der Welt.«

»Hören Sie mal, Emmanuelson«, sagte ich, »haben Sie Geld?« – »Ja«, sagte er, »ich habe achtzig Cents.« – »Das ist nicht genug«, sagte ich, »und ich habe selbst kein Geld im Haus. Aber vielleicht hat Farah etwas.« Farah hatte vier Rupien.

Am nächsten Morgen, kurz vor Sonnenaufgang, gab ich meinen Leuten den Auftrag, Emmanuelson zu wekken und ihm Kaffee zu kochen. Ich hatte im Laufe der Nacht überlegt, ob ich ihn nicht die ersten fünfzehn Kilometer des Wegs mit meinem Wagen fahren sollte. Es würde ihm überhaupt nichts nützen, er hätte dann immer noch zweihundertzwanzig Kilometer zu laufen. Aber ich wollte nicht mitansehen, wie er direkt von meiner Schwelle in ein ungewisses Schicksal ging, und ich wollte auch gern an seiner Komödie oder Tragödie beteiligt sein. Ich machte ihm ein Päckchen mit Butterbroten und hartgekochten Eiern und gab ihm auch eine Flasche

1906er Chambertin mit, weil er diesen Wein schätzte. Ich dachte: Das wird vielleicht der letzte Trank in seinem Leben.

Im Morgengrauen sah Emmanuelson wie eine Leiche aus, von der in Legenden gesagt wird, daß ihr der Bart in die Erde wächst. Doch er entstieg seinem Grab mit Anstand und war bei der Abfahrt sehr ruhig und beherrscht. Als wir den Mbagathi-Fluß durchquert hatten, ließ ich ihn aus dem Auto steigen. Die Morgenluft war klar, und keine Wolke war am Himmel. Sein Weg führte nach Südosten; als ich in die entgegengesetzte Richtung sah, ging gerade die Sonne auf, matt und rot – wie das Dotter eines hartgekochten Eis, dachte ich. In drei oder vier Stunden würde sie weißglühend sein und unbarmherzig auf den Kopf des Wanderers brennen.

Emmanuelson verabschiedete sich von mir. Er ging ein paar Schritte, kehrte zurück und verabschiedete sich noch einmal. Ich saß im Wagen und sah ihm zu, und er war gewiß froh darüber, einen Zuschauer zu haben. Ich glaube, sein dramatischer Instinkt war so ausgeprägt, daß er in diesem Augenblick das intensive Gefühl hatte, von einer Bühne abzutreten und davonzugehen, so als hätte er sich selbst mit den Augen des Publikums gesehen. Das war Emmanuelsons großer Abgang. Sollten da nicht die Berge und die Dornbäume und die staubige Straße so viel Mitgefühl aufbringen, daß sie sich für einen Augenblick in Kulissen verwandelten? Sein langer schwarzer Überzieher wehte ihm im Morgenwind leicht um die Beine, aus seiner einen Tasche ragte ein Flaschenhals. Mein Herz wurde ganz erfüllt von jener großen Liebe und Dankbarkeit, die Daheimbleibende für Wanderer und fahrende Gesellen, für Seeleute, Entdekkungsreisende und Vagabunden empfinden. Als er den nächsten kleinen Hügel erstiegen hatte, drehte er sich wieder um, nahm den Hut ab und schwenkte ihn. Seine langen schwarzen Haare flatterten ihm um die Stirn. Farah, der mit mir im Wagen saß, fragte mich: »Wo will der Bwana hin?« Um seine eigene Würde zu wahren, nannte

Farah Emmanuelson Bwana – Herr –, er hatte schließlich im Haus geschlafen. »Nach Tanganjika«, sagte ich. »Zu Fuß?« fragte Farah. »Ja«, sagte ich. »Allah sei mit ihm«, sagte Farah.

Ich dachte im Laufe des Tages sehr oft an Emmanuelson und ging aus dem Haus und sah zur Straße nach Tanganjika hinüber. Abends gegen zehn Uhr hörte ich im Südwesten einen Löwen brüllen, und eine halbe Stunde später brüllte er noch einmal. Ich fragte mich, ob er jetzt vielleicht auf einem alten schwarzen Überzieher säße. Die ganze folgende Woche versuchte ich in Erfahrung zu bringen, wie es Emmanuelson ergangen sei, und ich beauftragte Farah, bei seinen indischen Bekannten in Nairobi, die Lastwagen auf der Straße nach Tanganjika laufen hatten, nachzufragen, ob nicht jemand den Schweden überholt und mitgenommen habe. Doch niemand hatte etwas von ihm gesehen.

Ein halbes Jahr später erhielt ich zu meiner Überraschung einen Einschreibbrief aus Dodoma, wo ich keinen Menschen kannte. Der Brief war von Emmanuelson. Darin lagen die fünfzig Rupien, die ich ihm bei seinem ersten Versuch, das Land zu verlassen, geliehen hatte, und Farahs vier Rupien. Außer diesem Geld, von dem ich zuallerletzt erwartet hätte, daß ich es in dieser Welt wiedersehen würde, schickte mir Emmanuelson ein langes, vernünftiges und freundliches Schreiben. Er habe in Dodoma eine Stelle als Barmixer gefunden – Gott weiß, was für eine Bar es dort geben mochte – und es gehe ihm gut. Er schien ein Talent zur Dankbarkeit zu haben, er entsann sich vieler Kleinigkeiten jenes Abends, den er auf der Farm verbracht hatte, und wiederholte mehrmals, er habe sich dort unter Freunden gefühlt. Er schilderte mir ausführlich seine Reise nach Tanganjika und war des Lobes voll über die Masai. Sie hatten ihn auf der Straße gefunden und ihn aufgenommen, sie hatten ihn freundlich und gastlich behandelt, und in ihrer Gesellschaft war er, auf zahlreichen Umwegen, bis nach Tanganjika gereist. Er habe sie, schrieb er, mit Erzählungen seiner Abenteuer in vielen verschiedenen Ländern so gut unterhalten, daß sie ihn gar nicht wieder gehen lassen wollten. Emmanuelson konnte die Sprache der Masai nicht sprechen, er muß ihnen seine Odyssee also pantomimisch dargestellt haben.

Es war richtig und schön, dachte ich, daß Emmanuelson bei den Masai Zuflucht finden sollte. Die wirkliche Aristokratie der Welt und das wirkliche Proletariat, sie sind beide in Einvernehmen mit der Tragödie und deren Idee. Für sie ist das Gottes Plan mit der Welt und die Tonart des Lebens. Darin unterscheiden sie sich von den Bourgeois aller Klassen, die die Tragödie verleugnen und sich höchst ungern in sie fügen und für die das Tragische gleichbedeutend mit dem Tristen in der Welt oder mit ihren Unannehmlichkeiten ist. Viele Mißverständnisse zwischen den weißen Siedlern aus dem Mittelstand und den Eingeborenen rührten von diesem Umstand her. Die dunklen, starrköpfigen Masai waren sowohl Aristokratie als auch Proletariat. Sie hatten in dem einsamen schwarzgekleideten Wanderer sogleich eine Gestalt aus einer Tragödie erkannt, und bei ihnen war der Tragöde endlich einmal zu seinem Recht gekommen.

6. *Meine Freunde auf der Farm*

Die Besuche meiner Freunde waren erfreuliche Ereignisse in meinem Dasein, und die Farm wußte das.

Wenn sich eine von Denys Finch-Hattons langen Safaris ihrem Ende näherte, geschah es, daß ich eines Morgens vor meinem Hause einen jungen Masai, auf einem langen, schlanken Bein stehend, fand. »Bedâr ist auf dem Weg nach Hause«, sagte er. »Er kommt in zwei oder drei Tagen.« Am Nachmittag desselben Tages saß einer von den Squatter-Jungen wartend auf dem Rasen vor dem Haus, und wenn ich zu ihm ging, sagte er: »Dort, wo der Fluß abbiegt, ist eine Schar Perlhühner. Vielleicht willst du ein paar für Bedâr schießen; wenn er kommt, dann hole ich dich bei Sonnenuntergang ab und zeige dir, wo sie sind.«

Für die großen Wanderer unter meinen Freunden hatte die Farm ihren größten Reiz gewiß darin, daß sie blieb, wo sie war, und sich selbst gleich sah bei jedem Wiedersehen. Sie hatten weite Strecken zurückgelegt, hatten ihr Lager aufgeschlagen und abgebaut, in Steppen und an Flüssen. Jetzt freuten sie sich, wenn sie in meine Einfahrt bogen, die ebenso stabil war wie die Bahn eines Planeten. Es tat ihnen gut, daß bekannte Gesichter sie begrüßten, denn ich hatte in all der Zeit, die ich in Afrika verbrachte, dieselben Angestellten. Da war ich auf der Farm geblieben und hatte mich in die Ferne gesehnt, nun kehrten sie zu ihr zurück und sehnten sich nach Büchern und Leinenlaken und nach der Kühle der großen Zimmer hinter den Fensterläden. Am Lagerfeuer hatten sie sich die Freuden des Lebens auf der Farm ausgemalt, und wenn sie dann hier waren, fragten sie mich: »Hast du Kamante beigebracht, wie man ein Omelette à la chasseur zubereitet?« – »Sind die Schallplatten von ›Petruschka‹ mit der letzten Post gekommen?« Auch wenn ich abwesend war, übernachteten sie im Haus, und als ich mich zu Besuch in Europa aufhielt, wohnte Denys dort die ganze Zeit. »Meine Heimstatt im Walde«, nannte es Berkeley Cole.

Als Dank für die Güter der Zivilisation brachten mir die großen Reisenden von ihren Safaris Jagdtrophäen mit – Leoparden- und Gepardenfelle, aus denen ich mir bei meinem nächsten Aufenthalt in Paris Pelze nähen lassen sollte, Schlangenhäute und Eidechsenhäute für Schuhe, und Marabufedern.

Um ihnen eine Freude zu machen, probierte ich in ihrer Abwesenheit viele Rezepte aus, die ich in alten, seltenen Kochbüchern gefunden hatte, und bemühte mich, in meinem Garten europäische Blumen zu züchten. Einmal, als ich zu Besuch in Dänemark war, schenkte mir eine alte Dame zwölf seltene Pfingstrosenknollen, die mir bei der Einfuhr große Schwierigkeiten machten, denn in Kenia sind die Importbestimmungen für Pflanzen sehr streng. Sowie ich sie im Boden hatte, wuchsen eine Menge karmesinroter, krummer Triebe empor, die später viele zarte Blätter und runde Knospen bildeten. Die erste Blüte, die sich öffnete, hieß *Duchesse de Nemours.* Es war eine einzelne große, weiße Pfingstrose, sehr vornehm und kräftig, und ihr Duft war so stark, frisch und süß, daß er den ganzen Raum um sie erfüllte. Als ich sie abgepflückt und in Wasser gestellt hatte, blieb jeder weiße Mensch, der in mein Wohnzimmer kam, davor stehen und starrte sie an: »Gott, das ist ja eine Pfingstrose!« – Doch schon bald darauf begannen alle anderen Knospen an meinen Pfingstrosenpflanzen zu welken und abzufallen, und ich bekam niemals eine zweite Blüte. Einige Jahre später unterhielt ich mich mit Lady Mcmillans englischem Gärtner auf Chiromo über Pfingstrosen. »Es ist uns noch nie gelungen, in Afrika Pfingstrosen zu ziehen«, sagte er, »und das wird erst möglich sein, wenn wir es einmal erreichen, daß eine eingeführte Knolle Blüten trägt, und wir dann deren Samen aussäen. Auf diese Weise haben wir Rittersporn in Afrika zum Blühen gebracht.« Da hätte ich also Pfingstrosen in Afrika einführen und, wie die Herzogin von Nemours, meinen Namen unsterblich machen können – und diese ganze große Zukunft hatte ich verspielt, indem ich meine einzige aufgeblühte Pfingstrose abgeschnitten und in Wasser gestellt hatte. Seitdem habe ich viele Male geträumt, ich hätte die weiße Pfingstrose im Garten wachsen sehen, und im Traum habe ich mich innig darüber gefreut, daß ich sie also doch nicht abgepflückt hatte.

Auch Freunde, die im Landesinneren selbst Farmen hatten oder in der Stadt wohnten, kamen zu Besuch. Hugh Martin vom Landdepartement fuhr aus Nairobi hierher, um mich mit seiner besonderen Art von Weisheit und Witz zu unterhalten. Er war ein hochbegabter Mensch, wohlbewandert in der seltensten Literatur der Welt, der sein Leben friedlich im Dienst der Regierung im Osten zugebracht und dabei, neben anderen Dingen, ein Talent entwickelt hatte, wie ein gediegener, dickbäuchiger chinesischer Götze auszusehen. Er nannte mich Candide und stellte selbst einen aparten Doktor Pangloss auf der Farm dar, mit einem tief verwurzelten, festen Glauben an die Erbärmlichkeit der Welt und der Menschen, und in diesem Glauben zufrieden – denn weshalb sollte es anders sein? Wenn er sich erst einmal in meinem großen Lehnstuhl niedergelassen hatte, stand er höchst ungern wieder daraus auf. Hier verbreitete er sich, vor sich seine Whiskyflasche und ein Glas, mit einem stillen, leuchtenden Gesicht, ließ seinen Ideen und Theorien freien Lauf und sprühte von Einfällen wie ein phosphorähnliches physisches und psychisches Gewächs, ein dikker Mann, der Frieden mit der Welt und Ruhe im Teufel gefunden hatte, wobei er jene lautere, gefaßte Miene zur Schau trug, welche die Jünger des Teufels häufiger zeigen als die des Herrn.

Der großnasige junge Gustav Mohr aus Norwegen fiel unterwartet am späten Abend bei mir ein, von der Farm kommend, die er fünfzig Kilometer hinter Nairobi betrieb. Er war ein glänzender Farmer und half mir besser mit Rat und Tat auf meiner Farm als irgendein anderer Mensch, den ich in meinem Leben gekannt habe, und das mit einer so schlichten, männlichen Bereitwilligkeit, als halte er es für selbstverständlich, daß Farmer, oder Skandinavier, füreinander das Letzte aus sich herausholen. Nun wurde er, wie ein Stein aus einem Vulkan, von seiner eigenen flammenden Seele auf die Farm geschleudert. Er werde in diesem Land verrückt, sagte er, wo die Leute glaubten, man könnte seinen Geist mit Gesprächen über Ochsen und Sisal ernähren. Seine Seele hungerte und dürstete, und er hielt es keinen Augenblick länger aus. Sowie er die Türschwelle überschritt, begann er zu reden, und er redete unaufhörlich bis nach Mitternacht, er predigte und tobte und ließ sich über Liebe, Kommunismus, Abrüstung, Prostitution, Hamsun und die Bibel aus und vergiftete währenddessen das Zimmer und sich selbst mit einem miserablen Tabak. Er wollte kaum etwas essen oder trinken und zuhören schon gar nicht – wenn ich versuchte, ein Wort einzuwerfen, schrie er auf. Sein Gesicht glühte von dem Feuer, das in ihm brannte, er stieß mit seinem wilden, blonden jungen Kopf in die Luft wie ein Stier. Es gab vieles, wovon er sich erleichtern mußte, und es wurde noch mehr, während er redete. Plötzlich, gegen zwei Uhr nachts, hatte er nichts mehr zu sagen. Dann saß er eine Weile still und mit einem demütigen Gesichtsausdruck da, wie ein Rekonvaleszent in einem Krankenhausgarten. Kurze Zeit später erhob er sich und fuhr in rasender Geschwindigkeit davon, einigermaßen darauf eingestellt, sich wieder eine Weile mit Sisal und Ochsen zu ernähren.

Ingrid Lindström wohnte bei mir auf der Farm, wenn sie sich von ihrer eigenen Farm, ihren Truthähnen und ihrer Gemüsegärtnerei in Njoro ein oder zwei Tage freimachen konnte. Ingrids Haut war so hell wie ihr Sinn, sie war eine schwedische Offizierstochter und mit einem schwedischen Offizier verheiratet. Beide waren mit ihren vier Kindern nach Afrika aufgebrochen wie zu einem Waldausflug, mit der Absicht, sich im Handumdrehen ein Vermögen zu verdienen. Sie hatten sich Land zum Flachsanbau gekauft, denn damals, während des Krieges, brachte Flachs fünfhundert Pfund Sterling pro Tonne ein, doch kurz darauf fiel dieser Preis auf vierzig Pfund, und Flachsfelder und Maschinen waren keine Rupie mehr wert. Da setzte Ingrid ihre gesamte Kraft dafür ein, die Farm für ihre Familie zu retten. Sie betrieb Hühnerzucht und Gartenbau und arbeitete vom frühen Morgen bis zum späten Abend, triefend von Schweiß, stöhnend wie ein mißhandeltes Pferd. In diesem wilden Kampf war sie ihrem Schicksal begegnet. Sie hatte sich in die Farm verliebt, in ihre Kühe, Schweine und Truthähne, in die Eingeborenen und in das Gemüse, in das kleinste Fleckchen afrikanischer Erde, das ihr eigen war, leidenschaftlich bis zum Wahnsinn, wie man sagt – und hätte Mann und Kinder für ihre Farm geopfert. In den schlechten Jahren haben wir uns bei dem Gedanken, daß wir unser Land verlieren könnten, beieinander ausgeweint.

Es waren fröhliche Tage, wenn Ingrid die Farm besuchte, denn sie war geradezu und munter und überaus freundlich, wie eine alte schwedische Bauersfrau, und ließ in ihrem wettergebräunten Gesicht zwei Reihen von kräftigen, weißen Zähnen blitzen wie eine lachende Walküre. »Die ganze Welt hat uns Schweden gern, denn wir können sie mitten im Elend umarmen und sind so keck, daß es um uns her leuchtet.«

Ingrid hatte als Koch und Diener einen alten Kikuyu mit Namen Kemosa, der eine ganze Reihe von Ämtern bei ihr versah und so lebhaft an ihren verschiedenen Tätigkeiten Anteil nahm, als wären es seine eigenen. Er schuftete und schwitzte mit ihr in Küchengarten und Gemüsegärtnerei, er trat als Duenja ihrer drei kleinen Töchter auf und begleitete sie, wenn sie mit der Eisenbahn zu ihrer Internatsschule oder zur Farm fuhren. Ingrid erzählte mir, daß Kemosa völlig sein Gleichgewicht verlor, wenn ich mein Kommen auf Njoro meldete. Er ließ dann alles andere liegen und konzentrierte sich nur noch auf die Vorbereitungen zu meinem Empfang, ja, er schlug freiweg ihren gemästeten Truthähnen, die zu Weihnachten verkauft werden sollten, die Köpfe ab, und das alles aus Bewunderung für Farah, der in seinen Augen das Vornehmste war, das es auf der Welt gab. Ingrid meinte, Kemosa halte seine Bekanntschaft mit Farah für die größte Ehre, die ihm jemals widerfahren sei.

Mrs. Darrell Thompson aus Njoro, die ich nur flüchtig kannte, kam auf die Farm, als ihr der Arzt in Nairobi gesagt hatte, sie würde nur noch wenige Monate leben. Sie erzählte mir, daß sie sich gerade ein Pferd, einen preisgekrönten Springer, in Irland gekauft habe – denn Pferde seien für sie im Tod wie im Leben die große Leidenschaft und das Herrlichste, das Gott geschaffen habe. Nach dem Gespräch mit dem Arzt habe sie zuerst vorgehabt, nach Hause zu telegrafieren und den Kauf rückgängig zu machen, dann habe sie sich jedoch entschieden, das Pferd mir zu vererben. Nun bat sie mich, das Tier nach ihrem Tod gut zu behandeln. Ich dachte nicht weiter an die ganze Sache, bis ein halbes Jahr später, einige Zeit nach ihrem Tod, das irische Pferd mit Namen Poorbox zu mir nach Ngong geschickt wurde. Als sich der Hengst bei uns eingewöhnt hatte, erwies er sich als das klügste Geschöpf auf der ganzen Farm. Er war nicht besonders ansehnlich, kurzschweifig und über seine erste Jugend weit hinaus. Denys Finch-Hatton pflegte ihn zu reiten, ich selbst hatte keine Lust dazu. Doch mit purer Überlegung und reinem Menschenverstand, mit dem Wissen, worauf es ankam, gewann Poor-box vor all den blankschimmernden jungen Pferden, die sich unsre Nachbarn extra aus England hatten kommen lassen, das große Springreiten in Kabete, das zu Ehren des Prinzen von Wales stattfand. Still, besonnen und brav wie immer brachte er uns eine große Silbermedaille heim und versetzte die ganze Farm nach einwöchiger, fast unerträglicher Spannung, die von Tag zu Tag schlimmer geworden war – denn anfangs hatte ihm niemand einen Sieg zugetraut, und ich hatte ihn nur gemeldet, um meine Loyalität zu beweisen –, in wilden Jubel und Triumph. Ein halbes Jahr später starb er an Pferdesterbe und wurde unter den Zitronenbäumen vor dem Stall begraben. Die Farm beweinte ihn und bewahrte seinen Namen in ihrer Geschichte.

Der alte Mr. Bulpett, der im Klub Onkel Charles genannt wurde, kam zu mir zum Abendessen. Er war einer meiner besten Freunde und außerdem so etwas wie ein Ideal für mich: der englische Gentleman aus dem Zeitalter der Königin Victoria, der sich auch in unserer Zeit durchaus heimisch fühlte. Er hatte den Hellespont durchschwommen, er hatte als einer der ersten das Matterhorn bestiegen, und er war als ganz junger Mann – vielleicht in den siebziger Jahren – der Geliebte von *la belle Otéro* gewesen. Leute in der Kolonie erzählten mir, sie habe ihn vollständig ruiniert. Mir kam es jetzt vor, als setzte ich mich mit Armand Duval oder dem Chevalier des Grieux persönlich zu Tisch. Er besaß viele prachtvolle Bilder von der Otéro und sprach gern von ihr. Einmal sagte ich zu ihm bei Tisch: »Wie ich sehe, hat la belle Otéro ihre Memoiren herausgegeben, kommen Sie auch darin vor?« – »Ja«, sagte er, »ja, ich komme darin vor. Freilich unter einem anderen Namen, aber ich bin darin.« – »Was sagt sie denn von Ihnen?« fragte ich. »Sie sagt«, entgegnete er, »daß ich ein junger Engländer gewesen sei, der innerhalb von sechs Monaten hunderttausend Pfund für sie spendiert, jedoch den vollen Gegenwert für sein Geld bekommen habe.« – »Sind Sie denn selbst der Meinung«, fragte ich und lachte, »daß Sie den vollen Gegenwert bekommen haben?« Er dachte einen kleinen Augenblick über meine Frage nach. »Ja«, sagte er, »ja, das habe ich.« Als Mr. Bulpett siebenundsiebzig Jahre wurde, unternahmen Denys Finch-Hatton und ich mit ihm einen Ausflug zum Gipfel von Ngong Hills. Während wir dort oben saßen, kamen wir darauf zu sprechen, wie man sich entscheiden sollte, wenn einem ein Paar Flügel angeboten würden, die man nie wieder ablegen könnte, ob man das Geschenk annehmen oder ablehnen würde. Der alte Mr. Bulpett sah nach beiden Seiten auf das riesige Land zu unseren Füßen, das grüne Ngong im Osten und das große Rift Valley im Westen, als wäre er bereit, jeden Augenblick dorthin zu fliegen. »Ich würde sie annehmen«, sagte er, »bestimmt würde ich sie annehmen, es gibt nichts, was ich lieber täte.« Nach einer kurzen Pause fügte er hinzu: »Aber ich würde es mir vielleicht überlegen, wenn ich eine Dame wäre.«

7. Ein Kavalier unter den Siedlern

Für Berkeley Cole und Denys Finch-Hatton war mein Haus eine kommunistische Gesellschaft. Alles was mir gehörte, das gehörte auch ihnen, und sie setzten ihre Ehre daran, daß es an nichts fehlte. Sie versorgten das Haus, in großem Stil, mit Wein und Tabak und ließen mir Bücher und Schallplatten aus England schicken. Wenn Berkeley vor meiner Tür vorfuhr, war sein Automobil vollgeladen mit Apfelsinen, Truthähnen und Eiern von seiner eigenen Farm, die am Fuße des Mount Kenia lag. Beide hatten den Ehrgeiz, mich zu einer Weinkennerin ihres eigenen Niveaus auszubilden, und verschwendeten, um mich zu unterrichten, viel Zeit und Überlegung und guten Wein. Sie hatten Freude an meinem dänischen Porzellan und meinen Gläsern und spielten damit am Mittagstisch, sie bauten aus allen Gläsern, die ich besaß, eine hohe, schimmernde Pyramide und saßen still davor und genossen den Anblick.

Wenn Berkeley auf der Farm wohnte, pflegten wir um elf Uhr vormittags unter den Bäumen des Waldes eine Flasche Champagner zu leeren. Als er sich einmal kurz vor seiner Abfahrt verabschiedete und sich bedankte, fügte er in ernstem Ton hinzu, daß nur eins seine Freude an diesem Besuch geschmälert habe: wir hätten unter den Bäumen aus sehr groben und einfachen Gläsern getrunken. »Das weiß ich wohl, Berkeley«, sagte ich, »aber von meinen guten sind nur noch so wenige übrig, und die Leute zerschlagen die Gläser, wenn sie sie den weiten Weg hinaustragen müssen.« Er sah mich traurig an und hielt meine Hand in der seinen. »Ach Gott«, sagte er, »es ist so trist gewesen.« Seitdem wurden ihm meine besten Gläser in den Wald gebracht.

Es war etwas Merkwürdiges, daß Berkeley und Denys, die seit ihrer Auswanderung aus England von ihren Freunden dort so schmerzlich vermißt und die in der Kolonie so geliebt und bewundert wurden, gleichzeitig doch Verstoßene waren. Was sie verstoßen hatte, war keine Gesellschaft oder Gruppe und auch kein Land der Welt, sondern das hatte die Zeit getan, sie waren in ihrem eigenen Jahrhundert nicht heimisch. Keine andere Nation als die englische hätte sie hervorbringen können, und doch stellten sie einen Atavismus dar, sie waren in einem alten England zu Hause, das es nicht mehr gab. In unserem Zeitalter waren sie heimatlos, sie mußten von einem Ort zum anderen ziehen und kamen bei ihren Wanderungen auch auf die Farm.

Sie waren sich dessen nicht bewußt, im Gegenteil, sie hatten ein Schuldgefühl, weil sie ihrem Leben in England davongelaufen waren. Es hatte sie gelangweilt, und sie hatten ihm den Rücken zugewandt, während ihre Freunde es daheim ausgehalten hatten. Wenn Denys von seiner Jugend sprach – obwohl er noch so jung war –, von seinen Aussichten damals und von den Ratschlägen und Vorschlägen, die ihm seine Freunde fortwährend in ihren Briefen schrieben, zitierte er Shakespeares Jaques: »Ein Reisender? Meiner Treu, Ihr habt große Ursache, betrübt zu sein; ich fürchte, Ihr habt Eure eignen Länder verkauft, um andrer Leut ihre zu sehn.« Oder:

»Besteht ein dummer Tropf
Auf seinem Eselskopf,
Läßt seine Füll' und Ruh'
Und läuft der Wildnis zu ...«

Aber er sah sich selbst verkehrt, das tat auch Berkeley, und Jaques vielleicht auch. Sie hielten sich für Deserteure, die, was recht und billig war, hin und wieder für ihren Eigensinn bezahlen mußten. Doch sie waren in Wirklichkeit Landesverwiesene, die ihre Verbannung mit Geduld und feinen Manieren ertrugen.

Hätte man Berkeley eine Perücke mit langen, seidenweichen Löckchen auf seinen schmalen, kleinen Kopf gesetzt, dann hätte er am Hof von König Karl II. verkehren können. Es wäre auch vorstellbar gewesen, daß er als blutjunger Kavalier aus London dem älteren d'Artagnan, dem d'Artagnan aus »Zwanzig Jahre später«, zu Füßen gesessen, dessen Lebensweisheit gelauscht und dessen Worte in seinem Herzen bewahrt hätte. Ich hatte Berkeley gegenüber ständig das Gefühl, daß das Gesetz der Schwerkraft für ihn nicht galt und daß er, wenn wir abends am Feuer saßen und plauderten, ebensogut, falls es ihm beliebte, durch den Schornstein davonfliegen könnte. Er war ein vorzüglicher, unvoreingenommener Menschenkenner, ohne eine Spur von Illusion oder Bitterkeit; in einer Art von Teufelei war er am bezauberndsten zu jenen Menschen, die er am geringsten schätzte. Wenn er dann ernsthaft zu seinen großen Kunststücken Anlauf nahm, dann war er ein reizender, unvergleichlicher Possenreißer. Doch für einen witzigen Kopf und Spaßvogel im Stile Congreve's und Wycherley's, *en plein vingtième siècle,* waren außer den Eigenschaften, die Congreve und Wycherley selbst besessen hatten, noch einige besondere erforderlich: eine glühende Seele, Grandezza, die wilde Hoffnung. War der Spaß weit genug getrieben, dann bekam er einen Anflug von Tragik. Wenn Berkeley, ein wenig erhitzt und gleichsam durchleuchtet vom Wein, so recht auf seinem hohen Roß saß, wuchs dessen Schatten hinter ihm an der Wand empor, geriet in Bewegung und verfiel in eine hochmütige, phantastische Gangart, einen Galopp, als entstammte es einem klassischen Gestüt und als hätte seine Urahne Rosinante geheißen. Doch Berkeley selbst, der unüberwindliche Spaßmacher, der so einsam in Afrika lebte und halb invalide war – solange ich ihn kannte, hatte er Herzbeschwerden – und der mitansehen mußte, wie seine inniggeliebte, ausgedehnte Farm von Tag zu Tag mehr in die Hände der Banken überging – er wäre der letzte gewesen, der sich vor dem Schatten an der Wand gefürchtet hätte.

Berkeley war klein und schmächtig, hatte rote Haare und sehr schmale Hände und Füße, er hielt sich sehr gerade und machte manchmal eine kleine Kopfbewegung à la d'Artagnan nach rechts und links, wie ein unbesiegter, aufmerksamer Duellant, der auf eine Herausforderung wartet. Er ging so lautlos wie eine Katze. Und ebenso wie eine Katze verwandelte er jedes Zimmer, in das er kam, in einen gemütlichen, vertrauten Raum, als hätte er in seinem Inneren einen Kraftquell von Wärme und Spaß. Hätte ich auf den rauchenden Trümmern meines Hauses gesessen und Berkeley wäre zu mir gekommen und hätte sich neben mich gesetzt, dann hätte er in mir das Gefühl hervorgerufen, in einem auserlesenen Winkel der Welt zu sein. Wenn er sich wohl fühlte, erwartete man von ihm das Schnurren einer Katze, und wenn er krank war, dann war das nicht nur traurig wie bei anderen Menschen, sondern unheimlich und ein wenig teuflisch wie bei einer kranken Katze. Er hatte überhaupt keine Prinzipien, dagegen eine erstaunliche Menge von Vorurteilen, wie es bei einer Katze vorstellbar ist.

Wenn Berkeley ein Kavalier aus der Zeit der Stuarts war, dann gehörte Denys in eine frühere englische Landschaft, in das England der Königin Elisabeth. Hier hätte er sowohl mit Sir Philip Sydney als auch mit Francis Drake Arm in Arm spazierengehen können. Und die Menschen dieser Zeit hätten ihn vielleicht geliebt, weil er für sie das Bild der Antike heraufbeschworen hätte, jenes Athens, von dem sie träumten und dichteten. Denys hätte sich in Wirklichkeit in jedes beliebige Zeitalter unserer Zivilisation einfügen und darin heimisch fühlen können, bis in die erste Hälfte des neunzehnten Jahrhunderts. Er hätte sich in jedem Zeitalter behauptet, denn er war ein hervorragender Sportsmann, hatte einen ausgeprägten Sinn für Musik und Kunst, war selbst Künstler und ein großer Jäger. Er behauptete sich auch in dem Zeitalter, in dem er lebte, nur paßte er nicht zu ihm.

Seine Freunde in England, die immer noch auf seine Rückkehr hofften, schickten ihm zahlreiche Pläne und Vorschläge, wie er nach ihrer Ansicht zu Hause einer großen Zukunft entgegengehen könnte, aber Afrika hielt ihn fest.

Die besondere, unmittelbare Zuneigung, die die Eingeborenen Berkeley und Denys und einigen anderen Leuten ihrer Art entgegenbrachten, veranlaßte mich zu der Überlegung, ob nicht die Weißen der Vergangenheit, einer jeden Vergangenheit, in einem besseren Einvernehmen mit den farbigen Rassen gelebt hätten, als es uns in unserem mechanischen Zeitalter möglich ist. Als die erste Dampfmaschine in Gang gesetzt wurde, dachte ich, da trennten sich die Wege der verschiedenen Rassen, und wir sind uns seitdem nicht wieder begegnet.

Meine Freundschaft mit Berkeley wurde davon überschattet, daß sein Somali-Diener Jama einem Stamm angehörte, der mit Farahs Stamm verfeindet war. Wer sich in den unausrottbaren Clan-Gefühlen der Somali auskannte, empfand die dunklen, tiefen Wüstenblicke, die über den Mittagstisch ausgetauscht wurden, wenn die beiden Erbfeinde Berkeley und mir aufwarteten, als unheimlich und bedrohlich. Spätabends kamen wir darauf zu sprechen, was wir wohl tun würden, wenn wir am nächsten Morgen vergebens nach unseren Somali riefen und bei unsrer Suche sowohl Farah als auch Jama kalt und tot, jeden mit seinem Dolch im Herzen, fänden. In diesen Dingen sind die Somali ohne jede Furcht oder gesunde Vernunft, und allein ihr Pflichtgefühl oder ihre Zuneigung zu Berkeley und mir – und was sie wert sein mochte – hielt sie vom Blutvergießen zurück. »Ich traue mich nicht«, sagte Berkeley, »Jama heute abend zu erzählen, daß ich meine Pläne geändert habe und diesmal nicht nach Eldoret fahre, wo die junge Somalifrau wohnt, die er liebt. Sonst wendet er sein Herz von mir ab und kümmert sich gar nicht mehr darum, ob meine Sachen gebürstet werden oder nicht, und dann geht er auf Farah los und schlägt ihn tot.« Aber Jama wandte sein Herz niemals von Berkeley ab. Er war seit seiner Kindheit bei ihm in Dienst gewesen, und Berkeley erzählte mir von ihm viele Dinge. Einmal hatte er den Kopf verloren und Jama geschlagen. »Aber weißt du, was«, sagte Berkeley, »im gleichen Moment bekam ich einen Schlag zurück, direkt zwischen die Augen.« – »Und wie ging das weiter?« fragte ich und lachte. »Doch, es ging gut«, sagte Berkeley, überlegte ein wenig und fügte dann hinzu: »Es war gar nicht schlecht. Er ist wohl zwanzig Jahre jünger als ich.« Dieses Ereignis hatte weder in der Haltung des Herrn noch in der des Dieners Spuren hinterlassen. Jamas Betragen war ruhig und ein wenig gönnerhaft, wie die meisten Somali-Diener ihre Herren behandeln. Nach Berkeleys Tod mochte er nicht mehr in Kenia bleiben, sondern fuhr zurück nach Somaliland.

Berkeley hatte eine tiefe, niemals erfüllte Liebe zum Meer. Es war sein Lieblingsplan, daß wir beide, wenn wir reiche Leute würden, uns eine Dau kaufen und zwischen Lamu, Mombasa und Sansibar Frachtschiffahrt betreiben sollten. Wir hatten alle Einzelheiten dieses Plans besprochen und unsre gesamte Besatzung, mit Kamante als Schiffskoch, zusammengestellt. Aber reich wurden wir nie.

Wenn Berkeley müde war oder sich unwohl fühlte, kam er immer wieder auf die See zu sprechen. Dann beklagte er seine eigene Unvernunft, daß er sein Leben auf dem Festland vertan habe, und gebrauchte dafür starke Ausdrücke. Als ich einmal nach Europa fahren wollte, war er gerade in bedrückter Stimmung, und um ihm eine Freude zu machen, schlug ich ihm vor, ich würde zwei Schiffslaternen von dort mitbringen – eine für Steuerbord und eine für Backbord –, die wir dann an die Eingangstür des Hauses hängen könnten. »Ja, das wäre gar nicht übel«, sagte er, »dann würde das Haus in der Dunkelheit mit einem Schiff Ähnlichkeit haben. Tu das! Aber sie müssen schon auf See gewesen sein.« In Kopenhagen kaufte ich dann bei einem Schiffslieferanten in Nyhavn ein Paar große, schwere, alte Schiffslaternen, die viele Jahre auf der Ostsee gefahren waren. Wir brachten sie zu beiden Seiten der Tür an. Das Haus war nach Osten gelegen, die Laternen hingen also ganz so, wie es dem Kurs der Erde im Raum entsprach, und es konnte keinen Zusammenstoß geben. Berkeley hatte an diesen Laternen viel Freude. Oft fuhr er spätabends auf die Farm, immer in rasender Geschwindigkeit. Doch wenn die Laternen angezündet waren, bog er langsam in die Einfahrt, damit der rote und der grüne Stern aus dem Dunkel tief in seine Seele leuchten und alte Bilder und Seefahrtserinnerungen zurückrufen konnten, als säße er tatsächlich in einem Boot und näherte sich lautlos einem stummen Schiff, das auf tiefem, dunklem Wasser schwamm. Wir vereinbarten ein Signalsystem mit den Laternen und tauschten sie um oder nahmen eine davon ab, damit er schon im Wald erkennen konnte, in welcher Stimmung seine Wirtin war und was für ein Abendessen er zu erwarten hatte.

Berkeley gehörte ebenso wie sein Bruder, Galbraith Cole, und sein Schwager, Lord Delamere, zu den ersten Farmern und Pionieren der Kolonie. Er hatte Land gekauft, als man den Acre noch für ein paar Cents bekommen konnte. Er war ein guter Freund der Masai, die in jenen Tagen die führende Rasse des Landes waren. Er hatte sie gekannt, bevor ihnen die europäische Zivilisation, die sie tief in ihrem Herzen mehr als alles andere auf der Welt hassen, die Wurzeln abgeschnitten und sie aus ihrem Land im Norden, dem Land ihrer ewigen Sehnsucht, vertrieben hatte. Er konnte mit ihnen in ihrer Sprache über alte Zeiten reden. Wenn sich Berkeley auf der Farm aufhielt, kamen die Masai über den Fluß und begrüßten ihn. Die alten Häuptlinge sprachen mit ihm über ihre Sorgen, seine Witze brachten sie zum Lachen – und sie sahen wie lachende Feldsteine aus.

Durch Berkeleys Freundschaft mit den Masai hatten wir Gelegenheit, einen merkwürdigen und seltenen Festakt auf der Farm zu erleben.

Als die Masai vom Ausbruch des Weltkriegs hörten, geriet das Blut des alten Kriegervolks in heftige Wallung. Sie hatten große Visionen: Schlachten und Massaker und die Herrlichkeit der alten Zeiten. Nun war ich in den ersten Monaten des Krieges auf Safari, nur mit Eingeborenen und Somali. Ich besorgte mit drei Ochsenwagen Transporte für die englische Regierung und zog dabei kreuz und quer durch das Masai-Reservat. Sobald die Leute in einer neuen Gegend von meiner Ankunft hörten, kamen sie in mein Lager, um mich mit glänzenden Augen und gebleckten Zähnen über den Krieg und die Deutschen auszufragen. Ob es stimme, daß sie durch die Luft geflogen kämen? Sie stürmten in Gedanken schon ungeheuerlichen Gefahren und dem Tod entgegen. Nachts umschwärmten die jungen Krieger mein Zelt, in voller Kriegsbemalung, mit Speer und Schwert, und stießen, um sich recht vor mir herauszustreichen, hin und wieder ein kurzes Gebrüll aus, das eine vorzügliche Nachahmung eines Löwengebrülls war. Damals zweifelten sie nicht daran, daß auch sie mit in den Krieg ziehen würden.

Aber die englische Regierung hielt es für unverantwortlich, die Masai im Krieg gegen weiße Männer einzusetzen, auch wenn es Deutsche wären, und sie verweigerte den Masai die Teilnahme und machte alle ihre großen Träume zunichte. Die Kikuyu sollten als Träger am Krieg teilnehmen, doch die Masai mußten die Hände in den Schoß legen.

Als dann im Jahre 1918 die allgemeine Wehrpflicht für alle Eingeborenen der Kolonie eingeführt wurde, rief die Regierung die Masai ebenso wie die anderen Stämme zu den Waffen. Ein Offizier von The King's African Rifles wurde mit seinem Regiment nach Narok geschickt, um dreihundert Morani auszuheben. Zu dieser Zeit hatten die Masai ihre Sympathie für den Krieg verloren und verweigerten den Gehorsam. Sämtliche Morani der Gegend verschwanden in Gebüsch und Dikkicht. Bei ihrer Verfolgung eröffneten die K.A.R.-Truppen versehentlich das Feuer auf eine Manyatta und erschossen zwei alte Frauen. Am nächsten Tag war das ganze Masai-Reservat in offenem Aufruhr, Schwärme von jungen Kriegern zogen durchs Land, töteten zahlreiche indische Kaufleute und brannten mehr als fünfzig Dukas nieder. Die Situation wurde bedrohlich, und die Regierung wollte sie nicht noch verschlimmern. Man schickte Lord Delamere zu den Masai, um mit ihnen zu verhandeln, und nach vielem Hin und Her erreichte man schließlich einen Kompromiß. Die Masai durften die dreihundert Morani, die in den Krieg ziehen sollten, selbst auswählen und zahlten für ihre Verwüstungen im Reservat lediglich eine Geldstrafe. Es meldete sich nicht ein einziger Moran. Doch zu dieser Zeit setzte der Waffenstillstand der ganzen Angelegenheit ein Ende.

Während all das geschah, hatten einige der großen alten Masai-Häuptlinge dem englischen Militär verschiedene Dienste erwiesen, indem sie ihre jungen Männer im Reservat und an der Grenze die Bewegungen der Deutschen auskundschaften ließen. Als nun der Krieg vorbei war, wollte die Regierung den alten Männern ihre Anerkennung zollen. Eine Anzahl Medaillen, aus England hierhergesandt, sollte an sie verteilt werden, und Berkeley, der die Masai so gut kannte und ihre Sprache beherrschte, bekam zwölf davon und wurde gebeten, sie zu überreichen.

Meine Farm grenzte an das Masai-Reservat, und Berkeley fragte mich, ob er bei mir wohnen und seine Medaillen vor meinem Haus austeilen dürfe. Das ganze Unternehmen machte ihn etwas nervös, und er sagte mir im Vertrauen, daß er sich nicht recht im klaren darüber sei, was man da eigentlich von ihm erwartete.

An einem Sonntagvormittag fuhren wir beide tief in das Reservat und gaben den Leuten in den Manyattas Bescheid, daß sich ihre Häuptlinge an einem bestimmten Tag auf der Farm einfinden sollten. Berkeley war in seiner Jugend Offizier im Neunten Ulanenregiment und, wie man mir sagte, einer der schneidigsten jungen Offiziere dort gewesen. Doch als wir uns nun bei Sonnenuntergang auf den Heimweg machten, legte er mir seine Ansichten über den militärischen Beruf und die militärische Mentalität in einem sehr zivilen Geist dar.

Obwohl die Verteilung der Medaillen eigentlich keine weitere Bedeutung hatte, war sie ein Ereignis großen Formats. Beide Seiten bewiesen dabei so viel Weisheit, Lebensart und Takt, daß sie als eine welthistorische Begebenheit oder eine symbolische Handlung, eine Begegnung in einer höheren Sphäre stehenbleiben könnte, wie die zwischen Erzengel Michael und Luzifer:

> His Darkness and His Brightness
> exchanged a greeting of extreme politeness.

Die alten Masai trafen mit ihrem Gefolge oder ihren jungen Söhnen ein. Sie setzten sich auf den Rasen, warteten und unterhielten sich dabei leise über meine Kühe, die dort weideten. Vielleicht hofften sie insgeheim, daß man ihnen als Belohnung für ihre Dienste eine Kuh verehren würde. Berkeley ließ sie lange warten, und ich glaube, daß dies ganz ihrer Auffassung von einer großen Festlichkeit entsprach. Sie sahen lange Zeit nichts weiter als den Sessel auf dem Rasen vor dem Haus, in dem er bei der Verleihung der Medaillen sitzen wollte. Als Berkeley endlich die Tür aufmachte und heraustrat, sah er in der dunklen Gesellschaft ganz leuchtend, rothaarig und scharfäugig aus. Jetzt war er in Haltung und Aussehen vollkommen der schneidige, resolute junge Offizier, und ich erfuhr bei dieser Gelegenheit, daß er seinem Gesicht viele Arten von Ausdruck geben und es auch vollkommen ausdruckslos erscheinen lassen konnte, wenn es sein mußte. Begleitet wurde er von Jama, der eine elegante gold- und silberbestickte arabische Weste trug, die er sich zu diesem Anlaß angeschafft hatte, und der die Schachtel mit den Medaillen hielt.

Berkeley stand vor dem Sessel während seiner Rede, und seine kleine, schmale Gestalt drückte so viel Bestimmtheit aus, daß die alten Leute allmählich auf die Beine kamen und sich ihm gegenüber aufstellten, todernst, den Blick auf sein Gesicht gerichtet. Wovon die

Rede handelte, kann ich nicht sagen, denn er hielt sie in der Sprache der Masai. Mir kam es so vor, als teilte er den Masai in kurzen Worten mit, daß ihnen ein unfaßbar großes Glück widerfahren solle und daß die Erklärung dafür ihr eigenes, unfaßbar löbliches Verhalten während des Krieges sei. Doch in Anbetracht dessen, daß Berkeley der Redner war und daß man in den Gesichtern der Masai niemals auch nur die kleinste Regung finden kann, ist es auch möglich, daß der Inhalt ein völlig anderer gewesen ist, auf den ich selbst nie gekommen wäre. Als er gesprochen hatte, ließ er Jama unverzüglich die Schachtel bringen, nahm die Medaillen heraus, rief feierlich einen nach dem anderen die Namen der alten Masai-Häuptlinge auf und überreichte ihnen die Medaillen mit großmütig vorgerecktem Arm. Die Masai streckten den Arm aus und nahmen sie in tiefem Schweigen entgegen. Eine Zeremonie dieser Art ist nur möglich, wenn die Akteure beider Seiten von edlem Geblüt sind und große Familientraditionen haben.

Eine Medaille ist ein unbequemes Geschenk für einen nackten Mann, weil sie sich nirgends befestigen läßt, und die alten Masai-Häuptlinge standen schweigend und reglos mit ihrer Medaille in der Hand da. Nach einer Weile kam ein uralter Mann auf mich zu, hielt mir seine Medaille hin und bat mich, ihm die Inschrift darauf zu erklären. Das versuchte ich, so gut ich konnte. Auf der einen Seite der schweren Silbermünze war der Kopf der Britannia, und auf der anderen Seite standen die Worte: *»Der große Krieg für die Zivilisation.«*

Ich habe später einigen meiner englischen Freunde von der Zeremonie mit den Medaillen erzählt, und sie fragten mich: »Warum war denn nicht der Kopf des Königs auf den Medaillen? Das war ein schwerer Fehler.« Doch nach meiner Ansicht hätten diese Medaillen auch gar nicht allzu pompös sein sollen, und ich fand die ganze Affäre so gerade gut abgewickelt. Dinge von dieser Art werden vielleicht auch uns zuteil, wo unser Lohn groß sein wird im Himmel.

Als Berkeley krank wurde, bereitete ich mich auf eine Besuchsreise nach Europa vor. Er war damals Mitglied des *Legislative Council* der Kolonie, und ich telegrafierte ihm: »Komm her und wohne während der Ratstagung auf Ngong. Kein Wein hier.« Er telegrafierte zurück: »Dein Telegramm wie vom Himmel. Komme mit Wein.« Doch als er mit seinem Wagen voller Weinflaschen die Farm erreichte, mochte er selbst nichts davon trinken. Er war sehr blaß, und manchmal war er vollkommen stumm. Er hatte Herzbeschwerden und war auf Jamas Hilfe angewiesen, dem er beigebracht hatte, ihm seine Medikamente und seine Spritzen zu geben, und außerdem bedrückten ihn viele schwere Sorgen, denn er befürchtete den Verlust seiner Farm. Doch auch diesmal noch verwandelte er mein Haus durch seine Anwesenheit in einen gemütlichen Winkel auf Erden. »Jetzt habe ich den Punkt erreicht«, sagte er mir in ernstem Ton, »wo ich nur noch in den größten Automobilen fahren, die feinsten Zigarren rauchen und Weine von den besten Jahrgängen trinken kann.« Als er nun bei mir wohnte, erzählte er mir eines Abends, daß der Arzt ihm geraten habe, sich ins Bett zu legen und einen Monat liegenzubleiben. Ich sagte ihm, wenn er den Rat seines Arztes befolgen und einen Monat auf Ngong das Bett hüten wolle, dann würde ich auf meine Reise nach Europa verzichten und hier bleiben und dann im nächsten Jahr nach Hause fahren. Er überlegte sich mein Angebot einige Zeit. »Ach«, sagte er, »es wäre gut, wenn ich das könnte, aber es ist nicht möglich. Wenn ich es täte, um dir eine Freude zu machen, was wäre ich danach noch wert?«

Ich sagte ihm schweren Herzens Lebewohl. Als mein Schiff an Takaunga und Lamu vorüberfuhr, an jener Küstenlinie, wo unsere Dau hätte segeln sollen, dachte ich an ihn, doch in Paris hörte ich von seinem Tod. Er war vor seinem Haus aus dem Auto gestiegen und tot umgefallen. Er wurde auf seiner Farm begraben, wie es seinem Wunsch entsprach.

Als Berkeley starb, veränderte sich das Land. Seine Freunde spürten es sofort und mit Trauer, andere Leute merkten es später. Mit ihm ging eine Epoche in der Geschichte der Kolonie zu Ende. Im Laufe der Zeit wurden viele Ereignisse von diesem Wendepunkt aus datiert, und man sagte: »Als Berkeley Cole noch lebte«, oder: »Nach Berkeley Coles Tod.« Bis dahin war das Land das glückliche Jagdgefilde gewesen, jetzt veränderte es sich ganz langsam und verwandelte sich in ein Geschäftsunternehmen. Als er gestorben war, wurde mehr als ein Maßstab herabgesetzt. Ein Maßstab für Witz, was bald spürbar wurde, und das ist in einer Kolonie eine traurige Sache. Ein Maßstab für Mut: nach seinem Tod begannen die Leute von ihren Sorgen zu reden. Ein Maßstab für Menschlichkeit. Als Berkeley Cole von der Bühne abtrat, machte aus der Kulisse gegenüber eine grimmige Gestalt ihr Entree: *La dure necessité, maîtresse des hommes et des dieux.*

Es war seltsam, daß ein kleiner, schmächtiger und schwacher Mann imstande gewesen sein sollte, diese Gestalt der gesamten Kolonie vom Leibe zu halten. Jetzt mußten wir unser Brot ohne Hefe backen, das Land war ärmer geworden an Anmut, Freiheit und Heiterkeit. Eine Katze war aufgestanden und aus dem Zimmer gegangen.

8. *Schwingen*

Denys Finch-Hatton hatte kein anderes Heim in Afrika als meine Farm. Zwischen seinen Safaris wohnte er in meinem Haus und verwahrte dort seine Bücher und sein Grammophon. Wenn er auf die Farm zurückkehrte, öffnete sie sich und sprach, wie die Kaffeeplantage spricht, wenn sie unter den ersten Regenschauern erblüht, triefend naß, duftend, wie eine Wolke aus Kreide. Wenn ich Denys erwartete und sein Automobil auf dem Weg kommen hörte, hörte ich zur gleichen Zeit alle Dinge auf der

Farm reden und sagen, was sie wirklich waren. Er war glücklich, wenn er sich auf der Farm aufhielt, und er kam nur dann, wenn er Lust dazu hatte. Und die Farm lernte einige Eigenschaften bei ihm kennen, die ansonsten der Welt verborgen blieben: Demut, Dankbarkeit, eine freundliche Sanftmut. Er tat das, wozu er Lust hatte, und nie etwas anderes, und in seinem Mund war kein Falsch.

Denys besaß eine Eigenschaft, die für mich unschätzbar war: er konnte einer Geschichte zuhören. Ich habe ja immer gedacht, daß ich im Florenz zur Zeit der Pest eine Rolle hätte spielen können. Aber die Mode hat gewechselt, und die Kunst, einer Geschichte zuzuhören, ist in Europa verlorengegangen. Die Eingeborenen in Afrika, die nicht lesen können, beherrschen sie noch, und wenn man anfängt, ihnen zu erzählen: »Es war einmal ein Mann, der ging hinaus auf einen Weg, und dort traf er einen anderen Mann«, dann hat man sogleich ihre volle Aufmerksamkeit, und ihre Gedanken eilen den Männern auf dem Wege flink hinterdrein. »Ja, Msabu, ja«, sagen sie, »und was dann? Was haben sie gesagt?« Erzählt man dagegen Weißen eine Geschichte, so können sie ihr nicht zuhören, auch wenn sie sich noch so große Mühe geben. Falls sie nicht unruhig werden und an etwas denken, was sie sofort erledigen müssen, schlafen sie ein. Es ist sehr wohl möglich, daß einen dieselben Menschen um etwas zu lesen bitten und sich einen ganzen Abend in irgend etwas Gedrucktes vertiefen. Sogar durch eine Rede können sie sich hindurcharbeiten, wenn sie gedruckt ist. Sie haben sich daran gewöhnt, ihre Eindrücke mit den Augen aufzunehmen.

Denys, der überhaupt sehr hellhörig war und diese Eigenschaft auf seinen Safaris noch mehr ausgebildet hatte, wollte eine Geschichte lieber hören als lesen. Wenn er auf die Farm kam, fragte er mich, ob ich eine neue Geschichte zu erzählen hätte. Ich hatte in seiner Abwesenheit viele Märchen und Geschichten gedichtet. Abends machte er es sich auf dem Fußboden vor dem

Kamin bequem, alle Kissen des Hauses um sich verstreut, ich saß mit untergeschlagenen Beinen neben ihm, wie Scheherezade persönlich, und er hörte sich aufmerksam eine lange Geschichte von Anfang bis Ende an. Er folgte ihr genauer als ich selbst, und wenn im entscheidenden Augenblick eine der Gestalten auf der Bühne erschien, unterbrach er mich und sagte: »Dieser Mann ist am Anfang der Geschichte gestorben, aber erzähl nur weiter.«

Denys lehrte mich Latein und die Bibel und die griechischen Dichter lesen. Er konnte fast das gesamte Alte Testament auswendig und nahm bei allen seinen Expeditionen die Bibel mit, was ihm bei den Mohammedanern Ansehen verschaffte.

Er schenkte mir auch das Grammophon. Das war Freude und Wonne in meinem Dasein. Es brachte eine neue Art von Leben auf die Farm, als hätte sie nun eine Stimme bekommen – »Die Seele eines Haines ist die Nachtigall.« – Denys traf häufig unerwartet ein, während ich in der Kaffeeplantage oder auf dem Maisfeld war, und dann spielte er die neuen Schallplatten ab, die er mitgebracht hatte. Wenn ich bei Sonnenuntergang nach Hause ritt, strömte mir in der kalten, klaren Waldluft die Musik entgegen und verkündete seine Ankunft.

Die Eingeborenen liebten das Grammophon sehr, und wenn es lief, standen sie oft lauschend vor dem Haus. Einige meiner Leute suchten sich eine Lieblingsmelodie aus und baten mich, sie ihnen vorzuspielen, wenn wir unter uns waren. Es war merkwürdig, daß sich Kamante gerade das Adagio aus Beethovens G-dur-Klavierkonzert auswählte und ihm mit größter Andacht zuhörte. Als er mich zum ersten Mal darum bat, hatte er Mühe, mir verständlich zu machen, was für ein Stück er meinte.

Denys und ich hatten über Musik unterschiedliche Meinungen. Während ich am liebsten die alten Komponisten hörte, war er, was Kunst und Musik betraf, hypermodern, als wollte er für seine Nichtübereinstimmung mit dem Geist der Zeit dadurch Abbitte tun, daß er ihm in diesem Bereich so weit entgegenkam, wie es einem Menschen möglich ist. »Beethoven würde mir gut gefallen«, sagte er, »wenn er nicht so vulgär wäre.«

Sobald Denys und ich zusammen waren, hatten wir ein merkwürdiges Glück mit Löwen. Manchmal kehrte er verärgert von einer zwei- oder dreimonatigen Jagdexpedition zurück, weil er die ganze Zeit vergeblich versucht hatte, den Leuten aus Europa, die er führte, einen guten Löwen zu verschaffen. Inzwischen waren die Masai bei mir gewesen und hatten mich gebeten, einen bestimmten Löwen – ein Männchen oder ein Weibchen –, der ihre Kühe riß, zu erschießen, und Farah und ich waren ausgezogen, hatten in ihrer Manyatta übernachtet, um noch vor Morgengrauen auf die Jagd zu gehen, und hatten in der ganzen Gegend nicht eine Löwenspur entdeckt. Doch wenn Denys und ich ausritten, dann waren die Löwen zur Stelle, als wäre dies eine Aufmerksamkeit, die sie uns schuldeten. Wir trafen sie bei ihrer Mahlzeit an oder wenn wir ein Flußbett durchquerten.

An einem Neujahrsmorgen waren Denys und ich schon vor Sonnenaufgang auf der Straße nach Narok unterwegs und fuhren so schnell, wie es das unebene Terrain erlaubte.

Denys hatte einem Freund, der mit einer Jagdexpedition nach Süden wollte, am Tag zuvor eine schwere Flinte geliehen, und erst am späten Abend war ihm eingefallen, daß er vergessen hatte, seinem Freund den besonderen Trick zu zeigen, wie sich der Stecher der Flinte außer Funktion setzen ließ. Jetzt hatte er Angst, daß diese Unterlassung seinem Freund in einer entscheidenden Situation zum Verhängnis werden könnte. Wir wußten uns keinen anderen Rat, als ganz früh am Morgen aufzubrechen, die neue Straße zu benutzen und zu versuchen, die Jagdgesellschaft in Narok einzuholen. Das bedeutete eine Fahrt von einhundert Kilometern durch wildes Land, auf einer völlig neuen Straße. Doch die Expedition benutzte die alte Straße, die etwas länger war, und würde mit ihren schwerbeladenen Lastwagen wohl auch nicht so schnell vorwärtskommen. Wir wußten nur nicht, und das war unsere einzige Sorge, ob die neue Straße schon bis nach Narok führte.

Die frühe Morgenluft des afrikanischen Hochlands ist so handgreiflich frisch und klar, daß uns fortwährend die gleiche Vorstellung überkommt: Wir sind nicht auf der Erde, sondern in dunklem, tiefem Wasser, wir gehen auf dem Grund des Meeres. Es ist nicht einmal sicher, ob wir uns überhaupt bewegen. Der kalte Druck, den wir im Gesicht verspüren, das sind die Strömungen des tiefen Wassers, und das Auto sitzt vielleicht ganz still auf dem Meeresgrund, wie ein träger Zitterrochen, glotzt mit seinen zwei großen, hellen Lampen vor sich hin und läßt die Unterwasserwelt Revue passieren. Die Sterne hoch oben sind deshalb so groß, weil sie keine wirklichen Sterne sind, sondern nur jene widerspiegeln, die auf der Oberfläche des Meeres hängen und funkeln. An den Straßenrändern tauchen lebendige Dinge auf, dunkler als ihre Umgebung, springen auf und gleiten in das hohe Gras zurück, wie sich Krabben und Strandflöhe in den Sand hineinbohren. Die Luft wird klarer und klarer; wenn die Sonne aufgeht, dann hebt sich der Meeresboden, steigt über die Wasserfläche und liegt wie eine neugeschaffene Insel in der Welt.

Wirbel von Gerüchen trieben rasch an uns vorüber, der frische, herbe Duft der Olivenbüsche, der Gagelstrauchduft von Nesseln und niedrigen Gewächsen, der salzige, rauchige Geruch des verbrannten Grases und auf einmal eine Welle von erstickendem Aasgestank. Kanuthia, Denys' eingeborener Chauffeur, der hinten im Wagen saß, berührte sacht meine Schulter und zeigte nach rechts. Dort, zehn Meter von der Straße entfernt, lag ein großes, dunkles Gebilde, eine Seekuh, die sich im Meeressand ausruhte, und auf ihr bewegte sich etwas im schwarzen Wasser. In Wirklichkeit war die dunkle Erhebung ein großes totes Giraffenmännchen, das jemand, ich weiß nicht wer, zwei oder drei Tage zuvor geschossen hatte. Darauf hielt gerade eine Löwin ihre Mahlzeit, und nun hob sie Kopf und Schultern und starrte auf das vorbeifahrende Auto. Denys stoppte den Wagen, und Kanuthia nahm die Flinte, die er bei sich trug, von der Schulter. Denys flüsterte mir zu: »Soll ich sie schießen?« Er war nämlich so höflich, Ngong Hills als mein privates Jagdrevier zu betrachten. In dem Landstrich, den wir jetzt durchfuhren, wohnten die Masai, die bei mir gewesen waren und sich darüber beklagt hatten, daß die Löwen ihre Kühe rissen. Wenn es diese Löwin gewesen war, die sie geschädigt hatte, dann war es Zeit, daß man Schluß mit ihr machte. Ich nickte.

Denys sprang aus dem Wagen, duckte sich hinter ihm und lief ein paar Schritte zurück. Doch im gleichen Moment verschwand die Löwin hinter dem Rücken der Giraffe, und er mußte um den Kadaver herumlaufen, um sie auf Schußweite zu bekommen, er drückte ab. Ich sah die Löwin nicht fallen, erst als ich aus dem Auto stieg und um die Giraffe herumging, sah ich sie mausetot in einer großen, dunklen Lache liegen.

Wir hatten keine Zeit, um sie sofort abzubalgen, sondern mußten so schnell wie möglich weiterfahren, wenn wir die andere Safari in Narok einholen wollten. Wir sahen uns rasch um und merkten uns die Stelle, damit wir sie auf dem Heimweg wiederfinden könnten, doch der Gestank der toten Giraffe war so stark, daß wir den Ort auf jeden Fall daran erkennen müßten.

Als wir vier Kilometer gefahren waren, hörte die Straße auf. Das Werkzeug der Straßenbauarbeiter lag herum, und ein paar kleine Zelte waren aufgeschlagen und standen leer. Jenseits dieses kleinen, verlassenen Lagers war nur das große, steinige Land zu sehen, das jetzt im Tageslicht grau und vollkommen unberührt von Menschenhänden war. Da standen wir und betrachteten das Werkzeug und die Landschaft vor uns. Hier waren wir gezwungen, Denys' Freund, was den Stecher an der

Flinte betraf, seinem Schicksal zu überlassen. Später, nach der Rückkehr von seiner Safari, erzählte er uns, daß er gar keine Gelegenheit zum Schießen gehabt hatte. Wir mußten also umkehren, und als wir wendeten, hatten wir vor uns den östlichen Himmel, der über der Steppe und den Bergen errötete und dann erglühte und aufloderte wie Gold. Wir fuhren direkt in ihn hinein und sprachen die ganze Zeit von der Löwin.

Wir erblickten die Giraffe zum zweiten Mal und sahen sie nun ganz deutlich, und dort, wo das Licht auf ihre Seite fiel, erkannten wir die dunkleren, viereckigen Zeichnungen auf ihrem Fell. Und als wir in ihre Nähe kamen, sahen wir auf ihr einen großen Löwen. Die Straße lag ein wenig tiefer als der Kadaver. Der Löwe stand aufrecht und dunkel darauf, und hinter ihm flammte der Himmel golden. *Lion posant Or.* Eine Locke seiner Mähne hob sich im Morgenwind. Er machte einen so starken Eindruck, daß ich mich im Wagen aufrichtete, und Denys sagte: »Diesmal schießt du.« Ich schoß nicht sehr gern mit seiner Flinte, sie war mir zu schwer und vor allem zu lang und versetzte mir jedesmal einen heftigen Rückstoß. Diesmal aber war der Schuß eine Liebeserklärung, und sollte da die Waffe nicht vom größten Kaliber sein? Der Löwe stand vollkommen reglos, als ich aus dem Wagen stieg und ein paar Schritte auf ihn zuging. Ich schoß, und mir schien, als würde er senkrecht in die Höhe springen und mit geschlossenen Beinen zu Boden fallen. Ich stand im Gras, die Flinte in der Hand, und atmete tief, durchglüht von jenem Gefühl der Macht, das einem ein Schuß verleiht – man erreicht auf weite Entfernung eine große Wirkung.

Als ich um den Kadaver der Giraffe herumging, hatte ich vor mir den fünften Akt einer klassischen Tragödie: sie waren alle tot. Die Giraffe, mit ihren vier riesigen, steifen Beinen, dem steifen, ausgestreckten Hals und dem von den Löwen aufgerissenen Bauch, wirkte ungeheuer groß und streng. Die Löwin lag auf dem Rücken, mit einem breiten, hochmütigen und triumphierenden

Grinsen im Gesicht, sie war ganz offensichtlich die *femme fatale* der Tragödie. Der Löwe lag nicht weit von ihr entfernt, und warum hatte er auch nichts aus ihrem Schicksal gelernt? Sein Kopf ruhte auf den beiden schweren Vorderpfoten, seine gewaltige dunkle Mähne war wie ein Königsmantel über ihn gebreitet, um ihn war ein großer Fleck im Gras, und jetzt war es so hell geworden, daß dieser Fleck dunkelrot glänzte.

Denys und Kanuthia krempelten die Ärmel auf, und während die Sonne aufging, balgten sie die Löwen ab. Als sie eine Pause machten, holte ich aus dem Auto eine Flasche Rotwein und Rosinen und Krachmandeln, die ich mitgenommen hatte, weil es doch Neujahrsmorgen war. Wir saßen im kurzen Gras und aßen und tranken. Die toten Löwen neben uns nahmen sich prachtvoll aus in ihrer Nacktheit, sie hatten kein Gramm überflüssiges Fett am Leibe, jeder Muskel beschrieb eine große, kühne, würdevolle Kurve, sie brauchten keinen Mantel der Barmherzigkeit, nicht einmal ihr eigenes Fell, sie waren durch und durch, was sie sein sollten.

Während wir dasaßen, glitt über das Gras zu meinen Füßen ein Schatten, und als ich aufschaute, entdeckte ich hoch oben im hellblauen Himmel die großen Ringe der kreisenden Geier. Mein Herz war so leicht, als ob ich selbst es dort oben fliegen ließe, wie einen Drachen an einer Schnur. Mit einer Entschuldigung an den Meister machte ich ein Lied:

Des Adlers Schatten eilt über die Steppe
zu den fernen, namenlosen, luftblauen Bergen.
Doch die jungen, runden Zebras lagern
ihren Schatten jetzt den Tag lang
zwischen ihren vier zarten Hufen,
und sie stehen still wie Steine,
warten darauf, daß die tiefe Sonne
ziegelrot beglänzt die Steppe,
um sich blau dann auszustrecken
und zum Wasserloch zu wandern.

Denys und ich erlebten ein zweites Abenteuer mit Löwen. In Wirklichkeit war das zu einem früheren Zeitpunkt als das eben erzählte, am Anfang unserer Freundschaft.

Einmal kam während der Frühjahrsregenzeit frühmorgens mein südafrikanischer Verwalter, Nichols, in großer Erregung ins Haus und erzählte mir, daß in der Nacht zwei Löwen auf der Farm gewesen seien und zwei von unseren Ochsen getötet hätten. Sie waren durch den Zaun des Ausspannplatzes gebrochen und hatten die beiden toten Ochsen in die Kaffeeplantage gezerrt, den einen ganz aufgefressen, den anderen jedoch fast unberührt zwischen den Kaffeebäumen liegenlassen. Er bat mich nun, einen Brief aufzusetzen, mit dem er nach Nairobi fahren und Strychnin kaufen könne. Damit wolle er dann sogleich den toten Ochsen vergiften, sagte er, denn die Löwen würden gewiß zurückkehren und ihre Mahlzeit in der nächsten Nacht fortsetzen.

Ich dachte eine Weile über die Sache nach, denn es gehört nicht zum guten Ton, Strychnin gegen Löwen anzuwenden, und ich sagte Nichols schließlich, daß es nicht anginge. Als er das hörte, schlug seine hochgespannte Stimmung in Erbitterung und Verzweiflung um. Ja, sagte er, wenn wir die beiden Löwen diesmal gewähren ließen, dann kämen sie ganz gewiß zurück. Die Ochsen, die sie gerissen hätten, seien unsere besten beim Pflügen gewesen, wir könnten es uns nicht leisten, noch mehr zu verlieren. Und mein Pferdestall, fuhr er fort, sei auch nicht weit weg von der Boma der Ochsen, ob ich denn daran gedacht hätte. Ich sagte, daß es nicht meine Absicht sei, den Löwen auf der Farm freies Spiel zu lassen, ich sei aber der Meinung, daß man sie erschießen und nicht vergiften solle.

»Und wer soll sie erschießen?« fragte Nichols, »ich tu es nicht. Ich bin kein Feigling, aber ich bin ein verheirateter Mann und habe keine Lust, mein Leben für nichts und wieder nichts zu riskieren.« Das stimmte, er war kein Feigling, sondern ein kecker kleiner Mann. »Das ist vollkommen unsinnig«, sagte er. Nein, entgegnete ich, daß er die Löwen schießen würde, damit hätte ich nicht gerechnet. Aber Mr. Finch-Hatton sei gestern abend gekommen und jetzt im Hause. Er und ich, wir wollten es tun. »Oh, das ist o. k.«, sagte Nichols.

Ich ging hinein und wandte mich an Denys. »Komm jetzt«, sagte ich zu ihm, »laß uns unser Leben für nichts und wieder nichts riskieren. Denn wenn unser Leben einen Wert besitzt, dann den, daß es keinen hat. *Frei lebt, wer sterben kann.*«

Wir gingen in die Kaffeeplantage und fanden dort die toten Ochsen, genau wie Nichols gesagt hatte. Von dem einen war nur das blutige Skelett übrig, doch dem zweiten Ochsen fehlte lediglich ein Bein. Die Spur der Mörder hatte sich tief und deutlich in die weiche, feuchte Erde gedrückt, hier waren in der letzten Nacht zwei große Löwen herumgelaufen. Es war leicht, die Fährte durch die Plantage und in den Wald, der sich um Belknaps Haus zog, zu verfolgen. Doch als wir dort anlangten, begann es so heftig zu regnen, daß man nicht die Hand vor Augen sehen konnte, und im hohen Gras und Unterholz verloren wir die Spur.

»Was meinst du«, fragte ich Denys, »kommen sie heute abend wieder?« Kein Mensch in Afrika hatte größere Erfahrung mit Löwen als Denys. Er sagte, sie würden wohl in den frühen Nachtstunden zurückkehren, um den Ochsen aufzufressen, und wir sollten ihnen Zeit geben, bis sie ihr Mahl begonnen hätten, und dann gegen neun Uhr in die Kaffeeplantage gehen. Wir müßten eine elektrische Taschenlampe mitnehmen, die wir beim Schießen brauchen würden. Ich durfte zwischen beiden Rollen wählen und zog es vor, die Lampe zu halten und ihm das Schießen zu überlassen.

Damit wir den toten Ochsen im Dunkeln finden könnten, zerschnitten wir weißen Baumwollstoff von der Art, die bei den Eingeborenen *amerikani* heißt, und banden die Streifen an die Bäume, wie Hänsel und Gretel ihre weißen Steinchen auf den Weg streuten. Dieser Pfad würde uns direkt zu dem Kadaver führen. Zwanzig Meter von dem Ochsen entfernt befestigten wir ein großes Stück weißen Stoff an einem Baum. Das bedeutete, daß wir an dieser Stelle haltmachen, die Lampe einschalten und schießen müßten. Als wir am späten Nachmittag die elektrische Lampe hervorholten und sie ausprobierten, stellte sich heraus, daß die Batterie fast leer war und nur ein schwaches Licht gab, aber wir hatten keine Zeit mehr, um nach Nairobi zu fahren und eine neue zu kaufen, wir mußten mit ihr vorliebnehmen, wie sie war.

Es war der Tag vor Denys' Geburtstag, und beim Abendessen war er in melancholischer Stimmung und sprach davon, daß er aus seinem Leben noch nicht genug gemacht hätte. »Nein, warte doch«, sagte ich zu ihm, »noch vor deinem Geburtstag kann etwas geschehen.« Ich gab Juma den Auftrag, bei unsrer Rückkehr eine Flasche Wein bereitzuhalten. Ich dachte unablässig an die Löwen. Wo mochten sie in diesem Augenblick sein? Waren sie jetzt vielleicht dabei, lautlos den Fluß zu durchqueren, einer hinter dem anderen, während das kalte Wasser ihnen langsam um Brust und Flanken strömte? Um neun Uhr gingen wir hinaus.

Es regnete leise, doch der Mond stand am Himmel und zeigte ab und zu sein bleiches Gesicht, hoch oben hinter Schichten von leichtem Dunst, und da sah es aus, als spiegelte er sich schwach in der Erde, im weißblühenden Kaffeefeld. Wir kamen in einiger Entfernung an der Schule vorüber und sahen, daß Licht hinter ihren Fenstern brannte. Bei diesem Anblick durchflutete mich ein Gefühl von großem Stolz auf meine Leute. Ich dachte an König Salomo, der schreibt: »Der Faule spricht: Es ist ein junger Löwe auf dem Wege und ein Löwe auf den Gassen.« Hier waren zwei Löwen direkt vor ihrer Tür, doch meine Schulkinder waren nicht faul und ließen sich von ihrer Quelle der Weisheit und Gelehrsamkeit nicht vertreiben.

Bald fanden wir die beiden Reihen der markierten

Kaffeebäume, blieben einen Augenblick stehen und gingen dann zwischen ihnen weiter, Denys voran und ich hinterher. Wir hatten Mokassins an den Füßen und bewegten uns vollkommen lautlos. Ich zitterte unwillkürlich vor Spannung und wagte Denys nicht zu nahe zu kommen, weil ich befürchtete, er würde mich nach Hause schicken, wenn er es merkte. Aber ich wagte auch nicht, mich allzu weit von ihm zu entfernen, denn er konnte schon im nächsten Augenblick das Licht meiner Lampe brauchen.

Wie wir später feststellten, waren die Löwen schon vor unsrer Ankunft bei den Ochsen gewesen. Als sie uns kommen gehört und gewittert hatten, hatten sie sich etwas tiefer ins Kaffeefeld verzogen, um uns passieren zu lassen. Vielleicht fanden sie jetzt, daß wir zu langsam gingen, denn ein Stück vor uns zur Rechten ertönte ganz leise ein tiefes, heiseres Knurren. Es war so gedämpft, daß wir uns nicht einmal sicher waren, ob wir es wirklich gehört hatten. Denys verharrte einen Augenblick und fragte mich, ohne sich umzudrehen: »Hast du das gehört?« – »Ja«, sagte ich. Wir gingen ein paar Schritte weiter, und das tiefe Knurren erklang von neuem, diesmal unmittelbar rechts von uns. »Licht an«, sagte Denys rasch. Das war gar nicht so einfach, denn er war viel größer als ich, und ich sollte den Lichtstrahl über seine Schulter auf den Gewehrlauf und nach vorn richten. Als ich die Lampe einschaltete, verwandelte sich die ganze Welt in eine blendend erhellte Szenerie, die nassen Blätter der Kaffeebäume glänzten in ihrem Schein, unter den Bäumen klumpte sich die geeggte, feuchte, schwere Erde gleichsam zu Bergen.

Der Lichtkegel erfaßte zuerst einen kleinen großäugigen Schakal, der wie ein Füchslein aussah. Ich führte die Lampe weiter, und da war der Löwe. Er stand uns von Angesicht zu Angesicht gegenüber und nahm sich vor dem Hintergrund der schwarzen afrikanischen Nacht hell, fast weiß aus. Als direkt neben meinem Ohr der Schuß krachte, war ich völlig unvorbereitet und begriff nicht einmal, was das zu bedeuten hatte – mir war, als hätte neben mir ein Blitz mit heftigem Donner eingeschlagen, als wäre ich selbst an der Stelle des Löwen gewesen. Er fiel getroffen zu Boden, wie ein Stein. »Weiter, weiter«, rief mir Denys zu. Ich drehte die Lampe nach links, doch mein Arm zitterte derart, daß der Lichtkegel, der die ganze Welt umfaßte und den ich in meiner Hand hielt, einen großen Tanz vollführte. Ich hörte Denys neben mir im Dunkeln lachen. Doch in der Mitte des Tanzes war der zweite Löwe, er wollte gerade vor uns weglaufen und war halb von einem Kaffeebaum verborgen. Als er vom Lichtschein getroffen wurde, drehte er sich zu uns um, und Denys schoß. Der Löwe fiel aus dem hellen Kegel heraus, kam jedoch wieder auf die Beine und in das Licht hinein. Er schwankte auf uns zu und gab ein langes, wütendes Gebrüll von sich – da fiel der zweite Schuß.

In diesem Augenblick wurde Afrika unendlich groß, und Denys und ich, die wir mitten darin standen, wurden unendlich klein. Außerhalb unseres winzigen Kreises aus Licht war nichts als Finsternis, und rechts und links in der Dunkelheit lagen Löwen, und vom Himmel fiel Regen. Doch als das tiefe Gebrüll erstarb, erstarrte jede Bewegung, der Löwe lag, als ich das Licht auf ihn richtete, mit weggedrehtem Kopf still da, als hätte er sich voller Unlust von uns abgewandt. Zwei große, tote Tiere waren im Kaffeefeld, und ringsum war nächtliche Stille.

Wir schritten die Entfernung zu den Löwen ab. Bis zu dem ersten betrug sie von unserem Standort fünfundzwanzig und zu dem zweiten dreißig Meter. Es waren ausgewachsene, junge, kräftige Tiere, und gut im Futter. Da hatten sich diese beiden guten Freunde gestern, auf den Bergen oder in der Steppe, das gleiche große Abenteuer vorgenommen, und nun hatten sie gemeinsam den Tod gefunden.

Jetzt aber kamen alle Schulkinder aus der Schule und strömten den Weg hinunter. Sie blieben stehen, als sie die Lampe erblickten, und riefen mit ängstlichen Stimmen: »Msabu, bist du da? Bist du da, Msabu?« Ich saß auf einem Löwen und antwortete ihnen: »Ja, hier bin ich.« Da fragten sie weiter, mutiger und lauter: »Hat Bedâr die Löwen geschossen? Hat er sie alle beide geschossen?« Als ich ihnen ein »Ja!« zurief, waren sie sogleich zur Stelle und umschwärmten uns wie eine Schar kleiner, nächtlicher Springhasen, hüpfend und sich duckend. Sie machten stehenden Fußes ein großes Lied auf das Ereignis, es lautete so: »Drei Schüsse, zwei Löwen, drei Schüsse, zwei Löwen.« Sie verbesserten es und schmückten es beim Singen aus, eine helle Stimme nach der anderen fiel ein. »Drei gute Schüsse, drei ausgezeichnete, genaue Schüsse, zwei große, starke, schlimme, grauenhafte Löwen.« Dann schlossen sich alle in einem enthusiastischen Refrain zusammen: »A B C D« – sie kamen gerade aus der Schule, und ihre Köpfe waren noch voll von schulischer Weisheit.

Im Laufe einer verblüffend kurzen Zeit hatten sich viele Menschen auf dem Platz versammelt: die Arbeiter von der Mühle, die Squatter aus den nächstgelegenen Manyattas und meine Hausangestellten, ausgerüstet mit Laternen. Alle standen um die Löwen herum und sprachen über sie, und Kanuthia und der Saisi, die Messer bei sich hatten, begannen sie abzubalgen. Eins von diesen Löwenfellen schenkte ich später dem indischen Hohenpriester, der meine Farm besuchte. Selbst Pooran Singh erschien auf der Bühne, in einem Negligé, das ihn unfaßbar schmal erscheinen ließ, und mitten in seinem dichten, schwarzen Bart leuchtete selig sein honigsüßes indisches Lächeln, vor Entzücken stotterte er beim Sprechen. Er wollte sich von den Löwen unbedingt etwas Fett beschaffen, denn Löwenfett ist bei seinem Volk eine gefragte Medizin. Nach der Pantomime zu urteilen, die er mir zur Erklärung vorführte, verwendet man es gegen Gicht und Impotenz. Mit diesem schwarzen Kreis fröhlicher Leute wirkte das Kaffeefeld sehr lebendig, der Regen hörte auf, und der Mond schien auf die ganze Versammlung.

Wir kehrten ins Haus zurück, und Juma brachte unsere Flasche und entkorkte sie. Wir waren zu naß und zu beschmutzt von Schlamm und Blut, um uns zu setzen, wir stellten uns im Eßzimmer vor das lodernde Feuer und tranken unseren lebendigen, singenden Wein. Keiner sprach ein Wort. Wir waren bei unsrer Löwenjagd eine Einheit gewesen und hatten uns nichts zu sagen.

Unsere gemeinsamen Freunde hatten an diesem unserem Abenteuer viel Spaß. Als wir den nächsten Ball im Muthaiga Klub besuchten, wollte der alte Mr. Bulpett den ganzen Abend kein Wort mit uns reden.

Durch Denys Finch-Hatton erlebte ich die größte, merkwürdigste Freude meines Lebens auf der Farm: ich bin mit ihm über Afrika geflogen. Dort, wo es nur wenige oder gar keine Straßen gibt und wo man nach Belieben auf der Steppe landen kann, hat das Fliegen im Leben eine echte, bedeutungsvolle Funktion, es eröffnet eine ganze Welt. Die Moth-Maschine, die Denys aus England mitgebracht hatte, konnte wenige Minuten vom Haus entfernt auf der Farm landen, und wir waren fast jeden Tag zusammen in der Luft.

Man hat eine ungeheure Aussicht, wenn man das afrikanische Hochland überfliegt, und man sieht Licht und Farben in einem großartigen, überraschenden Zusammenspiel und Wechsel. Der Regenbogen steht auf dem grünen, sonnenbeschienenen Land, die senkrechten Wolken und großen, wilden, schwarzen Unwetter wirbeln und wetteifern in rasendem Tanz, die peitschenden, harten Regenschauer lassen die Welt um einen weiß und schräg erscheinen. Die Sprache hat keine Worte für die Eindrücke, die man beim Fliegen gewinnt, und man wird mit der Zeit neue Worte für sie erfinden müssen. Wenn man Rift Valley und die beiden erloschenen Vulkane Suswa und Longonot überflogen hat, dann ist man weitbereist und in Ländern jenseits des Mondes gewesen. Zu anderen Zeiten fliegt man vielleicht so tief, daß man die Tiere auf den Ebenen sieht und ein Gefühl für sie hat wie Gott, gleich nachdem er sie erschaffen, noch bevor er ihnen von Adam Namen geben ließ.

Doch nicht die Dinge, die man sieht, sondern die Handlung fasziniert, und Glück und Größe, wenn man fliegt, das ist der Flug selbst. Es ist für Leute, die in Städten leben, ein schweres Schicksal und eine Knechtung, daß sie sich ständig in einer Dimension bewegen müssen, sie gehen schnurgerade und wie an einer Leine geführt. Der Übergang von der Linie zur Fläche, zur Zweidimensionalität, indem man vom Wege abweicht und quer über ein Feld oder durch den Wald geht, ist an sich für die Sklaven etwas Befreiendes und Begeisterndes, das an Bedeutung der Französischen Revolution gleichkommt. Doch in der Luft wird man in die Herrlichkeit der Dreidimensionalität aufgenommen, und nach der Verbannung und den Träumen ungezählter Menschenalter wirft sich das Herz dem Raum in die Arme. Man spürt in einem Flugzeug, wie das Gesetz der Schwerkraft und sogar die Zeit

> ... im Hain des Lebens gehn
> Wie zahmes Wild von Sanftheit ungeahnt daher.

Immer wenn ich in einem Flugzeug aufgestiegen bin und mir beim Blick nach unten klar wurde, daß ich der Erde entkommen war, habe ich das gleiche Gefühl einer großen, neuen Entdeckung erlebt. Ja gewiß, habe ich gedacht, das also war der Sinn, und jetzt verstehe ich alles.

Eines Tages flogen Denys und ich zum Natronsee. Einhundertfünfzig Kilometer südöstlich von der Farm und über fünfzehnhundert Meter tiefer als sie, lag er nur achthundert Meter über dem Meeresspiegel. Von diesem großen See exportiert man Soda in die ganze Welt. Sein Grund und seine Ufer sehen wie weißgrauer Asphalt aus und verströmen einen intensiven sauren Geruch.

Der Himmel war blau, doch als wir jenseits der Ebenen das steinige, nackte Tiefland überflogen, schien alle

Farbe davon ausgebrannt zu sein, die ganze Landschaft unter uns glich einem fein und sonderbar gezeichneten Stück Schildpatt. Plötzlich kam mitten darin der See zum Vorschein. Der weiße Grund schimmerte durch das Wasser und verlieh ihm, aus der Luft gesehen, einen überraschenden, unfaßbaren, azurblauen Glanz, so strahlend, daß man für einen Moment die Augen schloß. In dem fahlen, bräunlichen Land wirkte der Wasserspiegel wie ein riesiger, leuchtender Aquamarin. Bis dahin waren wir in großer Höhe geflogen, und als wir jetzt hinuntergingen, sahen wir auf dem hellblauen See unseren eigenen tiefblauen Schatten schwimmen.

Hier leben viele Tausende Flamingos, obwohl ich nicht weiß, wie sie sich im Brackwasser ernähren, denn Fische sind darin nicht vorstellbar. Als wir uns näherten, zerstreuten sie sich in großen Ringen und Fächern, wie die Strahlen einer sinkenden Sonne, wie ein kunstvolles Kaleidoskop, ein herrliches chinesisches Muster auf Seide oder Porzellan, das unter unseren Augen immer wieder neu entsteht.

Wir landeten auf dem bleichen Ufer, das glühend wie ein Ofen war, und frühstückten in dem schmalen Schatten der Tragfläche des Aeroplans. Die Sonne brannte so heiß, daß einem die Hand weh tat, wenn man sie länger als einen Augenblick außerhalb des Schattens hielt. Unser Bier, das wie wir direkt aus dem Äther kam, war beim Öffnen der Flaschen frisch und kalt, doch noch ehe wir es ausgetrunken hatten, war es so heiß wie eine Tasse Tee geworden.

Während wir aßen, tauchte am Horizont eine Gesellschaft von Masai-Kriegern auf und kam rasch näher. Sie mußten das Flugzeug von weitem gesehen und dann beschlossen haben, es genauer zu untersuchen, und die Masai lassen Entfernungen nicht gelten, auch nicht in einer Landschaft wie der um den Natronsee. Sie wanderten, einer hinter dem anderen, nackt, groß und schmal, mit scharfen, blitzenden Waffen, dunkel wie Torf durch den weißgelben Sand. Jedem folgte auf dem Fuß eine kleine, bewegliche Lache aus blauem Schatten, die einzigen Schatten außer unseren eigenen, so weit das Auge reichte. Als sie bei uns angelangt waren, stellten sie sich in einer Reihe auf, es waren fünf. Sie steckten die Köpfe zusammen und unterhielten sich über das Flugzeug und über uns. Ein Menschenalter früher hätte diese Begegnung für uns verhängnisvoll werden können. Nach einer Weile trat einer von ihnen vor und sprach uns an. Da er nur seine eigene Sprache sprach, von der wir nur einige wenige Worte konnten, schlief die Konversation bald wieder ein. Der Masai kehrte in die Reihe der anderen zurück, und ein paar Minuten später wandten sie uns alle den Rücken und zogen im Gänsemarsch davon, die glühende Salzebene vor sich.

»Willst du nach Naivasha fliegen?« fragte Denys. »Aber bis dorthin ist die ganze Gegend ein zerrissenes Felsenland, wo wir nicht landen können. Wir müssen also sehr hoch steigen und uns in einer Höhe von viertausend Metern halten.«

Unser Flug vom Natronsee nach Naivasha war *das Ding an sich*. Wir zogen eine gerade Linie durch die Luft und bewegten uns ständig in einer Höhe von viertausend Metern. Da ist man so hoch, daß man nichts mehr unter sich sieht. Bei unserem Frühstück am Natronsee hatte ich meine Lammfellmütze abgesetzt, und hier oben packte die kalte Luft meine Stirn wie mit einem Paar Händen aus Eis. Mein Haar flatterte nach hinten, als sollte mir der Kopf abgerissen werden. Dieser Pfad durch die Luft war der gleiche, den der Vogel Roch jeden Abend in entgegengesetzter Richtung flog, wenn er, mit einem Elefanten in jeder Klaue, von Uganda zu seinem heimatlichen Nest in Arabien brauste. Und wenn man in einem Flugzeug sitzt, hinter sich seinen Piloten und vor sich den leeren Raum, dann überkommt einen unwillkürlich das Gefühl, er würde einen auf seinen ausgestreckten Handflächen durch die Lüfte tragen, wie der Dschinni den Prinzen Ali durch die Luft getragen hat, und als gehörten die Flügel, die einen mit atemberaubender Geschwindigkeit vorwärtsbringen, ihm. Wir näherten uns der Farm unsrer Freunde in Naivasha, den verrückten, winzig kleinen Häusern, und die Zwergbäume ringsherum warfen sich auf den Rücken, als sie uns landen sahen.

Wenn Denys und ich keine Zeit für weite Luftreisen hatten, unternahmen wir gegen Sonnenuntergang einen kurzen Flug über Ngong Hills. Die herrlichen Ngong-Berge nehmen sich vielleicht aus der Luft am allerschönsten aus, wenn die langen Bergkämme aufsteigen und neben dem Flugzeug herlaufen oder plötzlich in die Tiefe versinken und flach wie ein kleiner Rasen werden.

Hier in den Bergen gab es Büffel. In meinen jungen Jahren, als ich mich nicht eher zufriedengeben konnte, bis ich von jeder Art, die in Afrika verbreitet war, nicht wenigstens ein Stück Wild geschossen hatte, habe ich dort einen großen Büffelstier erlegt. Später, als ich das Wild lieber beobachten als jagen wollte, habe ich hier einige Male Büffel gesucht. Ich hatte meine Leute und Proviant mitgenommen und mein Zelt in den Bergen aufgeschlagen, an einer Quelle, auf halbem Weg zum Gipfel, und Farah und ich waren ganz früh auf den Beinen gewesen, in der eiskalten Morgenluft durch Gebüsch und hohes, scharfes Gras gekrochen und gerobbt, um einen Schimmer von der Herde zu entdecken. Doch zweimal hatte ich heimkehren müssen, ohne sie gesehen zu haben. Daß die Büffel hier oben lebten und unsere westlichen Nachbarn waren, das gab unserem Dasein auf der Farm Reichtum und Inhalt. Es waren ernstgeartete, zurückhaltende Nachbarn, die an sich selbst genug hatten, sie waren die alte Aristokratie der Berge, mit der es etwas rückwärts gegangen war und die sich Gästen gegenüber reserviert verhielten.

Doch eines Nachmittags, als ich mit einigen Gästen vor dem Haus beim Tee saß, kam Denys aus Nairobi geflogen, zog eine Schleife westwärts über unseren Köpfen, kehrte gleich darauf zurück und landete rasch auf der Farm. Lady Delamere und ich fuhren in die Steppe, um ihn zum Haus zu holen, doch er wollte nicht aus dem Flugzeug steigen. »Die Büffel weiden in den Bergen«, sagte er, »kommt mit und seht sie euch an!« – »Ich kann nicht«, sagte ich, »ich habe eine Teegesellschaft im Haus.« – »Ach was«, sagte er, »fliegen wir hin und sehen sie uns an, in einer Viertelstunde können wir wieder hiersein.« Das klang in meinen Ohren wie die Vorschläge, die man manchmal im Traume hört. Da Lady Delamere nicht fliegen wollte, startete ich mit Denys allein.

Wir flogen der Sonne entgegen, doch die Berghänge lagen in tiefem, durchsichtigem, braunem Schatten, in den wir bald eintauchten. Es dauerte nicht lange, da sahen wir aus der Luft die Büffelherde. Auf einem der langen, grasbewachsenen Bergrücken, die wie Falten in einem gerafften Tuch von jedem Gipfel abfielen, weidete eine Herde von siebenundzwanzig Büffeln. Zuerst, als wir noch in großer Höhe waren, sahen sie wie Mäuse aus, die sich auf einem Fußboden ein wenig hin und her bewegen. Dann aber gingen wir tiefer, kreisten über ihnen in einer Höhe von fünfzig Metern und kamen so nahe an sie heran, daß wir mit Leichtigkeit einen von ihnen hätten schießen können. Während sie sich friedlich versammelten, vermischten und wieder auseinanderliefen, zählten wir sie. Unter ihnen waren ein riesiger alter, schwarzer Bulle, ein oder zwei junge Stiere und mehrere Kälber. Das offene Rasenstück, auf dem sie weideten, war von dichtem Gebüsch umgeben, und wenn sich ein Mensch zu Fuß genähert hätte, dann hätten sie ihn gehört oder gewittert. Doch auf einen Angriff aus der Luft waren sie nicht vorbereitet. Wir mußten das Flugzeug in Bewegung halten und flogen über ihnen Runde um Runde. Als sie den Lärm der Maschine bemerkten, hörten sie auf zu grasen, aber sie dachten offensichtlich nicht daran, nach oben zu schauen.

Endlich kam ihnen zu Bewußtsein, daß etwas Ungewöhnliches im Gange war. Als erstes trat der alte Bulle vor seine Herde, hob sein hundertpfündiges Gehörn stolz empor und stampfte mit den Hufen, um dem unsichtbaren Feind zu trotzen. Auf einmal setzte er sich in Trab, lief den Hang hinunter und fiel einen Augenblick später in Galopp. Die ganze Herde folgte ihm Hals über Kopf, und wo sie sich ins Gebüsch hineinstürzte, wirbelten in ihrem Kielwasser Staub und Steinchen auf wie dicker Rauch. Mitten in dem niedrigen Gebüsch machten sie halt und drängten sich dicht aneinander, das sah von oben aus, als wäre die kleine Lichtung im Dickicht mit grauen Feldsteinen gepflastert. Hier wähnten sie sich in Sicherheit und vor allen Angreifern geschützt. Und sie waren auch vor allem geschützt, was sich am Boden genähert hätte, doch vor den Vögeln der Luft konnten sie sich nicht verstecken, und das waren wir.

Schließlich stiegen wir senkrecht in die Höhe und flogen davon, und es war, als hätten wir einen neuen Weg zum Herzen Afrikas gefunden.

Als ich zu meiner Teegesellschaft zurückkehrte, war die Teekanne auf dem Steintisch noch so heiß, daß ich mich an ihr verbrannte. Der Prophet hatte einmal das gleiche Erlebnis: Er stieß einen Krug mit Wasser um, und der Erzengel Gabriel packte ihn und flog mit ihm durch alle sieben Himmel, und als sie zurückkehrten, war das Wasser noch nicht ganz aus dem Krug herausgelaufen.

In Ngong-Hills wohnte auch ein Paar der kurzschwänzigen Adler. Denys sagte: »Laß uns mit dem Flugzeug die Adler besuchen!« Ich hatte einmal gesehen, wie einer von ihnen hoch oben in der Nähe des Berggipfels auf einem Stein saß und dann aufflog. Doch ansonsten schienen sie ihr ganzes Leben in der Luft zu verbringen. Denys meinte, er könne Adlerweibchen und Adlermännchen unterscheiden, und sagte, das Weibchen sei das größere von beiden. Wir jagten die Adler viele Male, zogen Kreise und stießen hinunter, warfen uns auf die eine, dann auf die andere Seite, und ich glaube, daß die scharfsichtigen Vögel mit uns spielten. Als wir einmal nebeneinander flogen, schaltete Denys in der Luft den Motor ab, und da hörte ich den Adler schreien.

Die Eingeborenen auf der Farm liebten Denys' Flugzeug sehr und sahen es als ihr eigenes an, und eine Zeitlang war es bei ihnen Mode, Bilder davon zu zeichnen, so auch mit Kreide auf meine Küchenwand, und die Buchstaben ABAK waren genau abgemalt. Doch in Wirklichkeit hatten sie weder für diese Maschine noch für das Fliegen überhaupt ein besonderes Interesse.

Schwarze haben eine Abneigung gegen hohe Geschwindigkeiten wie wir gegen großen Lärm: sie vertragen sie im besten Fall schlecht. Sie stehen außerdem auf gutem Fuße mit der Zeit und verfallen niemals von selbst darauf, sie zu vertreiben oder totzuschlagen, im Gegenteil, sie haben an ihr Freude, und je mehr sie von ihr bekommen können, um so mehr freuen sie sich. Wenn man einem Kikuyu sein Pferd zu halten gibt, weil man selbst irgendwo einen Besuch abstatten will, dann steht in seinem Gesicht sogleich der Wunsch zu lesen, daß man möglichst lange wegbleiben soll. Er versucht dann nicht, sich die Zeit zu verkürzen, sondern setzt sich und lebt.

Als einmal sechs Flugzeuge aus Khartoum am Eisenbahnknotenpunkt Dagoretti Junction, außerhalb von Nairobi, landeten, gerieten alle Weißen der Kolonie in heftige Bewegung, sie strömten von weither zusammen und waren tief erschüttert und ergriffen. Die meisten Siedler, die mit dem Auto kamen, hatten ihre eingeborenen Leute dabei, um ihnen ein einzigartiges Erlebnis und Vergnügen zu vergönnen. Sämtliche Zuschauer waren begeistert, und es herrschte allgemeiner Jubel. Doch die Begeisterung der Europäer war echt und kam aus der Tiefe ihrer Herzen, denn hier sahen sie wirklich sich selbst und ihren Gott von Angesicht zu Angesicht. Dagegen stimmten die Eingeborenen nur deshalb in den Jubel ein, weil ihnen klar war, daß man sie sonst für dumm gehalten hätte, in ihrem Inneren wußten sie nicht, was sie bejubelten, und Vögel waren für sie nichts Neues.

Die Eingeborenen haben für Maschinen insgesamt nicht viel Sympathie. Es gibt zwar eine kleine Gruppe in der jungen Generation, die sich von der Begeisterung der Europäer für Automobile hat mitreißen lassen, doch ein alter Kikuyu sagte mir einmal, daß diese jungen Leute früh sterben würden, und vielleicht hat er recht, denn im allgemeinen zählen Renegaten zu den schwächsten Angehörigen einer Nation. Was die Eingeborenen von den Errungenschaften der Zivilisation wirklich von Herzen schätzen, das sind vor allem Streichhölzer, ein Fahrrad und ein Gewehr – doch selbst davon wenden sie sich ab, sowie von einer Kuh die Rede ist. Frank Greswolde-Williams in Kedong Valley hat einmal einen Masai als Reitknecht nach England mitgenommen und erzählte mir später, daß der Schwarze eine Woche nach seiner Ankunft seine Pferde im Hyde Park geritten hätte, als wäre er in London geboren. Als dieser Mann nach Afrika zurückkehrte, fragte ich ihn, was ihm in England besonders gefallen habe. Er dachte lange und ernsthaft über meine Frage nach. Dann antwortete er, daß die weißen Männer gute Brücken über ihren Flüssen hätten.

Ich bin niemals einem alten Eingeborenen begegnet, der für leblose Dinge, die sich von selbst und ohne einen äußeren Eingriff bewegen, etwas anderes als Mißtrauen und ein gewisses Schamgefühl übrig gehabt hätte. Der Gedanke an Hexerei stößt die Menschen wie etwas Unsittliches ab. Sie können gezwungen sein, über die Wirkungen des Zaubers nachzudenken, doch mit seiner inneren Technik wollen sie nichts zu tun haben, und niemals hat ein Mensch versucht, einer Hexe das genaue Rezept für ihr Gebräu zu entreißen.

Als Denys und ich mit dem Flugzeug einmal auf der Steppe landeten, kam ein sehr alter Kikuyu auf uns zu und sprach uns an. »Du warst heute hoch oben«, sagte er zu mir, »wir konnten dich nicht sehen, aber wir konnten die Maschine wie eine Biene brummen hören.« Ich sagte, daß ich sehr hoch gewesen sei. »Hast du Gott gesehen?« fragte er. »Nein, Ndwetti, Gott habe ich nicht gesehen.« – »Ja, dann bist du wohl nicht hoch genug gewesen«, sagte er. »Aber sag mir mal, glaubst du, daß du in diesem Vogel jemals so hoch steigen wirst, daß du ihn zu sehen bekommst?« – »Das weiß ich nicht, Ndwetti«, sagte ich. »Und du, Bedâr«, sagte er und wandte sich an Denys, »was meinst du? Glaubst du, daß du so hoch steigen wirst, daß du Gott sehen kannst?« – »Das weiß ich wirklich nicht«, sagte Denys. »Ja«, sagte Ndwetti, »dann weiß ich auch wirklich nicht, warum ihr zwei weiter fliegt.«

IV Aus dem Tagebuch eines Auswanderers

Die Wildnis kommt der Wildnis zu Hilfe

Während des Krieges hatte mein Verwalter den Auftrag, für die Armee Ochsen aufzukaufen. Er erzählte mir, daß er einmal im Masai-Reservat eine Schar junger Ochsen gekauft habe, die, wie die Masai behaupteten, eine Kreuzung von eingeborenen Rindern und Büffeln waren. Man hat die Frage, ob sich unsere Haustiere mit wilden Tieren kreuzen lassen, häufig erörtert, viele Leute haben versucht, durch die Paarung von Zebras mit Pferden einen kleinen Pferdetyp zu züchten, der für Land und Klima geeignet sein könnte, ich selbst habe solche Zuchtergebnisse jedoch nie gesehen. Mein Verwalter versicherte mir indessen, daß diese Ochsen ihrer Herkunft nach tatsächlich halbe Büffel gewesen seien. Die Masai hatten ihm erzählt, die Tiere seien sehr viel langsamer herangewachsen als zahme Rinder. Sie waren auf ihre Büffelochsen stolz gewesen, doch zu diesem Zeitpunkt wollten sie die Tiere gern loswerden, denn sie waren wild und schwer zu bändigen.

Es erwies sich als ein hartes Stück Arbeit, diese Ochsen an das Ziehen von Wagen oder Pflügen zu gewöhnen. Einer von ihnen, ein kräftiges, junges Tier, machte meinem Verwalter und den eingeborenen Ochsentreibern besonders viel zu schaffen. Er stürzte auf die Leute los, zerbrach das Joch, schäumte und brüllte – wenn man ihn festband, wirbelte er die Erde in dicken, schwarzen Wolken auf, er rollte seine blutunterlaufenen Augen, und das Blut lief auch aus seiner Nase, wie die Leute sagten. Gegen Ende des Kampfes war der Mann genauso todmüde wie das Tier, und von seinem schmerzenden Körper triefte der Schweiß.

»Um diesen Ochsen nun endlich zu bändigen«, sagte mein Verwalter, »warf ich ihn zu Boden, fesselte ihm die Beine mit Lederriemen und band ihm auch einen Riemen ums Maul. Und selbst jetzt, wo er stumm auf der Erde lag, quoll aus seinen Nüstern Dampf, und aus seiner Kehle kam ein wütendes, dumpfes Keuchen und Röcheln. Ich freute mich darauf, ihn von nun an viele Jahre unter dem Joch zu sehen. Ich ging in mein Zelt und ins Bett und dachte im Traum weiter an den schwarzen Ochsen. Ein gewaltiger Lärm weckte mich auf, die Hunde bellten, und am Ochsenpferch schrien und riefen die Eingeborenen. Zwei Ochentreiber kamen in mein Zelt und erzählten mir zähneklappernd, ein Löwe sei zu den Ochsen eingedrungen. Wir nahmen Laternen, ich holte mein Gewehr aus dem Winkel, und wir liefen dorthin. Als wir die Einhegung erreichten, ebbte der Lärm etwas ab, und im Laternenschein konnte ich gerade noch sehen, wie ein großes, geflecktes Tier verschwand. Ein Leopard war über den gefesselten Ochsen hergefallen und hatte ihm das ganze rechte Hinterbein abgefressen. Nun würden wir ihn wohl niemals in einem Joch sehen.

Da nahm ich meine Flinte und erschoß den Ochsen«, sagte mein Verwalter.

Die Feuerfliegen

Wenn die lange Regenzeit vorüber ist und in der ersten Juniwoche die Nächte des Hochlands kühl werden, tauchen in den Wäldern die Feuerfliegen auf.

Eines Abends kann man zwei oder drei von ihnen sehen, einsame, verwegene Sterne, die in der kalten Luft auf und nieder schwimmen, wie von großen Wellen getragen oder als würden sie sich voreinander tief verneigen. Im Rhythmus des Flugs entzünden und löschen sie ihre winzig kleinen Lichter. Man kann eins der Insekten fangen und es sich auf die Handfläche setzen, und nach einer Weile zündet es seine Laterne an. Sie strahlt ein seltsames Licht, eine geheimnisvolle Botschaft aus, und auf der Haut entsteht ein kleiner, blaßgrüner Kreis. In der folgenden Nacht sind dann viele tausend Feuerfliegen im Wald.

Aus einem mir nicht bekannten Grund halten sie sich in einer bestimmten Höhe auf, die zwischen einem und zwei Metern über dem Boden liegt. Da kommt einem unwillkürlich der Gedanke, daß ein ganzer Schwarm von sechs-, siebenjährigen Kindern mit Lichtern – kleinen, in Blaulicht getauchten Stöcken – durch den dunklen Wald läuft, auf und nieder hüpft, spielt und tanzt und die Fackeln schwenkt. Der ganze Wald ist erfüllt von einem wilden, begeisterten, ausgelassenen Leben, und alles geht in tiefem Schweigen vor sich.

Wege des Lebens

In meiner Kindheit zeigte man mir ein Bild – ein lebendiges Bild insofern, als es vor den Augen des Zuschauers entstand und sich entwickelte, während der Künstler erzählte. Die Geschichte, die zu dem Bild gehörte, wurde jedesmal mit genau denselben Worten wiederholt:

»In einem kleinen runden Haus mit einem runden Fenster und einem kleinen dreieckigen Garten wohnte ein Mann.

Nicht weit von dem Haus war ein See mit vielen Fischen, die fing der Mann und verkaufte sie in der Stadt.

Eines Nachts wurde er von einem fürchterlichen Lärm geweckt, und er machte sich im Dunkel auf, um herauszufinden, was da los sei. Er lief hinunter zum See.«

Hier begann der Erzähler, als wollte er auf seiner Karte die Bewegungen einer Armee eintragen, den Weg des Mannes aufzuzeichnen.

»Zuerst lief er nach Süden. Hier stolperte er über einen Stein, der mitten im Weg lag, und gleich darauf fiel er in einen Graben, kletterte wieder heraus, fiel in einen zweiten Graben, kletterte wieder heraus, fiel in einen

dritten Graben und kletterte schließlich auch aus ihm heraus.

Da wurde ihm klar, daß er sich geirrt hatte und daß der Lärm nicht von dieser Seite kam, und er lief zurück nach Norden. Doch als er dort angelangt war, glaubte er den Lärm wieder von Süden zu hören, und er lief denselben Weg zurück. Er stolperte zuerst über einen großen Stein, der mitten im Wege lag, und gleich darauf fiel er in einen Graben, kletterte heraus, fiel in einen zweiten Graben, kletterte heraus, fiel in einen dritten Graben und kletterte schließlich auch aus ihm heraus.

Jetzt hörte er ganz deutlich, daß der Lärm vom Ende des Sees kam. Als er dorthin eilte, sah er im Damm ein großes Loch, und alles Wasser strömte mit allen Fischen aus dem Loch heraus. Er machte sich daran, das Leck zu flicken, und arbeitete die ganze Nacht, und erst als er mit seiner Arbeit fertig war, kehrte er in sein Haus zurück und legte sich ins Bett.

Als der Mann nun am nächsten Morgen erwachte und aus seinem kleinen runden Fenster schaute« – so endete die Geschichte, und zwar mit so viel dramatischem Effekt, wie der Erzähler in seine Worte legen konnte –, »was sah er da? – Einen Storch!«

Ich bin froh, daß ich diese Geschichte gehört habe, und will mich in der Stunde der Not ihrer erinnern. Der Mann in der Geschichte wurde grausam betrogen, und schwere Hindernisse wurden ihm in den Weg gelegt. Er muß gedacht haben: So viel Unglück hintereinander! Was für ein Auf und Ab für mich! Er muß sich gefragt haben, welch einen Sinn alle seine Prüfungen wohl hätten, er konnte nicht wissen, daß es ein Storch war. Doch während seiner ganzen Leidensgeschichte behielt er das Ziel vor den Augen, nichts konnte ihn dazu bewegen, umzukehren und nach Hause zu gehen, bevor er seine Arbeit getan hatte. Er vollendete seinen Lauf und behielt den Glauben. Und der Mann bekam auch seine Belohnung, am Morgen sah er den Storch. Da muß er laut gelacht haben.

Der dunkle, schmale Pfad, auf dem ich gehe, die tiefe Grube, in der ich nun liege, von welchem Vogel mögen sie die Klauen sein? Wenn die Zeichnung meines Lebens vollendet ist, werde ich, werden dann andere einen Storch erblicken?

Infandum, Regina, jubes renovare dolorem: – Troja in Flammen, sieben Jahre Verbannung, dreizehn gute Schiffe verloren. Was wird das Ende von alledem sein? »Unübertroffene Eleganz, majestätische Würde und unvergleichliche Süßigkeit.«

Man liest den zweiten Glaubensartikel der christlichen Kirche mit Entsetzen. »Gekreuzigt, gestorben und begraben, niedergefahren zur Höllen, am dritten Tage wieder auferstanden von den Toten, aufgefahren gen Himmel, sitzend zur Rechten Gottes, des allmächtigen Vaters, von dannen er kommen wird, zu richten die Lebendigen und die Toten.« Was für ein Auf und Ab, schrecklicher noch als für den Mann in der Geschichte. Was ist das Ende von alledem? Der zweite Artikel im Glaubensbekenntnis der halben Welt.

Esas Geschichte

In den ersten Jahren des Krieges hatte ich einen Koch mit Namen Esa, einen verständigen alten Mann von sehr sanftem Wesen.

Eines Tages, als ich in Duncans Gewürzwarenhandlung in Nairobi Tee einkaufte, kam eine kleine Dame mit scharfen Gesichtszügen auf mich zu und sagte, sie wisse, daß Esa bei mir in Dienst sei. Ich bestätigte ihr das. »Aber vorher ist er bei mir Koch gewesen«, sagte die Dame, »und ich kann ihn gut wieder gebrauchen.« Ich antwortete, es tue mir leid, aber sie könne ihn nicht zurückbekommen. »Oh, da bin ich nicht so sicher«, sagte sie, »mein Mann ist Beamter. Wenn Sie zu Hause sind, dann richten Sie Esa bitte aus, daß ich ihn zurückhaben will, und wenn er nicht kommt, dann wird er zum *Carrier Corps* eingezogen« – das war das eingeborene Trägerkorps während des Krieges. »Ich habe mir sagen lassen, daß Sie ohnehin genug Bedienstete haben.«

Ich hatte keine Gelegenheit, Esa sofort von dieser Begegnung mit seiner vorigen Gnädigen zu erzählen, erst am folgenden Abend fiel es mir ein, und ich wiederholte ihm, was sie zu mir gesagt hatte. Zu meiner Verblüffung geriet Esa außer sich vor Schreck und Entsetzen. »Oh, warum hast du das nicht gleich gesagt, Msabu!« rief er aus. »Die Dame macht ihre Drohung bestimmt wahr, und ich muß besser sofort aufbrechen.« – »Das ist doch nur Gerede«, sagte ich, »ich kann mir nicht vorstellen, daß man dich so einfach einziehen könnte.« – »Gott steh mir bei«, sagte Esa, »wenn es nur nicht schon zu spät ist.« – »Aber was soll ich ohne Koch machen?« fragte ich ihn. »Ja, was sollst du machen«, sagte Esa, »du hast ja auch keinen Koch, wenn ich beim Carrier Corps bin oder wenn ich tot bin, und das werde ich sehr bald sein.«

Die Furcht vor dem Carrier Corps saß bei den Leuten damals so tief, daß Esa nicht mit sich reden lassen wollte. Er lieh sich eine Laterne von mir aus und machte sich mitten in der Nacht auf den Weg nach Nairobi, seine Habseligkeiten hatte er in einem Tuch zusammengebunden.

Esa blieb fast ein ganzes Jahr weg. Ich begegnete ihm in dieser Zeit ein paarmal in Nairobi, und einmal fuhr ich auf der Ngong-Straße an ihm vorbei. Im Laufe dieses Jahres wurde er alt und mager und verrunzelt im Gesicht, und sein runder, schwarzer Kopf ergraute. In der

Stadt wollte er nicht mit mir sprechen, doch als wir uns auf offener Straße trafen und ich meinen Wagen anhielt, hob er den geflochtenen Korb mit Hühnern von seinem Kopf und ließ sich nieder, um mit mir zu reden. Er hatte das gleiche sanfte Wesen wie zuvor, und trotzdem war er verändert, und es war schwierig, richtig in Kontakt mit ihm zu kommen. Während wir uns unterhielten, war er die ganze Zeit geistesabwesend und schien weit weg zu sein. Das Schicksal hatte ihn schwer mißhandelt und ihn ein für allemal entsetzlich verstört, er hatte auf Reserven zurückgreifen müssen, die mir unbekannt waren, und war durch seine Erlebnisse gerupft oder geläutert worden. Es war, als spräche man mit einem alten Bekannten, der sich ins Kloster begeben hatte. Er befragte mich nach den Verhältnissen auf der Farm und ging wie alle eingeborenen Diener davon aus, daß seine Mit-Diener sich in seiner Abwesenheit gegen ihre weiße Herrschaft so schlecht wie möglich benahmen. »Wann ist der Krieg vorbei?« fragte er mich. Ich sagte, daß ich gehört hätte, er würde jetzt nicht mehr lange dauern. »Wenn er noch zehn Jahre dauert«, sagte Esa, »dann mußt du wissen, daß ich alle Gerichte vergesse, die du mir beigebracht hast.« Die Gedanken des kleinen alten Kikuyu verfolgten hier auf der staubigen Steppenstraße die gleiche Spur wie die des Brillat-Savarin, als dieser sagte, wenn die französische Revolution fünf Jahre länger gedauert hätte, dann wäre die Kunst, ein Hühnerragout zu kochen, verlorengegangen. Mir wurde klar, daß Esa mehr um mich besorgt war als um sich selbst, und um sein Mitleid abzuwehren, fragte ich ihn, wie es ihm in Nairobi gehe. Er dachte eine Weile über meine Frage nach und mußte seine Gedanken von weither holen, bevor er antworten konnte. »Weißt du noch, Msabu«, sagte er schließlich, »daß du einmal gesagt hast, es sei für die Ochsen der indischen Holzhändler schlimm, daß sie das ganze Jahr jeden Tag vorgespannt würden und sich nie einen Sonntag ausruhen dürften wie die Ochsen auf der Farm? Siehst du, bei dieser Dame geht es mir genauso wie den Ochsen der Holzhändler.« Als er das gesagt hatte, sah er, wie um Entschuldigung bittend, zur Seite. Die Eingeborenen haben von Natur nur wenig Mitgefühl mit Tieren, meine Äußerungen über die Ochsen der Inder mußten Esa seinerzeit wohl sehr abwegig und übertrieben vorgekommen sein. Daß er sie nun von selbst aufgegriffen hatte, das war auch für ihn sonderbar und unerklärlich.

Während der ganzen Kriegszeit litt ich darunter, daß sämtliche Briefe, die ich erhielt oder abschickte, von einem kleinen, verschlafenen schwedischen Zensor in Nairobi geöffnet wurden. Er hat niemals das geringste Verdachtsmoment darin finden können, aber ich glaube, daß er sich in dem eintönigen Leben, das er führte, allmählich für die Leute interessierte, von denen die Briefe handelten, und daß er sie las, wie man ein Feuilleton in einer Zeitung liest. Ich pflegte in den Briefen, die ich nach Hause schrieb, zu seinem privaten Vergnügen ein paar kräftige Drohungen gegen den Zensor einzuflechten, die ich wahr machen wollte, sowie der Krieg zu Ende sei. Als nun der Krieg tatsächlich beendet war, tauchten meine Drohungen vielleicht in seinem Gedächtnis auf, oder er kam von selbst zur besseren Erkenntnis, jedenfalls schickte er einen Läufer auf die Farm, um mich vom Waffenstillstand zu unterrichten. Ich war allein im Haus, als der Brief eintraf, und ging hinaus in den Wald. Dort war es sehr still, und die Vorstellung war sonderbar, daß nun auch an den Fronten Frankreichs und Belgiens Stille herrschte, daß alle Kanonen schwiegen. In dieser Stille schienen Europa und Afrika einander ganz nah zu sein – als könnte man auf dem Waldpfad direkt bis Vimy Ridge gehen.

Als ich heimkehrte, sah ich einen schwarzen Mann vor dem Haus stehen. Es war Esa mit seinem Bündel. Er sagte mir sofort, daß er gekommen sei, um zu bleiben, und daß er mir ein Geschenk mitgebracht habe.

Esa schenkte mir ein Bild, eingerahmt und unter Glas,

das einen Baum darstellte, sorgfältig mit Tinte gezeichnet, mit vielen hundert, leuchtend hellgrün gemalten Blättern. Auf jedes Blatt war in winzig kleinen arabischen Buchstaben mit roter Tinte ein Wort geschrieben. Ich dachte mir, daß es sich um Worte aus dem Koran handele, und fragte Esa danach, doch er konnte mir ihre Bedeutung nicht erklären. Er wischte nur immer das Glas mit seinem Ärmel ab und versicherte mir, daß es ein ganz ausgezeichnetes Geschenk sei. Wie er mir erzählte, hatte er das Bild im Jahr seiner Verbannung von dem alten mohammedanischen Priester in Nairobi zeichnen lassen. Es muß den alten Mann eine unendliche Zeit gekostet haben, all das zu schreiben.

Esa blieb bei mir bis zu seinem Tod.

Die Leguane

Im Reservat bin ich einige Male plötzlich auf Leguane, die großen Echsen oder Schuppenkriechtiere, gestoßen, wenn sie auf einem flachen Stein in einem Flußbett lagen und sich sonnten. Der Form nach sind sie unansehnlich, doch etwas Herrlicheres als ihre Farben kann man sich nicht vorstellen. Sie leuchten und glänzen wie ein Häufchen von Edelsteinen oder wie ein Stück Glas aus einem alten Kirchenfenster. Wenn sie vor einem fliehen, lassen sie ein ganzes Bündel aus himmelblauen, grünen und hochroten Strahlen über die Steine fliegen, sämtliche Farben des Spektrums scheinen einen Augenblick lang hinter ihnen in der Luft zu stehen, wie ein Kometenschweif.

Einmal habe ich einen Leguan geschossen. Ich dachte, daß man aus seiner Haut viele schöne Dinge herstellen könnte. Da geschah etwas Merkwürdiges, das ich niemals vergessen habe. Als ich mich dem Tier näherte, das tot auf seinem Stein lag, ja, während ich die zwanzig Schritte zu ihm ging, verblich und verblaßte es, alle seine Farben erstarben wie in einem langen Seufzer, und als ich es erreicht hatte und berührte, war es grau und matt wie ein Klumpen Zement. Es war sein lebendiges, machtvoll pulsierendes Blut gewesen, was die ganze große Farbenpracht ausgestrahlt hatte. Nun, da die Flamme erloschen war und seine Seele entschwunden, war der Leguan so tot wie Sand.

Ich habe später noch einige Male Leguane geschossen und dabei stets an jenen gedacht, den ich im Reservat getötet hatte. In Meru sah ich eines Tages ein junges eingeborenes Mädchen mit einem Armband, einem zwei Zoll breiten Lederriemen, der dicht mit winzig kleinen türkisblauen Perlen von etwas ungleichmäßiger Farbe bestickt war, die bald ins Grünblau, bald ins Himmelblau und Ultramarin spielte. Das Schmuckstück war auf so merkwürdige Weise lebendig – als ob es am Arm des Mädchens atmete –, daß ich es gern besitzen wollte und Farah den Auftrag gab, es zu kaufen. Doch sowie es an meinem Handgelenk befestigt war, gab es seinen Geist auf. Es war jetzt gar nichts mehr, nichts weiter als ein billig gekauftes Stück Plunder. Was dem Armband Leben gegeben hatte, das war das Zusammenspiel gewesen, das Duett von Türkisblau und jener Farbe, die *tête-de-nègre* heißt, dem lebendigen, tiefen, süßen Schwarzbraun der Eingeborenen, das an Torf und irdene Töpfe erinnert. In einer Vitrine des zoologischen Museums von Pietermaritzburg habe ich einen ausgestopften Tiefseefisch mit genau derselben Farbenzusammensetzung gesehen, und bei ihm hatte sie den Tod überdauert. Da fragt man sich, wie sich das Leben auf dem Meeresgrund wohl gestaltet, wenn es etwas so Kraftvolles und Luftiges an die Oberfläche schicken kann. Da stand ich in Meru, meine blasse Hand und das tote Armband betrachtend, und hatte das Gefühl, als wäre etwas Edlem ein großes Unrecht geschehen, als wäre eine Wahrheit des Lebens unterdrückt worden. Das war so traurig, daß ich an die Worte des Helden eines Buches denken mußte, das ich als Kind gelesen hatte: »Ich habe sie alle besiegt, doch ich stehe zwischen lauter Gräbern.«

In einem fremden Land und im Umgang mit fremden Lebensformen sollte man seine Vorkehrungen treffen, um sich darüber klar zu werden, was seinen Wert behalten wird, auch nach dem Tod. Ich möchte den Siedlern in Afrika einen guten Rat geben: Um eurer eignen Augen und Herzen willen, schießt keine Leguane!

Farah und der Kaufmann von Venedig

Einer meiner Freunde schickte mir aus Dänemark einen Brief und schilderte darin eine neue Inszenierung des »Kaufmanns von Venedig«. Als ich den Brief abends noch einmal las, hatte ich die Komödie so deutlich vor Augen, sie erfüllte das ganze Zimmer so lebendig, daß ich Farah rief, um mit ihm darüber zu sprechen, und ihm den Handlungsverlauf erklärte.

Farah liebte, wie alle Leute arabischen Blutes, Geschichten sehr, doch er wollte mir nur dann zuhören, wenn er sicher war, daß sich außer uns niemand im Hause aufhielt. Hätte ein zufällig Vorübergehender abends, wenn meine Leute in ihre Hütten zurückgekehrt waren, einen Blick in unsere Fenster geworfen, so hätte er angenommen, Farah und ich wären mit Haushaltsangelegenheiten beschäftigt: Ich erzählte, und Farah, in gerader Haltung am Ende des Tisches, lauschte, die Augen ernst auf mein Gesicht gerichtet.

Farah schenkte dem Rechtsstreit zwischen Antonio, Bassanio und Shylock seine volle Aufmerksamkeit. Hier ging es schließlich um eine große, verwickelte Geschäftssache, hart an der Grenze von Gesetz und Recht und für das Herz eines Somali eine Freude. Zu der Vertragsklausel, die das Pfund Fleisch für Shylock betraf, stellte er mir ein paar Fragen, sie kam ihm offensichtlich seltsam, jedoch keineswegs unwahrscheinlich vor – es mochte ja Leute geben, die sich auf dergleichen einließen. Und hier begann die Erzählung nach Blut zu riechen, und sein Interesse wuchs. Als Porzia auf der Bühne erschien, spitzte er die Ohren. Ich glaube, er stellte sie sich wie eine Frau seines eigenen Stammes vor: Fathima, zielstrebig, listig und verführerisch, die alle Segel gesetzt hat, um die Männer zu besiegen. Farbige ergreifen in einer Geschichte nicht Partei, für sie liegt das Schwergewicht in der Gedankentiefe der Handlung. Die Somali, die im wirklichen Leben einen ausgeprägten Sinn für Werte und ein Talent zur moralischen Entrüstung haben, machen sich in ihrer Dichtung von diesen Eigenarten frei. Hier aber sympathisierte Farah mit Shylock, der bar hatte bezahlen müssen, und er wies seine Niederlage mit Unmut zurück.

»Was«, sagte er, »hat der Jude auf seine Forderung verzichtet? Das hätte er niemals tun sollen! Er hatte ein Recht auf das Fleisch, das war für all sein Geld nicht zuviel verlangt.« – »Aber was sollte er denn machen«, fragte ich, »wo er keinen Tropfen Blut vergießen durfte?« – »Memsahib«, entgegnete Farah, »er hätte ein weißglühendes Messer nehmen können. Dann fließt kein Blut.« – »Aber«, wandte ich ein, »es mußte genau ein Pfund Fleisch sein und nicht ein Gramm mehr oder weniger.« – »Ja, na und?« sagte Farah, »sollte sich der Jude davon anfechten lassen? Er hätte jedesmal ein kleines Stück abschneiden und mit einer kleinen Waage, die er zur Hand gehabt hätte, abwiegen können, bis es genau ein Pfund gewesen wäre. Hatte denn der Jude keine Freunde, die ihm hätten raten können?« Alle Somali haben in Haltung und Aussehen etwas Dramatisches. Farah hatte seine Mimik und Gestik nur ganz geringfügig verändert und sah nun im höchsten Grade gefährlich aus, als stünde er tatsächlich im Gerichtssaal von Venedig und machte seinem Freund oder Kompagnon Shylock Mut, direkt vor den Augen von Antonios Freunden und dem Dogen von Venedig persönlich. Sein Blick flakkerte an der Gestalt des Kaufmanns auf und ab, der vor ihm stand und seine Brust für das Messer entblößt hatte. Er fuhr sich mit der Zunge über die Lippen. »Ich will dir was sagen, Memsahib«, fuhr er fort, »er hätte kleine, ganz kleine Stückchen nehmen sollen. Er hätte dem Mann großen Schaden zufügen können, bis er dieses eine Pfund von ihm geschnitten hätte.« – »Aber in meiner Geschichte hat der Jude aufgegeben«, entgegnete ich. »Ja, das war wirklich sehr schade, Memsahib«, sagte Farah.

Die Elite von Bournemouth

In meiner Nachbarschaft gab es einen Farmer, der in England Arzt gewesen war. Einmal, als die Frau eines meiner Angestellten im Kindbett mit dem Tode kämpfte und ich auf den von der langen Regenzeit zerstörten Straßen nicht nach Nairobi fahren konnte, schickte ich meinem Nachbarn einen Brief und bat ihn, mir den großen Gefallen zu tun und der Frau zu helfen. Er war auch so freundlich, kam mitten in einem entsetzlichen Gewitterschauer und einer Sintflut von tropischem Regen und rettete Frau und Kind im letzten Augenblick das Leben.

Später schrieb er mir einen Brief, um mir mitzuteilen und klarzustellen, daß sich derlei Dinge nicht wiederholen könnten, obwohl er ausnahmsweise, auf meine Aufforderung hin, eine Eingeborene behandelt habe. Er sei überzeugt, daß ich ihm darin zustimmen würde, wenn er mich wissen ließe, daß er früher bei der Elite von Bournemouth praktiziert habe.

Vom Stolz

Das benachbarte Wildreservat und die Nähe des Großwilds, das sich gleich hinter unseren Grenzen im Süden und Westen aufhielt, verliehen der gesamten Farm ein besonderes Gepräge – als hätten wir einen großen König zum Nachbarn. Wir waren von stolzen Leuten umgeben und spürten ihre Gegenwart.

Der Barbar liebt seinen eigenen Stolz und empfindet für den Stolz aller anderen Haß oder Mißtrauen. Ich will ein zivilisierter Mensch sein, ich will den Stolz meiner Gegner, meiner Angestellten, den Stolz meines Geliebten lieben, und in aller Demut soll mein Haus inmitten der Wildnis ein zivilisierter Ort sein.

Stolz ist das Bewußtsein des Gedankens und der Glaube an den Gedanken, den Gott gehabt hat, als er uns schuf. Dem stolzen Mann ist dieser Gedanke stets gegenwärtig, es ist sein Ziel, ihn zu erfüllen. Er strebt nicht nach einem Glück oder einem Wohlbefinden, das mit dem Plan, den Gott mit ihm hatte, nicht übereinstimmt. Sein Erfolg ist der Erfolg von Gottes Gedanken, und er ist in sein Schicksal verliebt. Wie der gute Bürger das Glück in der Erfüllung seiner Pflicht gegen die Gesellschaft findet, so findet der stolze Mann sein Glück in der Erfüllung seines Schicksals.

Menschen ohne Stolz sind sich dessen nicht bewußt, daß Gott mit ihrer Erschaffung einen Gedanken verbunden hat, und oft können sie andere in Zweifel bringen, ob es wirklich einen Gedanken gab. Oder die Idee, die er mit ihnen hatte, ging verloren, und wer soll sie dann wiederfinden? Diese Menschen müssen sich auf das verlassen, was andere Leute unter Auf und Ab verstehen, sie müssen ihr Glück, und sogar ihr eigenes Ich, zum Tageskurs akzeptieren. Sie haben allen Grund, vor ihrem Schicksal zu zittern, und wenn sie können, laufen sie ihm davon.

Liebe Gottes Stolz über alle Dinge und den Stolz deines Nächsten wie deinen eigenen! Den Stolz der Löwen: sperr sie nicht in zoologische Gärten! Den Stolz deiner Hunde: laß sie nicht fett werden! Liebt den Stolz eurer Mitstreiter und laßt nicht zu, daß sie sich selbst bedauern!

Liebt den Stolz der besiegten Nationen und laßt sie ihren Vater und ihre Mutter ehren!

Der Samstagnachmittag war eine herrliche Zeit auf der Farm. Zum ersten konnte nun bis Montagnachmittag keine Post mehr kommen, bis dahin waren wir also vor Mahnschreiben sicher, und allein dieses Bewußtsein schien die ganze Farm wie eine Schanze zu umgeben. Zum zweiten freuten sich nun alle Leute auf den Sonntag, an dem sie sich ausruhen oder vergnügen und die Squatter auf ihrem eigenen Land arbeiten konnten. Mir war am Samstag vor allem der Gedanke an die Ochsen eine große Freude. Gegen sechs, wenn sie von ihrem Tagewerk heimkehrten, ging ich gewöhnlich zu ihrer Hürde. Morgen, dachte ich, haben sie weiter nichts zu tun, als den ganzen Tag zu weiden.

Wir hatten hundertzweiunddreißig Ochsen auf der Farm, das heißt acht volle Gespanne und dazu einige wenige Ochsen extra. Da kamen sie im goldnen Staub des Sonnenuntergangs in einer langen Reihe über die Steppe heimwärts gewandert, gemächlich und bedächtig, wie sie alles taten, während ich ruhig auf dem Pförtchen der Hürde saß, eine Friedenszigarette rauchte und ihnen zusah. Hier kamen nun Nyose, Ngufu und Faru, zusammen mit Mzungu, was »weißer Mann« auf swahili heißt. Die Ochsentreiber taufen ihre Gespanne häufig nach einzelnen bekannten Weißen, und Delamere war für einen Ochsen ein gebräuchlicher Name. Hier kam der alte Malinda, der große, gelbe Ochse, der mir von allen der liebste war. Sein Fell war mit einem seltsamen Schattenriß gezeichnet, der Seesternen glich, und daher hatte er vielleicht seinen Namen, denn Malinda bedeutet Röckchen.

Wie in zivilisierten Ländern alle Leute ewig ein schlechtes Gewissen gegenüber den Arbeitslosen haben und sich unwohl fühlen, wenn sie an sie denken, so hat man in Afrika ewig ein schlechtes Gewissen und fühlt sich davon gequält, wenn man an die Ochsen denkt. Doch für die Ochsen der Farm hatte ich ein Gefühl, wie es nach meiner Ansicht ein König für seine Arbeitslosen haben muß: »Ihr seid ich, und ich bin ihr.«

Auf dem Vormarsch der europäischen Zivilisation in Afrika haben die Ochsen die schwerste Last geschleppt. Wo immer Land urbar gemacht wurde, haben sie es aufgebrochen, haben stöhnend und keuchend, bis zu den Knien in der Erde, die Pflüge gezogen, über sich in der Luft die langen Peitschen. Wo ein Weg angelegt wurde, haben sie ihn angelegt, und sie haben Eisen und Werkzeug quer durch das Land geschleppt, unter den Zurufen und Flüchen der Ochsentreiber, über steiniges Terrain und durch das hohe Gras der Steppe, bevor es noch Wege gab. Sie wurden in der roten Morgendämmerung vorgespannt und stolperten in den brennenden Stunden des Mittags schwitzend langgestreckte Hügel hinauf und hinunter, durch Täler und Flußbetten. Ihre Flanken wurden von den Peitschen gezeichnet, und oft sieht man Ochsen, denen von der langen, scharfen Peitschenschnur ein oder beide Augen ausgeschlagen wurden. Viele indische und weiße Unternehmer haben die Ochsen ihr ganzes Ochsenleben lang arbeiten lassen und haben ihnen keinen Sabbat gegönnt. Diese Tiere können zu den Siedlern sagen: »Wenn ihr geeggt habt, was wir gepflügt haben, dann wißt ihr vielleicht, was wir erdulden mußten.«

Es ist schon merkwürdig, was wir mit den Ochsen gemacht haben. Der Stier befindet sich ständig in einem Zustand der Raserei, er rollt mit den Augen, zerstampft die Erde und stürmt gegen alles an, was in seinen Gesichtskreis gerät. Aber er hat doch ein eigenes Leben, Feuer sprüht aus seinen Nüstern, und neues Leben kommt aus seinen Lenden. Seine Tage sind erfüllt von ungeheuren Forderungen und ihrer Befriedigung. All das haben wir den Ochsen geraubt, und statt dessen haben wir Anspruch auf ihre Existenz erhoben. Die Ochsen folgen uns überall durch den Alltag und schleppen ständig schwere Lasten, sie sind Wesen ohne eigenes Dasein, gemacht zu unserem Gebrauch. Sie haben feuchte, klare Augen mit dichten Wimpern, weiche Mäuler und seidenglatte Ohren, sie sind geduldig und träge in allem, was sie tun. Manchmal hat es den Anschein, als dächten sie über die Dinge nach.

Zu meiner Zeit war es verboten, mit Wagen oder Karren ohne Bremsen die langgestreckten Hügel hinunterzufahren. Doch das Gesetz wurde nicht eingehalten, jeder zweite Wagen und Karren, der auf den Straßen des Hochlands fuhr, hatte keine Bremsen, und bei den übrigen wurden sie selten benutzt. Das machte den Ochsen jede Talfahrt unerträglich schwer. Sie mußten die hochbeladenen Wagen mit ihrem eigenen Gewicht abfangen. Sie legten die Köpfe so weit nach hinten, daß ihre Hörner den Buckel auf ihrem Rücken berührten, das Wasser lief ihnen aus den Nüstern, ihre Flanken flogen wie Blasebälge. Viele Male habe ich gesehen, wie die Wagen der Holzhändler auf der Straße von Ngong nach Nairobi, einer hinter dem anderen, wie eine lange Raupe, mit beschleunigter Geschwindigkeit den hohen Hügel des Waldreservats hinunterfuhren und die Ochsen davor im Zickzack rutschten und taumelten. Ich habe auch gesehen, wie die Ochsen am Fuß des Hügels unter dem Gewicht des Wagen strauchelten und zusammenbrachen.

Die Ochsen dachten: So ist das Leben, und die Verhältnisse der Welt sind nicht besser. Es ist hart, hart. Doch man muß es tragen, es kann nicht anders sein. Es ist entsetzlich schwer, einen Wagen ins Tal zu bringen, da geht es um Leben und Tod. Es kann nicht anders sein.

Hätten die fetten Inder in Nairobi, die Besitzer der Wagen, zwei Rupien erübrigt, um ihre Bremsen instand zu setzen, oder wäre es den trägen jungen Eingeborenen auf dem Gipfel eingefallen, von der Fuhre zu steigen und die Bremsen anzuziehen, dann hätte es sehr wohl anders werden können, und die Ochsen hätten die Möglichkeit gehabt, den Hügel ruhig und friedlich hinunterzuspazieren. Das aber wußten sie nicht, und sie setzten Tag für Tag ihren verzweifelten und heroischen Kampf mit den Verhältnissen des Lebens fort.

Über die beiden Rassen

Die Beziehung zwischen der weißen und der schwarzen Rasse in Afrika ähnelt in vieler Hinsicht der Beziehung zwischen den beiden Geschlechtern.

Würde eins der beiden Geschlechter erfahren, daß es im Leben des anderen keine größere Rolle spielt als dieses in seinem eigenen Leben, dann wäre es tief erschüttert und gekränkt. Würde ein Liebhaber oder ein Ehemann hören, daß er in der Existenz seiner Geliebten oder Ehefrau keine größere Rolle spielt als sie in seiner eigenen Existenz, dann wäre er im höchsten Grade verwundert und entrüstet und würde es kaum glauben können. Würde eine Ehefrau oder Geliebte erfahren, daß sie im Leben ihres Mannes oder Liebhabers keine größere Rolle spielt als er in ihrem eigenen Leben, dann wäre sie entsetzt und würde es niemals glauben.

Geschichten aus der guten alten Zeit, die sich Männer untereinander erzählen und die nicht für Frauenohren bestimmt sind, bestätigen diese Tatsache ebenso wie die Gespräche der Frauen, wenn sie allein zusammensitzen und wissen, daß kein Mann sie hören kann.

Was sich die Europäer über ihre schwarzen Angestellten erzählen, ist gleichen Geistes. Würden sie erfahren, daß sie im Leben der Eingeborenen keine größere Rolle spielen als diese in ihrem, dann wären sie aufs höchste verärgert und verstimmt.

Würde man zu den Eingeborenen sagen, daß sie im Leben der weißen Einwanderer keine größere Rolle spielen als die Weißen in ihrem eigenen Leben und daß die Europäer von den Schwarzen nicht abhängiger sind als sie von ihnen, dann würde man ausgelacht, und niemand aus der eingeborenen Bevölkerung würde ein Wort davon glauben.

Mit dieser Illusion, die gegenseitig war, lebten Weiße und Schwarze zusammen, und alles ging seinen Gang.

Als der Krieg ausbrach, meldeten sich mein Mann und unsere beiden schwedischen Gehilfen als Freiwillige und fuhren an die deutsche Grenze, wo Lord Delamere damit beschäftigt war, einen provisorischen Nachrichtendienst aufzubauen. Da war ich allein auf der Farm. Doch kurze Zeit später war die Rede davon, daß man für die weißen Frauen des Landes ein Internierungslager einrichten wollte, um sie vor den Eingeborenen zu beschützen. Das jagte mir einen Schrecken ein, und ich dachte: Wenn ich in diesem Land für mehrere Monate – und wer kann mit Sicherheit wissen, wie lange der Krieg dauert? – in ein Internierungslager für Damen soll, dann überlebe ich das nicht. Ein paar Tage später hatte ich Gelegenheit, mit einem jungen schwedischen Farmer, dem Nachbarn unserer Farm, nach Kijabe zu fahren, eine Eisenbahnstation von uns entfernt. Hier sollten wir die Leitung eines Lagers übernehmen, wohin unsere Läufer von der Grenze ihre Nachrichten bringen sollten, die dann an das Hauptquartier in Nairobi telegrafiert werden mußten.

Ich hatte mein Zelt in der Nähe des Bahnhofs von Kijabe, zwischen den langen Reihen der Brennholzstapel für die Lokomotiven. Da sich die Läufer von Süden zu allen Tages- und Nachtzeiten einfanden und mein Kompagnon, der schwedische Farmer, häufig abwesend war, um sich um seine Farm zu kümmern, ergab es sich, daß ich mehrfach mit dem indischen Stationsvorsteher zusammenarbeitete. Das war ein kleiner, sanftmütiger Mann von brennendem Wissensdurst, den der Krieg in seiner Nähe völlig unberührt ließ. Er fragte mich eifrig nach meinem Heimatland aus und bat mich, ihm einige dänische Sätze beizubringen, die er sich aufschrieb, weil sie ihm vielleicht einmal von Nutzen sein könnten. Er hatte einen kleinen zehnjährigen Sohn, der Victor hieß. Als ich eines Tages zum Bahnhof ging, hörte ich durch das Gitterwerk der Veranda, wie er seinem Sohn eine

Unterrichtsstunde in englischer Grammatik gab. »Victor«, rief er, »was ist ein Pronomen? Was ist ein Pronomen, Victor? Du weißt es nicht! Fünfhundertmal habe ich es dir erklärt!«

Unsere Leute an der Grenze schrieben fortwährend nach Kijabe und baten um Lebensmittel und Munition. Mein Mann gab mir den Auftrag, vier Ochsenwagen zu beladen und sobald wie möglich an die Grenze zu schikken. Aber, schrieb er, sie müßten unbedingt von einem weißen Mann beaufsichtigt werden, denn niemand wisse, wo sich die Deutschen aufhielten, und die Masai seien durch die Nachricht vom Krieg in heftige Erregung versetzt und schwärmten unruhig durch das ganze Reservat. In diesen Tagen glaubte man die Deutschen allgegenwärtig, und wir hatten auf der großen Eisenbahnbrücke von Kijabe Schildwachen aufgestellt, damit die Deutschen sie nicht in die Luft sprengten.

Ich gab einem jungen Südafrikaner mit Namen Klapprott den Auftrag, die Wagen zu begleiten. Doch am Abend vor der Abreise, als alle beladen und startklar waren, wurde er als Deutscher verhaftet. Da er beweisen konnte, daß er kein Deutscher war, wurde er unverzüglich wieder entlassen und nahm einen anderen Namen an. Doch an diesem Abend sah ich in seiner Verhaftung Gottes Finger, denn jetzt war außer mir niemand da, der die Wagen quer durch das Land zur Grenze hätte bringen können.

Und früh am Morgen, als die großen alten Sternbilder noch am Himmel standen, brachen wir auf und zogen den endlos langen Kijabe Hill hinunter, zu unseren Füßen die weiten Steppen des Masai-Reservats eisengrau in der Dämmerung ausgebreitet, mit schaukelnden Laternen, die unter den Wagen festgebunden waren, mit Rasseln und Ächzen, lauten Rufen und Peitschenknallen. Ich hatte vier Wagen mit je einem vollständigen Gespann von sechzehn Ochsen, dazu noch fünf Reserveochsen, und meine Begleitung waren einundzwanzig junge Kikuyu und drei Somali: Farah, Ismail, der Gewehrträger, und ein Koch, der ebenfalls Ismail hieß und ein alter Mann von selten edler Art war. Mein Hund Dusk lief an meiner Seite.

Es war schade, daß die Polizei bei Klapprotts Verhaftung auch sein Maultier festgenommen hatte. Ich hatte es in ganz Kijabe nicht auftreiben können und mußte die ersten paar Tage im Staub neben meinen Wagen wandern. Doch später traf ich im Reservat einen weißen Mann und kaufte von ihm ein Maultier mit einem Sattel, und kurz darauf kaufte ich ein weiteres für Farah.

Ich war drei Monate unterwegs. Als wir unseren Bestimmungsort erreichten, wurden wir bald wieder losgeschickt, um in der Nähe der Grenze einige große Vorräte einer großen amerikanischen Jagdsafari abzuholen, deren Teilnehmer bei Kriegsausbruch Hals über Kopf ihr Lager verlassen hatten. Danach beorderte man uns mit den Wagen wieder zu anderen Orten. Ich lernte die Furten und Wasserlöcher des Masai-Reservats kennen und lernte auch ein wenig die Sprache der Masai. Die Wege waren überall unglaublich schlecht, mit meterdikkem Staub und Steinblöcken von der Größe eines Wagens bedeckt, und später zogen wir zumeist quer durch die Steppe. Die Luft des afrikanischen Hochlands stieg mir wie Wein zu Kopf, während der gesamten Safari war ich davon leicht berauscht. Mir war in diesen drei Monaten unbeschreiblich leicht ums Herz, ich fühlte mich zufrieden. Ich hatte schon früher an Jagdexpeditionen teilgenommen, doch nie zuvor war ich mit Afrikanern allein unterwegs gewesen.

Die Somali und ich, die wir uns für das Eigentum der Regierung verantwortlich fühlten, lebten in ständiger Angst, daß die Löwen unsere Ochsen reißen könnten. Denn die Löwen stellten den großen Transporten von Schafen und Lebensmitteln nach, die auf diesem Weg jetzt unablässig zur Grenze strömten. Wenn wir frühmorgens aufbrachen, konnten wir ein weites Stück den frischen Löwenspuren folgen, die sich im Staub des Weges über den Radspuren des Vortages abgedrückt hatten.

Wenn wir abends die Ochsen ausspannten, mußten wir immer befürchten, sie würden die Löwen im Umkreis des Lagers hören oder wittern und dann in Panik geraten und nach allen Seiten in die Wildnis stürmen, auf Nimmerwiedersehen. Deshalb schlugen wir Dornbäume ab, bauten daraus große Einhegungen um unsere Lagerplätze und hielten dann mit dem Gewehr am Lagerfeuer Wache.

Hier fühlten sich Farah und Ismail, und selbst der alte Ismail, in so sicherer Entfernung von der Zivilisation, daß sich ihre Zungen lösten, und sie erzählten mir viele merkwürdige Dinge, die sich daheim in Somaliland zugetragen hatten, oder Geschichten aus dem Koran und aus »Tausendundeiner Nacht«. Farah und Ismail waren auf See gewesen, denn die Somali sind eine seefahrende Nation und haben in alten Tagen gewiß als Seeräuber im Roten Meer gewütet. Sie erklärten mir nun, daß jedes Lebewesen auf Erden seinen Doppelgänger auf dem Meeresgrund habe: Pferde, Löwen, Frauen und Giraffen leben auch dort unten, und Seefahrer haben sie von Zeit zu Zeit gesehen. Sie erzählten mir auch von den Hengsten, die in Somaliland auf dem Grund der Flüsse wohnen und die bei Nacht, wenn der Vollmond scheint, auf das Weideland kommen, um sich dort mit grasenden Stuten der Somali zu paaren und Fohlen von wunderbarer Schönheit und Schnelligkeit zu zeugen. Das nächtliche Himmelsgewölbe schwenkte über unseren Köpfen zurück, und im Osten stiegen neue Sternbilder herauf. Im Rauch des Lagerfeuers wirbelten lange Funken in die Nachtluft empor, das frische Brennholz roch säuerlich und scharf.

Hin und wieder gab es bei den Ochsen eine plötzliche Bewegung, sie drängten sich enger zusammen, stampften, brüllten auf und witterten unruhig, und der alte Ismail kletterte auf eine Wagenladung und schwenkte seine Laterne, um das, was da vor unsrer Einhegung sein mochte, zu entdecken oder zu verscheuchen.

Wir erlebten viele große Abenteuer mit Löwen.

»Macht um Siawa einen Bogen«, sagte der eingeborene Leiter eines heimwärtsziehenden Transports, dem wir unterwegs begegneten, »schlagt euer Lager nicht dort auf. Da sind zweihundert Löwen.« Wir versuchten nun, noch vor Einbruch der Nacht an Siawa vorbeizukommen, und beschleunigten unser Tempo, doch auf einer Safari gilt mehr als sonst, daß gut Ding Weile haben will, und gerade als die Sonne unterging, saß ein Rad unseres letzten Wagens auf einem großen Stein fest und ließ sich nicht von der Stelle bewegen. Während ich mit der Laterne leuchtete und die Leute sich bemühten, das Rad anzuheben, sprang keine zwei Meter von mir entfernt ein Löwe auf einen unserer Reserveochsen. Der Ochse stürzte, mit dem Löwen auf seinem Rücken, in eine Kluft. Durch Rufen, Schreien und Peitschenknallen – Ismail war mit meinen Gewehren vorausgegangen – gelang es uns, den Löwen zu vertreiben, und der Ochse kehrte zu uns zurück, war aber so zugerichtet und mitgenommen, daß er ein paar Tage später starb.

Uns sind viele andere merkwürdige Dinge geschehen. Einmal soff ein Ochse unseren gesamten Petroleumvorrat aus, starb daran und ließ uns ohne jede Beleuchtung zurück, bis wir im Reservat eine indische Duka fanden, deren Besitzer geflohen war und wo erstaunlicherweise noch einige Waren übriggeblieben waren.

Eine Woche lang lagerten wir in der Nähe einer großen Morani-Manyatta. Sie bestand aus hundertzweiunddreißig Hütten, in denen jeweils vier Morani schliefen. Die jungen Männer, die volle Kriegsbemalung trugen, dazu Speer, Schild und einen großen Kopfputz aus Löwenfell, umschwärmten mein Zelt Tag und Nacht, um die letzten Neuigkeiten über den Krieg und die Deutschen zu erfahren. Meine eigenen Safari-Leute liebten dieses Lager, denn hier konnten sie Milch kaufen, die von den großen Viehherden stammte, mit denen die Morani überall herumzogen und die von Masai-Jungen, den Laionis, gehütet wurden, die noch zu jung für den Kriegerstand waren. Die blutjungen, glatthäutigen und dunkeläugigen Soldatenmädchen der Masai statteten meinem Zelt Besuche ab. Sie liehen sich stets meinen Handspiegel aus, und wenn sie ihn einander vorhielten, entblößten sie zwei Reihen strahlend weißer Zähne, wie knurrende junge Raubtiere.

Alle Nachrichten über die Bewegungen des Feindes mußten das Lager von Lord Delamere durchlaufen. Der aber bewegte sich durch das ganze Reservat, und zwar in so unglaublich schnellen Tagesmärschen, daß niemand recht wußte, wo sich sein Lager gerade befand. Ich hatte mit dem Nachrichtendienst nichts zu tun, wunderte mich jedoch oft darüber, wie dieses ganze System bei denen funktionierte, die dazu gehörten. Einmal führte mein Weg einige wenige Meilen an Lord Delameres Lager vorbei, und ich ritt mit Farah zu ihm und trank mit ihm Tee. Obwohl er sein Lager am nächsten Tag abbrechen wollte, ging es darin so lebhaft und betriebsam zu wie in einer großen Stadt, und überall wimmelte es von Masai. Lord Delamere war für die Masai wie ein Vater, und sie wurden von ihm so gut bewirtet, daß sein Lager der Höhle des Löwen in der Fabel glich: Alle Fußspuren führten hinein, und nicht eine führte hinaus. Masai-Läufer, die mit einem Brief zu Lord Delamere geschickt wurden, kehrten niemals mit einer Antwort zurück. Mitten in dem ganzen Durcheinander saß er selbst, gutgelaunt und ausgesucht höflich und formgewandt wie immer, und sein langes weißes Haar hing ihm bis auf die Schultern. Er erzählte mir Neues vom Krieg und lud mich zu Tee mit geräucherter Milch nach Art der Masai ein.

Meine Leute übten große Nachsicht mit meiner Unwissenheit, was Ochsen und Geschirre und Safari-Sitten und -Gebräuche betraf, und waren ebenso wie ich selbst entschlossen, sie mit Schweigen zu übergehen. Sie leisteten während der gesamten Safari eine gute Arbeit und erhoben niemals Einspruch, wenn ich in meiner Unerfahrenheit viele Male von ihnen wie von den Ochsen mehr verlangte, als tatsächlich billig war. Sie trugen für mich das Badewasser auf ihren Köpfen quer durch die Steppe, und wenn wir gegen Mittag die Ochsen für ein paar Stunden ausspannten, bauten sie mir aus Speeren und Decken einen Baldachin gegen die Sonnenglut. Sie fühlten sich in der Nähe der wilden, kriegerischen Masai nicht recht wohl, und der Gedanke an die Deutschen, über die die sonderbarsten Gerüchte in Umlauf waren, versetzte sie in große Unruhe. Ich glaube, daß ich unter diesen Umständen für meine Safari eine Art Schutzengel oder Maskottchen war.

Als ich sechs Monate vor Ausbruch des Krieges zum ersten Mal nach Afrika fuhr, begegnete ich auf dem Schiff General von Lettow-Vorbeck, der dann Oberkommandierender der deutschen Streitkräfte in Ostafrika wurde. Damals wußte ich nicht, daß er sich zu einem derartigen Heros entwickeln sollte, und wir wurden auf der Fahrt gute Freunde. Bevor er nach Tanganjika weiterreiste und ich mit dem Zug ins Hochland fuhr, aßen wir zusammen in Mombasa Mittag, und dabei schenkte er mir eine Fotografie von sich, zu Pferde und in voller Uniform, und schrieb darauf:

»Das Paradies der Erde
liegt auf dem Rücken der Pferde,
in der Gesundheit des Leibes
und am Busen des Weibes.«

Farah, der mir nach Aden entgegengeschickt worden war, hatte den General an Bord gesehen und wußte über unsere Freundschaft Bescheid. Nun hatte er diese Fotografie auf die Safari mitgenommen und bewahrte sie zusammen mit dem Geld und den Schlüsseln der Expedition auf. Er wollte sie den deutschen Soldaten zeigen, falls wir in Gefangenschaft gerieten; er maß ihr großen Wert bei und gab sorgsam auf sie acht.

Wie schön waren die Abende im Masai-Reservat, wenn wir gleich nach Sonnenuntergang unseren Fluß oder unser Wasserloch erreichten, die ganze Karawane in einer langen Reihe. Die Steppe mit den Dornbäumen war schon ganz dunkel, doch die Luft war von Klarheit erfüllt, und im Westen stand ein kleiner Stern, der sich im Laufe der Nacht groß und leuchtend wachsen sollte, wie ein Punkt aus Silber in einem Bernstein-Himmel. Die Lunge empfand die Luft als kalt, das hohe Gras triefte von Tau und verströmte seinen würzigen, bitteren Duft. Ein paar verspätete Masai trieben Schafe und Ziegen in die Pferche:

> … Und wenn die Sterne dann zur Nacht
> entsandten ihren Gruß
> aus Gold zu jedem Fluß
> und heimwärts zog der Hirte sacht
> auf abendkühler Flur,
> schrieb in den Tau die Spur …

Bald würden zu allen Seiten die Zikaden ihr Lied anstimmen.

Die Welt war eins mit mir, ich war das Gras und die Luft, ich war die fernen, unsichtbaren Berge, die müden Ochsen, ich atmete mit dem Nachtwind in den Bäumen.

Nach drei Monaten wurde ich plötzlich nach Hause gerufen. Ich glaube, daß sich meine Safari etwas regellos ausnahm, als nun der Krieg in Afrika systematisch organisiert wurde und man uns reguläre Truppen aus Europa schickte. Da machten wir uns auf den Heimweg und zogen schweren Herzens an unseren alten Lagerplätzen vorüber.

Diese Safari blieb im Gedächtnis der Farm lange Zeit lebendig. Ich unternahm später noch viele Jagdexpeditionen. Doch aus einem bestimmten Grund – vielleicht weil wir damals im Dienst der Regierung und so etwas wie Beamte gewesen waren oder weil uns eine kriegerische Atmosphäre umgeben hatte – nahm unsere Kriegs-Safari im Herzen der Leute, die daran teilgenommen hatten, eine Sonderstellung ein. Meine damaligen Begleiter hielten sich im Laufe der Zeit für eine Safari-Aristokratie.

Noch viele Jahre später kamen sie manchmal zum

Haus, um über diese Safari zu reden, um Erinnerungen aufzufrischen und dies und jenes von unseren einstigen Abenteuern durchzusprechen.

Swahili-Rechnung

In den ersten Monaten nach meiner Ankunft in Afrika sollte mir ein schüchterner junger Schwede, ein Molkereiangestellter, die Zahlenfolge auf swahili beibringen. Da nun die Zahl neun auf swahili einen zweifelhaften Klang für schwedische Ohren hat, wollte er sie nicht gern vor mir aussprechen, und wenn er »sieben – acht« gezählt hatte, verstummte er jäh, sah zur Seite und sagte: »Neun gibt es auf swahili nicht.« – »Meinen Sie«, fragte ich, »daß die Leute nur bis acht zählen können?« – »Nein, nein«, sagte er rasch, »sie haben zehn, elf, zwölf und so weiter, aber neun gibt es nicht.« – »Ist denn das möglich?« fragte ich erstaunt, »was machen sie, wenn sie bis neunzehn kommen?« – »Neunzehn haben sie auch nicht«, sagte er errötend, doch sehr bestimmt, »und neunzig oder neunhundert auch nicht« – denn diese Zahlwörter sind auf swahili von neun abgeleitet –, »aber sonst haben sie alle Zahlen wie wir.«

Der Gedanke an ein solches Zahlensystem beschäftigte mich lange Zeit und bereitete mir große Freude. Da haben wir doch endlich einmal ein Volk, dachte ich, das genug Mut und Unbefangenheit besitzt, um die uralte Pedanterie unserer eigenen Zahlenfolge zu durchbrechen.

Wenn eins, zwei und drei die einzigen aufeinanderfolgenden Primzahlen sind, dann können ja acht und zehn auch die einzigen aufeinanderfolgenden geraden Zahlen sein. Vielleicht wird man die Existenz der Zahl neun durch die Behauptung zu beweisen versuchen, daß es möglich sein muß, die Zahl drei mit sich selbst zu multiplizieren, aber warum muß das möglich sein? Wenn die Zahl zwei keine Quadratwurzel hat, dann braucht es genausowenig das Quadrat von drei zu geben. Wenn man von einer mehrstelligen Zahl die Quersumme zieht, bis man sie auf eine einstellige Zahl reduziert hat, dann macht es keinen Unterschied, ob die Zahl anfangs die Zahl neun oder ein Vielfaches davon enthalten hat oder nicht, und diese Tatsache deutet darauf hin, daß die Zahl neun tatsächlich illusorisch ist, und spricht für das System der Swahili.

Nun ergab es sich, daß ich zu jener Zeit einen Diener mit Namen Zacharias hatte, dem an der linken Hand der vierte Finger fehlte. Vielleicht kommt es bei den Eingeborenen häufig vor, dachte ich, daß sie sich dieses Fingers entledigen, um sich das Rechnen zu erleichtern, wenn sie die Finger zu Hilfe nehmen.

Als ich meine Gedanken dann anderen Leuten darlegte, unterbrachen sie mich und klärten mich auf. Ich habe aber immer noch das Gefühl, daß es bei den Eingeborenen ein Zahlensystem ohne die Zahl neun gibt, das sehr gut funktioniert und mit dessen Hilfe man viele Dinge herausfinden kann.

In diesem Zusammenhang ist mir auch ein alter dänischer Pastor eingefallen, der gesagt hat, er glaube nicht, daß Gott das achtzehnte Jahrhundert erschaffen habe.

Ich lasse dich nicht, du segnest mich denn

Wenn nach vier Monaten Trockenheit und Hitze die lange Regenzeit in Afrika beginnt, dann wirken Wachstum, Frische und Duft allerorten überwältigend.

Doch die Farmer wagen es nicht, der Freigebigkeit der Natur so ganz zu trauen. Sie lauschen ängstlich nach einem Diminuendo im Dröhnen des Regens ringsum. Das Wasser, das die Erde in den nächsten zwei Monaten trinkt, muß für alle Pflanzen, Tiere und Menschen der Farm ausreichend sein und sie durch die vier regenlosen Monate, die sich anschließen, bringen.

Es ist ein herrlicher Anblick, wenn sich alle Wege der Farm in klare Ströme von fließendem Wasser verwandelt haben; und der Farmer watet frohen Herzens durch den Schlamm und zum blühenden, triefend nassen Kaffeefeld hinaus. Doch mitten in der Regenzeit kann es geschehen, daß abends die Sterne durch die dünne Wolkenschicht leuchten. Dann steht der Farmer vor seinem Haus und starrt zum Himmel, hängt sich an ihn mit beiden Armen, als wollte er mehr Regen aus ihm melken, und schreit zu ihm empor: »Gib mir genug und mehr als genug! Mein Herz liegt vor dir offen, und ich lasse dich nicht, du segnest mich denn. Ertränke mich, wenn du willst, doch töte mich nicht durch deine Launen, nicht durch Geiz, nicht durch Trockenheit. Kein Coitus interruptus, Himmel, Himmel!«

Manchmal ruft ein kalter, farbloser, trockener Tag mitten in der Regenzeit auf einmal *marka mbaya,* das böse Jahr, das Dürrejahr des Landes, in die Erinnerung zurück. Damals ließen die Kikuyu ihre Kühe meistens in der Nähe meines Hauses weiden, und unter den Hirten war ein junger Mann, der eine Flöte besaß und ab und zu eine kleine Melodie darauf spielte. Wenn ich diese Melodie später wiederhörte, rief sie mir in einem einzigen Augenblick unsern ganzen Kummer, unsre ganze Verzweiflung zurück, sie schmeckte salzig wie Tränen. Doch gleichzeitig lag in dieser Melodie, überraschend und frappierend, eine Kraft, eine eigentümliche Süße. Haben die schweren Zeiten wirklich all das enthalten? Damals waren wir jung und hatten eine wilde Hoffnung. In diesen langen, traurigen Tagen geschah es, daß wir zu einer Einheit verschmolzen, so daß wir uns auf einem anderen Planeten wiedererkennen und ein Ding dem anderen zurufen wird – die Kuckucksuhr und meine Bücher den mageren Kühen auf dem Rasen und den bekümmerten alten Kikuyu –: »Ihr wart auch dabei. Auch ihr seid ein Teil der Farm am Ngong gewesen.« Die schweren Zeiten segneten uns und vergingen wieder.

Die Freunde der Farm kehrten ein und reisten weiter. Es lag nicht in ihrer Natur, lange an ein und demselben Ort zu bleiben. Sie gehörten auch nicht zu den Menschen, die sehr alt werden, sie starben und kamen niemals wieder. Doch wenn sie zufrieden am Feuer gesessen hatten und wenn sich das Haus um sie schloß und sagte: »Ich lasse euch nicht, ihr segnet mich denn«, dann lachten sie und segneten es, und es ließ sie gehen.

Eine alte Dame erzählte auf einer Gesellschaft von ihrem entschwundenen Leben. Sie erklärte, daß sie das Ganze gern noch einmal leben wollte, und sie sah das als einen Beweis dafür an, daß sie vernünftig und gut gelebt hätte. Ich dachte: Ja, ihr Leben ist wohl von jener Art gewesen, daß man es eigentlich zweimal leben muß, bevor man sagen kann, man habe gelebt. Man kann eine Ariette, eine kleine Melodie da capo spielen, nicht aber ein ganzes Musikstück, nicht eine Symphonie und auch nicht eine Tragödie in fünf Akten. Sie werden nur dann wiederholt, wenn die Aufführung nicht so war, wie sie hätte sein sollen.

Meine Jugend, ich will dich nicht lassen, du segnest mich denn, mein Leben, ich will dich nicht lassen, du segnest mich denn, dann aber will ich dich lassen.

Die Mondfinsternis

In einem Jahr gab es eine Mondfinsternis.

Kurz bevor sie eintreten sollte, schrieb mir der junge indische Stationsvorsteher des Bahnhofs Kikuyu den folgenden Brief:

»Hochverehrte gnädige Frau.

Man hat mich freundlichst wissen lassen, daß nun das Licht der Sonne für sieben Tage hintereinander ausgelöscht werden soll. An die Eisenbahnzüge wollen wir dabei nicht denken. Doch erweisen Sie mir die große Liebenswürdigkeit, denn ich glaube nicht, daß mir sonst jemand diese große Liebenswürdigkeit erweisen würde, mich wissen zu lassen, ob meine Kühe in dieser Zeit im Freien grasen dürfen. Oder soll ich sie in den Stall sperren?

In tiefster Ehrerbietung
Ihr gehorsamer Diener
Patel.«

Schwarze und Verse

Die Schwarzen, die einen so ausgeprägten Sinn für Rhythmus haben, kennen keine Reime, zumindest war das so zu jener Zeit, als ich mich in Afrika ansiedelte und bevor sie in den Schulen Choräle lernten.

Eines Abends, als wir auf dem Feld Mais geerntet und die reifen, gelben Kolben abgebrochen und auf die Ochsenwagen geworfen hatten, begann ich zu meinem eigenen Vergnügen den Feldarbeitern, die größtenteils sehr jung waren, Verse auf swahili vorzusprechen. Die Verse hatten keinerlei Sinn und waren nur um des Reimes willen geschmiedet.

Ngumbe
Na penda chumbe
Malaya
Mbaya
Wakamba
Na kula mamba.

... Ochsen lieben Salz. Huren sind schlimm. Die Wakamba essen Schlangen. – Das erregte bei den Arbeitern sogleich ein lebhaftes Interesse, und sie bildeten um mich einen Kreis. Sie begriffen rasch, daß der Sinn bei der Poesie von untergeordneter Bedeutung ist, und kümmert sich nicht um den Inhalt der Verse. Unter meinen Leuten waren mehrere Wakamba-Jungen, die jedoch gegen die Unterstellung, Schlangen zu essen, keineswegs protestierten. Sie warteten gespannt auf den Reim und lachten, wenn er kam. Ich versuchte, sie selbst zum Reimen anzuregen, indem ich ihnen die erste Zeile des Verses vorgab, aber das konnten oder wollten sie nicht, und sie wandten den Kopf ab. Als sie sich ein wenig daran gewöhnt hatten, baten sie: »Sprich weiter, sprich wie der Regen!« Warum die Verse in ihren Ohren wie Regen klangen, weiß ich nicht. Es muß aber doch eine Beifallsbekundung für mich gewesen sein, denn Regen ist in Afrika immer willkommen und wird sehnsuchtsvoll erwartet.

Über das tausendjährige Reich

Zu jener Zeit, da Christi Wiederkunft zur Erde eine Tatsache war, wurde ein Komitee eingesetzt, das über alle Vorbereitungen zu seinem Empfang befinden sollte. Nach einigen Diskussionen gab das Komitee ein Rundschreiben heraus, in dem es jegliches Schwenken und Werfen mit Palmenzweigen und alle Hosiannarufe untersagte.

Als das tausendjährige Reich eine Zeitlang bestanden hatte und die Freude allgemein war, sagte Christus eines Abends zu Petrus, daß er einen Spaziergang machen wolle, wenn alle anderen zur Ruhe gegangen seien. »Wo willst du hin, Herr?« fragte Petrus. »Ich will nur eben vom Gerichtsgebäude den langen Hügel hinaufgehen, nach Golgatha«, sagte der Herr.

Kitoshs Geschichte

Kitoshs Geschichte hat in den Zeitungen gestanden. Ein Rechtsfall entwickelte sich daraus, und eine Kommission wurde eingesetzt, um ihn in allen Einzelheiten zu untersuchen und aufzuklären. Man kann in den alten Papieren auch noch einigen Aufschluß darüber finden.

Kitosh war ein junger Kikuyu, der bei einem jungen weißen Siedler in Molo in Dienst stand. An einem Mittwoch im Juni lieh der Farmer einem Freund, der zum Bahnhof reiten wollte, seine braune Stute. Kitosh wurde mitgeschickt, um sein Pferd wieder zurückzubringen, und der Farmer sagte ihm, daß er nicht darauf reiten dürfe, sondern das Tier führen solle. Doch Kitosh sprang auf das Pferd und ritt es nach Hause. Am Samstag erfuhr sein Herr von diesem Vergehen durch einen Bekannten, der es gesehen hatte. Zur Strafe ließ er Kitosh am Sonntagnachmittag prügeln, sperrte ihn dann gefesselt in seiner Scheune ein, und in der Nacht starb Kitosh.

Um in dieser Angelegenheit Klarheit zu schaffen und ein Urteil zu fällen, fand am ersten August im Bahnhofsgebäude von Nakuru eine Gerichtsverhandlung statt.

Die Eingeborenen, die um das Bahnhofsgebäude versammelt waren, müssen sich gefragt haben, was all dieser Aufwand bedeute. In ihren Augen war der Fall klar. Kitosh war tot, daran bestand kein Zweifel, und nach ihren Vorstellungen sollten seine Verwandten nun eine Entschädigung für seinen Tod bekommen, und wenn nicht, dann müßten sie sich damit abfinden.

Doch die europäischen Rechtsbegriffe sind anders als die afrikanischen, und die Jury der weißen Männer, die den Fall zu verhandeln hatte, beschäftigte sich vor allen Dingen mit der Frage der Schuld. Die Anklage konnte auf Mord, Totschlag oder Körperverletzung lauten. Der Richter schärfte den Geschworenen zu Beginn der Verhandlung ein, daß die Art des Verbrechens nach der Absicht und nicht nach dem Ergebnis zu beurteilen sei. Welche Absicht und Einstellung hatten die verschiedenen Parteien nun im Falle Kitoshs gehabt?

Um Absicht und Einstellung des Farmers festzustellen, verhörte ihn das Gericht täglich mehrere Stunden hintereinander. Man versuchte sich ein Bild davon zu machen, was wirklich geschehen war, und brachte deshalb sämtliche Einzelheiten, die sich ermitteln ließen, ans Tageslicht. So wurde schriftlich vermerkt, daß Kitosh, als der Farmer ihn gerufen hatte, erschienen und drei Meter vor ihm stehengeblieben war. Diese unerhebliche Information ist im Bericht von großer Wirkung. Da stehen sie nun, in der ersten Szene des Dramas, der weiße und der schwarze Mann, drei Meter voneinander entfernt.

Doch von nun an und im weiteren Fortgang der Geschichte büßt das Bild seine Ausgewogenheit ein, und die Gestalt des Farmers verwischt sich und wird immer kleiner. Daran ist nichts zu ändern. Schließlich ist sie nur noch Staffage in einer großen Landschaft, sie verliert jedes Gewicht und nimmt sich wie eine ausgeschnittene Papierfigur aus, die von der eigenen, ihr unbekannten Freiheit des Handelns wie von einem Zugwind hierhin und dahin geblasen wird.

Der Farmer sagte, er habe Kitosh als erstes gefragt, wer ihm wohl erlaubt hätte, auf der braunen Stute zu reiten, und dann habe er seine Frage vierzig- oder fünfzigmal wiederholt. Gleichzeitig räumte er ein, daß niemand dagewesen sei, der eine solche Erlaubnis hätte erteilen können. Damit nahm das Verderben des Farmers seinen Anfang. In England hätte er keinem Menschen eine Frage vierzig- oder fünfzigmal stellen können, man hätte ihn unterbrochen und ihm den Mund gestopft, lange vor dem vierzigsten Mal. Doch hier in Afrika gab es Menschen, denen er dieselbe Frage fünfzigmal ins Gesicht schreien konnte, das verkraftete er nicht und geriet aus der Fassung. Schließlich antwortete Kitosh, daß er kein Dieb sei, und der Farmer erklärte dem Gericht, für diese Antwort habe er Kitosh prügeln lassen.

An dieser Stelle führt der Bericht eine weitere belanglose, jedoch wirkungsvolle Einzelheit an: Während Kitosh bestraft wurde, kamen zwei Europäer zu Besuch, die im Bericht als Freunde des Farmers bezeichnet werden. Sie sahen zehn Minuten oder eine Viertelstunde zu und gingen dann wieder davon.

Auch nach Vollzug der Strafe konnte der Farmer Kitosh nicht in Frieden lassen. Am späten Abend ließ er ihn mit einem Lederriemen fesseln und sperrte ihn in der Scheune ein. Als die Geschworenen ihn fragten, weshalb er das getan habe, gab er eine Antwort, die völlig sinnlos war. Er sagte, er habe verhindern wollen, daß ein solcher Mensch auf der Farm herumliefe. Nachdem er zu Abend gegessen hatte, ging er noch einmal in die Scheune und fand Kitosh, etwas entfernt von jener Stelle, wo er ihn gefesselt hatte, ohne Bewußtsein und losgebunden am Boden. Er rief nun seinen Koch, einen Baganda, fesselte mit seiner Hilfe Kitosh straffer als zuvor und band seine Hände an einem Balken hinter ihm und sein rechtes Bein an einem Balken vor ihm fest. Dann verließ er die Scheune und verschloß die Tür, doch eine halbe Stunde später kehrte er abermals zurück, rief den Koch und den Küchenjungen und sperrte sie mit in die Scheune. Daraufhin legte er sich schlafen, und als nächstes, so erinnerte er sich, kam der Junge aus der Scheune und erzählte ihm, Kitosh sei gestorben.

Die Geschworenen hielten sich genau an die Worte des Richters, daß die Art eines Verbrechens nach der Absicht zu beurteilen sei, und suchten nun in alledem eine Absicht zu finden. Sie beschäftigten sich ausführlich und eingehend damit, wie die Bestrafung vonstatten gegangen und was danach geschehen war. Wenn man die Dokumente durchliest, glaubt man ihr Kopfschütteln zu sehen.

Was aber war nun Kitoshs Absicht und Einstellung gewesen? Ja, das war eine andere Sache, wie sich bei der Untersuchung herausstellte. Kitosh hatte eine Absicht und Einstellung gehabt, und sie gab schließlich bei der Verhandlung den Ausschlag. Man kann sagen, daß der Afrikaner noch im Grabe durch seine Absicht und Einstellung den Europäer gerettet hat.

Kitosh hatte kaum eine Möglichkeit, seine Absichten oder seine Gemütsverfassung einem anderen mitzuteilen. Er war in der Scheune eingesperrt, seine Botschaft erreicht uns daher auf einfache Art und in einem einzigen Gestus. Die Nachtwache berichtet, er habe die ganze Nacht gejammert. Aber das stimmt nicht, denn um ein Uhr sprach er mit dem eingeborenen Jungen, der mit ihm in der Scheune eingeschlossen war. Er machte dem Kind verständlich, daß es ihn anschreien müsse, denn er sei durch die Schläge taub geworden. Gleichzeitig aber bat er den Jungen, ihm die Füße loszubinden, und sagte, daß er ja doch nicht weglaufen könne. Der Junge erfüllte seine Bitte, und dann sagte Kitosh, er wolle gern sterben. Um vier Uhr, erklärte das Kind, sagte Kitosh noch einmal, daß er sterben wolle. Gleich darauf warf er sich von einer Seite zur anderen, rief: »Ich sterbe«, und war tot.

Das Gericht holte drei ärztliche Gutachten ein.

Der Bezirksarzt, der die Leichenschau vorgenommen hatte, war der Ansicht, daß der Tod durch die Schäden und Verletzungen verursacht worden sei, die er an der Leiche festgestellt hatte. Er glaubte nicht, daß sofortige ärztliche Hilfe Kitosh noch hätte retten können.

Die beiden Ärzte aus Nairobi, die die Verteidigung hinzugezogen hatte, waren jedoch anderer Meinung. Die Bestrafung allein, sagten sie, hätte nicht zum Tode führen können. Es gebe dabei ein Moment, das man nicht übersehen dürfe: Kitosh hatte den Wunsch zu sterben. Zu diesem Punkt, erklärte der erste Arzt, könne er sich sachkundig äußern, denn er lebe seit fünfundzwanzig Jahren in diesem Land und kenne sich mit der Mentalität der Eingeborenen aus. Viele Ärzte könnten bestätigen, daß ein Eingeborener, der wirklich habe sterben wollen, auch gestorben sei. Im vorliegenden Fall sei das ja ganz besonders klar, denn Kitosh habe einen solchen Wunsch selbst geäußert. Der zweite Arzt schloß sich seiner Aussage an.

Es sei wahrscheinlich, fuhr er fort, daß Kitosh, hätte er eine andere Einstellung gehabt, am Leben geblieben wäre. Hätte er zum Beispiel etwas gegessen, dann hätte er nicht so schnell den Mut verloren, denn Hunger wirke bekanntlich deprimierend. Der Arzt fügte hinzu, daß die Wunde an seinem Mund nicht unbedingt von einem Fußtritt stammen müsse, Kitosh könne sich unter großen Schmerzen die Lippe selbst zerbissen haben.

Weiterhin glaube er, daß sich Kitosh nicht vor neun Uhr zum Sterben entschlossen habe, denn zu diesem Zeitpunkt habe er noch versucht zu fliehen. Er sei ja auch erst nach neun Uhr tot gewesen. Es sei möglich, daß nach dem Scheitern seines Fluchtversuchs, als man ihn von neuem und noch härter fesselte, das Gefühl, gefangen zu sein, sein Gemüt bedrückt habe.

Die beiden Ärzte aus Nairobi faßten ihre Ansicht der Sache zusammen: Kitosh sei durch die Züchtigung, durch Hunger und seinen Wunsch zu sterben zu Tode gekommen. Diesen Wunsch, fügten sie hinzu, habe vermutlich die Züchtigung bewirkt.

Nachdem die Ärzte ihre Erklärung abgegeben hatten, drehte sich die Gerichtsverhandlung im wesentlichen um die »Todeswunsch-Theorie«. Der Bezirksarzt, der als einziger Kitoshs Leiche gesehen hatte, wies eine solche Theorie zurück und führte als Beispiel Krebspatienten aus seiner eigenen Praxis an, die diesen Wunsch gehabt hätten und doch nicht gestorben seien. Es stellte sich jedoch heraus, daß es sich dabei um Europäer gehandelt hatte.

Schließlich lautete das Urteil des Gerichts auf: schuldig der schweren Körperverletzung. Auch die mitangeklagten Eingeborenen wurden schuldig gesprochen, doch wurde dabei berücksichtigt, daß sie auf Befehl ihres Herrn, eines Europäers, gehandelt hatten und daß eine Inhaftierung deshalb ungerecht wäre. Das Gericht verurteilte den Farmer zu zwei Jahren und die Eingeborenen zu jeweils einem Tag Gefängnis.

Wenn man die Akten dieses Falls im ganzen liest, dann mag man es als merkwürdig und demütigend empfinden, daß wir Europäer in Afrika nicht die Macht besitzen, die Existenz des Afrikaners zu beenden. – Es ist sein Land, und was man ihm auch antut, so geht er, wenn er geht, aus eigenem, freiem Willen und weil er nicht länger bleiben will. Wer hat die Verantwortung dafür zu tragen, was in einem Haus geschieht? Derjenige, der es besitzt und dessen Erbteil es ist.

Dieses sichere Gespür für Anstand verleiht der Gestalt des Kitosh, mit seinem festen Willen zu sterben, eine besondere Schönheit, auch wenn uns viele Jahre von ihm trennen. In ihm hat sich die Flüchtigkeit der Wildnis verkörpert; wenn die Stunde der Not kommt, dann kennen ihre Kinder einen Zufluchtsort im Dasein, von dem wir nichts wissen, sie gehen, wann sie wollen, und wir können sie nicht halten.

Einige afrikanische Vögel

Gleich zu Beginn der langen Regenzeit, in der letzten Märzwoche und in der ersten Aprilwoche, habe ich in den afrikanischen Wäldern die Nachtigall gehört. Nicht ihr ganzes Lied: ein paar Töne, die ersten Takte des Konzerts, eine Generalprobe, die abgebrochen und von neuem begonnen wurde. Das war, als säße jemand in einem Baum des triefend nassen Waldes und stimmte ein winzig kleines Violoncello. Und doch war es dieselbe Melodie, derselbe Reichtum, dieselbe Süße, die bald die Wälder Europas von Sizilien bis Helsingør erfüllen sollte.

Wir hatten in Afrika die schwarzen und weißen Störche, jene Vögel, die ihre Nester auf den Strohdächern der nordeuropäischen Dörfer bauen. Sie wirken in Afrika weniger imposant als im Norden, denn hier gibt es zum Vergleich so riesige und ehrwürdige Vögel wie den Marabu und den Sekretär. In Afrika haben die Störche andere Gewohnheiten als in Europa, wo sie paarweise leben und als Symbol ehelichen Glücks gelten, man sieht sie hier in großen Scharen, wie in Klubs. Sie heißen in Afrika Heuschreckenvögel, weil sie den Heuschreckenschwärmen folgen, wenn diese ins Land einfallen, und sich mit ihnen mästen. Man sieht sie auch, wenn in der Steppe ein großer Grasbrand wütet, dann ziehen sie unmittelbar vor der Linie der hüpfenden Flämmchen hoch oben in der flirrenden, regenbogenfarbenen Luft und im grauen Rauch ihre Kreise und spähen nach Mäusen und Schlangen, die vor dem Feuer fliehen. Die Störche führen in Afrika ein lustiges Leben. Doch ihr wirkliches Leben ist das nicht. Wenn die Frühlingswinde Erinnerungen an Liebe und Heim wachrufen, dann wenden sich ihre Herzen dem Norden zu, sie entsinnen sich alter Tage und alter Plätze und erheben sich zwei und zwei in die Lüfte, um bald darauf durch die kalten Sümpfe ihres Heimatlands zu waten.

Wenn der Regen beginnt und auf den großen abgebrannten Flächen frische grüne Triebe sprießen, dann gibt es in der Steppe Hunderte von Kiebitzen. Die Atmosphäre über den Ebenen hat immer etwas vom Meer, der unendlich weite Horizont läßt an die See und an lange, sandige Küsten denken. Der wandernde Wind ist der gleiche, das verbrannte Gras riecht salzig wie Tang, und wenn es hochgewachsen ist, dann wogt die ganze Landschaft. Wenn auf der Steppe die weiße Nelke blüht, dann denkt man an die kurzen, mit weißem Schaum gekrönten Wellen, die einem entgegenkommen, wenn man durch den Øresund kreuzt. Die Kiebitze benehmen sich auf der Steppe auch ganz so wie Watvögel am Strand. Sie trippeln ein Stück durch das kurze Gras, so schnell sie können, und plötzlich fliegen sie allesamt mit lautem, durchdringendem Geschrei direkt vor den Hufen des Pferdes auf, so daß sich der helle Himmel in einen lebendigen Wirrwarr von Flügeln und Vogelschreien verwandelt.

Die Kronen-Kraniche, die unser frischbepflanztes und geeggtes Maisfeld heimsuchen und den Mais aus der Erde stehlen, söhnen uns mit ihren Diebereien teilweise dadurch wieder aus, daß sie Regen verkünden und für uns tanzen. Es ist ein großartiger Anblick, wenn sich die hochbeinigen Vögel in großen Scharen versammeln und tanzend die Flügel heben. Ihre Tänze haben Stil und sind gar nicht wenig affektiert – denn warum hüpfen sie auf und nieder, als würden sie von der Erde wie von einem Magneten angezogen, wo sie doch fliegen können? Das ganze Ballett hat ein kirchliches Gepräge und nimmt sich wie ein Ritualtanz aus. Vielleicht versuchen die Kraniche den Himmel mit der Erde zu vereinen, wie die Engel, die auf der Jakobsleiter auf- und niederkletterten? Mit ihren zarten grauen Farben, dem schwarzen Samtkäppchen und den fächerförmigen Kronen gleichen diese Vögel durchgeistigten Freskogemälden. Wenn sie ihren Tanz beendet haben und sich erheben und davonfliegen, bringen sie, um das sakrale Gepräge der ganzen Vorstellung zu bewahren, mit den Flügeln oder mit der Stimme einen hellen, klingenden Ton hervor, als würde eine Gruppe von Kirchenglocken durch die Luft davonsegeln. Wenn sie selbst schon längst im Himmel verschwunden sind, hört man sie noch wie ein Glockenspiel in den Wolken.

Auch die großen Nashornvögel waren auf der Farm zu Gast und besuchten sie, um die Früchte der wilden Kastanie zu fressen, die hier Kap-Kastanie genannt wird. Es sind ganz eigentümliche Vögel, und ihnen zu begegnen war ein Erlebnis und ein Abenteuer, und nicht ausschließlich angenehm, denn sie sehen so allwissend aus. Eines Morgens wurde ich vor Sonnenaufgang durch lautes Schwatzen vor dem Haus geweckt, und als ich auf die Terrasse ging, sah ich in den Bäumen auf dem Rasen einundvierzig Nashornvögel sitzen. Sie sahen weniger wie Vögel, sondern wie wilde, phantastische Dekorationen aus, die ein Kind hier und da an den Bäumen angebracht hatte. Schwarz waren sie alle, doch bei ihnen war diese Farbe tief, süß, geheimnisvoll und edel, ein intensives Dunkel, in langer Zeit gesammelt und eingesogen, wie alter Ruß oder Torfrauch, das positive Schwarz, bei dem man die Empfindung hat, daß sich keine Farbe damit messen kann, wenn es um Eleganz, Kraft und Lebendigkeit geht. Alle diese Nashornvögel unterhielten sich in bester Stimmung, jedoch gewandt wie eine Gesellschaft von Erben nach einem Begräbnis. Die Morgenluft war so klar wie Glas, die düstere Gesellschaft nahm ein Bad in

Frische und Reinheit, und hinter den hohen Bäumen und den Vögeln ging die Sonne wie eine matte, hochrote Kugel auf. Man fragt sich, was für einen Tag man nach einer solchen Stunde in der Frühe erwarten kann.

Die Flamingos haben von allen afrikanischen Vögeln die schönsten Farben. Sie sind rosenrot und scharlachrot, wie ein fliegender Zweig eines blühenden Oleanderbaums. Ihre Beine sind unglaublich lang, und Hals und Körper sind so seltsam und edel geschwungen, daß es den Anschein hat, als wären sie auf eine raffinierte, traditionelle Weise prüde und wollten alle Stellungen und Bewegungen im Leben deshalb so schwierig wie möglich machen.

Als ich einmal von Port Said nach Marseille fuhr, befand sich an Bord des französischen Schiffes eine Lieferung von hundertundfünfzig Flamingos, die für den *Jardin d'Acclimatation* in Marseille bestimmt waren. Jeweils zehn von ihnen waren in großen, schmutzigen Behältern mit Segeltuchwänden eingesperrt, die übereinander gestapelt waren. Der Mann, der die Vögel beaufsichtigte, erzählte mir, daß er bei jeder Fahrt mit einem Verlust von zwanzig Prozent rechne. Die Flamingos waren für ein Leben auf See nicht geschaffen, sie verloren bei unruhigem Meer das Gleichgewicht, fielen hin, brachen sich die Beine und wurden von den anderen Vögeln im Käfig totgetrampelt. Nachts, wenn es auf dem Mittelmeer stürmisch war und das Schiff schwer durch die Wellen stampfte, hörte ich bei jedem Stoß die Flamingos im Dunkel schreien. Jeden Morgen sah ich den Vogelwärter ein paar tote Vögel aus dem Behälter nehmen und über Bord werfen. Der edle Stelzvogel vom Nil, ein Geschwister der Lotosblüte, der wie ein kleiner, losgerissener Zipfel des Sonnenuntergangs über der Landschaft schwebt, war jetzt nichts weiter als ein schlaffes Bündel von rosenroten und hochroten Federn, an dem zwei lange, dünne Stöcke befestigt waren. Die toten Vögel trieben eine kurze Weile auf dem Wasser und schaukelten im Kielwasser des Schiffes auf und nieder, bevor sie versanken.

Pania

Die schottischen Windhunde haben sich während ihres hundertjährigen Zusammenlebens mit den Menschen einen menschlichen Sinn für Humor erworben, sie können lachen. Sie verstehen unter einem Spaß das gleiche wie die Eingeborenen – sie freuen sich an einem Mißgeschick. Vielleicht kommt man über diese Art von Humor erst dann hinaus, wenn man es zu einem Kunstverständnis und einer Staatsreligion gebracht hat.

Pania war ein Sohn von Dusk. Eines Tages, als ich mit ihm in der Nähe des Teiches spazierenging, wo eine Reihe von hohen, dünnen, blauen Gummibäumen stand, lief er mir plötzlich davon und auf einen der Bäume zu, bellte und kehrte halbwegs zu mir zurück, um mir zu bedeuten, daß ich ihm folgen solle. Das tat ich und sah hoch oben im Baum eine Servalkatze sitzen. Servalkatzen stehlen unsere Hühner, deshalb rief ich einen vorbeigehenden Toto und ließ ihn aus dem Haus meine Flinte holen, und dann schoß ich die Katze herunter. Sie fiel wie ein Stein aus großer Höhe, und Pania stürzte sich sogleich auf sie, schüttelte und beutelte sie und war von unserem Erfolg begeistert.

Einige Zeit später kam ich wieder auf diesem Weg am Teich vorüber. Ich war auf Rebhuhnjagd gewesen, hatte aber keins erwischt, und Pania und ich waren in bedrückter Stimmung. Plötzlich stürzte Pania auf den entferntesten Baum in der Reihe los, bellte ihn an wie ein Verrückter, eilte zu mir und lief dann zum Baum zurück. Ich war froh, daß ich meine Flinte dabei hatte, und folgte ihm in der Hoffnung, wieder eine Servalkatze zu erlegen, denn diese Tiere haben ein schönes, geflecktes Fell. Doch als ich emporsah, erblickte ich eine wütende schwarze Hauskatze, die so hoch im schwankenden Wipfel des Baumes saß, wie sie hatte klettern können. Da ließ ich die Flinte sinken. »Pania«, sagte ich, »du Schafskopf. Das ist eine Katze.«

Als ich mich zu ihm umdrehte, stand er ein wenig entfernt von mir und schüttelte sich vor Lachen, und als sein Blick dem meinen begegnete, eilte er auf mich zu, tänzelte, wedelte mit dem Schwanz, sprang an mir hoch, legte mir die Vorderpfoten auf die Schultern, drückte seine Nase an mein Gesicht und rannte dann wieder zurück und lachte. Er gab mir pantomimisch zu verstehen: »Ja, das weiß ich wohl, ich weiß, daß es eine Hauskatze war, das habe ich die ganze Zeit gewußt. Du mußt vielmals entschuldigen. Aber du ahnst ja nicht, was für eine Figur du gemacht hast, als du in vollem Galopp mit deiner Flinte auf eine Katze losgestürzt bist!«

An diesem ganzen Tag geriet der Hund von Zeit zu Zeit in die gleiche Erregung und wiederholte sein Benehmen. Er bezeigte mir in der überströmendsten Weise seine Zuneigung und zog sich dann etwas zurück, um seinem Gelächter freien Lauf zu lassen. In seine Sprache kam ein vertraulicher Ton: »Du weißt ja wohl«, sagte er, »daß ich in diesem Haus nur über dich und Farah lache.«

Selbst als er abends vor dem Kamin lag, hörte ich ihn im Schlaf vor Lachen winseln und husten. Ich glaube, daß er sich an dieses Ereignis noch lange erinnerte, denn jedesmal wenn wir am Teich und an den Bäumen vorbeigingen, wurde er so freundlich.

Esas Tod

Esa, den man mir während des Krieges weggenommen hatte, kehrte nach Friedensschluß zurück und lebte friedlich auf der Farm. Er hatte eine Frau mit Namen Mariammo, eine magere schwarze, arbeitsame Frau, die Brennholz für mein Haus holte. Esa war der sanftmütigste Mann, den ich je in meinem Dienst gehabt habe, und geriet nie mit anderen Leuten in Streit.

Doch während seiner Verbannung war etwas mit ihm geschehen, und er war nach seiner Rückkehr verändert. Manchmal hatte ich Angst, er könnte mir in aller Stille sterben, wie eine Pflanze, der man die Wurzeln abgeschnitten hat.

Esa war bei mir Koch, aber er kochte nicht gern und wollte lieber Gärtner sein. Pflanzen war das einzige, wofür er sich noch wirklich interessierte. Ich hatte jedoch schon einen Gärtner, Muthaiga, und ein Koch fehlte mir, deshalb war ich unerbittlich und behielt Esa in der Küche. Obwohl ich ihm versprochen hatte, daß er wieder im Garten arbeiten dürfe, schob ich das von einem Monat zum anderen auf. Esa ging nun in seiner Freizeit hinunter zum Fluß, dämmte dort auf eigene Faust ein Stück Land ein und bepflanzte es, um mir eine Überraschung zu bereiten. Da er aber die ganze Arbeit allein tat und nicht besonders kräftig war, hielt der Damm dem Druck nicht stand, und als die nächste Regenzeit kam, brach er völlig zusammen und wurde weggespült.

Den ersten ernsthaften Eingriff in Esas stilles Nicht-Dasein gab es, als sein Bruder im Kikuyu-Reservat starb und ihm eine schwarze Kuh hinterließ. Bei dieser Gelegenheit zeigte sich, wie schlimm das Leben Esa mitgespielt hatte – er war einem starken Eindruck nicht mehr gewachsen. Und noch weniger konnte er Glück vertragen. Er bat mich um drei Tage Urlaub, um die Kuh zu holen, und als er mit ihr heimkehrte, machte er auf mich einen gequälten und beunruhigten Eindruck, wie ein Mensch, dessen Hände und Füße vor Kälte gefühllos geworden sind und der nun in ein warmes Zimmer kommt.

Alle Eingeborenen sind von Natur aus Spieler, und wenn sie in einer einzigen Sache Glück gehabt haben, halten sie es für natürlich, daß es ihnen immer treu bleiben wird. Die schwarze Kuh hatte bei Esa die Vorstellung geweckt, daß ihm das Glück nun endlich lächele, und sogleich schenkte er dem Schicksal ein unmäßiges, unsinniges Vertrauen und träumte große Träume. Er kam zu der Erkenntnis, daß er das Leben noch vor sich habe, und faßte den Entschluß, sich eine neue Frau zu nehmen. Als er mir von diesem Plan erzählte, hatte er bereits Verhandlungen mit seinem künftigen Schwiegervater angebahnt, der an der Straße nach Nairobi wohnte und eine Swahili-Frau besaß. Ich versuchte Esa davon abzubringen. »Du hast doch eine ausgezeichnete Frau«, sagte ich zu ihm, »und dein Haar ist schon ganz grau, du kannst nicht noch eine gebrauchen. Bleib mal hier und setz dich zur Ruhe!«

Esa nahm mir diese Einwände nicht übel, der kleine, stille Kikuyu stellte sich gerade vor mir auf und beharrte in seiner vagen, unwirklichen Weise auf dem Entschluß. Wenig später führte er seine neue Frau, Fatoma, heim auf die Farm.

Daß Esa überhaupt geglaubt hatte, bei der neuen Ehe könnte etwas Gutes herauskommen, war für mich der Beweis, daß er jegliche gesunde Vernunft und Urteilskraft verloren hatte. Die Braut war sehr jung, sie war hartherzig und mürrisch, gekleidet nach der Art der Swahili, so lüstern wie die Rasse ihrer Mutter und ohne jede Anmut oder Heiterkeit. Doch Esas Gesicht strahlte von Triumph und großen Plänen, er benahm sich in seiner Unschuld wie ein Mann kurz vor der Paralyse. Mariammo, die geduldige dunkle Arbeiterin, hielt sich im Hintergrund und ließ sich von der zweiten Ehe ihres Mannes augenscheinlich nicht anfechten.

Es ist möglich, daß Esa nun eine kurze Zeit voll Größe und Wohlgefühl erlebte. Aber es dauerte nicht lange, da wurde sein friedliches Dasein auf der Farm von dieser jungen Frau zerstört. Einen Monat nach der Hochzeit lief sie ihm davon und tat sich mit den eingeborenen Soldaten in den Baracken von Nairobi zusammen. Während des folgenden halben Jahres kam Esa regelmäßig zu mir und bat mich um einen freien Tag, um seine Frau aus der Stadt zurückzuholen, und am Abend kehrte er mit dem dunklen, mürrischen, widerwilligen Mädchen heim. Das erste Mal brach er noch zuversichtlich auf, männlich und entschlossen in seinem Anspruch auf sie – war sie denn nicht seine rechtmäßige Gattin? Später machte er sich auf eine verwirrte, traurige Jagd nach seinen Träumen und jenem Glück, dessen Liebling er doch gewesen war. »Warum willst du sie nur wiederhaben, Esa?« fragte ich ihn. »Laß sie doch! Sie will nicht zu dir zurück, und das Ganze wird kein gutes Ende nehmen.« Doch Esa brachte es nicht übers Herz, von ihr zu lassen. Er gab seine Forderungen an das Leben eine nach der anderen auf, und zuletzt war es nur noch Fatomas pekuniärer Wert, den er festzuhalten suchte. Meine anderen Leute lachten über ihn, wenn er davonzog, und sie erzählten mir, daß die Soldaten auch lachten. Doch Esa hatte sich nie sonderlich darum gekümmert, was andere Leute von ihm dachten, und jetzt war er über einen solchen Gesichtspunkt auf jeden Fall längst hinaus. Er wanderte los, geduldig und beharrlich, um sein verlorenes Eigentum zurückzugewinnen, wie ein Mann, der seine entlaufene Kuh suchen geht.

Eines Tages sagte Fatoma zu meinen Leuten, daß Esa krank sei und nicht kochen könne. Er werde am nächsten Tag aber wieder aufstehen. Doch am Nachmittag kamen die Leute zu mir und erzählten mir, Fatoma sei verschwunden und Esa habe Gift geschluckt und liege im Sterben. Als ich hinausging, fand ich ihn auf dem Platz zwischen den Hütten, wohin man ihn mit seinem Bett getragen hatte. Ich sah sofort, daß er nicht mehr lange leben würde. Er hatte irgendein einheimisches Gift genommen, das Strychnin ähnlich war, und mußte im Haus, vor den Augen seiner mörderischen jungen Frau, entsetzlich gelitten haben, bis sie sich sicher vor ihm wußte und weggelaufen war. Ein paar heftige, krampfhafte Zuckungen durchliefen ihn noch, doch er war steif und kalt wie ein Toter und lag ganz flach auf dem Bett. Sein Gesicht war völlig verändert, und aus seinen blauen Mundwinkeln sickerte mit Blut vermischter Schaum. Da Farah mit meinem Auto in Nairobi war, konnte ich Esa nicht ins Krankenhaus bringen, ich glaube aber, daß ich es ohnehin nicht getan hätte, es gab für ihn keine Hilfe.

Bevor er starb, sah Esa mich lange an, doch ich weiß nicht, ob er mich erkannt hat. Mit dem Bewußtsein schwand aus seinen dunklen Tieraugen nun die Erinnerung an das Land, wie ich es immer hatte sehen wollen: damals, als es eine Arche Noah war und Wild aller Art den kleinen schwarzen Jungen dicht umringte, der auf der Steppe die Ziegen seines Vaters hütete.

Ich hielt seine Hand, eine Menschenhand, ein starkes, geschicktes Werkzeug, sie hatte Waffen umfaßt, Gemüse und Blumen gepflanzt, gestreichelt und bei mir gelernt, ein Omelett zu bereiten. Hätte Esa selbst sein Leben als Erfolg oder als Fiasko angesehen? Das war schwer zu sagen. Er war seine eigenen schmalen, gewundenen Pfade gewandert und hatte viele Dinge durchgemacht. Er war alle seine Tage ein friedlicher Mann.

Als Farah heimkehrte, traf er sogleich Vorbereitungen für ein feierliches Begräbnis, denn Esa war ein gläubiger Mohammedaner gewesen. Da der Priester, der das Bestattungsritual vollziehen sollte, erst am nächsten Abend zur Farm kommen konnte, wurde Esa zu nächtlicher Stunde begraben, die ganze Milchstraße war am Himmel, und im Leichengefolge leuchteten Laternen. Nach mohammedanischem Brauch wurde sein Grab unter einem großen Baum im Wald in die Erde gemauert. Jetzt kam Mariammo hervor, nahm ihren Ehrenplatz im Trauerzug ein, und ihr Weinen um Esa schallte laut in die Nachtluft.

Farah und ich berieten, wie wir uns gegenüber Fatoma verhalten sollten, und wir entschieden uns, nichts zu unternehmen. Offensichtlich widerstrebte es Farah, eine Frau zu bestrafen. Soweit ich ihn verstehen konnte, wird eine Frau nach mohammedanischem Gesetz niemals zur Rechenschaft gezogen. Ihr Mann trägt für sie die Verantwortung, er muß die Strafe für das Unheil bezahlen, das sie anrichtet, wie man auch von einem Mann Rechenschaft verlangt, wenn sich sein Pferd losreißt und Leute niedertrampelt. Doch wenn das Pferd ausschlägt und seinem Besitzer den Kopf zerschmettert? – Ja, das ist ein bedauerlicher Unglücksfall. Und genaugenommen, dachte ich, hätte Fatoma ja selbst Grund haben können, sich über ihr Schicksal zu beklagen. Mochte sie nun selbst darüber verfügen dürfen und es in den Barakken von Nairobi vollenden.

Schwarze und Geschichte

Wer erwartet, daß die afrikanischen Eingeborenen aus der Steinzeit direkt ins Jahrhundert der Automobile springen können, der vergißt, wieviel Mühe und Arbeit es unsere eigenen Vorväter gekostet hat, uns durch die gesamte Geschichte zu dem Standpunkt emporzubringen, auf dem wir jetzt stehen.

Wir können Automobile und Flugzeuge fabrizieren und die Eingeborenen lehren, sie zu fahren und zu fliegen. Doch eine echte, tiefe Liebe zu Autos kann das menschliche Herz nicht im Handumdrehen entwickeln, dazu braucht es viele Jahrhunderte, und es ist sehr wahrscheinlich, daß Sokrates, die Kreuzzüge und die Französische Revolution einen notwendigen Beitrag dafür geleistet haben. Wir Kinder des zwanzigsten Jahrhunderts, die wir unsere Maschinen leidenschaftlich lieben, können uns nicht vorstellen, wie es Leuten in alten Zeiten möglich war, ohne sie zu leben und zufrieden zu sein. Dagegen wären wir unfähig, das Athanasianische Glaubensbekenntnis, die Technik der katholischen Messe oder die Regeln für eine Tragödie in fünf Akten, ja vielleicht gar für ein Sonett hervorzubringen. Wäre uns das alles nicht zur Hand gewesen, als wir es brauchten, dann hätten wir darauf verzichten müssen. Und doch muß man sich als Voraussetzung dafür, daß diese Dinge überhaupt entstanden sind, eine Zeit vorstellen, in der sich die Menschheit nach ihnen sehnte und lauthals nach ihnen verlangte und in der mit ihrer Hilfe einem tiefempfundenen Mangel abgeholfen wurde.

Eines Tages kam Vater Bernhard auf seinem Motorrad zu mir, um bei mir ein Gabelfrühstück einzunehmen und mir eine erfreuliche Neuigkeit zu erzählen, wobei sein bärtiges Gesicht von frommem Triumph leuchtete. Am Tag zuvor, berichtete er, seien neun junge Kikuyu zu ihm gekommen, die zur Gemeinde der schottischen Mission gehörten, und hätten ihn um Aufnahme in die katholische Kirche gebeten, weil sie sich durch Überlegungen und Gespräche davon überzeugt hätten, daß die Auffassung der katholischen Kirche vom Dogma der Transsubstantiation die richtige sei.

Alle Leute, denen ich von diesem Ereignis erzählte, lachten über Vater Bernhards Einfalt und waren der Meinung, die jungen Kikuyu hätten wohl damit gerechnet, daß sie auf der französischen Mission einen höheren Lohn oder leichtere Arbeit oder ein Fahrrad bekommen würden, und hätten ihre Bekehrung zur Lehre von der Transsubstantiation selbst erfunden. »Denn«, sagten sie, »nicht einmal wir Europäer können sie verstehen und wollen uns darüber auch nicht den Kopf zerbrechen, da muß sie für die Eingeborenen vollkommen unbegreiflich sein.«

Das ist jedoch nicht so sicher, und Vater Bernhard kannte die Kikuyu gut. Es ist möglich, daß die Gedanken der jungen Kikuyu die gleichen Pfade verfolgten, auf denen unsere eigenen Vorväter, die wir weder verleugnen noch in den Augen der Eingeborenen herabsetzen wollen, einmal gewandelt sind. Vor fünfhundert Jahren gab es viele verständige Europäer, die ihre Überzeugung, was die Transsubstantiation betraf, über alles in der Welt setzten. Man bot ihnen höheren Lohn, Aufstieg und bessere Lebensbedingungen, ja manchmal sogar das Leben an, um sie zum Verzicht darauf zu bewegen, aber sie wollten lieber dabei bleiben. Freilich wurde ihnen kein Fahrrad in Aussicht gestellt, doch Vater Bernhard, der selbst ein Motorrad besaß, schien weniger daran als an die neun jungen Kikuyu zu denken.

Die meisten Weißen in Afrika bekennen sich zur Entwicklungslehre und wollen nicht an einen plötzlichen Schöpfungsakt glauben. Sie müßten den Eingeborenen erst einen kurzen historischen Anschauungsunterricht erteilen, um sie zu unserem Standpunkt hinzuführen. Wir haben die Eingeborenen in Ostafrika vor fünfunddreißig Jahren übernommen – wenn wir nun diesen Zeitpunkt mit Christi Geburt gleichsetzen und ihnen für jedes unserer Jahrhunderte drei Jahre zum Aufholen geben, dann ist es jetzt an der Zeit, ihnen den heiligen Franz von Assisi und in einigen Jahren den Rabelais zu schicken. Sie würden diese beiden höher schätzen, als wir es gegenwärtig in Europa tun. Zu Beginn meines Afrika-Aufenthalts freuten sie sich über Aristophanes, als ich versuchte, ihnen den Dialog zwischen dem Bauern und seinem in Pferde vernarrten Sohn aus den »Wolken« zu übersetzen. In fünfzehn Jahren werden sie vielleicht bereit sein, die Enzyklopädisten aufzunehmen, und nach weiteren fünf Jahren wären sie dann zu Kipling und der Last des weißen Mannes überhaupt gelangt. Wir sollten ihnen einige Träumer, Philosophen und Dichter schicken, um den Boden zu bereiten und zu düngen für Henry Ford.

Und wo werden sie uns zu dieser Zeit finden? Klammern wir uns dann vielleicht an ihnen fest, in einem verzweifelten Verlangen nach Schatten, Dunkelheit und Erde? Werden wir uns mit Leidenschaft im Schlagen eines Tamtams üben? Können sie unsere Autos dann unter dem Einkaufspreis kaufen, wie man ihnen jetzt das Dogma von der Transsubstantiation anbietet?

Das Erdbeben

Einmal hatten wir um die Weihnachtszeit ein Erdbeben. Es reichte aus, um mehrere Hütten der Eingeborenen zum Einsturz zu bringen, und war etwa so stark wie ein wütender Elefant. Es kam in drei Stößen, die jeweils einige wenige Sekunden dauerten, und dazwischen gab es ein paar Sekunden Pause. In diesen Zwischenräumen hatten die Leute Gelegenheit, sich ihre Gedanken darüber zu machen, was da eigentlich vor sich ging.

Denys Finch-Hatton, der zu dieser Zeit sein Lager im Masai-Reservat hatte und in seinem Lastwagen schlief, erzählte mir nach seiner Rückkehr, er habe, als ihn die Erschütterung weckte, gedacht, ein Nashorn sei unter den Wagen geraten. Ich selbst war in meiner Schlafkammer und wollte gerade ins Bett gehen, als die Erde bebte. Bei der ersten Erschütterung dachte ich: Ein Leopard ist aufs Dach gesprungen. Als dann der zweite Stoß folgte, dachte ich: Jetzt sterbe ich. So ist es also, wenn man stirbt. Doch in der kurzen Pause zwischen dem zweiten und dritten Stoß wurde mir klar, was da geschah – es war ein Erdbeben, und nie hätte ich geahnt, daß ich das jemals erleben würde. Einen Augenblick nahm ich an, das Erdbeben wäre vorbei. Doch als die dritte und letzte Erschütterung kam, erfüllte sie mich mit einer überwältigenden Freude und Begeisterung, und ich glaube, ich bin in meinem Leben niemals so Hals über Kopf und so restlos in Ekstase geraten.

Die Himmelskörper auf ihren Bahnen haben die Macht, Menschen in einen besonderen Zustand von Seligkeit zu versetzen. Im allgemeinen denken wir an sie nur selten, doch wenn sie dann plötzlich vor uns in Erscheinung treten, eröffnen sie uns große, unbegrenzte Perspektiven. Als Kepler nach vieljähriger Arbeit endlich die Gesetze für die Bewegung der Planeten um die Sonne gefunden hatte, beschrieb er seine Gefühle wie folgt:

»Ich gebe mich ganz meinem Glück hin, der Würfel ist gefallen. Nichts, was ich je erlebte, ist meinem Gefühl jetzt gleich. Ich zittere, meine Pulse jagen. Gott hat sechstausend Jahre auf einen Zuschauer seiner Arbeit gewartet. Seine Weisheit ist unendlich, alles, was wir nicht wissen, ist in ihm, so auch das wenige, wovon wir Kenntnis haben.«

Es war die gleiche Begeisterung, die mich während des Erdbebens ergriff und durchdrang. Dieses unmäßige Glücksgefühl wird hauptsächlich durch das Bewußtsein hervorgerufen, daß etwas, das man für unbeweglich gehalten hat, zeigt, daß es sich bewegen kann. Das ist gewiß eine der reichsten Quellen der Freude und Hoffnung, die es auf der Welt gibt. Der tote Erdball, der schwere Klumpen Erde, bewegte und reckte sich unter mir. Er sandte mir eine Botschaft, eine zarte Berührung nur, verglichen mit dem, was er tun könnte, wenn er wollte, und doch von unendlicher Bedeutung. Er lachte, daß die kleinen Hütten zusammenfielen, und rief: *»Eppur si muove!«*

Als mir Juma am nächsten Morgen früh den Tee brachte, sagte er: »Der König von England ist gestorben.« Ich fragte ihn, woher er das wisse. »Msabu«, sagte er, »hast du denn nicht gemerkt, wie sich die Erde heute nacht hin und her geworfen hat? Das bedeutet, daß der König von England gestorben ist.« Aber der König von England lebte nach dem Erdbeben noch viele Jahre.

George

Als ich einmal nach Afrika fuhr, freundete ich mich auf dem Schiff mit einem kleinen Jungen an, der George hieß und von seiner Mutter und seiner jungen Tante begleitet wurde. Eines Tages riß er sich auf dem Deck von seinen Frauen los und kam, verfolgt von ihren Augen, zu mir hin, um mir zu erzählen, daß er am nächsten Tag Geburtstag habe. Er werde sechs Jahre alt, und seine Mutter habe alle englischen Passagiere zum Tee eingeladen, und nun wolle er fragen, ob ich auch kommen möchte. »Aber ich bin keine Engländerin, George«, sagte ich. »Was sind Sie dann?« fragte er höchst erstaunt. »Ich bin Hottentotte«, sagte ich. Er stand kerzengerade vor mir und sah mich sehr ernst an. »Das ist egal«, sagte er, »ich hoffe, daß Sie kommen.« Er kehrte zu seiner Mutter und seiner Tante zurück und vermeldete in einem nonchalanten, jedoch so entschiedenen Tonfall, daß jeder Einwand ausgeschlossen war: »Sie ist Hottentotte, aber ich will sie dabei haben.«

Kijiko

Ich hatte auf der Farm ein dickes, fettes Maultier zum Reiten, das ich Molly nannte. Aber der Maultier-Saisi Kamau gab ihm einen anderen Namen und taufte es Kijiko, was »Löffel« bedeutet, und als ich ihn fragte, warum er es so nenne, antwortete er: »Weil es mit einem Löffel Ähnlichkeit hat.« Ich ging einmal um das Tier herum, um zu ergründen, was er damit meinte, doch in meinen Augen hatte es aus keinem Blickwinkel die geringste Ähnlichkeit mit einem Löffel.

Einige Zeit darauf geschah es, daß ich Kijiko zusammen mit drei anderen Maultieren vor einen Wagen spannte. Als ich dann auf dem hohen Kutscherbock saß, sah ich die Maultiere aus einer Art Vogelperspektive. Da ging mir auf, daß mein Saisi recht hatte. Kijiko hatte ungewöhnlich schmale Schultern und ein breites, schweres Hinterteil – das Tier hatte wirklich Ähnlichkeit mit einem Löffel, dessen Rundung nach oben gekehrt ist.

Wenn man Kamau und mir jeweils die Aufgabe gestellt hätte, ein Porträt von Kijiko zu malen, dann wären unsere Bilder völlig verschieden ausgefallen. Doch Gott und die Engel hätten das Maultier gesehen, wie Kamau es sah. Der von oben her kommt, ist über allen und zeuget, was er gesehen hat.

Die Giraffen reisen nach Hamburg

Ich wohnte in Mombasa bei Scheich Ali bin Salim, dem Liwali des Küstenlandes, einem gastfreien, ritterlichen, alten arabischen Herrn.

Mombasa sieht aus wie ein Bild vom Paradies, das ein kleines Kind gemalt hat. Der tiefe Meeresarm, der die Insel umschließt, bildet einen idealen Hafen. Das Land ist aus weißlichen Korallenriffen gemacht, die mit ausladenden, grünen Mangobäumen und phantastischen kahlköpfigen, alten, grauen Affenbrotbäumen bewachsen sind. Das Meer ist hier so blau wie eine Kornblume, und vor der Hafeneinfahrt ziehen die langen Brandungswellen des Indischen Ozeans, deren gedämpfter Donner selbst bei ruhigem Wetter zu hören ist, eine dünne, gekrümmte, weiße Linie. Die alte Stadt Mombasa mit ihren engen Straßen ist aus Korallenblöcken erbaut, in schönen Nuancen von Weißgelb, Rosenrot und Ocker, und darüber erhebt sich stolz, mit Mauerkronen und Schießscharten, das schwere, alte Fort, wo sich vor dreihundert Jahren Portugiesen und Araber die Stange hielten. Seine Farbtöne sind kräftiger als die der Stadt, als ob es im Laufe der Jahre mehr als einen stürmischen Sonnenuntergang getrunken hätte. In den Gärten von Mombasa blüht die feuerrote Akazie, der Flamboyant, mit zartem Laub und brutaler Farbwirkung. Die Sonne brennt und sengt Mombasa, die Luft ist salzig. Die Brise schafft jeden Tag neue Ladungen von Meeressalz aus dem Osten herbei, und der Boden ist fast überall nackt und glatt wie eine Tanzfläche. Doch der alte Mangobaum hat eine Krone aus dichtem, dunkelgrünem Laub und spendet erquickenden Schatten. Er läßt eine große, kreisrunde Lache aus Nacht und Kühle unter sich entstehen und hat mehr als jeder andere mir bekannte Baum den Charakter eines Treffpunkts und Versammlungsorts für Menschen, er lädt zur Geselligkeit ein wie ein Dorfteich. Unter den ältesten Mangobäumen finden große Märkte statt, und um ihre Stämme sind geflochtene Körbe mit Hühnern und große Berge von Wassermelonen gestapelt.

Ali bin Salim hatte eine freundliche weiße Villa auf dem Festland, wo die Bucht eine Krümmung macht, mit einer unendlich langen Steintreppe zum Meer hinunter. Zu beiden Seiten davon standen Gästehäuser, und im großen, kühlen Wohnraum des Hauptgebäudes hinter der Veranda gab es eine Sammlung von schönen und seltenen arabischen und englischen Dingen: altes Elfenbein, Messing, Porzellan aus Lamu, Plüschsessel aus England, Fotografien und ein altes Grammophon. Zwischen all dem gab es einen eleganten, atlasgefütterten

Schrein mit den Resten eines Teeservices aus erlesenem, feinem englischen Porzellan im Geschmack der vierziger Jahre, das die junge englische Königin und ihr Gemahl einmal dem Sohn dse Sultans von Sansibar und der Tochter des Schahs von Persien zur Hochzeit geschenkt hatten. Die Königin und Prinz Albert hatten den Neuvermählten eine ebenso glückliche Ehe wie ihre eigene gewünscht. »Und sind sie genauso glücklich geworden?« fragte ich Scheich Ali, als er die zarten Tassen, eine nach der anderen, aus ihrem Behältnis nahm und auf den Tisch stellte, damit ich sie betrachten konnte. »Ach, leider nein«, sagte er, »das wurden sie nicht. Die Braut wollte das Reiten nicht aufgeben. Sie hatte auf der Dau, die ihre Aussteuer nach Sansibar beförderte, auch ihre Lieblingspferde mitgebracht. Aber in Sansibar galt es als unschicklich, daß sich Damen zu Pferde zeigten. Es gab darüber viel Streit. Und weil die Prinzessin lieber auf ihren Mann als auf ihre Pferde verzichten wollte, endete es damit, daß die Ehe aufgelöst wurde und die Tochter des Schahs zurück nach Persien reiste.«

Im Hafen von Mombasa lag ein rostiger deutscher Frachtdampfer, der zur Heimreise klar war. Ich kam jedesmal daran vorüber, wenn mich die sechs Swahili-Ruderer in Ali bin Salims Boot zum Festland oder zur Insel übersetzten. Mitten auf dem Deck stand eine hohe Holzkiste, über deren Rand die Köpfe von zwei Giraffen ragten. Farah, der an Bord des Frachtdampfers gewesen war, erzählte mir, daß sie aus Portugiesisch-Ostafrika stammten und für eine herumreisende Tierschau in Hamburg bestimmt seien.

Die Giraffen drehten ihre feinen Köpfe von rechts nach links, wie in höchstem Erstaunen, und sie mochten auch Grund dazu haben. Sie hatten das Meer noch nie gesehen. Die Kiste bot ihnen gerade so viel Platz, daß sie aufrecht stehen konnten. Auf einmal hatte sich die Welt um sie verengt, hatte sich verwandelt und sie eingesperrt.

Sie konnten nicht wissen und sich keinen Begriff davon machen, welch einer Erniedrigung sie entgegenfuhren. Sie waren edle, stolze, unschuldige Tiere, sanfte Paßgänger der Steppe, ohne die geringste Vorstellung von Gefangenschaft, Kälte, Gestank, Kohlenrauch, Krätze oder von der fürchterlichen Langenweile einer Welt, in der sich nichts ereignet.

Bald kommen Scharen von Menschen in dunklen, steifen, übelriechenden Kleidern aus Straßen mit kaltem Wind und Schneeregen, um die Giraffen anzustarren und sich daran zu weiden, wie sehr der Mensch der stummen Tierwelt überlegen ist. Sie lachen und zeigen auf ihre langen, schlanken Hälse, wenn die Giraffen ihre anmutigen Köpfe mit den geduldigen, rauchfarbenen Augen über die Absperrung der Tierschau heben. Hier sehen sie mißgestaltet aus, denn sie haben kaum Platz. Die Kinder, die zu ihnen emporgehoben werden, erschrecken und weinen, oder sie verlieben sich in sie, möchten bei ihnen bleiben und reichen ihnen Brot. Dann werden auch die Eltern der Meinung sein, daß die Giraffen liebe Tiere sind und daß es ihnen hier sehr gut geht.

Ob die Giraffen in den langen Jahren, die jetzt folgen, wohl jemals von ihrer verlorenen Heimat träumen? Wo sind sie jetzt, wo sind sie geblieben, das Gras und die Dornbäume, die Flüsse, die Wasserlöcher und die blauen Berge? Die hohe, klare, süßduftende Luft über der Steppe ist davongeweht. Wo sind die anderen Giraffen, die an ihrer Seite liefen, wenn sie über das wogende Land galoppierten? Sie haben sie verlassen, alle sind ihrer Wege gegangen und kehren niemals zurück. Wo ist jetzt der Vollmond in der Nacht?

Die Giraffen regen sich und erwachen in ihrem engen Käfig, wo es nach verfaulter Streu und nach Bier stinkt.

Lebt wohl, lebt wohl! Ich wünsche euch, daß ihr auf eurer Reise sterben dürft, doch alle beide, damit nicht einer der edlen kleinen Köpfe, die sich jetzt mit erstauntem Ausdruck über dem Rand der Packkiste vor dem blauen Himmel von Mombasa abzeichnen, allein zurückbleibt und sich von rechts nach links dreht, in Hamburg, wo niemand etwas von Afrika weiß.

Was uns betrifft, so müssen wir zusehen, daß wir einigen entsetzlichen Schuldigern verzeihen, bevor wir mit Anstand die Giraffen bitten können, uns unsere Schuld ihnen gegenüber zu vergeben.

In der Tierschau

Vor hundert Jahren entdeckte ein dänischer Reisender, Graf Schimmelmann, in Hamburg zufällig eine kleine herumreisende Tierschau und faßte, einer Laune folgend, eine Neigung für sie. Während seines Aufenthalts in Hamburg ging er jeden Tag dorthin, obwohl er kaum hätte erklären können, was ihn an den schmutzigen und baufälligen Wagen eigentlich anzog. Die Wahrheit war, daß diese Tierschau etwas besaß, was seinem eigenen Gemüt entsprach. Es war Winter, und draußen war es bitterkalt. Der Tierwärter hatte im Schuppen den Kachelofen geheizt, bis er in der braunen Dunkelheit des langen Ganges vor den Käfigen der Tiere rosenrot glühte. Aber der Zugwind und die naßkalte Luft gingen den Zuschauern trotzdem durch Mark und Bein.

Graf Schimmelmann war gerade in die Betrachtung einer Hyäne vertieft, als der Besitzer der Tierschau zu ihm kam und ihn ansprach. Es war ein kleiner, blasser Mann mit einer eingesunkenen Nase, der seinerzeit Theologie studiert hatte, jedoch nach einem Skandal die Universität hatte verlassen müssen und seitdem tiefer und tiefer in der Welt gesunken war. »Euer Exzellenz tun recht daran, sich die Hyänen anzusehen«, sagte er, »es ist eine große Sache, daß wir jetzt eine Hyäne in Hamburg haben, wo es noch nie eine gegeben hat. Wie Euer Exzellenz wohl wissen, sind alle Hyänen Hermaphroditen, und in Afrika, wo sie zu Hause sind, versammeln sie sich in den Vollmondnächten, um sich in einem Ring zu paaren, und dabei spielt jedes Tier sowohl die Rolle des Männchens als auch die des Weibchens. Wußten Sie das?« – »Nein«, sagte Graf Schimmelmann mit einer leichten Anwandlung von Ekel. »Sind Euer Exzellenz nun der Meinung«, fragte der Vorführer, »daß es für eine Hyäne deswegen ein größeres Unglück als für andere Tiere ist, wenn sie allein in einem Käfig eingesperrt sitzt? Verzehrt sie sich dort noch mehr vor Sehnsucht? Oder kann sie Befriedigung in sich selbst empfinden und in Harmonie mit sich sein, weil sie die komplementären Eigenschaften der Schöpfung in sich vereint? Mit anderen Worten: Sind wir, die wir alle nun einmal Gefangene in diesem Leben sind, glücklicher oder unglücklicher mit den Talenten, die wir besitzen?«

»Es ist eine merkwürdige Vorstellung«, sagte Graf Schimmelmann, der seinem eigenen Gedankengang gefolgt war und den Vorführer nicht weiter beachtet hatte, »daß so viele Hunderte, ja Tausende von Hyänen unbemerkt leben und sterben mußten, bis wir schließlich dieses eine Exemplar hierherbekommen haben und die Leute in Hamburg sich ansehen können, wie eine Hyäne beschaffen ist, und die Naturforscher ihre Studien an ihr treiben können.« Sie gingen ein Stückchen weiter, um die Giraffen in der Nachbarbox zu besichtigen. »Man kann von wilden Tieren, die sich in einer wilden Landschaft bewegen, im Grunde nicht behaupten, daß sie wirklich existieren«, fuhr der Graf fort. »Dieses eine Exemplar hat nun eine reale Existenz bekommen, wir haben einen Namen dafür und wissen, wie es aussieht. Die anderen könnte es genausogut nie gegeben haben. Und doch sind sie bei weitem in der Mehrzahl. Die Natur ist verblüffend verschwenderisch.«

Der Tierschaubesitzer schob sich eine verschlissene Pelzmütze aus der Stirn. Er hatte kein Haar mehr auf dem Kopf. »Sie sehen einander«, sagte er. »Sogar darüber läßt sich diskutieren«, entgegnete Graf Schimmelmann nach einer kurzen Pause. »Diese Giraffen haben zum Beispiel viereckige Flecken im Fell. Wenn sie sich gegenseitig sehen, wissen sie nicht, was ein Viereck ist, und folglich sehen sie keine Vierecke. Kann man da überhaupt sagen, daß sie sich wirklich sehen?« Als der Vorführer die Giraffen eine Weile ernst betrachtet hatte, sagte er: »Gott sieht sie.« Graf Schimmelmann lächelte ein wenig. »Die Giraffen?« fragte er. »Gewiß, Euer Exzellenz«, sagte der Vorführer in eindringlichem Ton, »Gott sieht die Giraffen. Als sie in Afrika herumliefen und spielten, hat Gott sie im Auge gehabt und sich an ihrem Treiben gefreut. Er hat sie geschaffen, um Freude an ihnen zu haben. Das steht doch in der Bibel«, fuhr er fort. »Also liebte Gott die Giraffen, daß er sie schuf. Gott hat das Viereck ebenso erfunden wie den Kreis, das werden Sie sicher nicht bestreiten, er hat die viereckigen Flecken in ihrem Fell und alles andere an ihnen gesehen. Die wilden Tiere, Herr Graf, sind vielleicht gerade ein Beweis für die Existenz Gottes. Aber wenn sie nach Hamburg kommen«, fügte er hinzu und schob seine Mütze an ihren Platz zurück, »dann wird die Sache gleich zweifelhafter.«

Graf Schimmelmann, der nach Meinung anderer Leute sein Leben eingerichtet hatte, ging schweigend weiter, um sich die Schlangen anzusehen, die in der Nähe des Kachelofens untergebracht waren. Der Vorführer wollte ihn unterhalten, öffnete den Kasten, in dem er sie aufbewahrte, und versuchte eine Schlange aufzuwecken. Schließlich wand sich das Tier langsam und verschlafen um seinen Arm. Graf Schimmelmann beobachtete die Gruppe.

»Wahrhaftig, mein guter Kannegieter«, sagte er mit einem kleinen säuerlichen Lächeln, »wenn ich Sie nun in meinem Dienst hätte oder wenn ich König und Sie mein Minister wären, dann bekämen Sie auf der Stelle Ihren Abschied.« Der Vorführer sah beunruhigt zu ihm auf. »Wirklich, Euer Exzellenz?« sagte er und ließ die Schlange in den Kasten gleiten. »Und warum, Herr Graf, wenn ich mir die Frage erlauben darf?« fügte er einen Augenblick später hinzu.

»Ach, Kannegieter, stellen Sie sich nicht einfältiger,

als Sie sind«, sagte der Graf. »Warum? Weil der menschliche Abscheu vor Schlangen ein gesunder Instinkt ist, mein guter Freund, wer den gehabt hat, der hat sich am Leben gehalten. Die Schlange ist der schlimmste Feind des Menschen. Wie aber könnten wir das wissen, wenn wir nicht unsern Instinkt für Gut und Böse hätten? Die Klauen des Löwen, Größe und Stoßzähne des Elefanten, die Hörner des Büffels, all das springt uns ja sofort ins Auge. Doch Schlangen sind hübsche Tiere, rund und glatt, wie viele Dinge, auf die wir in diesem Leben größten Wert legen, sie haben ausnehmend schöne Farben, und alle ihre Bewegungen sind voller Anmut. Für einen guten Menschen ist diese Schönheit, diese Anmut jedoch abscheulich, sie riecht nach ewigem Verderben und erinnert ihn an den Sündenfall. Ein Instinkt sagt ihm, daß er sich von der Schlange wie vom Teufel leibhaftig abwenden muß – und dieser Instinkt heißt Gewissen. Ein Mann, der eine Schlange streicheln kann, ist zu allem fähig.«

Graf Schimmelmann lachte ein wenig über seinen eigenen Gedankengang, knöpfte seinen kostbaren, pelzgefütterten Reisemantel zu, drehte sich um und wollte den Schuppen verlassen. Der Tierschaubesitzer hatte eine Weile dagestanden, tief in Gedanken versunken. »Euer Exzellenz«, sagte er schließlich, »man muß Schlangen ganz einfach gern haben, das geht gar nicht anders. Das kann ich Ihnen aus meiner eigenen Lebenserfahrung sagen, und tatsächlich ist das der beste Rat, den ich Ihnen in diesem Leben geben kann: Sie müssen Schlangen lieben. Vergessen Sie nicht, Euer Exzellenz, wie oft ..., vergessen Sie nicht, Euer Exzellenz, daß wir fast jedesmal, wenn wir Gott um einen Fisch anflehen, eine Schlange bekommen.«

Reisegefährten

Während der Schiffsreise nach Afrika saß ich zwischen einem Belgier, der nach Kongo wollte, und einem Engländer, der elfmal in Mexiko gewesen war, um dort eine besondere Art von wilden Bergschafen zu jagen, und jetzt in Afrika Bongos schießen wollte. Ich konversierte nach beiden Seiten und vermischte dabei die Sprachen, und als ich den Belgier fragen wollte, ob er in seinem Leben viel gereist sei, sagte ich zu ihm: *»Avez-vous beaucoup travaillé dans votre vie?«* Er nahm mir das nicht übel, sondern zog seinen Zahnstocher aus dem Mund und antwortete mir ernsthaft: *»Enormément, Madame.«* Von diesem Augenblick an hielt er es für seine Aufgabe, mir von der Arbeit und den schweren Prüfungen zu berichten, die er in seinem Leben durchgemacht hatte. In allem, was er erwähnte, kehrte ständig ein bestimmter Ausdruck wieder: *»Notre mission. Notre grande mission dans le Congo.«*

Als wir eines Abends beim Kartenspiel saßen, erzählte uns der englische Reisende von Mexiko und davon, wie eine uralte spanische Dame, die auf einem einsamen Hof in den Bergen wohnte, den Fremden, als sie von seiner Ankunft hörte, holen ließ und ihm zu berichten befahl, was es in der Welt Neues gebe. »Ja, nun können die Leute fliegen, Madame«, sagte er zu ihr. »Davon habe ich gehört«, sagte sie, »und ich habe mich mit meinem Pfarrer darüber gestritten. Jetzt können Sie zwischen uns richten. Ziehen die Leute beim Fliegen die Beine an wie die Spatzen oder strecken sie sie wie die Störche zurück?«

Im Laufe des Gesprächs ließ der Engländer eine Bemerkung über die Unwissenheit der mexikanischen Eingeborenen und über die Schulen in Mexiko fallen. Der Belgier, der die Karten verteilte, hielt plötzlich inne, die letzte Karte in der Hand, starrte den Engländer an und sagte: *»Il faut enseigner aux indigènes à être honnêtes et à la travailler. Rien de plus.«* Er schlug die letzte Karte mit Bravour auf den Tisch und wiederholte: *»Rien de plus. Rien. Rien. Rien.«*

Der Naturforscher und die Affen

Einmal kam ein schwedischer Professor der Naturgeschichte auf die Farm und bat mich, bei der Jagdverwaltung ein gutes Wort für ihn einzulegen. Wie er mir erzählte, war er nach Afrika gereist, um zu ergründen, zu welchem Zeitpunkt der Embryonalentwicklung der Fuß des Affen, der einen Daumen hat, sich vom menschlichen Fuß zu unterscheiden beginnt. Mit diesem Ziel vor Augen, wollte er den Mount Elgon aufsuchen und dort Colobusaffen schießen.

»Das finden Sie bei den Colobusaffen nie heraus«, sagte ich zu ihm. »Die sitzen in den Wipfeln der hohen Zedern, sind scheu und lassen einen Jäger kaum an sich herankommen. Da müßten Sie schon ein ganz besonderes Glück haben, wenn Sie gerade den Embryo erwischen, den Sie suchen.« Doch der Professor war voller Hoffnung und sagte, daß er so lange hierbleiben wolle, bis er seinen Affenfuß hätte, und sollte das auch Jahre dauern.

Er hatte bei der Jagdverwaltung die Abschußerlaubnis für die Affen beantragt, die er brauchen würde. Diese Erlaubnis werde man ihm in Anbetracht der hohen wissenschaftlichen Zielsetzung seiner Expedition gewiß erteilen, meinte er, er habe jedoch noch keine Antwort bekommen. »Wie viele Affen wollen Sie sich denn zum Abschluß freigeben lassen?« fragte ich ihn. Er sagte, er habe fürs erste um die Genehmigung für fünfzehnhundert Affen ersucht. Ich kannte die Leute in der Jagdverwaltung, und als er mich darum bat, half ich ihm, einen weiteren Brief aufzusetzen, mit der Bitte um umgehende Antwort, denn der Professor wolle möglichst schnell aufbrechen und mit seiner Arbeit beginnen. Ausnahmsweise antworteten die Leute sofort und schrieben, daß es der Jagdverwaltung eine Freude sei, Herrn Professor Landgreen mitteilen zu können, daß man sich in Anbetracht der hohen wissenschaftlichen Zielsetzung seiner Expedition in der Lage gesehen habe, eine Ausnahme von den üblichen Regeln zu machen und die Anzahl der zum Abschuß freigegebenen Affen von vier auf sechs zu erhöhen.

Ich mußte diesen Brief dem Professor zweimal vorlesen, und als ihm sein Inhalt endlich klarwurde, war er so niedergeschlagen, so tödlich gekränkt und verärgert, daß er kein einziges Wort herausbrachte. Ohne auf meine teilnahmsvollen Bemerkungen zu antworten, verließ er das Haus, stieg in sein Auto und fuhr traurig davon.

Wenn ihm die Welt nicht so übel mitspielte, war der Professor ein äußerst wortgewandter und humorvoller Mann. Bei unseren Gesprächen über die Affen vermittelte er mir viele verschiedene naturhistorische Kenntnisse. Einmal sagte er: »Ich will Ihnen von einem interessanten Erlebnis erzählen. Auf dem Gipfel des Mount Elgon hielt ich es einen Augenblick für möglich, an die Existenz Gottes zu glauben. Wie finden Sie das?« Ich bestätigte ihm, daß dies ein interessantes Erlebnis gewesen sein müsse, und dachte mir, ebenso interessant könnte die Frage sein: Hat Gott es auf dem Mount Elgon einen Augenblick für möglich gehalten, an die Existenz Professor Landgreens zu glauben?

Karomenja

Auf der Farm gab es einen kleinen neunjährigen Jungen, der Karomenja hieß und taubstumm war. Die anderen Kinder fürchteten sich vor ihm und beschwerten sich, daß er sie prügeln würde. Als ich Karomenja kennenlernte, hatten ihm seine Spielkameraden, vermutlich in Selbstverteidigung, mit einem Ast auf den Kopf geschlagen, und seine gesamte rechte Wange war verschwollen und entzündet und voller Splitter, die ich mit einer Nadel herausholen mußte. Sein Martyrium war jedoch nicht so schlimm, wie man hätte annehmen sollen, denn obwohl er Schmerzen hatte, brachte es ihn auch in Verbindung mit Menschen.

Karomenja war sehr dunkel, hatte schöne, feuchte, schwarze Augen und dichte Wimpern, sein Gesichtsausdruck war gesammelt und ernst, und man sah bei ihm fast nie ein Lächeln. In seiner gesamten Erscheinung erinnerte er an ein kleines schwarzes, eingeborenes Bullenkalb. Er konnte so etwas Ähnliches wie einen Laut von sich geben, einen rauhen, dunklen, gebrochenen Schrei, das geschah jedoch nur selten und sozusagen gegen seinen Willen, und fast immer hielt er unvermittelt darin inne. Er war ein zupackender, tatkräftiger Mensch, und da es ihm unmöglich war, mit seiner Umwelt durch die Sprache in Kontakt zu kommen, waren Schlägereien und Überfälle zur natürlichen Ausdrucksform seines Wesens geworden. Auch Steine warf er sehr geschickt und konnte sein Ziel mit großer Genauigkeit treffen. Einmal hatte er Pfeil und Bogen, verstand aber nicht recht, damit umzugehen – offenbar muß ein guter Bogenschütze auch ein Ohr für den Klang der Sehne haben. Karomenja war kräftig gebaut und für sein Alter sehr stark. Er hätte diese Vorzüge gewiß nicht gegen Sprache und Gehör der anderen Jungen eingetauscht.

Trotz seiner wilden Sitten war Karomenja durchaus nicht unfreundlich oder mürrisch. Sowie er merkte, daß man sich an ihn wandte, leuchtete sein Gesicht auf und zeigte zwar kein Lächeln, aber doch ein rasch entschlossenes Entgegenkommen. Karomenja war ein Dieb und stahl Zucker und Zigaretten, wo er nur konnte, gab seine Beute jedoch sogleich an die anderen Jungen der Farm weiter. Einmal kam ich darauf zu, wie er an einen ganzen Kreis von Kindern, in dessen Mitte er stand, meinen Zucker verteilte. Er bemerkte mich nicht, und das war das einzige Mal, wo ich ihn lachen oder richtig lächeln gesehen habe.

Eine Zeitlang versuchte ich, Karomenja in der Küche oder in meinem Haus zu beschäftigen, aber eine solche Arbeit lag ihm nicht, und er verlor schon bald die Lust. Am liebsten bugsierte er schwere Dinge und schleppte große Lasten von Ort zu Ort. Ich hatte an meiner Einfahrt eine Reihe von weißgekalkten Steinen stehen, und weil das Ganze symmetrischer aussehen sollte, rollte ich eines Tages mit seiner Hilfe einen der Steine bis zum Haus hinauf. Als ich am nächsten Tag von den Feldern zurückkehrte, hatte Karomenja sämtliche Steine ausgegraben und zum Haus gerollt – eine Arbeit, die ich einem Jungen von seiner Größe niemals zugetraut hätte. Es schien, als würde Karomenja seinen Platz in dieser Welt kennen und sich daran halten. Er war taubstumm, aber er war sehr stark.

Karomenja wünschte sich nichts sehnlicher als ein Messer. Doch das wagte ich ihm nicht zu geben, denn ich befürchtete, daß er in seinem Bemühen um menschlichen Kontakt einem oder mehreren Jungen auf der Farm die Kehle durchschneiden könnte. In seinen späteren Jahren hat er das Messer, das heißersehnte, wohl bekommen, und Gott mag wissen, wozu er es verwendet hat.

Den größten und tiefsten Eindruck machte ich auf Karomenja, als ich ihm eine Pfeife schenkte. Ich hatte damit eine Zeitlang den Hunden gepfiffen. Als ich sie ihm das erste Mal zeigte, interessierte sie ihn nicht weiter, dann aber brachte ich ihm bei, wie er sie an den Mund setzen und hineinblasen müsse, und als nun die Hunde von allen Seiten zu ihm eilten, zuckte er zusammen, und sein Gesicht wurde vor Verwunderung ganz dunkel. Er probierte sie ein zweites Mal und erzielte dieselbe Wirkung, und da sah er mich mit einem seltsam strengen, fast schmerzlichen Ausdruck an. Als sie ihm vertrauter geworden war, wollte er gern wissen, was es mit ihr eigentlich auf sich hatte. Er untersuchte jedoch nicht die Pfeife, sondern betrachtete ernsthaft, mit gerunzelter Stirn, die Hunde, die auf seinen Pfiff gekommen waren, wie um herauszufinden, wo er sie wohl getroffen hatte. Von diesem Tag an schien Karomenja an den Hunden besonderen Gefallen zu haben, er bat mich oft, sie ihm sozusagen leihweise zu überlassen, und ging dann mit ihnen weit weg. Wenn er mit den Hunden an der Leine loszog, zeigte ich ihm die Stelle am westlichen Himmel, an der die Sonne stehen würde, wenn er die Hunde wieder abliefern sollte, und er zeigte auf dieselbe Stelle und war stets auf die Minute pünktlich zurück.

Einmal, als ich ausritt, entdeckte ich Karomenja in weiter Ferne, tief im Maisai-Reservat. Er sah mich nicht und glaubte sich allein. Da ließ er die Hunde ein Stück das Wild verfolgen und pfiff sie dann zu sich zurück. Das wiederholte er drei- oder viermal, während ich auf dem Pferd saß und ihn beobachtete. Hier auf der Steppe, wo er sich vor Zuschauern sicher fühlte, gab er sich ohne Vorbehalt einer neuen Seite, einer neuen Sicht des Lebens hin.

Er trug die Pfeife an einer Schnur um den Hals, doch eines Tages hatte er sie nicht mehr. Als ich ihn pantomimisch fragte, wo sie geblieben sei, antwortete er pantomimisch, sie sei verschwunden, weg. Er bat mich niemals um eine neue Pfeife. Entweder glaubte er, eine zweite Pfeife ließe sich nicht beschaffen, oder er wollte sich von dergleichen Dingen des Lebens, die in Wirklichkeit außerhalb seines Bereiches lagen, in Zukunft fernhalten. Ich bin mir nicht einmal sicher, ob er die Pfeife nicht weggeworfen hatte, weil er sich jene Weltanschauung, die zu ihr gehörte, nicht hatte aneignen können.

In fünf oder sechs Jahren wird Karomenja große Leiden durchmachen müssen, es ist aber auch möglich, daß er plötzlich in den siebenten Himmel kommt.

Pooran Singh

Pooran Singhs kleine Schmiede an der Mühle war eine Miniatur-Hölle auf der Farm und besaß sämtliche Attribute und Kennzeichen eines solchen Orts. Sie war aus Wellblech errichtet, und wenn die Sonne auf das Dach schien und die Flammen aus der Esse schlugen, wurde die Luft selbst in der Hütte und ihrer Umgebung weißglühend. Den ganzen Tag klang die Schmiede von den ohrenbetäubenden Schlägen des Hammers auf den Amboß wider, Eisen auf Eisen, und sie war vollgestopft mit aufgehäuften Äxten und zerbrochenen Rädern, so daß sie einem alten Schauergemälde von einer Hinrichtungsstätte glich.

Trotzdem besaß die Schmiede eine große Anziehungskraft, und wenn ich dorthin ging, um Pooran Singh bei der Arbeit zuzuschauen, fand ich darin und davor stets eine Menge Menschen. Pooran Singh arbeitete in einem übermenschlichen Tempo, so als hinge sein Leben davon ab, daß diese bestimmte Arbeit in den nächsten fünf Minuten fertig würde. Er machte über dem Amboß Sprünge, rief seinen beiden jungen Kikuyu-Gehilfen mit lauten Vogelschreien Befehle zu und benahm sich wie ein Mann, der selbst auf dem Scheiterhaufen brennt, oder wie ein rußiger, unverwüstlicher Oberteufel bei der Arbeit. Doch Pooran Singh war kein Teufel, sondern von sanfter Gemütsart und hatte außerhalb der Arbeitszeit ein etwas affektiertes, altjüngferliches Wesen. Er war unser *Fundi* der Farm, das heißt Handwerker in allen Gewerken: Zimmermann, Tischler und Sattler genauso wie Schmied. Er hat mehr als einen Wagen für die Farm ganz allein erdacht und gebaut. Doch die Arbeit in der Schmiede war ihm die liebste, und er bot einen stolzen, schönen Anblick, wenn er ein Rad beschlug.

Pooran Singhs äußere Erscheinung hatte etwas von einer Attrappe. Voll bekleidet, im Mantel und mit einem großen, verschlungenen weißen Turban, wirkte er mit seinem üppigen Bart wie ein fülliger, stattlicher Mann. Doch wenn er an der Esse stand und nackt bis zum Gürtel war, dann war sein typisch indischer, stundenglasförmiger Torso unglaublich schmal und mager.

Ich selbst hatte eine Vorliebe für Pooran Singhs Schmiede, und für die Kikuyu war sie aus zwei Gründen anziehend.

Zum ersten wegen des Eisens. Es ist der faszinierendste von allen Rohstoffen und regt die Phantasie der Leute zu weiten Flügen an: der Pflug, das Schwert und das Rad, die gesamte Zivilisation – im Guten wie im Bösen – schlummert im Eisen. Hier hat man den Sieg des Menschen über die Natur in einer Nußschale, und zwar so deutlich, daß ihn die Naturvölker verstehen oder ahnen können. Und Pooran Singh hämmerte das Eisen.

Zum zweiten verlockte die Schmiede die eingeborene Welt mit ihrem Gesang. Der dreifache, einförmige und überraschende Rhythmus, in dem der Schmied auf den Amboß schlägt, besitzt eine mythische Kraft. Er ist so männlich, daß er die Herzen der Frauen entsetzt und schmelzen läßt, er ist ehrlich, ungesüßt und geradezu, er sagt die Wahrheit und nichts als die Wahrheit und drückt sich sehr frei aus. Doch er hat auch ein männliches Übermaß an Kraft und ist ebenso munter wie stark, er ist gefällig und verrichtet für uns die schweren Dinge, die wir selbst nicht bewältigen, gern und wie im Spiel. Die Eingeborenen, die den Rhythmus lieben, versammelten sich um Pooran Singhs Hütte und fühlten sich dort wohl. Ich habe gelesen, daß es nach altem nordischen Gesetz nicht möglich war, einen Mann für Äußerungen zu belangen, die er in einer Schmiede gemacht hatte. Auch in Afrika lösten sich die Zungen in der Schmiede, und die Rede war frei. Viele kühne Einfälle wurden mit der Begleitung des Hammergesangs vorgetragen.

Pooran Singh war viele Jahre bei mir und war einer der bestbezahlten Arbeiter der Farm. Tatsächlich stand sein Lohn in keinem Verhältnis zu seinen Bedürfnissen, denn er war ein Asket reinsten Wassers. Er aß kein Fleisch, rauchte nicht, trank nicht, beteiligte sich nicht am Kartenspiel und trug seine Kleider bis zum letzten Faden ab. Er schickte sein gesamtes Geld für die Erziehung seiner Kinder nach Indien. Einmal kam ein kleiner, schweigsamer Sohn, Delip Singh, aus Bombay zu uns, um seinen Vater zu besuchen. Er hatte die Beziehung zum Eisen verloren, das einzige Metall, das ich bei ihm sah, war ein Füllfederhalter, der aus seiner Tasche ragte. Der Mythos wurde von der nächsten Generation nicht weitergeführt.

Pooran Singh aber, in wilder Raserei über dem Amboß, bewahrte seine Glorie, solange er auf der Farm war, und ich hoffe, daß er sie sein Leben lang behält. Er war ein Diener der Götter, selbst von ihrem Feuer durchglüht, und ein Naturgeist. In Pooran Singhs Schmiede sang der Hammer, was man am liebsten hören wollte, er war ein Fürsprecher unsrer eigenen Herzen. Für mich sang er einen alten griechischen Vers:

»Mit wuchtigem Hammerschlag trifft,
wie ein Schmied, mich Eros
und taucht mich, zu löschen die Glut,
in den eisigen Sturzbach.«

Ein merkwürdiges Ereignis

Als ich zu Kriegsbeginn im Masai-Reservat war und Transporte für die Regierung besorgte, sah ich einmal etwas ganz Seltsames, das kein Mensch, den ich kenne, jemals gesehen hat. Es kam mitten am Tage auf uns zu, als wir über die Steppe zogen.

In der afrikanischen Landschaft spielt die Luft eine größere Rolle als in der europäischen. Sie ist von großen Erscheinungen und Spiegelungen erfüllt und ist in gewisser Weise der Raum, in dem sich alles ereignet. In der Mittagshitze flimmert die Luft und vibriert wie die Saite einer Violine. Sie hebt große Streifen Grasland mit Dornbäumen und Hügeln in die Höhe und bringt auf dem trockenen Land weite, silberglänzende Wasserflächen hervor.

Wir kamen in dieser brennenden, lebendigen Luft gewandert, und gegen meine Gewohnheit ging ich zusammen mit Farah, meinem Hund Dusk und dem Toto, der auf Dusk achtete, ein weites Stück vor den Wagen. Wir waren stumm, denn es war zu heiß, um sich zu unterhalten. Mit einemmal geriet der Horizont der Steppe in Bewegung und begann zu galoppieren, das war mehr als die Bewegung der Luft, eine große Herde von wilden Tieren stürzte von rechts über die Steppe auf uns zu. Ich sagte zu Farah: »Sieh mal, so viele Gnus!« Doch kurz darauf war ich mir nicht mehr sicher, daß es Gnus waren. Ich holte mein Fernglas hervor und stellte es auf sie ein, doch mitten am Tage ist es auf der Steppe schwierig, mit dem Fernglas zu beobachten. »Sind das Gnus, Farah? Oder was glaubst du?« fragte ich ihn. Jetzt sah ich, das Dusk seine gesamte Aufmerksamkeit auf die Tiere richtete, seine Ohren waren gespitzt, sein weitschauender Blick folgte ihnen unverwandt. Ich erlaubte ihm sonst auf der Steppe häufig, die Gazellen und Antilopen ein Stück zu verfolgen, doch heute fand ich es zu heiß und sagte dem Toto, er solle Dusk an die Leine nehmen. Sowie das geschehen war, gab der Hund ein kurzes, wildes Geheul von sich und rannte los, so daß er den Toto umriß und ich selbst die Leine ergreifen und sie mit aller Kraft festhalten mußte. Wieder sah ich mir die wilden Tiere an. »Was ist das?« fragte ich Farah.

Auf der Steppe sind Entfernungen schwer zu schätzen. Das liegt an der vibrierenden Luft und an der gleichförmigen Landschaft und auch an den einzelnen Dornbäumen, die riesigen alten Waldbäumen ähneln, in Wirklichkeit jedoch knapp sechs Meter hoch sind und von den Giraffen mit Kopf und Hals überragt werden. Man täuscht sich ständig, wenn man das Wild von weitem sieht, und kann mitten am Tage einen Schakal für einen Elefanten und einen Strauß für einen Büffel halten. Ein paar Minuten später sagte Farah: »Memsahib, das sind wilde Hunde.« .

Wilde Hunde laufen im allgemeinen zu dritt oder zu viert herum, man kann aber auch einem Dutzend begegnen. Die Eingeborenen fürchten sich vor ihnen und bezeichnen sie als mordgierig. Als ich einmal durch das Reservat ritt, bin ich in der Nähe der Farm auf vier wilde

Hunde gestoßen, die mir dann in einem Abstand von fünfzehn Metern folgten. Die beiden kleinen Terrier, die ich damals bei mir hatte, hielten sich so dicht an mich, wie sie nur konnten, und verkrochen sich buchstäblich unter dem Bauch des Pferdes, bis wir den Fluß durchquert und unser eigenes Land erreicht hatten. Wilde Hunde sind kleiner als Hyänen und etwa so groß wie ein ausgewachsener, kräftiger Schäferhund. Sie sind schwarz und haben ein Büschel weißer Haare an Schwanz und Ohren. Ihr Fell ist nicht viel wert, die Haarschicht ist struppig, ungleichmäßig und stinkt.

Hier mußten es fünfhundert wilde Hunde gewesen sein. Sie bewegten sich in einem langsamen Galopp, in einer seltsam unwirklichen Art, und blickten weder nach rechts noch nach links, als wären sie vor etwas auf der Flucht oder als verfolgten sie eine Spur mit einem bestimmten Ziel. Als sie in unsere Nähe gerieten, bogen sie ein wenig ab, schienen uns jedoch nicht zu bemerken und liefen im selben Tempo weiter, in einer langen Reihe, immer zwei, drei oder vier nebeneinander. Sie kamen bis auf dreißig Meter an uns heran, und es dauerte lange, bis die ganze Prozession an uns vorbeigezogen war. Während das geschah, sagte Farah: »Diese Hunde sind sehr müde, sie haben einen weiten Weg hinter sich.«

Als alle vorüber waren und in der Steppe verschwanden, sahen wir uns nach unserer Safari um. Sie war noch ein gutes Stück entfernt, und die Aufregung hatte uns so angestrengt, daß wir uns hinsetzten, wo wir standen, und auf sie warteten. Dusk war vor Raserei außer sich, zerrte an seiner Leine und wollte hinter den wilden Hunden herlaufen. Ich faßte ihn um den Hals und dachte, wenn ich ihn nicht rechtzeitig angebunden hätte, dann wäre er jetzt aufgefressen.

Die Wagenführer entfernten sich von den anderen und kamen, die Peitsche hinter sich herschleppend, zu uns gelaufen, um zu fragen, was sie da eigentlich gesehen hätten. Ich konnte weder ihnen noch mir selbst erklären, weshalb die wilden Hunde in so großer Anzahl und auf so merkwürdige Weise vorbeigezogen waren. Alle Eingeborenen hielten das für ein schlechtes Zeichen, ein großes Zeichen, das unbedingt auf Krieg deutete, denn wilde Hunde fressen Aas. Wenn sie sich später über alles unterhielten, was auf der Safari geschehen war, dann ließen sie dieses Ereignis stets aus.

Ich habe die Geschichte vielen Menschen erzählt, und kein einziger hat sie mir geglaubt. Sie ist nichtsdestoweniger wahr, und meine Leute können sie bezeugen.

Der Papagei

Ein alter dänischer Schiffsreeder erinnerte sich an seine Jugendzeit und wie er als Sechzehnjähriger eine Nacht in einem Bordell von Singapur verbracht hatte. Er war zusammen mit den Matrosen vom Schiff seines Vaters dorthin gegangen und hatte sich die ganze Nacht mit einem alten chinesischen Frauenzimmer unterhalten.

Als sie hörte, daß er aus einem fernen Land stamme, holte sie einen alten Papagei hervor, der ihr gehörte. Sie habe ihn, erzählte sie, vor langer Zeit von einem hochgeborenen jungen Engländer geschenkt bekommen, der in ihrer Jugend ihr Geliebter gewesen sei. Der Junge dachte entsetzt, daß der Vogel dann über hundert Jahre alt sein müsse. Er konnte verschiedene Sätze in den Sprachen vieler Völker sagen, die er in der kosmopolitischen Atmosphäre des Hauses gelernt hatte. Doch einen Satz hatte der Geliebte der alten Chinesin dem Papagei persönlich beigebracht, bevor er ihn abgeschickt hatte, und diesen Satz konnte sie nicht verstehen, und auch keiner der Gäste des Hauses hatte ihr jemals erklären können, was er bedeutete. Sie hatte es nun vor vielen Jahren aufgegeben, danach zu fragen. Doch wo der Junge von so weit her komme, da sei es vielleicht seine Sprache, und er könne ihr den Satz vielleicht übersetzen.

Der Junge wurde von dieser Bitte seltsam und tief bewegt. Als er den Vogel ansah und sich vorstellte, daß aus diesem entsetzlichen Schnabel vielleicht dänische Worte kommen sollten, da wäre er am liebsten aus dem Haus gelaufen. Doch um der alten Chinesin einen Gefallen zu tun, blieb er sitzen. Als sie den Vogel nun den Satz vortragen ließ, da war es klassisches Griechisch. Der Papagei sprach die Worte ganz langsam, und der Junge hatte so viel Griechisch gelernt, daß er sie wiedererkannte.

»Unter gingen der Mond schon
und die Plejaden; Mitternacht
ist es, die Stunden verrinnen,
und ich schlafe allein.«

Als er der alten Frau die Zeilen aufsagte, schmatzte sie mit den Lippen und verdrehte ihre kleinen, rotgeränderten Augen. Sie bat ihn, die Worte zu wiederholen und noch einmal zu wiederholen, und dann nickte sie zwei-, dreimal mit dem Kopf.

V Abschied von der Farm

1. *Schwere Zeiten*

Meine Farm lag für den Anbau von Kaffee zu hoch. In den kalten Monaten nach der Regenzeit konnte es in den Tälern Nachtfrost geben, dann hingen morgens die jungen Triebe der Kaffeebäume mit den kleinen neuen Kirschen braun und welk herab. Der Wind kam aus der Steppe, und selbst in einem guten Jahr erzielten wir nie denselben Ertrag pro Acre, der in anderen Kaffeegebieten, in Thika und Kiambu, die nur fünfzehnhundert Meter über dem Meeresspiegel lagen, erreicht wurde.

In unserer Gegend am Ngong regnete es auch zu wenig; zwei, drei Jahre hintereinander blieb die lange Regenzeit vollkommen aus, und die Plantage litt schwer unter der Dürre. In einem Jahr, als 1250 Millimeter Regen fielen, pflückten wir achtzig Tonnen Kaffee, in einem anderen Jahr hatten wir 1400 Millimeter und konnten über neunzig Tonnen Kaffee von der Farm abschicken. Doch wir erlebten auch zwei schlechte Jahre, wo es nicht mehr als 500 bis 600 Millimeter regnete und wir nur fünfzehn und sechzehn Tonnen Kaffee ernteten, und diese Jahre waren für das Schicksal der Farm entscheidend.

Gleichzeitig sanken die Kaffeepreise, und wenn man uns früher hundert Pfund pro Tonne gezahlt hatte, so waren es jetzt nur noch sechzig. Über die Farm brachen harte Zeiten herein. Wir konnten unsere Gläubiger nicht bezahlen und hatten kein Geld, um die Plantage zu bewirtschaften. Meine Familie in Dänemark, die Aktien in der Farm hatte, schrieb mir, ich müsse sie verkaufen.

Ich dachte mir im Laufe der Zeit viele Pläne aus, um die Farm zu retten. In einem Jahr versuchte ich, auf unserem brachliegenden Land Flachs anzubauen. Flachsanbau ist eine herrliche Sache, erfordert jedoch viel Geschick und Erfahrung. Ich hatte bei diesem Unternehmen einen belgischen Flüchtling als Berater, und als er mich fragte, wieviel Land ich bepflanzen wolle, und ich ihm dreihundert Acres nannte, rief er sogleich aus: *»Ça, Madame, c'est impossible.«* Es sei vielleicht möglich, fünf oder gar zehn Acres mit Flachs zu bepflanzen, sagte er, mehr aber nicht. Doch von zehn Acres Flachs konnten wir nicht leben und nicht sterben, und ich bepflanzte hundertfünfzig Acres. Ein himmelblaublühendes Flachsfeld ist ein lieblicher Anblick – wie der Himmel auf Erden, wie eine Braut. Und es gibt keine Ware, deren Produktion einen mit einer solchen Befriedigung erfüllt wie die Flachsfaser, wenn sie endlich zum Versand fertig liegt: zäh und blank und eine Spur fettig, wenn man sie anfaßt. In Gedanken begleitet man sie auf ihrer Reise und stellt sich vor, wie sie zu Laken, Tüchern und Nachthemden wird. Es war jedoch schwierig, den Kikuyu auf die Schnelle das Schwingen und Hecheln beizubringen, sie konnten nicht begreifen, wie lebensnotwendig diese Arbeiten waren. Ich raste und tobte und schlug sie, um sie zu Flachsbauern auszubilden. Aber mein Flachsfeld wurde niemals ein gutes Geschäft.

Die meisten Siedler der Kolonie stellten in diesen schweren Zeiten ähnliche Versuche an und probierten eins nach dem anderen aus. Einige hatten schließlich eine gute Idee, schafften es und kamen durch. Zu ihnen gehörte Ingrid Lindström in Njoro. Sie hatte sich mit ihrer Gemüsegärtnerei und ihren Schweinen, Truthähnen, Rhizinussträuchern und Sojabohnen wie ein Ochse abgemüht und in Staub und Schlamm geschuftet, hatte immer wieder Fehlschläge erlebt und geweint und die Hände gerungen, und einige Jahre nachdem ich Afrika verlassen hatte, rettete sie ihre Farm zu guter Letzt dadurch, daß sie sich auf den Anbau von Pyrethrum verlegte, das nach Frankreich geschickt, gepreßt und zur Parfümherstellung verwendet wurde. Doch ich hatte mit meinen Versuchen kein solches Glück. Und als die Zeit der Dürre kam und der Wind Tag und Nacht von den Athi-Ebenen hereinwehte, da ließen die Kaffeebäume ihre Blätter hängen, welkten und lichteten sich, und auf großen Flächen der Plantage brachen gefährliche Kaffeekrankheiten wie Thrips und Antestia aus.

Um den Kaffeebäumen aufzuhelfen, versuchten wir die Felder zu düngen. Wie alle Leute mit dänischem Bauernblut habe ich es stets als eine Art Gotteslästerung empfunden, daß man von der Erde immer nur erntete, ohne ihr etwas zurückzugeben. Als die Squatter der Farm von meinem Plan hörten, eilten sie mir zu Hilfe und brachten mir aus ihren Rinder- und Ziegen-Bomas den Dung vieler Jahrzehnte. Es war ein feingemahlenes, torfähnliches Material, das sich leicht verstreuen ließ. Wie pflügten mit ein paar kleinen, neuen Pflügen, die wir uns in Nairobi angeschafft hatten und die jeweils nur einen Ochsen brauchten, eine Furche zwischen den Kaffebäumen, und da zwischen den Reihen kein Platz für einen Wagen war, trugen die Frauen der Farm den Dung in alten Säcken auf ihrem Rücken zum Feld und schütteten ihn in die Furche, einen Sack für jeden Baum. Dann trieben wir die Ochsen wieder hinüber und ließen sie die Furche zudecken. Es war eine vergnügliche, verheißungsvolle Arbeit, und wir versprachen uns davon große Dinge. Doch weil es dann anders kam, war es keinem von uns vergönnt, jemals die Wirkung unserer Anstrengungen zu sehen.

Unser eigentliches Unglück war, daß wir kein Kapital besaßen, es war in früheren Zeiten, bevor ich die Leitung der Farm übernahm, verbraucht worden. Wir konnten keine grundlegenden Veränderungen oder Verbesserungen durchführen, sondern lebten von der Hand in den Mund. Und das wurde in den letzten Jahren unser *Modus vivendi* auf der Farm.

Wenn ich das Kapital dafür gehabt hätte, dann hätte ich die Kaffeeplantage gern aufgegeben, hätte sämtliche Kaffeebäume ausgegraben und mein gesamtes Land mit Wald bepflanzt. Bäume wachsen in Afrika schnell. Schon nach zehn Jahren kann man im Schatten der hohen, blauen Gummibäume und Australischen Akazien spazierengehen, die man selbst einmal während der Regenzeit in Kisten aus der Baumschule geholt hat. Ich hätte in Nairobi einen guten Markt sowohl für Nutzholz als auch für Brennholz gehabt. Waldanpflanzen ist eine edle Arbeit, wenn man später daran denkt, erfüllt sie einen stets mit großer Ruhe. In früheren Zeiten hatte es auf der Farm auch große Flächen mit Urwald gegeben, doch er war den Indern zum Abholzen verkauft worden, bevor ich den Betrieb übernahm, und das hat mir immer sehr leid getan. Ich hatte mich in den schwierigen Jahren selbst gezwungen gesehen, den alten Wald in der Nähe der Kaffeeaufbereitungsanlage zu fällen, um Brennholz für meine Dampfmaschine zu gewinnen. Und dieser Wald mit seinen hohen, schweren Stämmen und dem lebendigen, grünen Schatten hat mich seitdem niemals ganz losgelassen. Daß ich ihn fällen ließ, habe ich tiefer bereut als alles andere, was ich in meinem Leben getan habe. Von Zeit zu Zeit, wenn ich Geld übrig hatte, bepflanzte ich ein Stückchen Land mit Eukalyptusbäumen, aber daraus wurde niemals eine größere Fläche. Hätte ich in diesem Tempo weitergemacht, dann hätte es hundert Jahre gedauert, bis ich mein gesamtes Land bepflanzt und die Farm in einen singenden, dunklen Wald verwandelt hätte, mit Forstwirtschaft und einer Sägemühle am Fluß, wie ich es mir vorstellte. Doch die Squatter der Farm, die andere Zeitbegriffe als Europäer hatten, sahen ruhig jenem Tag entgegen, da sie alle Brennholz im Überfluß besitzen sollten und nach Belieben Bäume fällen dürften, wie die Leute in alten Zeiten, in dem Wald, den ich nun bald pflanzen würde.

Ich hatte auch große Pläne, Kühe zu halten und Milchwirtschaft auf der Farm zu betreiben. Unser Bezirk war nicht seuchenfrei, das heißt, wir hatten das East-coast-Fieber in der Gegend, und um europäische Kühe halten zu können, hätten wir sie desinfizieren müssen, wie es die südafrikanischen Farmer tun, die ihr Rindvieh in ein schmales, künstlich angelegtes desinfizierendes Bad stürzen und hindurchtreiben. Dieser Umstand erschwerte zwar die Konkurrenz mit den Rinderzüchtern in den seuchenfreien Gebieten, doch andererseits lag Nairobi so nahe, daß ich die Milch morgens direkt in die Stadt fahren konnte. Einmal hatte ich eine Herde europäischer Kühe auf der Farm und richtete für sie in der Steppe ein großes, stattliches Viehbad ein, doch im folgenden Jahr mußten wir sie wieder verkaufen, und mein grasüberwachsenes Viehbad lag danach wie ein abgestürztes und gekentertes Luftschloß da. Seitdem spürte ich, wenn ich um die Zeit des Melkens an Kaninus oder Mauges Boma vorüberging und mir der süße Geruch der Kühe und der frischgemolkenen Milch in die Nase stieg, stets Heimweh und Sehnsucht nach meinen eigenen Kuhställen und meiner eigenen Molkerei. Wenn ich über die Steppe ritt, sah ich sie im Geiste mit bunten Kühen übersät wie mit wilden Blumen.

Doch als sich die Zeiten für die Farm verschlechterten, wurden alle meine großen Pläne weit in den Hintergrund gedrängt. Schließlich verlor ich sie ganz aus den Augen. Das bekümmerte mich auch nicht weiter, solange ich nur den Kaffee rentabel und die Farm in Gang halten konnte.

Eine Farm ist eine Last, an der man schwer trägt. Meine Eingeborenen und selbst meine weißen Angestellten überließen es mir, für ihren Lebensunterhalt zu sorgen, und häufig kam es mir vor, als hielten es Ochsen und Kaffeebäume genauso. Mir schien, als wären sich alle, die sprechenden wie die sprachlosen Geschöpfe der Farm, darin einig geworden, daß ich schuld daran sei, wenn der Regen spät einsetzte und wenn die Nächte kalt waren. Und wenn ich abends allein war, hatte ich das Gefühl, daß es nicht richtig oder unanständig wäre, ruhig in einem Buch zu lesen, und von der Angst, das Haus zu verlieren, wurde ich hinausgetrieben wie ein Blatt vom Wind. Farah, der alle meine Sorgen kannte, zeigte für meine nächtlichen Wanderungen auf der Farm wenig Sympathie. Er erzählte mir beim Abendessen Geschichten von Leoparden, die man nach Sonnenuntergang in der Nähe des Hauses gesehen habe, und er blieb, als eine weiße, in der Dunkelheit eben noch sichtbare Gestalt, so lange auf der Veranda stehen, bis ich zurückgekehrt war. Doch ich war viel zu sorgenvoll, als daß mir die Leoparden bewußt geworden wären. Ich konnte mit meinen nächtlichen Wanderungen auf den Wegen der Farm nichts besser machen, und doch setzte ich sie fort, wie ein Gespenst, von dem man sagt, daß es umgeht, ohne Grund und Ziel zu erklären.

Zwei Jahre bevor ich Afrika verließ, war ich zu Besuch in Europa. Ich kehrte zurück, während der Kaffee gepflückt wurde, und konnte also erst bei meiner Ankunft in Mombasa etwas über die Ernte erfahren. Unterwegs auf dem Schiff wog ich unablässig die Chancen der Farm gegeneinander ab. Wenn das Wetter gut war und sich das Dasein freundlich ausnahm, rechnete ich mit einem Ertrag von fünfundsiebzig Tonnen. Doch wenn ich von der Anstrengung der Reise und von der Hitze auf dem Roten Meer erschöpft war, dachte ich: Sechzig Tonnen müssen wir auf jeden Fall bekommen.

Farah kam aus dem Hochland nach Mombasa, um mich abzuholen, und ich wagte es nicht, ihn sofort nach der Kaffee-Ernte zu befragen. Wir sprachen eine Weile von anderen Dingen und den Verhältnissen auf der Farm. Doch als ich am Abend ins Bett gehen wollte, hielt ich es nicht länger aus und fragte ihn direkt, wie viele Tonnen Kaffee man auf der Farm gepflückt habe. Somali sind im allgemeinen Unglücksraben und verkünden Katastrophen sehr gern. Doch diesmal war Farah gar nicht froh, sondern todernst, und diese Tatsache allein machte mich schwindeln, wie ein Blick aus großer Höhe in die Tiefe. Er stand an der Tür, schloß die Augen und lehnte den Kopf zurück, als schluckte er seine eigene Trauer hinunter, und antwortete: »Vierzig Tonnen, Memsahib.«

Mit einer Ernte von vierzig Tonne, das wußte ich, konnten wir die Farm nicht weiterführen. In diesem Augenblick schwand alle Farbe und alles Leben aus der

Welt, die mich umgab. Das nackte, zum Ersticken heiße Hotelzimmer von Mombasa, mit seinem Zementfußboden und dem Moskitonetz über dem alten Eisenbett, auf dem ich saß, dehnte sich aus und wurde unendlich bedeutungsvoll, als wäre es die ganze Welt oder ein Symbol für sie. Darin war nicht ein einziges menschliches Schmuckstück, keine Anmut, kein Spiel. Ich antwortete Farah nicht, und er sagte auch nichts mehr und verschwand ein paar Sekunden später rückwärts zur Tür hinaus, wie ein Schatten, wie der letzte freundlich gesonnene Schatten auf der Welt.

Aber die menschliche Natur besitzt eine große Fähigkeit zur Selbsterneuerung. Mitten in der Nacht dachte ich, als hätte es mir der alte Knudsen persönlich ins Ohr geflüstert: Vierzig Tonnen, das ist doch immerhin etwas, das ist nicht zu verachten – aber Mißmut, Mißmut ist ein abscheuliches Laster. Und auf jeden Fall fuhr ich nun heimwärts und sollte wieder in die Einfahrt biegen, die zu meinem Haus im Wald führte. Meine Leute waren noch da, meine Freunde würden mich besuchen kommen, in zwölf Stunden könnte ich vom Zug aus am südwestlichen Himmel den blauen Umriß von Ngong Hills erkennen.

Im selben Jahr kamen die Heuschrecken ins Land. Das heißt, sie kamen von Abessinien her, wo zwei Jahre kein Regen gefallen war. Auf ihrem Weg nach Süden vertilgten sie jegliche Vegetation. Merkwürdige und schreckliche Gerüchte über die Greuel der von ihnen angerichteten Verwüstung gingen ihnen voraus. Im Norden, hieß es, seien Maisfarmen, Weizen- und Obstfarmen eine einzige große Wüste, wo sie gehaust hatten.

Als die Schwärme weiter durchs Land zogen, schickten die Siedler ihren südlichen Nachbarn Läufer, um ihnen die Ankunft der Heuschrecken zu vermelden. Doch selbst wenn man vor ihnen gewarnt war, konnte man nicht viel gegen sie ausrichten. Auf allen Farmen hatte man große Stapel aus Reisig und Maisstroh aufgeschichtet, die man anzünden wollte, sowie die Heuschrecken erscheinen würden. Sämtliche Leute wurden mit leeren Kanistern und großen Wellblechstücken ausgesandt und beauftragt, zu schreien und auf das Metall zu schlagen und möglichst viel Lärm zu machen, um die Heuschrecken von der Landung abzuhalten. Aber all das bedeutete nur eine Galgenfrist, denn die Farmer mochten die Heuschrecken noch so sehr erschrecken – ewig konnten sie nicht in der Luft bleiben. Der einzelne Farmer durfte im günstigsten Fall darauf hoffen, sie weiter südwärts, zur nächsten Farm zu treiben, und je länger die Heuschrecken von Ort zu Ort gejagt wurden, um so hungriger und desperater waren sie, wenn sie sich zu guter Letzt niederließen. Südlich von meiner Farm lagen die großen Ebenen des Masai-Reservats, und so konnte ich in der Hoffnung leben, die Heuschrecken am Landen zu hindern und sie über den Fluß, zu den Masai, zu schicken.

Gute Nachbarn im Norden hatten mir das Nahen der Heuschrecken schon durch drei oder vier Läufer melden lassen, doch bisher hatte sich noch nichts gezeigt, und ich neigte schon dazu, das Ganze für blinden Alarm zu halten. Eines Nachmittags ritt ich hinüber zu unserer Duka, dem Konsumladen der Farm, den Farahs jüngerer Bruder Abdullai für die Arbeiter und Squatter der Farm betrieb. Er lag an der öffentlichen Landstraße, und als ich fast am Ziel war, sah ich vor dem Laden einen Inder in einem Maultierwagen sitzen. Er richtete sich auf und machte mir große Zeichen, denn selbst konnte er nicht auf die Steppe fahren. »Die Heuschrecken kommen, Memsahib, mit Verlaub, auf Ihre Farm«, sagte er, als ich zu ihm ritt. »Ja, das habe ich schon mehrfach gehört«, sagte ich, »aber ich habe noch nichts von ihnen gesehen. Vielleicht ist das alles nicht so schlimm, wie die Leute sagen.« – »Drehen Sie sich um, Memsahib, mit Verlaub«, sagte der Inder. Als ich mich umwandte, sah ich am gesamten nördlichen Horizont einen schwarzen Schatten, wie ein langer Rauchstreifen, eine brennende Stadt –

»Sieh am Horizont, da schwebt / Wie manch völkerreiche Stadt / Rauch in klare Luft erbricht« –, dachte ich, oder wie ein Gewitter, das zum Zenit emporwuchs. »Was ist das?« fragte ich. »Heuschrecken«, sagte der Inder.

Auf meinem Heimweg durch die Steppe sah ich einige wenige Heuschrecken, insgesamt vielleicht zwanzig. Ich ritt am Haus meines Verwalters vorbei und trug ihm auf, alles für den Empfang der Heuschrecken bereitzuhalten. Als wir während unseres Gesprächs nach Norden schauten, hatte sich die schwarze Wolke über den ganzen Himmel ausgedehnt, eine Heuschrecke nach der anderen schwirrte nun an uns vorüber oder fiel zu Boden und krabbelte dort weiter.

Als ich am nächsten Morgen meine Tür aufmachte und hinaussah, hatte die ganze Welt eine helle Terrakotta-Farbe angenommen. Die Bäume, der Rasen, die Einfahrt, alles, soweit ich sehen konnte, war davon bedeckt, als wäre in der Nacht ein dichter, blaß-terrakottafarbener Schnee auf das ganze Land gefallen. Da saßen die Heuschrecken. Während ich sie schweigend betrachtete, begann die Landschaft zu beben und zu bersten, die Heuschrecken gerieten in Bewegung und erhoben sich, und einige Minuten später flirrte und glitzerte die Luft überall von Flügeln – sie flogen davon.

Diesmal hatten sie auf der Farm weiter keinen Schaden angerichtet, sondern nur bei uns übernachtet. Jetzt wußten wir, wie sie aussahen. Sie waren anderthalb Zoll lang, braungrau, hatten rosenrote Flügel und faßten sich rauh und klebrig an. Ein paar große Bäume in meiner Allee waren von ihrem Gewicht glatt abgebrochen, und wenn man die Bäume anschaute und daran dachte, daß eine einzelne Heuschrecke nicht mehr als einige wenige Gramm wiegen konnte, bekam man langsam eine Vorstellung von ihren Massen.

Die Heuschrecken kehrten zurück, zwei oder drei Monate lang setzten sie ihre Angriffe auf die Farm fort. Wir gaben es bald auf, sie zu verscheuchen, es war ein hoffnungsloses und tragikomisches Unterfangen. Manchmal kam nur ein kleiner Schwarm, ein Freikorps, das sich von der Hauptstreitmacht abgesetzt hatte und direkt über uns hinwegstürmte. Doch zu anderen Zeiten näherten sich die Heuschrecken in ungeheuren Scharen, die einen ganzen Tag brauchten, um die Farm zu überqueren – es war ein zwölfstündiger unablässig wildbrausender Vorstoß in der Luft. Wenn das Treiben seinen Höhepunkt erreichte, glich es einem Schneesturm daheim im Norden, es schrie, wirbelte und zischte um einen herum wie ein Orkan. Kleine, feine, rasende Flügel stiebten über unseren Köpfen und um uns herum, sie blitzten wie dünne Messerklingen in der Sonne, die sie doch für die Leute auf der Erde verfinsterten. Die Flughöhe der Heuschrecken reichte vom Boden bis über die Baumwipfel, oberhalb davon war die Luft wieder klar. Sie schwirrten einem ins Gesicht, sie krochen einem unter den Kragen, in die Ärmel und Schuhe. Man wurde durch die wilde Jagd zu allen Seiten schwindlig und von einem eigenartigen, heftigen Widerwillen und Abscheu, von Entsetzen vor der Masse erfüllt. Das einzelne Wesen zählte hier nicht, wir konnten einzelne töten, das machte nicht das geringste aus. Noch lange, nachdem die Heuschrecken abgezogen und wie eine große, verwehende Rauchfahne am Horizont verschwunden waren, empfanden wir Ekel vor unserem eigenen Gesicht und unseren Händen, weil die Heuschrecken darauf herumgekrochen waren.

Das Heuschreckenheer wurde von einer großen Schar von Vögeln begleitet, die über ihm kreisten und auf den Feldern herumspazierten, wo es sich niederließ: Störche und Kraniche, stattliche Marodeure, die sich am Heer gütlich taten.

Mitunter ließen sich die Heuschrecken auf der Farm nieder. Der Plantage fügten sie keinen großen Schaden zu. Die Blätter der Kaffeebäume, die glatt und blank wie Lorbeerblätter sind, waren ihnen zu hart zum Kauen, sie konnten nur hin und wieder einen Baum abbrechen.

Doch die Maisfelder, die sie heimgesucht hatten, boten einen traurigen Anblick. Ein paar Fetzen trockener Blätter, die schlaff von gebrochenen Stengeln hingen, das war alles, was davon geblieben war. Mein Garten am Fluß, den ich in der trockenen Zeit bewässert und frisch und grün gehalten hatte, war jetzt ein Abfallplatz. Blumen, Gemüse und Kräuter waren fort. Die Shambas der Squatter glichen großen gerodeten und geschwendeten Flächen, die kriechenden Insekten hatten sie sogar plattgewalzt. Und hier und da lag eine tote Heuschrecke im Staub, als die einzige Frucht der Erde. Die Squatter standen davor und schwiegen. Die alten Frauen, die das Land umgegraben und bepflanzt hatten, den Rücken so tief gebeugt wie bei einem Kopfstand, drohten der schwarzen Wolke, die über dem Masai-Reservat entschwand, mit ihren zitternden, geballten Fäusten.

Das Heer hatte eine Menge Tote zurückgelassen. Die Radspuren der Landstraße, wo die Insekten gesessen und Wagen und Karren sie überfahren hatten, waren jetzt, nachdem der Schwarm weitergezogen war, durch Streifen von kleinen Heuschreckenleichen markiert, so daß sie wie Eisenbahnschienen aussahen.

Bevor sie aufgebrochen waren, hatten die Heuschrekken ihre Eier in die Erde gelegt. Im nächsten Jahr nach der Regenzeit kamen die kleinen schwarzbraunen Larven zum Vorschein, Heuschrecken im ersten Stadium, die noch nicht fliegen konnten, jedoch über die Erde krabbelten und alles auffraßen, was ihnen erreichbar war.

Als ich kein Geld mehr hatte und keinen Gewinn mehr erwirtschaften konnte, muße ich die Farm verkaufen. Der Käufer war eine große Handelsgesellschaft in Nairobi. Dort war man der Meinung, die Farm sei für Kaffeeanbau zu hoch gelegen, und wollte sie nicht mehr landwirtschaftlich nutzen. Statt dessen sollten sämtliche Kaffeebäume gerodet, das Land parzelliert und Straßen angelegt werden, und später, wenn sich Nairobi einmal nach Westen ausdehnen würde, wollte man den Boden als Bauland verkaufen. Das geschah gegen Ende des Jahres.

Obwohl die Verhältnisse nun einmal so waren, hätte ich es wohl kaum fertiggebracht, die Farm aufzugeben, wenn es nicht einen besonderen Umstand gegeben hätte. Der Kaffee, der noch an den Bäumen war, gehörte dem ehemaligen Besitzer der Farm oder jener Bank, die die erste Hypothek darauf hatte. Und dieser Kaffee konnte erst im April oder später gepflückt, aufbereitet und versandt werden. Zumindest so lange konnte ich auf der Farm wohnen bleiben und die Arbeit dort leiten. Alles würde dem Anschein nach unverändert weitergehen. Und im Laufe dieser Zeit, dachte ich, müßte etwas geschehen, was alles wieder in seinen alten Zustand bringen würde, wie er vorher gewesen war und wie er zu sein hatte. Es können ja noch viele Dinge in der Welt passieren, sie ist nicht nach juristischen Paragraphen gemacht.

Auf diese Weise begann nun ein seltsamer Abschnitt meines Lebens auf der Farm. Es war eine Tatsache, daß sie mir nicht mehr gehörte, doch wem diese Tatsache unbegreiflich war, der konnte sie, so wie die Dinge standen, übersehen und außer Betracht lassen, und in unserem täglichen Leben gab es keinen spürbaren Unterschied. Diese ganze Epoche war, von Stunde zu Stunde, eine Lektion in der Kunst, im Augenblick zu leben – oder man kann auch sagen: in der Ewigkeit, wo es weder Vergangenheit noch Zukunft gibt.

Merkwürdigerweise habe ich selbst in dieser Zeit niemals im Ernst daran geglaubt, daß ich die Farm wirklich aufgeben oder Afrika verlassen müßte. Für die Leute meiner Umgebung – und alle, alle waren sie verständige Männer – stand das außer Zweifel, und mit jeder Post kamen Briefe von zu Hause, die es bestätigten. Aber das änderte für mich nicht das geringste, nichts lag meinen Gedanken ferner, ich rechnete immer noch damit, daß meine Gebeine einmal in Afrika ruhen würden.

In diesen Monaten entwickelte ich zu meinem eigenen Gebrauch eine Art Programm oder eine Strategie im Kampf gegen das Schicksal und gegen alle, Menschen und Umfeld, die mit ihm verbündet waren. Ich will von nun an, dachte ich, in sämtlichen kleinen Dingen nachgeben, um mir selbst Ungelegenheiten zu ersparen. Ich will meinen Gegnern stets ihren Willen lassen und mich mündlich wie schriftlich nach ihnen richten. Denn schließlich und endlich werde ich doch den Sieg davontragen und die Farm und meine Leute dort behalten. Ich kann sie nicht verlieren, das ist nicht einmal vorstellbar, und wie kann es da geschehen?

Und so war ich die letzte, der aufging, daß ich wirklich das Land verlassen mußte. Wenn ich heute auf diese Monate vor der Abreise aus Afrika zurückschaue, dann kommt es mir vor, als hätten sich die leblosen Dinge unsere Tennung viel früher als ich klargemacht. Die Berge, die Wälder, die Ebenen und Flüsse, der Wind – sie alle verstanden, daß wir bald voneinander scheiden sollten. Von jenem Augenblick an, da ich mich in mein Schicksal ergeben und auf Verhandlungen über den Verkauf der Farm eingelassen hatte, änderte sich die Haltung der Landschaft mir gegenüber. Bis dahin war ich ein Teil von ihr und die Dürre ein Fieber in meinem Blut und das Blühen der Steppe ein neues Kleid für mich gewesen. Jetzt löste sich das Land von mir und zog sich ein wenig zurück, um mich anzuschauen und um sich deutlich und als eine Ganzheit vor mir darzustellen.

Die Berge können sich in den letzten Wochen vor der Regenzeit ähnlich verhalten. Wenn man sie abends betrachtet, vollführen sie plötzlich eine große Geste und zeigen sich, wie sie sind. Sie werden so greifbar, so plastisch und lebendig in Form und Farbe, als ob sie sich mit allem, was zu ihnen gehört, uns hingeben wollten, als wäre es möglicht, vom Haus direkt die grünen Hänge hinaufzugehen. Man denkt: Wenn jetzt ein Buschbock aus der Lichtung des Dickichts träte, dann würde ich bei einer Drehung des Kopfes seine Augen erkennen und die Bewegung seiner Ohren sehen. Wenn sich ein kleiner Vogel auf einen Zweig der Büsche setzte, könnte ich ihn singen hören. Im März bedeutet dieses Hervortreten der Berge, daß es Regen gibt, jetzt aber bedeutete es, daß wir uns trennen sollten.

In früheren Zeiten hatten mich andere Länder und Gegenden auf die gleiche Weise angesehen, bevor ich sie verlassen mußte. Aber ich hatte vergessen, was das bedeutet. Ich dachte in diesen Wochen nur daran, daß ich das Land noch nie so schön gesehen hatte. Es war, als würde einen sein Anblick allein fürs ganze Leben glücklich machen. Licht und Schatten teilten die Landschaft unter sich auf, und am Himmel standen große Regenbogen.

Wenn ich mit anderen Weißen, Rechtsanwälten und Geschäftsleuten in Nairobi oder mit meinen Freunden, zusammen war und ihre guten Ratschläge für meinen Umzug und meine Reise hörte, empfand ich meine seltsame, vollständige Isolierung als eine Art Würgegriff. Ich hielt mich selbst für den einzigen vernünftigen Menschen von allen, doch ein paarmal durchfuhr mich der Gedanke, daß ich genau dasselbe Gefühl haben müßte, wenn ich der einzige Verrückte unter vernünftigen Leuten gewesen wäre.

Die Eingeborenen der Farm waren sich mit ihrem untrüglichen Wirklichkeitssinn über die Situation und über meine Gemütsverfassung so sehr im klaren, als hätte ich ihnen Vorträge darüber gehalten oder ein Buch geschrieben. Und doch rechneten sie mit meiner Hilfe und meiner Unterstützung, und keiner von ihnen unternahm jemals einen Versuch, für seine Zukunft selbst zu sorgen. Sie taten ihr Äußerstes, um mich zum Bleiben zu bewegen, dachten sich zahlreiche Pläne und Ratschläge aus und trugen sie mir vor. Als der Verkauf der Farm vollzogen war, kamen sie an mein Haus und saßen dort vom frühen Morgen bis zum späten Abend, weniger um mit mir zu reden, als um alle meine Bewegungen zu verfolgen. Es gibt in der Beziehung zwischen dem Anführer und seinen Gefolgsleuten ein paradoxes Moment. Einerseits können sie seine sämtlichen Fehler und Schwächen sehen und ihn vollkommen sachlich und mit peinlicher Genauigkeit beurteilen, andererseits sind sie ihm doch unerschütterlich verbunden, als könnten sie gleichsam physisch nicht von ihm loskommen. Eine Herde Schafe empfindet wohl das gleiche und verhält sich zumindest gegenüber dem Hütejungen auf die gleiche Weise: sie kennen sich in den Wetterverhältnissen und im Gelände viel besser aus als er, und doch folgen sie ihm auf den Fersen – wenn es sein muß, direkt in den Abgrund. Die Kikuyu, die einen tieferen Einblick in die Beziehung zwischen Gott und Teufel haben, bewiesen in dieser Situation mehr Verständnis, Überblick und Überlegenheit als ich selbst. Doch während sie auf der Terrasse saßen und auf einen Bescheid von mir warteten, dachten sie nicht im geringsten daran, selbständig etwas zu unternehmen, und erörterten dabei vielleicht ausführlich und gründlich meine bodenlose Unwissenheit.

Man hätte annehmen sollen, daß ihre ständige Anwesenheit vor meinem Haus für mich schwer zu ertragen gewesen wäre, denn ich wußte ja, daß ich ihnen nicht helfen konnte, und ihr Schicksal lag mir am Herzen. Aber so war es nicht, und wir empfanden unsere Gemeinschaft bis zum letzten als einen besonderen Trost und eine Erleichterung. Das Einvernehmen zwischen uns war tiefer als alle Vernunft. In diesen Monaten dachte ich oft an Napoleons Situation auf dem Rückzug von Moskau. Man stellt sich im allgemeinen vor, daß er große Qualen litt, als er seine Armee überall um sich herum sterben sah. Es ist aber auch möglich, daß er selbst auf der Stelle tot umgefallen wäre, wenn es sie nicht gegeben hätte. Nachts zählte ich die Stunden bis zu dem Augenblick, da die Kikuyu wiederkommen und sich um das Haus setzen würden.

2. Kinanjuis Tod

In diesem Jahr starb der Häuptling Kinanjui. Einer seiner Söhne kam spätabends zu mir und bat mich, ihm in das Dorf seines Vaters zu folgen, denn er liege im Sterben – *nataka kufa*, er möchte sterben, sagen die Eingeborenen.

Kinanjui war nun ein alter Mann. Kurz zuvor war etwas Großes in seinem Leben geschehen: Die Quarantäne für das Masai-Reservat war aufgehoben worden. Sowie der alte Kikuyuhäuptling davon erfahren hatte, war er höchstpersönlich mit ein paar treuen Freunden und Helfern nach Süden in das Reservat gezogen. Er wollte den Masai nun seine vielfältigen Rechnungen aufmachen und die Kühe, die ihm gehörten, und mit ihnen die Kälber, die sie sich in der Verbannung angeschafft hatten, nach Hause holen. Doch während seines Aufenthalts im Reservat war er krank geworden. Soweit ich verstehen konnte, hatte ihm eine Kuh einen Stoß in den Schenkel versetzt – eine würdige Todesursache für einen Kikuyuhäuptling –, und das Bein war brandig geworden. Kinanjui hatte seine Heimreise zu lange hinausgeschoben, und als er sich endlich dazu entschloß, war er schon zu krank gewesen.

Er hatte es wohl nicht übers Herz gebracht, auch nur ein einziges Stück seines Viehs zurückzulassen, und hatte nicht eher aufbrechen wollen, bis seine ganze Herde beisammen war. Vielleicht hatte er sich auch vertrauensvoll von einer seiner verheirateten Töchter pflegen lassen, bis in seinem Herzen ein leiser Zweifel erwacht war, ob sie seine Genesung nun auch wirklich so sehnlich wünschte. Schließlich war er aufgebrochen, und wie es schien, hatten seine Begleiter ihr Äußerstes getan, um ihn lebendig nach Hause zu bringen. Sie hatten den todkranken alten Mann über weite Strecken auf einer Trage geschleppt. Nun lag er in seiner Hütte auf den Tod und hatte nach mir gerufen.

Kinanjuis Sohn war nach dem Abendessen in mein

Haus gekommen, und als Farah und ich in sein Dorf fuhren, war es Nacht, doch der Mond stand im zweiten Viertel. Unterwegs sprach Farah darüber, wer wohl Kinanjuis Nachfolger werden würde. Der alte Häuptling hatte viele Söhne, und bei dieser Frage spielten in der Eingeborenenwelt viele verschiedene Gesichtspunkte eine Rolle. Zwei von Kinanjuis Söhnen seien Christen, sagte Farah, der eine sei jedoch Katholik, und der andere gehöre zur schottischen Kirche, und jede der beiden Missionen würde sich mit aller Kraft für die Wahl ihres eigenen Prätendenten einsetzen. Die Kikuyu selbst, meinte Farah, hätten am liebsten einen dritten und jüngeren, nicht bekehrten Sohn als Häuptling.

Der Weg zu Kinanjuis Manyatta war auf den letzten fünf, sechs Kilometern nur noch ein Viehpfad über die Wiese. Das Gras war von Tautropfen grau. Kurz bevor wir das Dorf erreichten, mußten wir durch ein Flußbett fahren, in dem sich ein kleiner Silberstrom schlängelte, und wurden von dichtem, weißem Nebel umgeben. Kinanjuis große Manyatta lag still im Mondschein, es war ein ausgedehnter Komplex von Hütten, kleinen spitzen Vorratshäuschen und Viehhürden. Als wir hineinbogen, erblickte ich im Licht der Scheinwerfer ein Automobil, das unter einem Schutzdach aus Stroh stand. Es war jenes Auto, das Kinanjui gerade dem amerikanischen Konsul abgekauft hatte, als er auf die Farm gekommen war, um in der Angelegenheit mit dem Unglücksschuß das Urteil zu fällen. Es sah vollkommen verlassen aus, verrostet und abgewrackt. Und Kinanjui würde ihm jetzt wohl auch keinen Gedanken mehr schenken, er war vermutlich zum Glauben seiner Väter zurückgekehrt und wollte Kühe und Frauen um sich sehen.

Das dunkle Dorf schlief nicht, da waren Leute wach, und als sie das Auto hörten, kamen sie aus den Hütten und umringten uns. Und doch war das Dorf anders als zuvor. In Kinanjuis Manyatta hatte stets Leben und Treiben geherrscht, sie hatte einer Quelle geglichen, die aus der Erde sprudelt und nach allen Seiten überquillt. Unter den Augen der schweren, väterlichen Zentralgestalt Kinanjuis hatten sich Pläne und Unternehmungen aller Art gekreuzt. Nun hatte sich der Flügel des Todes über die Manyatta gesenkt und wie ein starker Magnet ihr Muster verändert und neue Konstellationen und Gruppen geschaffen. Jeder, der zu Kinanjuis Geschlecht und Stamm gehörte, spürte die Bedeutung des Augenblicks, auch was seine eigenen Interessen betraf, und mir wurde klar, daß im kräftigen, süßen, lebendigen Geruch der Kühe und im matten Mondschein genauso wie an anderen königlichen Todeslagern große Intrigen in vollem Gange waren.

Als wir aus dem Auto stiegen, kam ein Junge mit einer Laterne und führte uns zu Kinanjuis Hütte, eine große Schar Menschen folgte uns und blieb davor stehen.

Ich war noch nie in Kinanjuis Hütte gewesen. Dieser königliche Palast war bedeutend größer als die gewöhnlichen Kikuyu-Hütten, doch beim Eintreten bemerkte ich, daß er keineswegs üppiger ausgestattet war. Ich sah darin ein Bett aus Stöcken und Riemen und einige wenige Holzschemel zum Sitzen. Auf dem gestampften Lehmfußboden brannten zwei, drei kleine Holzkohlefeuer. Die Hitze in der Hütte war zum Ersticken und der Rauch so dick, daß ich anfangs die Leute darin nicht erkennen konnte, obwohl sie eine Sturmlaterne auf den Fußboden gestellt hatten. Als ich mich an diese Atmosphäre etwas gewöhnt hatte, bemerkte ich in der Hütte drei kahlköpfige alte Männer, vielleicht Onkel oder Ratgeber von Kinanjui, eine uralte Frau, die sich dicht neben dem Bett auf einen Stock stützte, ein großes, glatthäutiges junges Mädchen und einen dreizehnjährigen Jungen – wie mochte sich diese Konstellation im Sterbezimmer des Häuptlings ergeben haben?

Kinanjui lag flach ausgestreckt auf seinem Bett. Er war dem Tode nahe, schon halbwegs in Auflösung begriffen und verströmte einen so entsetzlichen Gestank, daß ich anfangs nicht den Mund zu öffnen wagte. Der alte Mann war vollkommen nackt. Er ruhte auf einem schottischen

Plaid, das ich ihm einmal geschenkt hatte, doch sein vergiftetes Bein ertrug keinerlei Bedeckung. Es sah entsetzlich aus und war derart geschwollen, daß ich das Knie nicht erkennen konnte, im matten Lichtschein zeichneten sich von der Hüfte bis zum Fuß gelbe und schwarze Streifen ab. Die Decke darunter war dunkel und feucht, als sickerte die ganze Zeit Wasser aus dem Bein.

Kinanjuis Sohn, der mich von der Farm geholt hatte, brachte mir einen alten europäischen Stuhl, an dem ein Bein kürzer als die anderen war, und stellte ihn in die Nähe des Betts.

Kopf und Rumpf des alten Häuptlings waren so abgemagert, daß sein starker Knochenbau überall deutlich hervortrat. Er ähnelte einer riesigen, dunklen grobgeschnitzten Holzfigur, zwischen den Lippen waren Zähne und Zunge sichtbar. Seine Augen waren halb gebrochen und wirkten in dem schwarzen Gesicht milchig. Doch er konnte noch sehen, und als ich an sein Bett trat, wandte er mir seinen Blick zu und hielt ihn die ganze Zeit, die ich in der Hütte war, auf mein Gesicht gerichtet. Langsam, sehr langsam bewegte er die Rechte über seinen Körper, um meine Hand zu berühren. Er litt entsetzlich, war aber noch ganz er selbst und von Gewicht in der Welt, auch wenn er nackt auf seinem Bett lag. Nach seiner Haltung zu schließen, war er von seiner Reise als Sieger heimgekehrt und hatte vor den Augen seiner Masai-Schwiegersöhne seinen gesamten Viehbestand mitgenommen. Während ich ihn nun betrachtete, mußte ich an seine einzige Schwäche denken: er hatte sich vor Gewitter gefürchtet. Als er sich einmal in meinem Haus aufhielt und ein Gewitter losbrach, veränderte sich sein Aussehen völlig und wurde dem eines Kaninchens ähnlich, das sich nach seinem Schlupfwinkel umsieht. Jetzt aber, dachte ich: »Fürchte nicht den Flammenblitz! / Dich erschreck kein Donnerstein!«

Wäre Kinanjui noch dazu imstande gewesen, sein gesamtes Leben zu überschauen, dachte ich, so hätte er sich gewiß nur sehr weniger Gelegenheiten erinnert, wo er die übrige Welt nicht besiegt und den kürzeren gegen sie gezogen hätte. Nun lag er still da, und eine ungeheure Vitalität, eine große Genußfähigkeit, ein reich entfaltetes Leben verebbte: »Lös dich auf und Ruhe hab« – Kinanjui.

Die alten Männer, die zugegen waren, standen neben Kinanjui und mir, als hätten sie die Sprache verloren. Doch nun stellte sich der junge Bursche, den ich bei meinem Eintritt in die Hütte bemerkt und für einen spätgeborenen Sohn des Häuptlings gehalten hatte, an das Bett seines Vaters, und was er zu sagen hatte, war vermutlich vor meiner Ankunft vereinbart worden.

Der Doktor von der Mission, erzählte er mir, habe von Kinanjuis Krankheit gehört und ihn in der Manyatta besucht. Er habe den Kikuyu angekündigt, daß er wiederkommen und ihren sterbenden Häuptling ins Krankenhaus bringen wolle, und noch in dieser Nacht sollte ihn ein Lastwagen von der Mission dorthin fahren. Aber Kinanjui wollte nicht ins Krankenhaus, und deswegen habe er mich auch rufen lassen. Er wünsche sich, daß ich ihn mit in mein Haus nehmen möge, und zwar sofort, bevor die Leute von der Mission zurückkehrten. Während der Junge sprach, sah mich Kinanjui unverwandt an.

Mir wurde das Herz schwer, als ich das hörte.

Hätte Kinanjui zu einem früheren Zeitpunkt, vor einem Jahr oder noch vor drei Monaten, auf dem Sterbebett gelegen, dann hätte ich ihn unverzüglich mitgenommen, wenn er mich darum gebeten hätte. Aber jetzt war das etwas anderes. Es war mir in der letzten Zeit schlecht ergangen, und ich hegte die Befürchtung, daß es mir noch schlechter gehen könnte. Ich hatte den ganzen Tag in Büros in Nairobi zugebracht und hatte Geschäftsleuten und Advokaten zuhören müssen und viele Gespräche mit den Kreditoren der Farm geführt. Das Haus, in das ich Kinanjui nach seinem Wunsch mitnehmen sollte, war nicht mehr mein Eigentum.

Kinanjui, dachte ich, während ich bei ihm saß und

ihn ansah, der war nicht mehr zu retten. Er würde schon unterwegs im Auto oder bei der Ankunft in meinem Haus sterben. Die Leute von der Mission würden mir die Verantwortung für seinen Tod aufbürden, und wer davon hörte, würde ihnen recht geben. Und wie ich da in der Hütte auf dem Stuhl mit dem abgebrochenen Bein saß, wurde mir all das zu übermächtig und groß, um den Kampf dagegen aufzunehmen. Ich hatte nicht mehr die Kraft, gegen die Machthaber dieser Welt aufzubegehren. Ich konnte nicht allen, nicht ihnen allen trotzen.

Zwei- oder dreimal versuchte ich mich dazu durchzuringen, den Wunsch des Häuptlings zu erfüllen, doch jedesmal wich ich zurück, und da wurde mir klar, daß ich ihn im Stich lassen würde.

Farah, der an der Tür stand, hatte den Worten des Jungen aufmerksam gelauscht. Als er mein Schweigen bemerkte, kam er zu mir und begann mir mit leiser Stimme zu erklären, wie wir Kinanjui am besten in den Wagen heben könnten. Da stand ich auf und ging mit ihm in den Hintergrund der Hütte, ein Stück entfernt von dem Blick des alten Mannes und von seinem Gestank. Ich sagte Farah, daß ich Kinanjui nicht mit nach Hause nehmen könne. Diese Entscheidung traf ihn völlig unvorbereitet, seine Augen und sein ganzes Gesicht wurden vor Überraschung dunkel.

Ich wäre gern noch ein wenig bei Kinanjui geblieben, aber ich mochte nicht mitansehen, wie die Leute von der Mission ihn mit dem Wagen abholten.

Ich ging an Kinanjuis Bett und sagte ihm, ich könne ihn nicht mit in mein Haus nehmen. Es bestand kein Anlaß, Gründe dafür zu nennen, und wir ließen es dabei bewenden. Als den alten Männern in der Hütte meine Ablehnung zum Bewußtsein kam, scharten sie sich um mich und wurden unruhig. Der Junge trat einen Schritt zurück und blieb vollkommen bewegungslos stehen – für ihn gab es jetzt nichts mehr zu tun. Kinanjui zeigte weder eine Regung noch eine Veränderung in seinem

Ausdruck und sah mir nur wie bisher unverwandt ins Gesicht. Er machte den Eindruck, als sei ihm schon einmal, in seinem früheren Leben, ähnliches geschehen, und so war es wohl auch.

»*Kwaheri*, Kinanjui«, sagte ich, »leb wohl.« Seine brennenden Finger zogen sich kraftlos an meiner Handfläche zusammen. Bevor ich die Tür erreichte, drehte ich mich um und schaute zurück – da war die große, ausgestreckte Gestalt meines alten Häuptlings schon von Halbdunkel und Rauch der Hütte verschlungen.

Als ich wieder ins Freie kam, war es kalt. Der Mond stand nun tief am Horizont. Es mußte nach Mitternacht sein. In diesem Augenblick krähte in Kinanjuis Manyatta zweimal ein Hahn.

Kinanjui starb in derselben Nacht im Missionshospital. Das erzählten mir zwei seiner Söhne, die mich am nächsten Nachmittag aufsuchten. Sie luden mich gleichzeitig zur Beerdigung ein, die am folgenden Tag in der Nähe seines Dorfes, bei Dagoretti, stattfinden sollte.

Wenn sich die Kikuyu an ihre eigenen Sitten halten dürfen, dann begraben sie ihre Toten nicht, sondern legen sie auf die Erde und überlassen alles weitere den Geiern und Hyänen. Dieser Brauch hat mir immer zugesagt. Ich hielt es für eine gute Sache, frei unter Sonne und Sternen zu liegen und schnell, säuberlich und öffentlich gereinigt und abgepickt und mit der Natur vereint zu werden, um von da an selbst ein Teil der Landschaft zu sein und verfolgen zu können, was darin geschah. Damals, als die Grippe auf der Farm grassierte, hörte ich jede Nacht die Hyänen in der Nähe der Shambas heulen. Und nach dieser Zeit geschah es häufig, daß ich auf der Steppe oder unter einem Baum im hohen Gras des Waldes einen blanken, braunen Schädel fand, der wie ein Stein oder eine herabgefallene Nuß dalag. Doch dieser Brauch verträgt sich nicht mit dem zivilisierten Leben. Die Regierung hatte umfangreiche Maßnahmen getroffen, um die Kikuyu davon abzubringen und sie dazu zu bewegen, ihre Toten in der Erde zu bestatten. Doch die Eingeborenen empfanden gegen diesen Gedanken noch immer großen Widerwillen.

Wie man mir nun erzählte, sollte Kinanjui begraben werden, und ich dachte mir, daß sich die Kikuyu wohl deshalb mit dieser Abweichung von ihren Gepflogenheiten einverstanden erklärt hatten, weil der Tote ein großer Häuptling gewesen war. Gewiß wollten sie die Gelegenheit auch dazu nutzen, um sich zu einem richtigen Fest zu versammeln. Als ich am nächsten Tag nach Dagoretti fuhr, rechnete ich damit, sämtliche kleineren Häuptlinge des Kikuyu-Reservats dort anzutreffen und eine große Kikuyu-Festlichkeit zu erleben.

Doch Kinanjuis Beerdigung war in jeder Hinsicht eine europäische und kirchliche Vorstellung. Obwohl einige wenige Vertreter der Regierung, der Bezirkskommissar und zwei Beamte aus Nairobi, anwesend waren, gehörten Tag und Ort der Kirche. Im Schein der Nachmittagssonne war die Steppe von Geistlichen schwarz. Sowohl die französische als auch die englische und schottische Mission hatten zahlreiche Repräsentanten geschickt. Falls sie bei den Kikuyu den Eindruck hatten erwecken wollen, daß sich die europäischen Kirchen den toten Häuptling angeeignet hatten und daß er nun ihnen gehörte, dann war ihnen das gelungen, das muß man schon sagen. Es war deutlich, daß sie diejenigen waren, die hier die Macht besaßen, man spürte, daß ihnen Kinanjui jetzt unmöglich entkommen konnte. Das gehört zu den alten Kunststücken der Kirche. Bei dieser Gelegenheit sah ich zum erstenmal eine nennenswerte Anzahl von jungen Männern der Mission. Diese bekehrten Eingeborenen, junge, fettleibige Kikuyu mit Brillen und gefalteten Händen, waren halb wie Priester gekleidet – welches Amt auch immer sie besorgen mochten – und ähnelten griesgrämigen Eunuchen.

Kinanjuis zwei christlichen Söhne waren vermutlich auch zur Stelle und hatten wohl aus Anlaß des Tages ihre religiösen Meinungsverschiedenheiten beiseite gelegt, ich kannte die beiden jedoch nicht. Einige von den alten Häuptlingen nahmen an der Beerdigung teil. Kioy war da, und ich unterhielt mich mit ihm über den toten Häuptling. Doch ansonsten hielten sie sich während der gesamten Vorstellung sorgsam im Hintergrund.

Kinanjuis Grab war unter ein paar hohen Eukalyptusbäumen auf der Steppe ausgehoben, und rundum war ein Seil gespannt. Da ich zeitig gekommen war, stand ich nicht weit entfernt und konnte von da aus beobachten, wie die Versammlung anwuchs und sich wie ein Fliegenschwarm auf der Ebene von Dagoretti niederließ.

Man brachte Kinanjui mit einem Lastwagen von der Mission, hob ihn heraus und legte ihn neben die Grube. Ich glaube, so entsetzt wie bei diesem Anblick bin ich in meinem ganzen Leben nicht gewesen. Kinanjui war ein großer, schwerer Mann, ich erinnerte mich an ihn, wie er zwischen seinen Senatoren auf die Farm geschritten kam und auch wie er ausgesehen hatte, als er zwei Nächte zuvor auf seinem Bett lag. Doch der Sarg, in dem er jetzt gebracht wurde, war eine fast quadratische Kiste und bestimmt nicht länger als fünf Fuß. Auf den ersten Blick hielt ich das gar nicht für einen Sarg, sondern für eine Kiste mit irgendwelchem Zubehör für die Begräbniszeremonie. Aber es war Kinanjuis Sarg. Ich habe niemals erfahren, weshalb man dieses Behältnis für ihn ausgesucht hatte, vielleicht hatte es auf der schottischen Mission herumgestanden. Wie hatten sie Kinanjui da nur hineinbekommen? Und wie lag er jetzt darin?

An der Seitenwand der Kiste befand sich eine große silberne Platte mit einer Inschrift, die, wie ich später erfuhr, besagte, daß der Sarg ein Geschenk der Mission für den Häuptling Kinanjui sei, und mit einem Bibelspruch schloß.

Die Beerdigung dauerte lange. Die Missionare traten einer nach dem anderen vor und hielten ihre Reden, und ich vermute, daß sie dabei so manches an Bekenntnis und Verkündigung einfließen ließen, doch ich habe nichts davon gehört. Ich hielt mich an dem Seil fest, das um Kinanjuis Grab gespannt war. Danach kamen einige von den christlichen jungen Eingeborenen, und ihr Geplärr tönte über das grüne Feld.

Zum Schluß wurde Kinanjui in die Erde seines eigenen Landes gesenkt und mit ihr zugedeckt.

Ich hatte einige von meinen Leuten nach Dagoretti mitgenommen, um ihnen die Teilnahme an der Beerdigung zu ermöglichen, und sie wollten noch bleiben, Freunde und Bekannte begrüßen und später zu Fuß zurückkehren. So fuhr ich mit Farah allein nach Hause. Farah schwieg wie das Grab, von dem wir kamen. Er hatte sich nur schwer damit abfinden können, daß ich es abgelehnt hatte, Kinanjui in mein Haus mitzunehmen. Zwei Tage war er wie ein unseliger Geist gewesen, bedrückt von Zweifel und Sorge. Als wir nun vor der Tür anhielten, sagte er: »Ja, es mag ja sein, Memsahib.«

3. Das Grab in den Bergen

Denys Finch-Hatton kehrte von einer seiner Safaris zurück und wohnte für kurze Zeit auf der Farm, doch als ich mein Haus aufzulösen und meine Sachen zu packen begann, konnte er dort nicht mehr wohnen und zog nach Nairobi in das Haus von Hugh Martin. Von dort fuhr er jeden Tag zur Farm und aß mit mir Abendbrot. Als ich am Ende auch meine Möbel verkaufte, setzte er sich auf eine Packkiste, stellte seinen Teller auf eine zweite Kiste, und so blieben wir bis tief in die Nacht sitzen.

Nur wenige Male führten wir unsere Unterhaltung so, als müßte ich wirklich das Land verlassen. Denys selbst betrachtete Afrika als seine Heimat. Er verstand gut, was dies jetzt für mich bedeutete, obwohl er darüber lachte, daß ich den Abschied von meinen Leuten so schwernahm. »Hast du tatsächlich das Gefühl, daß du ohne Sirunga nicht leben kannst?« fragte er. – »Ich kann es wirklich nicht«, sagte ich.

Doch die meiste Zeit, die wir zusammen waren, sprachen und handelten wir, als ob es keine Zukunft gäbe. Er hatte sich niemals viel um sie gekümmert, es war, als ob er wüßte, daß er jederzeit auf Reserven zurückgreifen könnte, die uns anderen unbekannt waren. Auf natürliche Weise fügte er sich in meinen Plan ein, den Dingen ihren Lauf und die Leute reden und tun zu lassen, was sie wollten. Wenn er im Hause war, schien es eine vernünftige Sache zu sein und auf eigener freier Entscheidung zu beruhen, daß wir auf Packkisten in einem leeren Zimmer saßen. Er zitierte für mich einen Vers:

»You must turn your mournful ditty
to a merry measure,
I will never come for pity
I will come for pleasure.«

In dieser Zeit unternahmen wir viele kurze Flüge über Ngong Hills und das Wildreservat. Eines Morgens holte er mich ganz zeitig, noch vor Sonnenaufgang, ab, und da sahen wir südlich von den Bergen einen Löwen auf der Steppe.

Er sprach davon, daß er die Bücher zusammenpacken wolle, die er seit vielen Jahren in den Regalen meines Hauses stehen hatte, aber er kam damit nicht weit. »Behalte sie«, sagte er, »ich habe jetzt keinen Ort, wo ich sie hinstellen könnte.« Er war zu keinerlei Entscheidung darüber fähig, wo er sich aufhalten sollte, wenn mein Haus geschlossen wäre. Eines Tages überredete ihn ein Freund, nach Nairobi zu fahren und sich die Bungalows anzusehen, die man dort mieten konnte. Doch was er da sah, stieß ihn so heftig ab, daß er sich bei seiner Rückkehr nicht einmal bequemen konnte, davon zu sprechen, und als er beim Essen zu einer humoristischen Beschreibung der Häuser ansetzen wollte, verstummte er, mit einem Ausdruck von Unbehagen und Sorge im Gesicht, der bei ihm ungewöhnlich war. Er war mit einer neuen Art von Dasein in Berührung gekommen, das ihm schon in der Vorstellung unerträglich war. Seine Mißbilligung war jedoch ganz sachlich und unpersönlich – er hatte jeden Gedanken daran vergessen, daß er selbst mit diesem Dasein zu tun haben könnte –, und als ich die Rede darauf brachte, unterbrach er mich sofort. »Oh, was mich betrifft«, sagte er, »ich kann sehr gut in einem Zelt im Masai-Reservat wohnen. Oder ich miete mir ein Haus im der Somali-Stadt.« Bei dieser Gelegenheit sprach er ausnahmsweise auch von meiner eigenen Zukunft in Europa. Es sei durchaus möglich, meinte er, daß ich in Europa glücklicher würde, als ich es jetzt in Afrika, bei dieser Art von Zivilisation, die da im Entstehen begriffen sei, werden könnte. »Weißt du«, sagte er, »daß dieser Kontinent Afrika einen ganz stark ausgeprägten Sinn für Sarkasmus hat?«

Denys besaß ein Stück Land an der Küste, fünfzig Kilometer nördlich von Mombasa gelegen, an der Takaunga-Bucht. Dort gab es Ruinen einer alten arabischen Stadt mit einem bescheidenen Minarett und einem Brunnen – jetzt eine Ansammlung von verwitterten, grauen Steinen, die auf dem salzigen Boden einer Gruppe von großen Kakteen glich. Zwischen den Ruinen wuchsen hier und da ein paar alte Mangobäume. Denys hatte sich auf seinem Land ein kleines Haus gebaut. Ich habe in Takaunga gewohnt. Hier war alles von der riesigen und reinen Unfruchtbarkeit des Meeres geprägt. Man hatte den blauen Indischen Ozean vor sich, im Süden die tiefe, schmale Bucht von Takaunga und, so weit das Auge reichte, die ausgedehnte, steile, schroffe Küstenlinie der weißgrauen und gelben Korallenriffe. Wenn Ebbe herrschte, konnte man mehrere Kilometer wie über einen riesigen, ungleichmäßig gepflasterten Marktplatz ins Meer hinausgehen und sonderbare, lange, spitze Muscheln und Seesterne sammeln. Die Swahili-Fischer, deren Boote jetzt auf dem Trockenen lagen, kamen, wie Sindbad der Seefahrer persönlich, mit einem Lendenschurz und einem rosenroten oder blauen Turban bekleidet, zu mir gewandert und boten mir regenbogenfarbene, stachlige Fische an, von denen einige sehr schmackhaft waren. In den Uferfelsen unterhalb des

Hauses gab es eine lange Reihe von ausgewaschenen Grotten und Höhlen, wo man im Schatten sitzen und auf das Meer schauen konnte. Das tropische Meer besitzt alle Farbnuancen des Lapislazuli, es hat im Schatten und wenn es einen bewölkten Himmel spiegelt, eine tiefe, kühne blaue Farbe, dagegen ist es im grellen Sonnenlicht grau und vollkommen farblos, anders als das nordische Meer, das blau wird, wenn die Sonne darauf scheint. Bei Flut füllte es alle Löcher und Grotten aus, reichte fast bis an das Haus heran und sang und seufzte auf so seltsame Weise, als wäre der Grund zu unseren Füßen lebendig geworden. Die dröhnenden Wellen brachen wie eine siegreiche Armee in die Bucht von Takaunga ein.

Es war Vollmond, als ich in Takaunga war, und die Schönheit der strahlenden, funkelnden Nächte war so vollkommen, daß sich das Herz ihr ergab. Man schlief bei offenen Türen, vor sich das silberglänzende Meer. Die spielerische, warme Brise wehte mit leisem Zischlaut ein wenig losen Sand über den Steinfußboden. Eines Nachts zogen mehrere arabische Daus vorüber. Sie segelten dicht an der Küste und liefen lautlos vor dem Monsun, wie eine Reihe brauner, klarer Schattensegel unter dem Mond.

Manchmal sprach Denys davon, daß er sich in Takaunga fest ansiedeln und seine Safaris von dort aus starten wolle. Als zum erstenmal die Rede davon war, daß ich die Farm aufgeben müßte, bot er mir sein Haus an der Küste an, wie er selbst über mein Haus im Hochland verfügt hatte. Aber Weiße brauchen viel Komfort, um an der Küste leben zu können, und Takaunga lag für mich zu tief und war mir zu heiß.

Im Mai jenes Jahres, in dem ich Afrika verlassen sollte, plante Denys einen einwöchigen Aufenthalt in Takaunga, um sich dort ein größeres Haus zu bauen und sein Land mit Mangobäumen zu bepflanzen. Er wollte die Reise mit dem Flugzeug machen, auf dem Heimweg über Voi fliegen und sich dort nach Elefanten für seine

Safari-Leute umsehen. Die Eingeborenen hatten viel von einer Elefantenherde erzählt, die von Westen her in die Gegend von Voi eingedrungen sein sollte, und vor allem von einem bestimmten riesigen Elefantenbullen, der doppelt so groß wie die anderen Elefanten war und einsam durch die Wälder wanderte.

Denys, der sich selbst für einen ausgeprägten Verstandesmenschen hielt, litt zeitweise unter einer besonderen Art von Stimmungen und Vorahnungen, und wenn sie ihn überkamen, sprach er tagelang kein Wort. Er war sich dessen jedoch nicht bewußt und geriet in Erstaunen, wenn ich ihn fragte, was denn los sei. So geistesabwesend und wie in Gedanken versunken wirkte er in den letzten Tagen vor seiner Reise an die Küste, doch wenn ich ihn deswegen ansprach, lachte er mich aus.

Ich bat ihn darum, mich mitzunehmen, denn ich hätte so gern das Meer wiedergesehen. Zuerst sagte er ja, dann aber besann er sich anders und sagte nein. Er könne mich nicht mitnehmen, weil der Flug über Voi sehr unbequem würde, erklärte er, und er müsse vielleicht landen und in der Wildnis übernachten, deshalb wolle er einen Eingeborenen bei sich haben. Ich erinnerte ihn an seine Worte, daß er das Flugzeug hierher gebracht habe, um mit mir über Afrika zu fliegen. Ja, sagte er, das sei schon richtig, und falls es bei Voi Elefanten gäbe, werde er später, wenn er die Landeplätze kenne, mit mir dorthin fliegen. Dies war das einzige Mal, daß mich Denys trotz meiner Bitte nicht in seinem Flugzeug mitnehmen wollte.

Er startete am Freitag, dem achten Mai. »Am Donnerstag kannst du nach mir Ausschau halten«, sagte er, bevor er aufbrach, »ich bin rechtzeitig wieder da, damit ich mit dir frühstücken kann.« Er war schon ein Stück gefahren und in den Wald eingebogen, da kehrte er noch einmal zurück, um sich einen Band Gedichte zu holen, den er mir einmal gegeben hatte und den er jetzt mit auf die Reise nehmen wollte. Er stand mit einem Fuß auf dem Trittbrett des Autos und las mir, einen Finger im Buch, ein Gedicht vor, über das wir einmal gesprochen hatten. »Hier sind deine Graugänse«, sagte er:

»Graugänse sah ich übers Flachland fliegen,
Wildgänse zitternd in der hohen Luft –
in gerader Bahn von Horizont zu Horizont –,
mit der Seele kühn in ihren Hälsen,
und ich sah ihr graues Weiß den großen
Himmel streifen
und das Sonnenrad über gebrochnen Hügeln.«

Dann fuhr er endgültig davon und winkte mir mit dem Arm, bevor er verschwand.

Während seines Aufenthalts in Mombasa zerbrach Denys bei der Landung einen Propeller. Er telegrafierte nach Nairobi und bestellte die Ersatzteile, die er brauchte, und *The East Africa Airway Company* ließ sie von einem Eingeborenen nach Mombasa bringen. Als die Maschine repariert war und Denys damit starten wollte, forderte er den jungen Kikuyu von der Airway Company zum Mitkommen auf, aber der lehnte ab. Dieser Kikuyu war das Fliegen gewöhnt und hatte schon viele Flugzeugführer, so vorher auch Denys, begleitet, und Denys war ein guter Pilot und hatte hier, wie überall bei den Eingeborenen, einen großen Namen. Diesmal jedoch wollte der Schwarze nicht mit ihm starten. Lange danach, als er Farah in Nairobi traf und sich mit ihm über das Geschehen unterhielt, sagte er zu ihm: »Für keine hundert Rupien wäre ich an diesem Tag mit Bwana Bedâr geflogen.« Der Schatten seines bevorstehenden Schicksals, den Denys in den letzten Tagen auf Ngong selbst leise über sich gespürt hatte, der war von diesem Eingeborenen in Mombasa stärker empfunden worden.

Da nahm Denys seinen eigenen Diener, Kamau, mit nach Voi. Der arme Kamau hatte vor dem Fliegen eine tödliche Angst. Er hatte mir auf der Farm erzählt, daß er bei jedem Aufstieg, wenn er fühlte, daß er die Erde verlassen hatte, den Blick starr auf seine Füße heftete, und zwar so lange, bis er wieder unten angekommen war – so sehr hatte es ihn entsetzt, als er ein paarmal zur Seite gesehen und die Landschaft aus großer Höhe wahrgenommen hatte.

Ich hielt am Donnerstag nach Denys Ausschau und rechnete damit, daß er bei Sonnenaufgang in Voi starten und dann zwei Stunden bis Ngong fliegen würde. Doch da er nicht kam und ich verschiedene Dinge in Nairobi zu erledigen hatte, fuhr ich in die Stadt.

Nun verhielt es sich so, daß ich jedesmal, wenn ich in Afrika krank war oder große Sorgen hatte, unter einer besonderen Art von Zwangsvorstellung litt. Es kam mir so vor, als wäre meine gesamte Umgebung in Gefahr oder Not und ich selbst mitten im Unglück unwissentlich auf die falsche Seite geraten und würde nun von allen Leuten mit Furcht betrachtet.

Dieser Alp hatte seinen Ursprung in der ersten Zeit des Krieges. Damals hatten mich Leute in der Kolonie einige Jahre lang für deutschfreundlich gehalten und mich beargwöhnt. Und die Ursache ihres Mißtrauens war, daß ich in meiner Herzensunschuld unmittelbar vor Ausbruch des Krieges, offenkundig vor Gott und aller Welt, in Naivasha gewesen war, um für General von Lettow in Deutsch-Ostafrika Pferde einzukaufen. Der deutsche General hatte mich sechs Monate zuvor, auf unsrer gemeinsamen Reise nach Afrika, gebeten, zehn abessinische Zuchtstuten für ihn zu erwerben. Doch in den ersten Monaten, die ich im Lande war, hatte ich an andere Dinge zu denken gehabt und es vergessen, deshalb fuhr ich erst später, nachdem er wiederholt seine Stuten angemahnt hatte, nach Naivasha und kaufte sie. Bald darauf begann der Krieg, und wir konnten die Pferde niemals außer Landes bringen. Der Verdacht gegen mich hielt sich jedoch nicht bis zum Ende des Krieges. Er zerstreute sich, als mein Bruder, der als Freiwilliger auf englischer Seite kämpfte, beim Vorstoß auf Amiens, nördlich von Roye, das Victoria-Kreuz erhielt. Dieses Ereignis wurde sogar im »East African Standard« unter der

Überschrift »Ein ostafrikanisches Victoria-Kreuz« vermeldet.

Damals hatte ich es leichtgenommen, daß ich scheel angesehen wurde, denn ich war nicht im geringsten deutschfreundlich und dachte immer, daß ich das Mißverständnis schon aufklären könnte, falls es notwendig wäre. Aber es muß doch einen tieferen Eindruck auf mich gemacht haben, als mir bewußt gewesen war, denn noch viele Jahre später kehrte dieser Eindruck wieder, wenn ich sehr müde war oder Fieber hatte. In den letzten Monaten meines Aufenthalts in Afrika, als alles für mich zusammenbrach, fiel er manchmal wie ein Dunkel auf mich, und ich hatte Angst davor wie vor einer Geistesverwirrung.

An diesem Donnerstag in Nairobi fiel mein alter Alptraum unversehens über mich her und verstärkte sich so sehr, daß ich befürchtete, ich würde nun wirklich verrückt. In einer unerklärlichen Weise ruhte auf der Stadt und auf allen Leuten, denen ich dort begegnete, eine Stimmung von tiefer Trauer, und gleichzeitig schienen sich alle Menschen von mir abzuwenden. Niemand wollte stehenbleiben und einen Schwatz mit mir machen. Sowie meine Bekannten mich erblickten, stiegen sie in ihre Autos und fuhren davon. Sogar der alte Duncan, der schottische Kaufmann, bei dem ich seit vielen Jahren Kolonialwaren einkaufte und mit dem ich auf dem großen Ball im Regierungsgebäude getanzt hatte, erschrak ein wenig, als ich hereinkam, und verließ seinen Laden. Ich fühlte mich in Nairobi allmählich so allein wie Robinson auf seiner einsamen Insel.

Ich hatte Farah auf der Farm zurückgelassen, damit der Denys empfangen sollte, und konnte also mit niemandem reden. Bei solchen Gelegenheiten sind die Kikuyu keine Hilfe, denn ihre Begriffe von Wirklichkeit sind von den unseren verschieden, und auch ihre Wirklichkeit ist eine andere als die unsrige. Aber ich war von Lady McMillan auf Chimoro zum Lunch eingeladen und dachte, daß ich dort auf jeden Fall Weiße treffen und im

Gespräch mit ihnen mein seelisches Gleichgewicht wiederfinden würde.

Als ich den hübschen alten Landsitz Chimoro am Ende seiner langen Bambusallee erreichte, fand ich dort eine ganze Lunchgesellschaft versammelt. Doch es war auf Chimoro nicht anders als in den Straßen von Nairobi. Alle waren tief betrübt, und als ich eintrat, verstummte das Gespräch. Ich saß neben meinem alten Freund Mr. Bulpett, und der schaute zu Boden und ließ sich kaum ein Wort von mir entlocken. Um den Schatten zu vertreiben, der jetzt mit drückender Schwere auf mir und allen anderen lastete, begann ich ihn nach seinen Bergbesteigungen in Mexiko zu befragen, doch er schien sich überhaupt nicht an sie zu erinnern.

Ich dachte: Diese Leute sind mir auch nicht von Nutzen. Ich muß zurück auf die Farm. Um diese Zeit ist Denys gekommen, und wir werden vernünftig miteinander reden und uns vernünftig benehmen, und ich werde alles verstehen.

Doch als wir mit dem Lunch fertig waren, erzählte mir Lady McMillan, daß bei Voi ein Unglück geschehen sei. Denys sei mit seiner Maschine abgestürzt und tot.

Da war es, wie ich gedacht hatte: Sobald ich Denys' Namen hörte, würde ich alles verstehen.

Später teilte mir der Bezirkskommissar von Voi in einem Brief die Einzelheiten des Unglücks mit. Denys hatte im Haus des Kommissars übernachtet und war frühmorgens vom Flugplatz aufgestiegen, mit Kurs auf meine Farm. Nach dem Start hatte er gewendet und war schnell zurückgekehrt, er flog in einer Höhe von hundert Metern. Auf einmal schwankte die Maschine, geriet ins Trudeln und stürzte ab wie ein Vogel. Als sie auf dem Boden aufschlug, fing sie Feuer. Die Leute, die zu Hilfe eilen wollten, wurden von den Flammen behindert. Als sie den Brand mit Erde und Zweigen gelöscht hatten, sahen sie, daß die Maschine zerschellt war und die beiden Menschen darin beim Absturz ums Leben gekommen waren.

Für die Kolonie war Denys' Tod ein Verlust, den sie viele Jahre nicht verwinden konnte. Dabei trat in der Haltung der einfachen Siedler etwas sehr Schönes zutage: eine Ehrfurcht vor Werten, von denen sie nichts verstanden. Sie sprachen jedoch in erster Linie von ihm als Sportsmann. Sie holten seine alten Kricket- und Golfrekorde hervor und beredeten sie ausführlich, und da er mir nie etwas davon erzählt hatte, hörte ich erst jetzt von seinem Ruhm in jeder Art von Sport. Wenn sie dann seine großen Taten mit vielen Fachausdrücken, die ich nicht immer verstand, abgehandelt hatten, fügten sie nach einigem Überlegen hinzu, daß er ja glänzend begabt gewesen sei und daheim in England ganz nach Belieben hätte Karriere machen können. Woran sie sich vor allem erinnerten, das war sein vollkommener Mangel an Selbstsucht oder Selbstgefälligkeit, eine unbedingte Wahrhaftigkeit, die ich, außer bei ihm, nur bei Idioten angetroffen habe. In einer Kolonie werden diese Eigenschaften im allgemeinen nicht für nachahmenswert gehalten, doch nach dem Tod eines Mannes vielleicht gerade hier aufrichtiger als anderswo bewundert.

Die Eingeborenen hatten Denys besser gekannt als die Weißen, sein Tod war für sie ein großer Verlust.

Als ich in Nairobi von Denys' Tod hörte, versuchte ich nach Voi zu gelangen. Die Luftfahrtgesellschaft hatte Tom Black beauftragt, dorthin zu fliegen und einen Bericht über das Unglück anzufertigen, und ich wollte ihn nun bitten, mich mitzunehmen. Doch gerade als ich den Flugplatz erreichte, hob seine Maschine ab und segelte in Richtung Voi davon.

Vielleicht wäre es möglich gewesen, mit dem Auto nach Voi durchzukommen, aber wir waren mitten in der Regenzeit, und ich mußte mich erst nach dem Zustand der Straßen erkundigen. Während ich nun auf den Bescheid der Automobilgesellschaft wartete, fiel mir ein, daß Denys gesagt hatte, er wolle in Ngong Hills begraben sein. Es war merkwürdig, daß ich nicht eher daran gedacht hatte. Doch der Gedanke, daß er überhaupt begraben werden sollte, hatte mir so fern gelegen. Nun war es, als hätte man mir ein Bild vorgehalten.

Es gab in den Bergen, auf dem ersten Höhenzug des Wildreservats, einen Platz, den ich damals, als ich noch glaubte, ich würde in Afrika leben und sterben, Denys als meine Grabstelle bezeichnet hatte. Am Abend, als wir von meinem Haus zu den Bergen schauten, hatte er gesagt, daß es ihm auch gut gefallen könnte, dort begraben zu werden. Bei späteren Ausflügen in die Berge sagte Denys ein paarmal: »Laß uns bis zu unseren Gräbern fahren.« Als wir in den Bergen ein Lager aufgeschlagen hatten, um die Büffel zu beobachten, waren wir eines Nachmittags zu jenem Höhenzug gegangen und hatten ihn uns näher angesehen. Die Aussicht dort oben war unendlich weit. Im Licht des Sonnenuntergangs hatten wir sowohl den Mount Kenia als auch den Kilimandscharo erkennen können. Denys hatte ausgestreckt im Gras gelegen, eine Apfelsine gegessen und gesagt, daß er hier bleiben wolle. Meine eigene Grabstelle lag etwas höher am Hang. Von beiden Plätzen war fern im Osten mein Haus im Wald zu sehen. Wir saßen im Gras und sprachen darüber. Am nächsten Tag wollten wir nach Hause fahren. Und dort sollten wir für immer bleiben, hatte ich damals gedacht, der verbreiteten Theorie zum Trotz, daß alle einmal sterben müssen.

Als Gustav Mohr die Nachricht von Denys' Tod hörte, fuhr er von seiner Farm zu meinem Haus, und als ich nicht dort war, suchte er mich in Nairobi, bis er mich fand. Kurz darauf kam auch Hugh Martin und setzte sich zu uns. Ich erzählte ihnen von Denys' Wunsch und von der Grabstelle in den Bergen, und sie telegrafierten nach Voi. Bevor ich abends auf meine Farm zurückkehrte, erhielt ich die Mitteilung, daß man Denys' Leiche am nächsten Tag mit dem Zug nach Nairobi bringen werde und die Beerdigung um die Mittagszeit in den Bergen stattfinden könne. Ich solle bis dahin sein Grab vorbereiten.

Gustav Mohr fuhr mit mir zur Farm und übernachtete dort, um mir am nächsten Morgen zu helfen. Wir mußten vor Sonnenaufgang in den Bergen sein und den Platz bestimmen, wenn das Grab rechtzeitig fertig sein sollte.

Es regnete die ganze Nacht, und als wir morgens aufbrachen, fiel noch immer ein feiner Nieselregen. Die Radspuren auf dem Weg standen voll Wasser. Als wir die Berge erreichten, glaubten wir in große Wolken hineinzufahren. Wir konnten weder die Ebenen unter uns zur Linken noch die Berghänge und Gipfel zur Rechten erkennen. Unsere Leute, die uns in einem Lastwagen folgten, verschwanden in einer Entfernung von zehn Metern aus unserem Blickfeld, und der Nebel wurde nur noch dichter, je höher sich der Weg hinaufwand. Das Schild am Wegesrand ließ uns erkennen, wo das Wildreservat begann, wir fuhren noch ein paar hundert Meter weiter und stiegen dann aus dem Wagen. Das Lastauto und die Leute ließen wir auf dem Weg zurück, sie sollten warten, bis wir den Platz gefunden hätten, den wir suchten. Die Morgenluft war so kalt, daß sie einem in die Finger schnitt.

Wir durften das Grab nicht zu weit vom Weg anlegen, und der Hang durfte auch nicht zu steil für einen Lastwagen sein. Ein kurzes Stück gingen wir gemeinsam und sprachen über den Nebel, dann trennten wir uns und schlugen unterschiedliche Richtungen ein, und schon nach wenigen Sekunden konnten wir einander nicht mehr sehen. Die gewaltige Welt der Berge tat sich nur widerwillig vor mir auf und schloß sich hinter mir sofort. Es war wie ein Regentag in Dänemark. Farah begleitete mich mit einer feuchten Flinte, denn er meinte, wir könnten direkt in eine Büffelherde hineingeraten. Alle nahen Dinge tauchten plötzlich vor uns auf und wirkten phantastisch groß. Die Blätter der wilden grauen Olivensträucher waren tropfnaß, und das hohe Gras, das uns bis über die Köpfe reichte, triefte von Wasser. Obwohl ich einen Regenmantel und Gummistiefel trug, war ich nach zehn Minuten so durchgeweicht, als wäre ich durch einen Fluß gewatet. In den Bergen herrschte Totenstille, nur manchmal, wenn der Regen stärker fiel, hörten wir um uns überall ein Flüstern. Einmal teilte sich der Nebel für einen Augenblick, und vor mir und über mir sah ich eine Fläche von klarem Indigoblau, als wäre dort eine Tafel aufgestellt. Es muß ein Stück von einem hohen, fernen Gipfel gewesen sein. Einen Moment später war das Bild vom strömenden grauen Regen und Nebel wieder ausgelöscht. Ich ging und ging, und schließlich blieb ich stehen. Bevor das Wetter nicht aufklarte, konnten wir hier nichts tun.

Gustav Mohr rief mich zwei-, dreimal an, um herauszufinden, wo ich war, und kam zu mir gelaufen, Regen im Gesicht und auf den Händen. Er sagte, daß wir schon eine Stunde im Nebel herumgelaufen seien und wenn wir die Stelle für das Grab nicht bald bestimmen würden, dann könnte es nicht rechtzeitig fertig werden. »Aber ich sehe nicht, wo wir sind«, sagte ich, »und wir können ihn nicht an einem Platz begraben, wo die Höhen die Aussicht verdecken. Lassen Sie uns noch ein wenig warten!« Wir standen schweigend im hohen Gras und rauchten eine Zigarette. Gerade als ich sie wegwarf, hob sich der Nebel ein wenig, und eine bleiche Klarheit begann die Welt zu durchdringen. Nach einer Viertelstunde war unsere Umgebung zu erkennen. Die Ebenen lagen tief unter uns, und ich erblickte den Weg, den wir gekommen waren, und konnte seine Windungen bis zu der Stelle, wo unsere Autos standen, und dann weiter an den Hängen entlang bis nach Kajiado verfolgen. Es war derselbe Weg, den Emmanuelson gegangen war. Fern im Süden sahen wir unter den treibenden, wechselnden, schieferfarbenen Wolken die Reihe der dunklen, blauen, gezackten Berge am Fuß des Kilimandscharo. Und als wir uns nach Norden wandten, wurde das Licht stärker, blasse Strahlen brachen für einen Augenblick schräg aus dem Himmel, und eine Silberlinie zog die Umrisse des Mount Kenia nach. Plötzlich entdeckten wir unter uns im Osten, und zwar viel näher, einen kleinen roten

Fleck in der graugrünen Landschaft, den einzigen roten Fleck überhaupt – das war das Dach meines Hauses auf dem offenen Rasen mitten im Wald. Wir brauchten nicht weiter zu gehen, wir waren am rechten Ort. Kurz darauf setzte der Regen von neuem ein.

Etwa zwanzig Meter oberhalb dieser Stelle fanden wir eine schmale, natürliche Terrasse am Hang. Hier markierten wir mit Hilfe des Kompasses das Grab, in der Richtung Ost-West. Dann riefen wir unsere Leute und ließen sie mit Pangas das Gras abschneiden und die nasse Erde ausheben. Mohr ging mit einigen von ihnen zur Landstraße, um von dort einen Weg zum Grab zu bahnen. Sie planierten den Boden, so gut es ging, schlugen Zweige von den Büschen und breiteten sie dort aus, wo der Untergrund schlüpfrig war. Wir konnten den Weg nicht ganz bis zur Grabstelle ziehen, dort wurde der Hang zu steil. Bis jetzt war es hier vollkommen still gewesen, doch als sich die Leute an die Arbeit machten, hörte ich, daß es in den Bergen ein Echo gab, und es antwortete auf die Spatenschläge wie ein kleiner bellender Hund.

Von Nairobi näherten sich Autos, und wir schickten einen unserer Leute hinunter, um ihnen den Weg zu weisen, denn die kleine Menschengruppe, die im Gebüsch das Grab umstand, wäre in der großen Landschaft nicht zu erkennen gewesen. Die Somali, die aus Nairobi kamen, ließen ihre Maultierwagen auf dem Hauptweg zurück und wanderten langsam zu dritt oder viert zu uns herauf. Sie trauerten nach Art der Somali, als hätten sie ihr Haupt verhüllt und sich ganz in ihr Inneres zurückgezogen. Einige von Denys' Freunden, die höher an der Eisenbahnlinie wohnten und von seinem Tod gehört hatten, kamen aus Naivasha, Gil-Gil und Elmenteita, ihre Autos waren nach der langen, wilden Fahrt mit Schlamm bespritzt. Nun wurde der Tag viel klarer, und die vier hohen Berggipfel zeigten sich über uns am Himmel.

Am frühen Nachmittag wurde Denys aus Nairobi

hierhergebracht. Die Leute folgten seiner alten Safari-Spur nach Tanganjika und fuhren langsam den nassen Weg entlang. Als sie den letzten steilen Hang erreichten, hielten sie an, hoben den schmalen Sarg, der mit der englischen Fahne bedeckt war, vom Wagen und trugen ihn. Sie senkten ihn in das Grab, und da veränderte sich das Land und umschloß ihn wie eine Einfassung, und es war so still wie er selbst. Die Berge ragten ernst und senkrecht auf, sie wußten und verstanden, was wir in ihrer Mitte taten. Nach einer Weile übernahmen sie selbst die Zeremonie und machten sie zu einer Angelegenheit zwischen sich und ihm, und die Menschen, die zugegen waren, stellten jetzt nichts weiter als eine zufällige Sammlung kleiner Zuschauer in der Landschaft dar.

Denys, dachte ich, hat alles Leben und Treiben im afrikanischen Hochland beobachtet und verfolgt, und er hat besser als jeder andere Weiße Erdreich und Jahreszeiten, Vegetation und Tierleben, Winde und Düfte des Hochlands gekannt. Er hatte ein Auge für die Wetterveränderungen und die Menschen, die Wolken und die Sterne in der Nacht. Erst vor kurzem hatte ich ihn hier in den Bergen gesehen, wie er barhäuptig in der Nachmittagssonne stand und über das Land schaute, er holte sein Fernglas hervor, um alles zu erkennen, was da vor sich ging. Er hatte von Afrika Besitz ergriffen, und es hatte sich in seinen Augen und seinem Sinn verändert, es war von seiner Persönlichkeit geprägt und zu einem Teil seiner selbst geworden. Jetzt nahm Afrika ihn auf und ergriff von ihm Besitz. Es würde ihn verändern und ihn mit seiner Natur vereinen.

Wie man mir sagte, hatte der Bischof von Nairobi nicht kommen können, weil keine Zeit gewesen sei, die Grabstelle zu weihen, doch es war ein anderer Pfarrer da, der das Bestattungsritual vollzog. Seine Stimme klang in dieser gewaltigen Umgebung dünn, zart und hell wie eine Vogelstimme in den Bergen. Ich dachte mir, das Ganze hätte Denys am besten gefallen, als es vorbei war.

Der Pfarrer las aus den Psalmen Davids: »Ich hebe meine Augen auf zu den Bergen.«

Gustav Mohr und ich blieben noch eine kurze Zeit sitzen, nachdem die anderen Weißen davongefahren waren. Die Mohammedaner warteten geduldig, bis auch wir gingen, dann traten sie an das Grab und beteten.

In den Tagen nach Denys' Tod versammelte sich seine Safari-Mannschaft auf der Farm. Die Leute nannten keinen Grund für ihr Erscheinen und baten mich um nichts, sondern setzten sich mit dem Rücken zur Hauswand, legten die Handrücken auf den Boden und blieben dort sitzen, in tiefem Schweigen, was gegen die Gewohnheit der Eingeborenen war. Malimu und Sar Sitra kamen, Denys' kühne, erfahrene, furchtlose Gewehrträger und Fährtensucher, die ihn auf allen Safaris begleitet hatten. Sie waren dabeigewesen, als er die Safari des Prinzen von Wales geführt hatte, und der König von England erinnerte sich noch viele Jahre später an ihre Namen und sagte, diese beiden zusammen seien schwer zu übertreffen gewesen. Doch nun hatten die großen Fährtensucher die Fährte verloren und saßen reglos am Haus. Kanuthia kam, Denys' eingeborener Chauffeur, der ihn viele tausend Meilen durch wildes Land gefahren hatte – ein schmaler, junger Kikuyu mit wachsamen Augen wie ein Affe, und er saß an der Hauswand wie ein trauriger, verfrorener Affe in einem Käfig.

Bilea Isa, Denys' Somali-Diener, kam aus Naivasha zur Farm. Bilea war zweimal mit Denys in England gewesen, war dort zur Schule gegangen und sprach englisch wie ein gebildeter Mann. Einige Jahre zuvor hatten Denys und ich an seiner Hochzeit in Nairobi teilgenommen. Es war ein großartiges Fest gewesen, das sieben Tage gedauert hatte. Bei dieser Gelegenheit war der große Reisende zu den Sitten seiner Väter zurückgekehrt. Er hatte ein Gewand aus Goldbrokat getragen und sich bei unserem Empfang tief bis zur Erde verbeugt, und er hatte beim Schwerttanz vorgetanzt, ganz wild, wie ein glühender Sandsturm in der Wüste. Bilea wollte das Grab seines Herrn sehen und darauf sitzen. Als er zum Haus zurückkehrte, sprach er kein Wort. Nach einer Weile setzte er sich zu den anderen, mit dem Rükken zur Wand, und legte die Handrücken auf die Fliesen. Farah ging hinaus und betrachtete die Trauernden. Er war selbst sehr ernst. »Deine Abreise würde nicht so schlimm sein«, sagte er , »wenn Bedâr hiergeblieben wäre«.

Denys' Leute hielten sich eine Woche auf der Farm auf. Dann verschwanden sie wieder, einer nach dem anderen.

Ich fuhr häufig zu Denys' Grab. In gerader Linie war es nicht mehr als neun Kilometer von meinem Haus entfernt, doch der Weg war fünfundzwanzig Kilometer lang. Es lag dreihundert Meter höher als die Farm, die Luft war dort oben ganz anders, so klar wie ein Glas Wasser. Leichter Wind spielte einem im Haar, wenn man den Hut abnahm, die Wolken wanderten über die Berggipfel nach Westen, ließen ihre lebendigen Schatten über die weite, wellige Landschaft tief unter uns gleiten und zerstreuten sich und verschwanden über Rift Valley. Der Mond ging auf und schien auf das Grab, und nichts war merkwürdig mehr, als er seine Bahn zog.

Ich kaufte in der Duka einen Meter von dem weißen Stoff, den die Eingeborenen *amerikani* nennen, und Farah und ich schlugen hinter dem Grab drei hohe Pfähle in die Erde und nagelten den Stoff daran fest. Jetzt konnte ich von meinem Haus an dem kleinen weißen Fleck im Grünen genau erkennen, wo sich das Grab befand.

Diesmal brachte die lange Regenzeit reichlichen Niederschlag, und ich befürchtete, das Grab würde vom Gras überwachsen und verdeckt werden, so daß man es nicht wiederfinden könnte. Deshalb nahmen wir eines Tages sämtliche weißgetünchten Steine von meiner Einfahrt, die Karomenja einmal mühsam ausgegraben und zur Eingangstür getragen hatte, luden sie auf meinen Lastwagen und fuhren sie hinauf in die Berge. Dann entfernten wir rund um das Grab das Gras und stellten die Steine als Markierung in einem länglichen Viereck auf, und nun konnte es nicht mehr verlorengehen.

Weil ich so häufig zum Grab fuhr und dabei die Kinder meiner schwarzen Leute mitnahm, kannten und liebten sie diesen Ort und konnten denjenigen, die es sehen wollten, den Weg dorthin zeigen. Sie bauten sich am Hang in der Nähe eine kleine Laube. Im Laufe des Sommers kam Ali bin Salim, der ein guter Freund von Denys gewesen war, aus Mombasa, um nach arabischer Sitte auf dem Grab zu liegen und zu weinen.

Eines Tages fand ich Hugh Martin dort, und wir saßen im Gras und sprachen lange zusammen. Denys' Tod war ihm sehr nahegegangen. Wenn es überhaupt ein menschliches Wesen gab, das in seinem sonderbaren, abgeschiedenen Dasein eine Rolle gespielt hatte, dann war es Denys gewesen. Ein Ideal ist ein merkwürdig Ding. Man hätte Hugh niemals zugetraut, daß er ein Ideal besessen hätte, und hätte nie geahnt, daß ihn dessen Verlust wie der Verlust eines lebenswichtigen inneren Organs treffen würde. Aber er hatte sich seit Denys' Tod verändert und war gealtert, sein Gesicht war gelb, gefurcht und faltig. Und doch hatte er seine stillschweigende, lächelnde Ähnlichkeit mit einem chinesischen Götzenbild bewahrt, so als wüßte er von etwas ungeheuer Befriedigendem, das den profanen Leuten verborgen war. Nun erzählte er mir, daß ihm nachts plötzlich die rechte Grabschrift für Denys eingefallen sei. Ich glaube, er hatte sie von einem alten griechischen Dichter. Er zitierte sie mir erst auf griechisch und übersetzte sie dann, damit ich sie verstehen konnte. Sie lautete: »Hat sich im Tod auch Feuer mit meinem Staub vermischt, es kümmert mich nicht, denn für mich ist jetzt alles gut.«

Später ließ Denys' Bruder, Lord Winchilsea, einen Obelisken auf seinem Grab errichten, mit einer Inschrift aus Coleridges Gedicht »Der alte Seemann«.

Auch in England gibt es ein Denkmal für Denys.

Seine alten Schulkameraden haben ihm zur Erinnerung über einen kleinen Fluß bei Eton eine steinerne Brücke gebaut, die zwei Sportplätze miteinander verbindet. An der Seite ist sein Name eingemeißelt, und darunter steht: »Berühmt auf diesen Sportplätzen und geliebt von seinen Freunden.«

Zwischen dem Fluß in der goldenen englischen Landschaft und der afrikanischen Bergkette verlief der Pfad seines Lebens. Es wäre eine optische Täuschung, diesen Pfad als eine Schlängellinie anzusehen, was sich da wand und schlängelte, das war die Umgebung. Auf der Brücke bei Eton schnellte der Pfeil von der Sehne, er beschrieb seine Bahn und traf den Obelisken in Ngong Hills.

Nach meiner Abreise aus Afrika erzählte mir Gustav Mohr in einem Brief von einigen merkwürdigen Vorgängen auf Denys' Grab, dergleichen ich niemals gehört habe. »Die Masai«, schrieb er, »haben dem Bezirkskommissar in Ngong berichtet, daß sie bei Sonnenaufgang oder Sonnenuntergang häufig Löwen auf Finch-Hattons Grab in den Bergen gesehen hätten. Es handelt sich um einen Löwen und eine Löwin, die jedesmal eine längere Zeit auf dem Grab stehen oder liegen. Einige Inder, die mit ihren Lastwagen auf dem Weg nach Kajiado an der Stelle vorbeigefahren sind, haben die Löwen auch gesehen. Nachdem Sie die Farm verlassen hatten, wurde die Umgebung des Grabes zu einer Art Terrasse planiert. Ich möchte annehmen, daß diese Fläche für die Löwen ein guter Standort ist, von dem aus sie die Ebene überblicken und nach dem Vieh und Wild spähen können.«

Es gehörte und gebührte sich, daß die Löwen Denys' Grab aufsuchten und ihm als afrikanisches Denkmal dienten.

»Weit in Ehren steh dein Grab.«

Selbst Nelson auf dem Trafalgar Square, dachte ich beim Lesen des Briefes, hat doch nur Löwen aus Stein.

4. Farah und ich machen Ausverkauf

Ich war nun allein auf der Farm. Sie gehörte mir nicht mehr, aber die neuen Besitzer hatten mir angeboten, so lange im Hause wohnen zu bleiben, wie ich wollte, und um diese Übereinkunft zu legalisieren, bezahlte ich ihnen pro Tag einen Schilling.

Ich verkaufte nun meine Möbel, und Farah und ich hatten damit viel Arbeit. Wir mußten alles Porzellan und alle Gläser auf dem Eßzimmertisch ausstellen, und als der Tisch dann verkauft war, bauten wir es in langen Reihen auf dem Fußboden auf. Der Kuckuck in der Uhr sang die Stunden darüber, dann wurde er selbst veräußert und flog davon. Als ich eines Tages alle meine Gläser verkauft hatte, besann ich mich in der Nacht anders, fuhr am nächsten Morgen nach Nairobi und bat die Dame, die sie erworben hatte, den Handel rückgängig zu machen. Ich konnte die Gläser nirgendwo aufbewahren, aber sie waren von den Händen und Lippen vieler Freunde berührt worden, meine Freunde hatten mir Wein für sie geschenkt, und sie enthielten noch ein Echo der Gespräche am Mittagstisch. Deshalb konnte ich mich von den Gläsern nicht trennen. Wenn es denn unbedingt sein mußte, dachte ich, dann wären sie leicht zu zerschlagen.

Ich besaß einen alten französischen Wandschirm aus Holz, bemalt mit Figuren von Chinesen, Sultanen und Negern, die Hunde an der Leine führten. Er hatte am Kamin gestanden, und wenn abends das Feuer aufloderte, traten die Gestalten deutlich hervor und wurden zu Illustrationen der Märchen, die ich Denys erzählte. Ich sah mir diesen Wandschirm lange an, dann klappte ich ihn zusammen und packte ihn in eine Kiste – dort konnten sich alle Figuren vorläufig ausruhen.

Lady McMillan legte zu dieser Zeit gerade letzte Hand an eine Gedenkstätte, die sie für ihren Mann, Sir Northrup McMillan, in Nairobi errichtet hatte. Es war ein stattliches Steingebäude, das eine große Bibliothek und

Leseräume enthielt. Sie kam nun zu mir auf die Farm, erzählte traurig von früheren Zeiten und kaufte die meisten meiner alten Möbel, die ich aus Dänemark nach Afrika mitgebracht hatte, für ihre Bibliothek. Es war ein erfreulicher Gedanke, daß die munteren, soliden, gastfreundlichen Truhen, Schränke und Sessel zusammenbleiben würden, umgeben von Büchern und Studierenden, wie eine kleine Schar von ehrenwerten Damen, die in Revolutionszeiten in einer Universität Zuflucht finden.

Ich packte meine eigenen Bücher in Kisten, die mir dann zum Sitzen dienten. Bücher spielen in einer Kolonie eine völlig andere Rolle als in Europa. Dort wird eine ganze Seite des Lebens nur durch sie wahrgenommen, und aus diesem Grund lösen sie – je nach ihrer Qualität – mehr Dankbarkeit oder Verärgerung aus, als es jemals in zivilisierten Ländern möglich wäre.

Erfundene Gestalten laufen neben dem Pferd her, wenn man durch die Farm reitet, und spazieren friedlich auf den Maisfeldern herum. Wie kluge Soldaten finden sie ganz allein das Quartier, das zu ihnen paßt. Neue Bücher, die einem von zu Hause geschickt wurden, brachten ungewohnte Töne mit, und man hielt sich in seiner Einsamkeit die Ohren zu, doch nach einiger Zeit begegnete man ihren Gestalten unversehens in den Shambas, wo sie indessen heimisch geworden waren. Die Gestalten aus meinen alten Büchern in den Regalen waren längst mit allem auf der Farm vertraut, Blichers Dorfküster schaute sich zwischen den Bienenstöcken der Squatter um, und am späten Abend konnte es geschehen, daß in einem bestimmten alten Lehnstuhl des Büros Simon Levi saß. Alle Personen von Walter Scott fühlten sich in der Landschaft zu Hause und waren überall anzutreffen, ebenso Odysseus und seine Gefährten und merkwürdigerweise viele Helden und Heldinnen von Racine. Peter Schlemihl ist mit seinen Siebenmeilenstiefeln quer über die Berge geschritten, Clown Agheb, die Honigbiene, wohnte in meinem Garten am Fluß.

Wenn ich auf der Steppe jagte, spielte zwischen den Herden der Masai ein alter dänischer Hirte auf seiner Flöte:

»Der Hirsch, die Hindin, keck und stolz,
die reckten sich und sahn
den schlauen Jäger nahn
ganz leise durch das Unterholz,
sie hatten keine Wahl
und liefen, tanzten durch das Tal ...«

Die zauberkundige Frau wohnte an der Flußbiegung, Chilian tröstete mich und sagte: »Wir sind wohl abgereist –«

Als Kamante erfuhr, daß der alte Herr Nepken, der die Wasserleitung zum Natronsee bewachte, Däne war und also derselben Nation angehörte wie ich, sagte er nachdenklich: »Dein *kabila* – dein Stamm – wird nicht so böse wie andere Menschen aus Europa ... Ihr lacht über die Leute.« – »Ja, wir können nicht anders«, sagte ich, »wir haben einen alten Bwana, der uns das gelehrt hat und der auf uns achtet. Dort steht er im Regal.« Ich besaß Holbergs Komödien in einer schweren Ausgabe, und Kamante, der Bücher nach ihrem Gewicht einschätzte, hat gewiß Respekt vor ihm bekommen.

Immer mehr Dinge wurden verkauft, verpackt und abgesandt, und mein Haus entwickelte sich im Laufe dieser Monate zum *Ding an sich* – edel wie ein Schädel, ein kühler, geräumiger Ort zum Wohnen, in dem es ein Echo gab, während das Gras des Rasens bis an die Türschwelle wuchs. Schließlich war überhaupt nichts mehr in den Zimmern, und in jener Gemütsverfassung, in der ich mich damals befand, schien mir das Haus als Aufenthaltsort würdiger und passender zu sein, als es jemals gewesen war. Ich sagte zu Farah: »So hätten wir es die ganze Zeit haben sollen.« Farah verstand mich vollkommen, denn alle Somali haben Geschmack an Askese. Er war die ganze Zeit bemüht, mir zu helfen, wo er konnte. Doch mir kam es so vor, als würde er mit jedem Tag dunkler und dunkler und einem echten Somali ähnlicher – so wie er damals in Aden ausgesehen hatte, als ich zum erstenmal nach Afrika gereist war und er mich abholen sollte. Er machte sich große Sorgen um meine alten Schuhe und vertraute mir ernsthaft an, er wolle täglich zu Gott beten, daß sie bis zu meiner Ankunft in Paris halten mögen.

In diesen Monaten zog Farah täglich seine besten Kleider an. Er besaß viele schöne Kleidungsstücke, goldbestickte arabische Westen, eine scharlachrote Uniformweste mit Goldprägung, die ihm Berkeley Cole geschenkt hatte, und Seidenturbane in herrlichen Farben. Doch sonst bewahrte er sie in seinen Truhen auf und benutzte sie nur bei besonderen Gelegenheiten. Jetzt trug er sie jeden Tag. Er folgte mir mit einem Schritt Abstand durch die Straßen von Nairobi und wartete auf den schmutzigen Treppen der Regierungsgebäude und der Anwaltbüros, gekleidet wie Salomon in all seiner Herrlichkeit. So etwas konnte nur ein Somali.

Ich mußte nun auch eine Entscheidung über das Schicksal meiner Pferde und Hunde treffen. Ich trug mich mit dem Gedanken, sie zu erschießen, doch zu dieser Zeit schrieben mir viele meiner Freunde und baten mich, die Tiere ihnen zu überlassen. Da kam es mir nicht ganz ehrlich vor, wenn ich ausritt und die Hunde neben mir herliefen, daß ich sie erschießen wollte – in ihnen steckte ja noch so viel Leben. Es dauerte lange, bis ich einen Entschluß fassen konnte, ich glaube, daß ich in keiner anderen Frage so schwankend gewesen bin. Schließlich beschloß ich, sie meinen Freunden zu geben.

Ich ritt auf meinem Lieblingspferd Rouge nach Nairobi. Ich ließ mir Zeit und sah mich nach Norden und Süden um. Es muß doch für Rouge eine höchst merkwürdige Sache sein, dachte ich, auf der Straße von Ngong zur Stadt zu laufen, um niemals darauf zurückzukehren. Mit großer Mühe brachte ich das Tier im Pferdetransportwagen des Zugs nach Naivasha unter. Ich stand im Waggon und spürte zum letzten Mal sein seidenweiches Maul an meinen Händen und meinem Gesicht. Diesen Augenblick vergesse ich nicht. Ich lasse dich nicht, Rouge, du segnest mich denn. Gemeinsam hatten wir den Reitpfad zwischen den Shambas und Hütten der Eingeborenen hinunter zum Fluß gefunden, Rouge ging auf dem steilen, glatten Hang so flink und behende wie ein Maultier, und ich sah im klaren, braunen, sanft rinnenden Flußwasser unser beider Köpfe dicht nebeneinander. Mögest du nun, in einem Wolkental, Nelken zur Rechten und Levkojen zur Linken essen.

Die beiden jungen schottischen Windhunde, die ich damals besaß, David und Dinah, Panias Kinder, schenkte ich einem Freund, der eine Farm in der Nähe von Gil-Gil hatte, wo sie gute Jagdmöglichkeiten finden würden. Sie waren sehr jung, kräftig und munter, und als sie standesgemäß im Automobil abgeholt und durch die Farm gefahren wurden, schauten sie beide Kopf an Kopf über den Wagenrand und hechelten mit weit heraushängender Zunge, als wären sie einer neuen, prächtigen Art von Wild auf der Spur. Die scharfen Augen, die schnellen Füße und die lebendigen Herzen – sie verließen nun das Haus und die Steppe, um in neuen Jagdgefilden zu spüren und zu laufen, zu wittern und vor Freude außer sich zu sein.

Auch einige von meinen Leuten zogen nun davon. Da es auf der Farm keinen Kaffee und keine Kaffeeaufbereitung mehr gab, wurde Pooran Singh arbeitslos. Er wollte keine neue Arbeit in Afrika aufnehmen, und endlich entschloß er sich, nach Indien zurückzukehren.

Pooran Singh, der die Metalle beherrschte, dachte und benahm sich außerhalb seiner Schmiede wie ein kleines Kind. Er konnte es überhaupt nicht fassen, daß mit der Farm nun Schluß war. Er trauerte um sie und weinte helle Tränen, die ihm in seinen großen, schwarzen Bart hinunterliefen, und lange versuchte er mich zum Bleiben zu bewegen und quälte mich mit seinen komplizierten Plänen, wie wir die Farm erhalten und rentabel machen könnten. Unsere Maschinen waren, in all ihrer Bescheidenheit, sein Stolz gewesen, und nun sah es eine Zeitlang aus, als wäre er an die Dampfmaschine und die Trockentrommel in der Aufbereitungsanlage festgenagelt, seine sanften schwarzen Augen verschlangen jede Schraubenmutter. Doch als er endlich eingesehen hatte, daß die Situation hoffnungslos war, gab er plötzlich alles auf. Er war noch bekümmert, jedoch vollkommen passiv und schlaff in allen Gliedern, und von nun an begann er, wenn ich mich mit ihm unterhielt, von seinen Reiseplänen zu erzählen.

Er nahm kein anderes Gepäck als eine kleine Kiste mit Werkzeug und seinem Lötgerät mit, als hätte er sein Herz und seine Existenz im voraus über den Indischen Ozean gesandt und als käme es nur noch darauf an, seine bescheidene braune Gestalt und sein Lötgerät hinzuzufügen.

Ich wollte Pooran Singh gern etwas zum Abschied schenken und hoffte, daß ihm irgend etwas von meinem Eigentum gefiele, doch als ich mit ihm darüber sprach, rief er gleich mit großer Freude aus, daß er sich einen Ring wünsche. Ich besaß keinen Ring, den ich ihm hätte geben können, und hatte kein Geld, um einen zu kaufen. Das alles geschah einige Monate früher, als Denys zum Essen auf die Farm zu kommen pflegte, und eines Abends erzählte ich ihm davon. Denys hatte mir einmal einen abessinischen Goldring geschenkt, der sich verstellen ließ und an jede Hand paßte. Nun hatte er mich wohl im Verdacht, daß ich seinen Ring Pooran Singh geben wollte, denn er hatte sich schon früher darüber beklagt, daß ich alle seine Geschenke meinen farbigen Leuten zukommen ließe. Um in diesem Fall ähnliches zu verhindern, zog er mir den Ring vom Finger und sagte, er wolle ihn so lange behalten, bis Pooran Singh abgereist sei. Das war nun wenige Tage bevor er nach Mombasa flog, und so ging es zu, daß der Ring mit ihm begraben wurde.

Ehe Pooran Singh seine Reise antrat, hatte ich durch

den Verkauf meiner Möbel jedoch so viel Geld eingenommen, daß ich ihm in Nairobi den Ring kaufen konnte, den er sich wünschte. Es war ein schwerer Goldring mit einem großen roten Stein, der sich in meinen Augen wie Glas ausnahm. Pooran Singh freute sich so sehr, daß wieder seine hellen Tränen strömten und auf den Ring fielen, und ich glaube, daß ihm der Ring über den endgültigen Abschied von der Farm und von seinen Maschinen hinweggeholfen hat. Er trug ihn die ganze letzte Woche, und wenn er zum Haus kam, um mit mir zu reden, hob er die Hand und zeigte mir sein Kleinod mit einem großen, schmelzenden Lächeln. Das letzte, was ich von Pooran Singh auf dem Bahnhof von Nairobi sah, war diese schmale, dunkle Hand, die mit so rasender Geschwindigkeit für mich gearbeitet hatte. Sie wurde mir aus dem Fenster des überfüllten, glühendheißen Eingeborenenwaggons, in dem sich Pooran Singh auf seiner Werkzeugkiste niedergelassen hatte, entgegengestreckt, und der rote Stein des Ringes leuchtete wie ein kleiner Stern, als Pooran Singh, um sich ein letztes Mal von mir zu verabschieden, freundlich winkte.

Pooran Singh fuhr nach Pandschab zu seiner Frau und seinen Kindern. Er hatte seine Angehörigen mit Ausnahme seines Sohns Delip Singh viele Jahre nicht gesehen, doch sie hatten die Verbindung zu ihm aufrechterhalten und ihm große Fotografien von sich geschickt, die er in seiner Wellblechhütte neben der Kaffeeaufbereitung verwahrte und mir mit inniger Rührung und voller Stolz zeigte, wenn ich dorthin kam. Schon auf dem Schiff, auf dem Weg nach Indien, schrieb er mir mehrere Briefe. Sie begannen alle in derselben Art: »Liebe Memsahib, leb wohl«, und dann beschrieb er mir seine Erlebnisse auf der Reise.

Eine Woche nach Denys' Tod hatte ich eines Morgens ein merkwürdiges Erlebnis.

Ich lag im Bett und dachte an die Ereignisse der letzten Monate und versuchte mir Klarheit darüber zu verschaffen, was mir da eigentlich geschehen war. Ich hatte den Eindruck, als wäre ich auf irgendeine Weise dem geordneten menschlichen Dasein entglitten und in einen Mahlstrom hineingeraten, in den ich niemals hätte kommen dürfen. Wo ich auch ging, verlor ich den Boden unter den Füßen, und die Sterne fielen vom Himmel. Ich dachte an das Gedicht über die Ragnarök, in dem das Fallen der Sterne beschrieben ist, und an den Vers von den Zwergen, die tief im Gebirge stöhnen und vor Entsetzen sterben. All das Geschehene konnte nicht nur ein Zusammentreffen von Umständen sein, das, was man als Verkettung von Unglücksfällen bezeichnet, sondern dem Ganzen mußte ein ordnendes Prinzip zugrunde liegen. Wenn ich das finden könnte, dann hätte ich noch eine Möglichkeit, mich aus dem Zusammenbruch zu retten, und wenn ich an der richtigen Stelle nachschaute, dann könnte ich es vielleicht erkennen. Ich mußte aufstehen, hinausgehen und mich nach einem Zeichen umsehen.

Viele Leute werden es für unbillig halten, vom Schicksal ein Zeichen zu verlangen. Es ist aber so, daß ein besonderer Gemütszustand notwendig ist, damit man diese Forderung überhaupt stellen kann, und nicht alle Menschen haben sich jemals in einem solchen Gemütszustand befunden. Wenn man mit dieser besonderen Einstellung um ein Zeichen bittet, dann kann die Antwort nicht ausbleiben, das ist eine natürliche Konsequenz des Ersuchens selbst. In gleicher Weise liest ein begabter Kartenspieler dreizehn zufällige Karten auf dem Tisch zusammen und nimmt davon auf, was man eine Hand, eine Einheit nennt. Wo andere Leute nur passen können, da starrt ihm die Erklärung, der Groß-Schlemm regelrecht ins Gesicht. Ist denn ein Groß-Schlemm in diesen Karten? Ja, wenn es der richtige Spieler ist.

Ich verließ das Haus und ging aufs Geratewohl zu den Hütten der Leute. Sie hatten eben ihre Hühner herausgelassen, und die liefen nun zwischen den Häusern herum. Ich stand ein Weilchen da und sah sie mir an.

Fathimas riesiger weißer Hahn kam auf mich zu stolziert. Plötzlich blieb er stehen, neigte den Kopf zur Seite und richtete den Kamm auf, denn aus dem Gras jenseits des Pfades tauchte ein kleines graues Chamäleon auf, das sich genauso wie er zeitig auf die Futtersuche gemacht hatte. Der Hahn ging sofort auf das Chamäleon los und stieß ein paar kurze Gluckser der Zufriedenheit aus. Das Chamäleon machte bei seinem Anblick sofort halt, als würde es zu Stein erstarren. Es hatte Angst, war aber auch mutig. Es stemmte seine Füße in den Boden, riß weit den Rachen auf und schleuderte dem Feind, um ihn abzuschrecken, blitzschnell seine lange, steife, keulenförmige Zunge entgegen. Der Hahn stand einen Augenblick da, als wäre er unsicher und müßte überlegen. Dann ließ er rasch und entschlossen seinen Schnabel wie einen Hammer niedersausen und rupfte dem Chamäleon die Zunge ab.

Der ganze Auftritt zwischen den beiden hatte nur zehn Sekunden gedauert. Dann jagte ich Fathimas Hahn weg, nahm einen großen Stein und schlug das Chamäleon tot. Ohne seine Zunge konnte es nicht leben, denn Chamäleons fangen die Insekten, von denen sie sich ernähren, mit der Zunge.

Ich war von dem Gesehenen – einem grauenhaften Drama en miniature – so entsetzt, daß ich zum Haus ging und mich auf die steinerne Bank setzte. Dort blieb ich lange sitzen, und Farah brachte mir den Tee heraus und stellte ihn auf den Tisch. Ich schaute zu Boden und wagte meine Augen nicht zu heben, so furchtbar kam mir die ganze Welt vor.

Nur sehr langsam, im Laufe der nächsten Tage, wurde mir klar, daß ich auf meinen Ruf eine kraftvolle, tiefgründige Antwort erhalten hatte. Ich war auf besondere Weise geehrt und ausgezeichnet worden. Jene Mächte, die ich gerufen hatte, sie hatten meine Würde behauptet, mehr als ich selbst getan hatte, und welche andere

Antwort hätten sie da geben können? Dieser Augenblick war ja gewiß nicht zum Verhätscheln geeignet, und sie hatten meine Schwäche auf großartige Weise übersehen. Gewaltige Mächte hatten mich ausgelacht oder angelacht, mit einem Echo von den Bergen.

Nun war ich auch sehr froh, daß ich rechtzeitig hinausgegangen war, um dem Chamäleon einen langsamen, qualvollen Tod zu ersparen.

Etwa um die gleiche Zeit, doch bevor ich meine Pferde weggeschickt hatte, kam Ingrid Lindström von ihrer Farm in Njoro, um einige Tage bei mir zu wohnen. Das war ein Freundschaftsdienst von ihr, denn sie konnte schlecht von ihrer Farm weg. Ihr Mann hatte sich Arbeit in einer großen Sisalplantage in Tanganjika gesucht, um ihre Hypotheken in Njoro abzuzahlen, und nun schwitzte er dort unten, sechshundert Meter über dem Meeresspiegel, als hätte ihn Ingrid der Farm zuliebe als Sklave vermietet. Sie kümmerte sich deshalb um die ganze Wirtschaft allein. Sie hatte ihre Hühnerzucht und ihre Gärtnerei erweitert, und sie besaß viele kleine Ferkel und Putenkücken, die sie kaum verlassen konnte, selbst wenn es nur für einige wenige Tage war. Und doch vertraute sie meinetwegen ihren ganzen Betrieb Kemosas Obhut an und kam zu mir geeilt, wie sie einem Freund mit allen Kräften zu Hilfe gekommen wäre, wenn sie sein Haus in Flammen gesehen hätte. Diesmal besuchte sie mich ohne Kemosa, was, so wie die Dinge standen, gewiß gut für Farah war. Mit einer großen Kraft, die etwas von der Kraft der Elemente hatte, verstand und fühlte Ingrid, was es tatsächlich bedeutet, wenn eine Frau, die eine Farm besessen und bewirtschaftet hat, sie nun aufgeben und verlassen muß.

Während der Zeit, die Ingrid bei mir wohnte, sprachen wir weder über Vergangenheit noch über Zukunft und erwähnten keinen Freund oder Bekannten, wir schlossen uns ganz um das Unglück des Augenblicks zusammen. Wir gingen durch die Farm, von einem zum anderen, und nannten jedes einzelne Ding beim Namen, als müßten wir über alles, was ich nun verlor, eine Liste aufstellen, oder als sammelte Ingrid in meinem Namen Material für eine Anklageschrift, die dem Schicksal vorgelegt werden sollte. Ingrid wußte ja aus eigener Erfahrung, daß es eine solche Anklageschrift nicht gibt, doch als Begriff gehört diese Schrift bei allen Frauen zu den Aktiva des Lebens.

Wir gingen zur Ochsen-Boma, setzten uns auf die offene Gattertür und zählten die Ochsen, so wie sie hereinkamen. Wortlos zeigte ich Ingrid einen nach dem anderen: »Die Ochsen.« Wortlos antwortete sie mir – wie die Gemeinde in der Kirche dem Pfarrer mit Amen antwortet: »Ja, die Ochsen«, und notierte sie in ihrer Schrift. Dann gingen wir zum Pferdestall und gaben den Pferden Zucker, und als sie ihn gefressen hatten, streckte ich meine klebrigen, begeiferten Handflächen aus, zeigte auf die Pferde und rief: »Die Pferde«, und Ingrid seufzte schwer, wiederholte: »Ja, die Pferde«, und schrieb sie auf. In meinem Garten unten am Fluß konnte sie sich mit dem Gedanken, daß ich die Pflanzen aufgeben sollte, die ich aus Europa hergeholt und in Afrikas Erde zum Wachsen gebracht hatte, gar nicht versöhnen. Sie rang im Geist ihre Hände über Lavendel, Minze und Salbei, und als sie danach von ihnen sprach, schien sie über irgendeinem Plan zu grübeln, wie ich den Garten mitnehmen könnte.

Am Nachmittag saßen wir unter den Bäumen, versunken in den Anblick meiner kleinen Herde von afrikanischen Kühen, die auf dem Rasen weideten. Ich nannte ihr Alter und ihre Milchleistung, und Ingrid stöhnte und seufzte bei meiner Aufzählung, als hätte sie große körperliche Schmerzen. Sie untersuchte und prüfte sorgsam eine Kuh nach der anderen, nicht in Hinblick auf möglichen Verkauf, denn ich wollte die Kühe bei der Abreise meinen Leuten überlassen, sondern um meinen Verlust ganz zu verstehen und einzuschätzen. Sie konnte sich von den süßduftenden Kälbchen nicht trennen, denn sie hatte es endlich mit großer Anstrengung geschafft, selbst ein paar Kühe mit Kälbchen auf ihrer Farm zu halten. Gegen alle Vernunft und gegen ihren Willen warf sie mir einen tiefen, dunklen, erbosten Blick nach dem anderen zu, weil ich es fertigbrachte, meine Kälber im Stich zu lassen.

Ein Mann, der an der Seite eines trauernden Freundes geht und sich die ganze Zeit immer wieder sagt: »Gott sei Dank, daß mir das nicht widerfahren ist«, der hätte dabei wohl ein schlechtes Gewissen und würde versuchen, an andere Dinge zu denken. Anders ist es, wenn es sich um zwei Freundinnen handelt, von denen die eine der anderen zeigt, daß sie ihre Trauer und ihr Unglück mitfühlt. In ihrem Fall versteht es sich von selbst, daß jene, die glücklicher dran ist, in ihrem Herzen ständig dieselben Worte wiederholt: »Gott sei Dank, daß mir das nicht widerfahren ist!« Das verursacht kein böses Blut zwischen ihnen, im Gegenteil, es bringt sie einander näher und gibt der konventionellen Kondolenz einen persönlichen Ton. Überhaupt können Männer wohl kaum so unbeschwert oder in einer solchen Harmonie Gefühle des Neids oder des Triumphs füreinander empfinden. Dagegen ist es vor Gott und aller Welt klar, daß die Braut über die Brautjungfern triumphiert und daß die Damen, die einen Besuch am Wochenbett abstatten, die Wöchnerin beneiden, und keine Partei fühlt sich aus diesem Grund geringer. Eine Mutter könnte die Kleider ihres verlorenen Kindes einer Freundin zeigen, wohl wissend, daß diese in ihrem Herzen riefe: »Gott sei Dank, daß mir das nicht widerfahren ist!« Das würden beide in gleicher Weise richtig und angemessen finden.

So war es nun auch mit Ingrid und mir. Ich wußte bei unseren Wanderungen, daß sie an ihre eigene Farm dachte, ihr Glück pries, weil sie ihr noch gehörte, und sich in Gedanken an sie klammerte, und unsere Beziehung wurde deshalb nicht schlechter. Trotz unserer alten Khakihemden und Hosen waren wir in Wirklichkeit zwei mythische Frauen, die eine in Weiß, die andere in Schwarz gehüllt: die beiden Genien, die über das Leben der Siedler in Afrika wachen.

Nach einigen Tagen sagte mir Ingrid Lebewohl und fuhr mit der Eisenbahn zurück nach Njoro.

Nun konnte ich nicht mehr ausreiten, und meine Spaziergänge waren ohne die Hunde sehr still und gesetzt, doch ich war froh, daß ich noch mein Auto hatte, denn in diesen Monaten hatte ich viel zu tun.

Das Schicksal meiner Squatter lag mir schwer auf der Seele. Die neuen Besitzer der Farm wollten ja die Kaffeebäume roden, das Land parzellieren und die gesamte Farm als Baugrund verkaufen. Sie brauchten daher keine Arbeitskräfte, und sobald der Kauf abgeschlossen war, entließen sie alle meine Squatter und forderten sie auf, die Farm innerhalb von einem halben Jahr zu verlassen. Dies war für die Squatter eine völlig unerwartete und verwirrende Entscheidung, denn sie hatten friedlich in der Illusion gelebt, das Land gehöre ihnen. Viele waren hier geboren, und andere waren als kleine Kinder mit ihren Eltern auf die Farm gezogen.

Die Squatter wußten sehr wohl, daß sie als Entgelt für ihr Wohnrecht auf der Farm und für die Nutzung von einigen Acres zum eigenen Gebrauch hundertundachtzig Tage im Jahr für mich arbeiten mußten. Für diese Arbeit bekamen sie alle dreißig Tage zwölf Schilling bezahlt, und darüber gab es auf der Farm eine lange und komplizierte Buchführung. Sie waren sich auch darüber im klaren, daß sie der Regierung *hut-tax* entrichten mußten, eine Steuer von zwölf Schilling pro Hütte – und das war schon eine schwere Bürde für einen Mann, der auf der Welt weiter nichts besaß als zwei bis drei oder vier Grashütten, was von der Anzahl seiner Frauen abhing, denn ein Kikuyu-Ehemann muß jeder seiner Ehefrauen eine eigene Hütte geben. Meinen Squattern war bei einem Vergehen manchmal auch mit der Verweisung von der Farm gedroht worden. Sie müssen also gewußt haben, daß ihre Stellung hier nicht vollkommen sicher war.

Gegen die Hüttensteuer hatten sie eine tiefe Abneigung, und sie machten mir jedes Jahr, wenn ich das Geld im Namen der Regierung eintreiben sollte, schwer zu schaffen und stahlen meine Zeit mit nicht enden wollenden Klagen und Einwänden. Doch auf alle diese Dinge hatten sie sich wie auf andere Prüfungen des Lebens eingestellt, ohne jemals ganz die Hoffnung aufzugeben, daß man sie auf irgendeine Weise umgehen oder wegmogeln könnte. Es war ihnen nicht eingefallen, daß dies alles vielleicht auf einem verhängnisvollen allgemeinen Prinzip beruhte, das, wenn der Augenblick da wäre, in Erscheinung treten, sich durchsetzen und sie vernichten könnte. Eine Zeitlang einigten sie sich darauf, die Verfügung des neuen Besitzers für ein Schreckbild zu halten und sie einfach zu übersehen.

Als die Squatter endlich begriffen, daß sie ihre Entlassung nicht rückgängig machen konnten, liefen sie in dunklen Gruppen um mein Haus zusammen. Sie empfanden das Unglück, von dem sie betroffen waren, als eine Folge meines Unglücks, das nun gewachsen war und sich auch auf sie ausgedehnt hatte. Sie warfen mir deshalb nichts vor, denn wir hatten ja schon alles miteinander besprochen, aber sie fragten mich, wohin sie ziehen sollten.

Es fiel mir in mehr als einer Hinsicht schwer, ihre Frage zu beantworten. Nach dem Gesetz ist es den Eingeborenen verboten, selbst Land zu kaufen, und mir war keine andere Farm bekannt, die groß genug gewesen wäre, um sie als Squatter aufzunehmen.

Ich sagte ihnen dasselbe, was ich selbst auf meine Nachfragen in dieser Angelegenheit erfahren hatte: Sie müßten ins Kikuyu-Reservat gehen und sich dort Land suchen. Darauf stellten sie mir ernsthaft die Frage, ob es denn sicher sei, daß sie dort so viel freies Land fänden, daß auch für alle ihre Kühe Platz sei. Und, fragten sie weiter, ob es denn sicher sei, daß alle von der Farm an der gleichen Stelle Land bekommen und zusammenbleiben könnten? Denn sie wollten sich nicht trennen.

Ich wunderte mich darüber, daß sie so unbedingt zusammenbleiben wollten, denn auf der Farm hatten sie selten in Frieden miteinander gelebt und niemals viel Gutes voneinander zu sagen gehabt. Hier aber kamen sie nun, die großen, hochmütigen Viehbesitzer Kathegu, Kaninu und Mauge, sozusagen Hand in Hand mit den armen Tagelöhnern Waweru und Dhotha, die auf der ganzen Welt nicht soviel wie eine Ziege hatten. Und alle waren sie erfüllt vom Geist der Eintracht und dem brennenden Wunsch, einander zu behalten, so wie sie ihre Kühe behalten wollten. Da hatte ich das Gefühl, daß sie mich nicht allein um einen Ort zum Wohnen baten, sondern daß sie ihr Dasein von mir verlangten.

Wenn man den Eingeborenen den Boden ihrer Väter nimmt, so nimmt man ihnen mehr als nur den Boden. Man nimmt ihnen ihre Vergangenheit, ihre Wurzeln und Gewohnheiten, ihr wahres Ich, ihre Existenz. Wäre man wirklich so konsequent, ihnen die Dinge wegzunehmen, deren Anblick sie gewöhnt sind und deren Anblick sie erwarten, dann könnte man ihnen im gewissen Sinne ebensogut die Augen ausstechen. Die Naturvölker empfinden dies stärker als die Kulturvölker. Und was nun die Tiere betrifft, so legen sie ja einen weiten Weg zurück und machen große Gefahren und Leiden durch, um in jener Umgebung, in der sie sich auskennen, ihr verlorenes Ich zurückzugewinnen.

Als die Masai aus ihrem alten Land nördlich der Eisenbahnlinie in das heutige Masai-Reservat umgesiedelt wurden, nahmen sie die Namen ihrer Berge, Ebenen und Flüsse mit und gaben sie den Bergen, Ebenen und Flüssen des neuen Landes. Das ist verwirrend, wenn man durch diese Gegend reist. Die Masai trugen ihre abgeschnittenen Wurzeln bei sich, wie ein Zaubermittel in einem Beutel, und versuchten in ihrer Verbannung die Vergangenheit mit Hilfe einer magischen Formel zu bewahren.

Die gleiche Art von Selbsterhaltungstrieb ließ jetzt meine Squatter aneinander festhalten. Wenn sie schon ihr Land verlassen sollten, dann mußten sie Menschen bei sich haben, die es gekannt hatten und die ihnen in der Verbannung ihre eigene Existenz bestätigen würden. Dann könnten sie, zumindest einige Jahre, über Geographie und Geschichte der Farm reden, und was der eine vergessen hatte, daran würde sich der andere erinnern. So wie die Situation nun war, spürten sie über sich den Schatten von Vernichtung und Schmach. »Msabu«, sagten sie zu mir, »geh für uns zur *serikali*« – zur Regierung – »und besorg uns die Erlaubnis, daß wir unser ganzes Vieh zu dem neuen Ort mitnehmen dürfen. Und daß wir auch zusammenbleiben dürfen, wo wir dann wohnen sollen.«

Damit begann für mich eine lange Pilgerfahrt oder ein Bettelgang, der drei Monate, die letzten meines Aufenthalts in Afrika, dauern sollte.

Um für die Kikuyu etwas zu erreichen, ging ich zuerst zum Bezirkskommissar in Nairobi und Kiambu, dann zum Departement für Eingeborenenangelegenheiten und zum Land-Departement und schließlich zum Gouverneur, Sir Joseph Byrne, dem ich noch nicht begegnet war, denn er war gerade erst aus England eingetroffen. Bisweilen mußte ich einen ganzen Tag in Nairobi warten, bisweilen zwei- oder dreimal am Tage dorthin fahren. Am Ende wußte ich selbst nicht mehr, weshalb ich da hin- und herfuhr, und fühlte mich wie ein Spielball von Ebbe und Flut. Zu dieser Zeit hielt sich ständig eine kleine Versammlung von Squattern vor meinem Haus auf und erwartete mich, wenn ich zurückkehrte. Sie stellten mir jedoch niemals Fragen, sondern waren nur da, um mir Kraft und Ausdauer bei meinem Unternehmen einzuflößen, durch eins ihrer stillen afrikanischen Zaubermittel.

Die Beamten, mit denen ich sprach, waren geduldig und entgegenkommend. Es war nicht ihre Schuld, daß die ganze Angelegenheit so schwierig zu ordnen war. Es war wirklich ein Problem, ob sich im Kikuyu-Reservat ein freies Stück Land finden ließe, das für alle meine Leute und ihre Tiere groß genug wäre.

Die meisten Beamten waren schon lange in Afrika und kannten die Eingeborenen gut. Ihr Vorschlag, daß meine Leute die Hälfte ihres Viehs verkaufen sollten, war nicht ernst gemeint, denn sie wußten, daß die Kikuyu dem unter keinen Umständen zustimmen würden, und wenn sie sich in einer Gegend ansiedelten, wo nicht genug Platz für ihre Herden wäre, dann würde es in den folgenden Jahren zu unendlichen Streitigkeiten kommen, die von den dortigen Bezirkskommissaren untersucht und geschlichtet werden müßten.

Als ich jedoch den zweiten Wunsch der Squatter vortrug – daß sie in Zukunft zusammenbleiben wollten –, da setzten die Autoritäten ihre Ansicht dagegen, daß dies nicht notwendig sei.

»Oh, streite nicht, was nötig sei«, dachte ich. »Der schlechtste Bettler / Hat bei der größten Not noch Überfluß« – und so weiter. Denn ich bin in meinem ganzen Leben der Auffassung gewesen, daß man Menschen danach beurteilen könne, wie sie sich wohl gegenüber König Lear verhalten hätten. Mit König Lear vernünftig zu reden war ebenso unmöglich wie mit einem alten Kikuyu, er verlangte von Anfang an von allen Leuten unbillig viel. Aber er war ein König. Es ist ja wohl richtig, daß uns die afrikanischen Eingeborenen ihr Land nicht mit einer großen Geste geschenkt haben, ihr Fall stimmt also nicht ganz mit dem des alten Königs und seiner Töchter überein. Die Weißen haben das Land selbst zum Protektorat gemacht. Aber ich dachte daran, daß dies noch gar nicht lange her war, nicht länger, als daß es noch Leute geben mußte, die sich an die Zeit erinnern konnten, als das Land den Eingeborenen gehörte und noch nicht von den Weißen und ihren Gesetzen die Rede war. Inmitten der allgemeinen Unsicherheit ihres Lebens war das Land für die Eingeborenen doch der feste Punkt. Auch wenn Sklavenhändler einige von ihnen entführt und auf Sklavenmärkten verkauft hatten, gab es immer noch andere, die dort geblieben waren. Die Verschleppten sehnten sich in Verbannung und Sklaverei nach dem Hochland zurück, denn es war ihr eigenes Land.

Der alte dunkle, kläräugige afrikanische Eingeborene und der alte dunkle, klaräugige Elefant, sie ähneln einander, sie stehen auf der Erde, beladen mit allen Eindrücken ihrer Umwelt, die sich langsam in ihren dunklen Seelen gesammelt und angehäuft haben, und sind selbst Charakterzüge der Landschaft. Würde uns einer dieser beiden – unruhig und verwirrt, angesichts der großen Veränderungen, die überall geschehen sind – die Frage stellen, wo er denn sei, so müßten wir ihm doch mit Kents Worten antworten: »In Eurem eignen Königreich, Mylord!«

Zu allerletzt, als mich allmählich das Gefühl beschlich, daß ich für den Rest meines Lebens zwischen der Farm und Nairobi hin- und herfahren und in Regierungsbüros verhandeln müßte, wurde mir mitgeteilt, daß mein Antrag bewilligt sei. Die Regierung hatte zugestimmt und wollte den Squattern der Farm im Waldreservat von Dagoretti ein Stück Land zur Verfügung stellen. Hier, nur wenige Meilen von der alten Heimat entfernt, konnten sie sich ihre eigenen Dörfer bauen und lange nachdem die Farm zerstückelt und von der Erdoberfläche verschwunden sein würde, ihr eigenes Ich und ihre Existenz als eine Gemeinschaft bewahren.

Die Nachricht von dieser Entscheidung wurde auf der Farm mit einer gewaltigen, stummen Bewegung aufgenommen. Den Gesichtern der Kikuyu ließ sich unmöglich entnehmen, ob sie an diesen Ausgang der Sache die ganze Zeit geglaubt oder ob sie eine solche Hoffnung längst aufgegeben hatten. Sobald die Angelegenheit entschieden war, trugen sie eine lange Reihe von komplizierten Wünschen und Vorschlägen an mich heran, denen ich mein Ohr verschloß. Sie saßen und standen noch immer um mein Haus herum und beobachteten mich auf neue Art. Alle Eingeborenen sind in einer besonderen, für uns nicht vorstellbaren Weise schicksalsgläubig – jetzt, wo sie in einer einzigen Angelegenheit, nämlich was nach meiner Abreise aus ihnen werden sollte, das Glück auf ihrer Seite gehabt hatten, zogen sie daraus sofort den Schluß, daß ihnen das Schicksal günstig gesonnen sei, vertrauten ihm in jeder Hinsicht und rechneten schon damit, daß ich wohl doch nicht abreisen würde.

Für mich selbst war diese Entscheidung über das Schicksal der Squatter eine große Genugtuung und Beruhigung. Ich habe mich selten so befreit und dankbar gefühlt.

Doch zwei oder drei Tage später überkam mich das Gefühl, daß nun meine Arbeit im Lande getan sei und daß ich gehen könne. Der Kaffee der Farm war geerntet, die Mühle stand still, das Haus war leer, die Squatter hatten ihr Land bekommen. Die lange Regenzeit war zu Ende, auf der Steppe und in Ngong Hills stand das neue Gras schon hoch.

Jener Plan, den ich mir zu Anfang aufgestellt hatte – in allen kleinen Dingen nachgeben, um das zu behalten, was für mich so wichtig war wie das Leben selbst –, war fehlgeschlagen. Ich war bereit gewesen, all meinen Besitz, Stück für Stück, wie eine Art Lösegeld für mein Leben wegzugeben, doch als die Zeit kam, da ich nichts mehr hatte, da war ich selbst am allerleichtesten vom Schicksal wegzublasen.

Es war Vollmond in diesen Tagen. Er schien in die leeren Zimmer und zeichnete die Fenster auf den nackten Fußböden ab. Ich dachte, daß sich der Mond beim Hereinschauen vielleicht wunderte, wie lange ich noch an einem Ort bleiben wollte, von dem alles andere verschwunden war. »Nein, gewiß nicht«, sagte der Mond, »die Zeit hat für mich so wenig zu bedeuten.«

Ich wäre jedoch gern noch länger geblieben, um zu sehen, wie die Squatter ihr neues Land besiedelten. Aber die Vermessung des Landes ging nicht so schnell, es war ungewiß, wann sie dorthin umziehen könnten, und mein Geld ging zur Neige.

Zu dieser Zeit geschah es, daß die alten Männer der Nachbarschaft beschlossen, mir zu Ehren eine Ngoma abzuhalten.

Diese Ngomas der Ältesten waren in der Vergangenheit Feste von größter Bedeutung gewesen, jetzt aber fanden sie nur noch selten statt, und während meiner ganzen Zeit in Afrika hatte ich bis dahin keine einzige erlebt. Ich hätte sie sehr gern gesehen, denn sie standen bei den Kikuyu in hohem Ansehen. Es galt für die Farm als eine große Ehre, daß sie den Tanz der alten Männer erleben sollte. Meine Leute sprachen schon lange vorher von diesem Ereignis. Selbst Farah, der auf die Tänze der Eingeborenen im allgemeinen herabsah, war diesmal vom Beschluß der alten Männer beeindruckt. »Diese Leute sind sehr alt, Memsahib, sagte er, »sehr, sehr alt.« Es hörte sich auch kurios an, mit welch einer Ehrfurcht und Ergriffenheit die jungen Kikuyu-Ballöwen von den kommenden Taten der alten Tänzer sprachen.

Nur eins war mir im Zusammenhang mit diesen Ngomas nicht bekannt, nämlich daß sie von der Regierung verboten waren. Den Grund dafür weiß ich nicht. Die Kikuyu müssen dieses Verbot gekannt haben, hatten sich aber entschlossen, darüber hinwegzusehen. Entweder rechneten sie damit, daß in diesen bewegten Zeiten Dinge möglich wären, die im allgemeinen nicht angingen, oder sie hatten in der heftigen Erregung, in die sie der Gedanke an den Tanz versetzt hatte, die Regierung und ihre Vorschriften tatsächlich ganz aus dem Blickfeld verloren. Sie waren nicht einmal so vernünftig, über die Ngoma Stillschweigen zu bewahren.

Die alten Tänzer boten bei ihrer Ankunft einen seltenen und erhabenen Anblick. Es waren wohl einige Hundert, und sie trafen alle zur gleichen Zeit ein, mußten sich also in der Nähe des Hauses versammelt haben. Die alten eingeborenen Männer sind im allgemeinen kälteempfindlich und hüllen sich in Pelzwerk und Decken ein – doch hier waren alle nackt, als wollten sie die erschütternde Wahrheit feierlich bekräftigen. Ihr Schmuck und ihre Kriegsbemalung waren sehr diskret, einige der Alten hatten sich jedoch, wie die jungen Tänzer bei ihren Ngomas, einen großen Aufputz aus schwarzen Adlerfedern auf den kahlen, runzligen Kopf gesetzt. Sie brauchten keinen auffälligen Schmuck, der Eindruck, den sie von sich aus machten, war stark genug. Sie versuchten nicht, wie es einstige Schönheiten auf europäischen Bällen tun, jünger zu erscheinen, als sie waren. Für sie selbst und für die Zuschauer war die Hauptsache des ganzen Auftritts gerade das hohe Alter der Akteure. Ihre Körper waren mit den sonderbarsten Zeichnungen bemalt – graue Streifen, die ihre gekrümmten Gliedmaßen nachzogen –, als wollten sie in ihrer phantastischen Wahrheitsliebe die steifen und mürben Knochen unter der Haut noch betonen. Als sie nun in einem gemessenen Marsch heranschritten, nahmen sich ihre Bewegungen so seltsam und unheimlich aus, daß ich mich verwundert fragte, was für eine Art von Tanz ich nun wohl zu sehen bekommen sollte.

Während ich ihnen zusah, wurde ich von einer Art Phantasie ergriffen.

Nicht ich war es, die abreisen würde. Es war das Land selbst, das nun langsam und ernst vor mir zurückwich, wie das Meer bei Ebbe. Die Prozession, die an mir vorüberzog, das waren in Wirklichkeit meine kräftigen, glatthäutigen jungen Tänzer von gestern und vorgestern, die hier vor meinen Augen welkten und mich für immer verließen. Sie gingen nun, entsprechend ihren Sitten und Gebräuchen, anmutig und friedfertig in einem Tanz davon, sie ehrten mich, indem sie mir den Rücken wandten. Das Volk war mit mir und ich mit dem Volk wohl zufrieden.

Die alten Männer sprachen nicht, auch nicht miteinander, sie sparten ihre Kräfte für die kommenden Anstrengungen auf.

Gerade als sie sich zum Tanz aufgestellt hatten, näherte sich ein Askari dem Haus und brachte mir ein Schreiben aus Nairobi, das die Ngoma untersagte.

Das war mir unbegreiflich und traf mich völlig unerwartet, und ich mußte den Brief mehrmals lesen. Sein Überbringer war von dem Gedanken, daß er ein solches Fest gestört hatte, selbst so heftig bewegt, daß er nicht den Mund aufmachte und weder mit den Alten noch mit meinen Hausangestellten sprach, er stolzierte auch nicht herum, wie es sonst die Askari tun, wenn sie die anderen Eingeborenen mit ihrer Allgewalt beeindrucken wollen.

Das war der bitterste Augenblick, den ich in meinem Leben erlebt hatte. – Nie zuvor hatte sich mein Herz derart gegen das Schicksal empört und aufgelehnt wie in diesen Minuten. Da stand ich, mit diesem Brief in der Hand, und wußte kein Wort zu sagen, mir war klargeworden, daß alles Reden hier und in der ganzen Welt bedeutungslos war.

Die alten Kikuyu verhielten sich wie eine Herde alter Schafe. All die kleinen Augen unter den runzligen Lidern waren starr auf mein Gesicht gerichtet. Sie konnten sich nicht innerhalb von wenigen Minuten umstellen und ein Vorhaben aufgeben, das alle ihre Gedanken so lange Zeit beschäftigt hatte. Einige machten noch ein paar kleine Bewegungen mit ihren steifen Beinen, sie waren gekommen, um zu tanzen, und tanzen mußten sie. Schließlich erzählte ich ihnen, daß aus der Ngoma nichts würde.

Ich wußte, daß sich die Situation für sie sofort verwandelte und anders als für mich ausnahm, doch wie, das konnte ich nicht sagen.

Vielleicht war ihnen sofort klar, daß aus der Ngoma naturgemäß nichts werden könne: Es gab keinen Zuschauer dafür, denn ich, vor der sie hatten tanzen wollen, ich besaß ja keine Existenz mehr.

Vielleicht hatten sie das Gefühl, daß ihre Ngoma, ihre langersehnte Ngoma, in Wirklichkeit nun stattgefunden hatte. Und sie war unvergleichlich und von einem solchen Format gewesen, daß sie alle anderen Dinge kleiner, ja zunichte machte, und wenn diese Ngoma vorbei war, dann war alles vorbei.

Ein kleiner eingeborener Hund auf dem Rasen nutzte die Stille aus und bellte, und ein Echo durchlief mich:

… Die kleinen Hunde, seht,
Spatz, Mops, Blandine, alle bell'n mich an.

Kamante, der die Aufgabe übernommen hatte, nach dem Tanz Schnupftabak an die Alten zu verteilen, hielt jetzt, schnell entschlossen wie immer, diesen Augenblick für gekommen und trat mit einer großen Kalebasse voll Schnupftabak in den Vordergrund. Farah winkte ihn weg, doch Kamante war Kikuyu und hatte eine Beziehung zu den alten Tänzern, er setzte seinen Willen durch. Der Schnupftabak war ja auf alle Fälle etwas Reales. Wir teilten ihn nun an die alten Männer aus. Kurz darauf gingen alle davon.

Ich glaube, diejenigen auf der Farm, die meine Abreise am meisten betrauerten, waren die alten Frauen. Die alten Kikuyufrauen hatten ein schweres Leben hinter sich und waren dabei so hart wie Feuerstein geworden, wie alte Maultiere, die beißen, wo sie nur eine Gelegenheit finden. Sie ließen sich von Krankheit nicht so leicht in die Knie zwingen wie ihre Männer, das hatte ich in meiner Arztpraxis erfahren. Sie waren wilder als die Männer und noch weniger als sie dazu imstande, etwas zu bewundern. Sie hatten eine Menge Kinder geboren und die meisten davon sterben sehen, sie fürchteten nichts auf der Welt. Sie trugen, mit Hilfe eines Stirnriemens, dreihundert Pfund Brennholz auf ihrem Rücken, schwankend unter dem Gewicht und doch unbezwingbar. Sie arbeiteten mit tiefgesenktem Kopf vom frühen Morgen bis zum späten Abend in der harten Erde ihrer Shambas. »Von dannen schauen sie nach der Speise, und ihre Augen schauen ferne. Ihre Herzen sind so hart wie ein Stein und so fest wie ein Stück vom untersten Mühlstein. Sie spotten der Furcht und erschrecken nicht. In der Zeit, wenn sie hoch fahren, erhöhen sie sich und verlachen beide, Roß und Mann. Meinest du, sie werden dir viel Flehens machen oder heucheln?« Und sie besaßen noch einen ungeheuren Vorrat an Energie, sie strahlten Lebenskraft aus, sie nahmen an allem, was auf der Farm geschah, den wärmsten Anteil und liefen zwanzig Kilometer, als wäre es gar nichts, um die Jungen tanzen zu sehen. Ein Spaß oder eine Schale Tembo ließ ihre runzligen, zahnlosen Gesichter sogleich in einem Lachen zerfließen. Diese Kraft und diese große Liebe zum Leben waren in meinen Augen nicht nur höchst achtenswert, sondern großartig und bezaubernd. Ich war mit den alten Frauen immer gut freund gewesen. Sie nannten mich Jerri, die Männer und Kinder riefen mich niemals so. Jerri ist ein verbreiteter Mädchenname bei den Kikuyu, der jedoch eine besondere Eigenart hat: Wenn in einer Kikuyufamilie ein kleines Mädchen lange nach seinen Geschwistern geboren wird, dann wird es Jerri getauft, und ich denke mir, daß dieser Name einen eigenen, freundlichen oder scherzhaften Klang besitzt.

Nun trauerten die alten Frauen darüber, daß ich sie verlassen sollte.

Wenn ich mich an diese letzte Zeit erinnere, dann habe ich vor mir das Bild einer alten Kikuyufrau, sie ist namenlos, denn ich kannte sie nicht näher. Ich glaube, sie wohnte in Karthegus Dorf und war die Frau oder Witwe eines seiner vielen Söhne. Sie kam mir auf einem Steppenpfad entgegen und trug eine riesige Bürde auf dem Rücken. Es waren lange, dünne Stangen, aus denen die Kikuyu die Dächer ihrer Hütten bauen, und diese Arbeit ist bei ihnen Frauensache. Wenn die Frauen die Stangen, die bis zu fünf Meter lang sein können, von einem Ort zum andern tragen, binden sie die Enden zusammen, und wenn sie damit über die Steppe wandern, zeichnen diese hohen, kegelförmigen Gebilde, die auf ihnen ruhen, eine groteske und ergreifende Figur an den

Himmel, die einem prähistorischen Tier oder einer Giraffe gleicht. Alle Stangen, die diese Frau trug, waren schwarz und verkohlt, bedeckt mit dem vieljährigen Ruß der Feuerstelle. Das bedeutete, daß sie ihre Hütte abgerissen hatte und ihr Baumaterial so, wie es nun einmal war, zu einem neuen Wohnplatz schleppte.

Als wir uns begegneten, blieb sie unvermittelt stehen. Sie versperrte mir den Weg und sah mich auf die gleiche Art an wie eine Herdenkuh, der man auf der offenen Steppe begegnet: ein Geschöpf, das in einer Weise lebt und empfindet, die wir uns nicht vorstellen können. Einen Augenblick später begann sie zu weinen, die Tränen strömten über ihr breites Gesicht. Sie stand da wie eine Kuh, die vor einem auf der Steppe Wasser läßt. Weder sie noch ich sagten ein Wort, während wir uns von Angesicht zu Angesicht gegenüberstanden, und nach ein paar Minuten trennten wir uns, und jeder ging seines Weges. Ich dachte, daß sie doch immerhin etwas Material besaß, um sich ein neues Haus zu bauen, und stellte mir vor, wie sie sich daranmachte, die Stöcke zusammenzubinden und aufzustellen, und wieder ein Dach über dem Kopf bekam.

Bei den kleinen Hütejungen der Farm dagegen, die es niemals erlebt hatten, daß ich nicht im Hause wohnte und durch die Shambas ritt, löste der Gedanke an meine Abreise freudige Erregung und Spannung aus. Allein der Versuch, sich eine Welt vorzustellen, in der es mich nicht gab, erschien ihnen schwierig und tollkühn – etwa so wie die Bekanntmachung, daß sich die Vorsehung selbst zum Abdanken entschlossen hätte. Jedesmal wenn ich mich ihnen näherte, tauchten ihre kleinen schwarzen Köpfe aus dem hohen Gras auf, und sie riefen: »Wann fährst du, Msabu? Wie viele Tage dauert es noch, bis du fährst?«

Als schließlich der Tag kam, da ich die Farm verlassen mußte, machte ich die Erfahrung, daß sich Dinge ereignen können, die vollkommen außerhalb unsrer Vorstellungswelt liegen – bevor sie geschehen, während sie ablaufen und später, wenn wir auf sie zurückschauen. Die Umstände enthalten eine gewaltige Triebkraft und können Ereignisse erzwingen, die sich dem menschlichen Verständnis oder der menschlichen Phantasie entziehen. Bei solchen Gelegenheiten kann man mit dem, was da vor sich geht, nur dadurch in Fühlung bleiben, daß man ihm aufmerksam von einem Augenblick zum nächsten folgt, wie ein Blinder, der geführt wird und der sorgsam, doch ohne es selbst zu verstehen, einen Fuß vor den anderen setzt. Diese Dinge widerfahren uns, und wir wissen, daß sie uns widerfahren, doch ansonsten haben wir zu ihnen nicht die geringste Beziehung und keinen Schlüssel, um ihr Warum oder Wozu zu begreifen. Ich glaube, daß wilde Tiere, die im Zirkus auftreten, ihre Kunststücke auf dieselbe Weise absolvieren. Wer so etwas erlebt hat, der kann in gewissem Sinne sagen, er habe den Tod selbst erfahren: eine Episode, die nicht in der Reichweite unserer Phantasie, jedoch in der unserer Erfahrung liegt.

Gustav Mohr kam am frühen Morgen mit seinem Auto, um mich zum Bahnhof zu begleiten. Es war ein bleicher, kalter Morgen mit wenig Farbe in Luft und Landschaft. Mohr war selbst blaß und blinzelte, und mir fiel ein, was mir ein alter norwegischer Walfängerkapitän bei einer Begegnung in Durban erklärt hatte: Die Norweger lassen sich von keinem Wirbelsturm aus der Ruhe bringen, aber Windstille verträgt ihr Nervensystem nicht.

Wir tranken, wie schon so viele Male, zusammen am Steintisch Tee, aus Farahs Tassen. Die Berge im Westen, wo in den Tälern noch ein wenig grauer Nebel hing, ragten ernst und ruhig vor uns auf und erlebten noch einen Augenblick ihres vieltausendjährigen Lebens. Mir war so kalt, als wäre ich dort oben.

Meine Leute waren noch in dem leeren Haus, doch sie hatten ihr Dasein sozusagen schon in andere Gegenden ausgesiedelt. Einige Tage zuvor waren ihre Familien mit ihrem Besitz davongezogen. Farahs Frauen und Saufe waren am Vortag mit einem Lastwagen in die Somali-Stadt von Nairobi gefahren. Farah selbst würde mit mir nach Mombasa reisen. Und wir wollten auch Tumbo, Jumas kleinen Sohn, mitnehmen, denn das war sein sehnlichster Wunsch gewesen. Als er zwischen dieser Reise und einer Kuh als Abschiedsgeschenk wählen sollte, da hatte er sich für die Fahrt nach Mombasa entschieden.

Ich sagte jedem meiner Leute einzeln Lebewohl, und als ich hinausging, ließen sie, obwohl sie sonst streng dazu angehalten waren, sämtliche Türen zu schließen, die Tür weit hinter mir offen. Das war eine besondere, große Eingeborenengeste, als wären sie der Meinung, daß ich zurückkehren würde, oder als wollten sie damit betonen, daß jetzt nichts mehr zu verschließen sei – da mochten die Türen des Hauses offenstehen. Farah fuhr mich in einem angemessenen Tempo, so schnell, wie nach meiner Vorstellung ein Reitkamel läuft, um die Kurve der Einfahrt und aus dem Blickfeld des Hauses.

Als wir den Teich erreichten, fragte ich Mohr, ob noch Zeit sei, um einen Augenblick anzuhalten, und wir stiegen aus und rauchten am Ufer eine Zigarette. Im Wasser sahen wir ein paar Fische. Ihr zukünftiges Schicksal bestand nun darin, daß Leute sie fangen und essen würden, die den alten Knudsen nie gekannt hatten und die weder die Bedeutung der Fische noch die des Teichs verstanden.

Hier stieß Sirunga zu uns, Kaninus kleiner Enkelsohn, der Epileptiker war. Er wollte sich endgültig von mir verabschieden, in den letzten Tagen hatte er sich ständig in der Nähe des Hauses aufgehalten und hatte mir ein um das andere Mal Lebewohl gesagt. Als wir wieder in die Autos stiegen und weiterfuhren, lief er hinter ihnen her, so schnell er konnte, und er war so klein, daß es aussah, als wirbelte ihn der Wind im Staub mit. Da lief er wie das letzte Fünkchen von meiner Feuerstelle und folgte uns bis zu der Stelle, wo die Straße der Farm in die Landstraße mündete. Ich hatte einen Augenblick lang Angst, daß er uns noch weiter hinterherlaufen wollte – das wäre mir vorgekommen, als wäre nun die ganze Farm zerstreut und aufgelöst und würde nun davongeweht wie Spreu im Wind. Aber Sirunga machte an der Kreuzung halt, er gehörte doch noch zum Boden der Farm. Da stand er und starrte uns nach, solange ich die Abzweigung erkennen konnte.

Auf der Straße nach Nairobi sahen wir viele Heuschrecken in Gras und Staub, einige wenige schwirrten ins Auto, es schien, als wollten sie noch einmal ins Land zurückkehren.

Viele von meinen Freunden und Bekannten waren zum Bahnhof gekommen, um sich von mir zu verabschieden. Da stand Hugh Martin, schwer und breit und nonchalant, und als er mir Lebewohl sagte, sah ich meinen Doktor Pangloss von der Farm als eine grenzenlos einsame Gestalt, eine heroische Gestalt, die ihre Einsamkeit mit allem erkauft hatte, was sie besaß, in gewisser Weise eine Symbolfigur Afrikas. Unser Abschied war herzlich, denn wir hatten oft Spaß miteinander gehabt und viele weise, gelehrte Gespräche geführt. Lord Delamere war ein wenig älter und ein wenig weißer geworden und trug sein Haar nicht mehr so lang wie zu jener Zeit, als ich bei meinem Ochsentransport zu Anfang des Krieges im Masai-Reservat mit ihm Tee getrunken hatte, doch er war genauso ausgesucht höflich und ritterlich wie damals. Die meisten Somali, die in Nairobi wohnten, waren auf dem Bahnsteig. Der große alte, dickbäuchige Viehhändler Abdallah schenkte mir einen silbernen Ring mit einem Türkis, der mir Glück bringen sollte. Bilea, Denys' Diener, bat mich ernst, den Bruder seines Herrn in England zu grüßen, in dessen Haus er in früheren Zeiten gewohnt hatte.

Im Zug nach Süden erzählte mir Farah, daß die Somalifrauen in Rikschas zum Bahnhof gekommen waren, um Lebewohl zu sagen, doch als sie die vielen Somalimänner dort gesehen hätten, da seien sie mutlos geworden und ganz still wieder davongefahren.

Gustav Mohr und ich gaben einander die Hand, als ich schon im Zug saß. Jetzt, als der Zug anfahren sollte, ja schon fuhr, hatte er sein seelisches Gleichgewicht wiedergefunden. Er drückte meine Hand und war so sehr bemüht, mir Mut einzuflößen, daß er auf einmal tief errötete, sein ganzes Gesicht flammte auf, und seine scharfen Augen strahlten zu mir empor.

An der Station Sambura, wo die Lokomotive mit Wasser aufgefüllt wurde, stieg ich aus dem Zug und ging mit Farah auf dem Bahnsteig auf und ab.

Von dieser Stelle sah ich im Südwesten Ngong Hills. Die edle Welle der Berge erhob sich über das umliegende flache Land, dunkler blau als der Himmel. Doch sie waren schon so fern, daß die vier Gipfel des langen Bergrückens unscheinbar wirkten, man konnte sie kaum unterscheiden. Sie sahen von hier anders aus als von der Farm, so als wäre es ein anderes Gebirge. Langsam wurde ihr Umriß von der Entfernung geglättet und eingeebnet.

Nachwort
Anmerkungen
Quellennachweis der Zitate

Anfang Dezember 1913 trat die achtundzwanzigjährige Karen Christentze Dinesen die Reise nach Afrika an, sie traf am 14. Januar 1914 in Mombasa ein und heiratete am gleichen Tag den schwedischen Baron Bror von Blixen-Finecke. Ende Juli des Jahres 1931 verließ sie Nairobi und kehrte endgültig nach Dänemark zurück. Zwischen diesen Daten liegt eine Spanne von etwa siebzehn Lebensjahren – von längeren Aufenthalten in Europa unterbrochen –, die Karen Blixen auf einer Kaffeefarm in Kenia verbrachte, eine Zeit, die sie später als ihre »Vita Nuova«, als ihr »wirkliches Leben« bezeichnet hat.

Der Aufbruch der wohlhabenden, künstlerisch begabten Bürgertochter mutet abenteuerlich an und war es auch. Aufgewachsen auf dem kleinen Gutshof Rungstedlund nördlich von Kopenhagen, privat und nicht in einer öffentlichen Schule unterrichtet, ohne Ausbildung für einen Beruf, hatte sie den traditionellen Lebensweg einer »höheren Tochter« mit dem Ziel einer standesgemäßen Heirat vor sich gehabt. Der Vater, Wilhelm Dinesen, von seinem Freund Georg Brandes als ein »aristokratischer Radikaler« bezeichnet, der 1870 die Pariser Commune erlebt und mit den Kommunarden sympathisiert, dann sich nach Amerika begeben und unter Indianern gelebt hatte (unter dem Pseudonym Boganis veröffentlichte er 1889 »Jagdbriefe« und 1892 »Neue Jagdbriefe«), war 1895 in den Freitod gegangen. Das war für die zehnjährige Karen Dinesen ein schmerzlicher, tiefwirkender Verlust gewesen, der sie in den folgenden Jahren noch stärker in Opposition zu ihrer mütterlichen Familie brachte. »Ich glaube, daß es für mich ein großes Unglück war, daß ich in diese Familie, dieses Milieu, diese ›Lebensanschauung‹ [...] hineingeboren wurde«, schrieb sie 1926 aus Afrika an ihren Bruder Thomas Dinesen, ohne ihrer Familie dabei die ausschließliche Schuld an ihrem »Unglück« zuzusprechen. »Ich will nicht sagen, daß ich unglücklich dadurch wurde, doch alle meine Fähigkeiten gingen dabei zugrunde, alle Möglichkeiten, zu leben und zu wirken, etwas auszurichten *als ich selbst,* wurden mir dadurch zunichte gemacht … Ich glaube, daß es möglich ist, zu Hause zu leben und sehr glücklich zu werden, wenn man … ›seine Ohren und seinen Mund‹ vor der ganzen äußeren Welt verschließen kann …« – und das war für Karen Dinesen ganz und gar nicht möglich. Sie reagierte auf die isolierte Idylle eines landbourgeoisen Daseins, auf heimische Enge und Begrenztheit mit einem nahezu klaustrophobischen Gefühl, das sie schließlich aus Dänemark und Europa hinaustrieb. »In meinem Gefängnis singt mein Herz/nur von Schwingen, nur von Schwingen«, heißt es in einem frühen Gedicht.

Gedichte hatte sie seit ihrer Kindheit geschrieben, auch mit Prosa hatte sie sich versucht und unter dem Pseudonym »Osceola« (nach einem nordamerikanischen Indianerhäuptling) 1907 und 1909 drei Erzählungen in dänischen Zeitschriften veröffentlicht. Sie hatte als junges Mädchen für Robespierre geschwärmt und sich für den dänischen Literaturkritiker Georg Brandes begeistert – »Er war es, der mir die Literatur offenbart hatte«, schrieb sie später in einem Brief aus Afrika. 1904 schickte sie dem kranken Georg Brandes Blumen, doch als er ihr auf Rungstedlund einen Besuch abstatten wollte, wurde sie von ihrer Familie verleugnet, wie vor dem Teufel persönlich. Gegen den Willen ihrer Familie unterzog sie sich 1903 der Aufnahmeprüfung an der Königlichen Akademie für schöne Künste und begann auch ein Studium, das sie dann später für einige Zeit in Paris fortsetzte. Zu ihren Selbstfindungsversuchen zählten aber auch freundschaftliche Beziehungen zu Familien des Landadels und zur väterlichen Verwandtschaft, die ihr eine großzügigere, freiere Lebensart zu bieten schienen. Zum Entsetzen ihrer eigenen Familie verlobte sie sich im Dezember 1912 mit Bror Blixen, einem adligen Draufgänger, und ließ sich mit ihm in das große Abenteuer ein: die Reise nach Afrika und den Betrieb einer Farm in Kenia.

Das Territorium der heutigen Republik Kenia, 1890 durch den sogenannten Helgoland-Sansibar-Vertrag in die britische Interessensphäre geraten und 1895 zum Protektorat Britisch-Ostafrika (1920 zur Kronkolonie) erklärt, war seit der Jahrhundertwende das Ziel einer großen Zahl von europäischen Kolonisten. Durch den Bau der Ugandabahn war ihnen das klimatisch und landwirtschaftlich günstig gelegene Hochland erschlossen worden, wo sie große Flächen Land zu niedrigen Preisen aufkaufen konnten, während die afrikanische Bevölkerung, der man den Landbesitz verbot, aus ihren angestammten Wohngegenden vertrieben und in Reservationen verbannt wurde. Obwohl in den meisten anderen britischen Kolonien in Afrika in den zwanziger Jahren dieses Jahrhunderts ein Übergang von der »direkten Herrschaft« der Kolonialmacht zur »indirekten« stattfand, wurde in Kenia die direkte Herrschaftsform beibehalten. Die Afrikaner waren nur als Arbeitskraft gefragt und wurden rücksichtslos ausgebeutet. Mit der Zahl der europäischen Einwanderer verschärfte sich auch der Konkurrenzkampf untereinander, vormonopolistische Interessen wurden durch monopolistische Ziele und Methoden abgelöst. Das einstmals »glückliche Jagdgefilde [...] verwandelte sich in ein Geschäftsunternehmen«, heißt es in Karen Blixens Afrikabuch nach dem Tod von Berkeley Cole.

Sie selbst ist als Farmbesitzerin in Kenia gescheitert. Ihre Kaffeefarm war niemals profitabel und schon vor dem Verkauf im Jahre 1931 mehrfach in ökonomischen Schwierigkeiten und am Rande des Konkurs. Die Gründe dafür sind nicht nur in den sinkenden Kaffeepreisen während der Weltwirtschaftskrise, in Dürre und Heuschreckenplage zu suchen, sondern auch in einer Haltung, die sich mit den modernen kapitalistischen Methoden einer sich immer rücksichtsloser entwickelnden Kolonialmacht nicht vereinbaren ließ und die der Käufer ihrer Farm 1975 im Gespräch mit der Blixen-Biographin Judith Thurman als ihre »eigensinnige Liebe zu den Afrikanern« bezeichnet hat. »Niemand ... hätte in einer Höhe von 6000 Fuß mit Kaffee erfolgreich sein können. Der Säuregrad des Bodens stieg mit der Höhe, und es war hoffnungslos. Aber es hätte eine ideale Misch-Farm werden können – sie hätte sehr gut Mais zum Verkauf anbauen und gleichzeitig Vieh halten können, es war für Vieh ideal. Aber wenn sich das hätte rentieren sollen, dann hätte sie ihren Squattern den Boden wegnehmen müssen, und den wollte sie nicht anrühren. Ihre Leute konnten bei ihr machen, was sie wollten, und es wäre ihr nicht im Traume eingefallen, sie zu stören. Statt dessen baute sie Kaffee mit Verlust an, und die Afrikaner haben daran verdient. Als ich die Farm übernahm, gab es dort 3000 Stück Squattervieh.« – Das ist über die »Unternehmerin« Blixen ein eindeutiges Urteil, auch die Tonart, in der es gefällt wird, läßt erkennen, wie groß der Abstand zwischen der herrschenden Kolonialmacht, die der afrikanischen Bevölkerung in diesen Jahren immer offener mit Gewalt, Zwang und Repressalien begegnete, und der dänischen Baronin, für die es außerhalb des Vorstellbaren lag, ihre Farm auf Kosten der Squatter zu retten, tatsächlich war. Karen Blixen galt in Kenia als »Pro-Native« – »ein sehr schlimmes Wort dort, das einen Feind der Zivilisation oder einen Menschen mit einem ausschließlich gefühlsbetonten Gedankengang bezeichnete, der sich einem sentimentalen Mitleid mit den Leiden der Eingeborenen hingab«, wie sie 1954 schrieb.

Die Sehnsucht der jungen Karen Dinesen nach einer größeren Welt, in der sie selbst etwas ausrichten konnte, erfüllte sich nicht im kapitalistischen Geschäftsbetrieb, sondern auf eine andere Weise, und vor allem durch die Bekanntschaft mit der afrikanischen Bevölkerung. »Die Begegnung mit den dunklen Leuten war für mich ein Erlebnis wie für Kolumbus die Entdeckung Amerikas und in gleicher Weise eine Erweiterung meiner gesamten

Welt«, heißt es im ersten Kapitel der »Afrikanischen Farm«.

Sie hat die Arbeit an diesem Buch nicht unmittelbar nach dem Erlebnis der Katastrophe und ihrer Heimkehr begonnen. »Man muß die Dinge auf Abstand haben«, hatte sie 1934 in einem Interview erklärt. Doch im selben Jahr schrieb sie ihrem amerikanischen Verleger Robert Haas von »einigen wenigen, kurzen, ganz wahrhaftigen Erzählungen über mein Leben auf der afrikanischen Farm, vor allem über meine Beziehung zu den Eingeborenen. Diese muß ich unter meinem wirklichen Namen erscheinen lassen, da sie von wirklichen Tatsachen und Menschen handeln«. Aus diesen »wenigen kurzen, ganz wahrhaftigen Erzählungen« wuchs nun ein Werk, das in vielem autobiographische Züge trägt, jedoch über den Rahmen von Memoiren weit hinausreicht und ebenso Wahrheit wie Dichtung ist. Es erschien im Jahre 1937 englisch unter dem Titel »Out of Africa« und in der von ihr selbstgeschaffenen dänischen Fassung unter dem Titel »Den afrikanske Farm« – »Die afrikanische Farm«. (Für die 1937 publizierte Übersetzung ins Deutsche, die auf der englischen Fassung basierte, wählte sie den Namen Tania Blixen, der sich fortan für ihr Werk in Deutschland durchsetzte).

Das Bild, das sie darin von ihrem Leben in Afrika gibt, entspricht nicht einer fotografisch und chronologisch getreuen Wiedergabe, sondern ist eine Verarbeitung ihrer Erlebnisse aus der Sicht danach, zum Zeitpunkt des Schreibens, und das Abgebildete ist für sie selbst bereits etwas Historisches: »Wenn ich hier meine Erfahrungen auf der Farm und mit einigen der wilden Bewohner von Steppe und Wald so genau wie möglich niederschreibe, dann kann dies vielleicht später von historischem Interesse sein und ist es vielleicht schon.« So ist ihr Buch einerseits ein Versuch der literarischen Rückgewinnung und Beschwörung des ferngerückten Landes und andererseits die Selbstverständigung der Autorin in einer Krise, in die sie der Verlust dieses Landes geführt hat, eine innere Auseinandersetzung von so existentieller Tiefe, daß sie den Vergleich mit dem alttestamentarischen Jakob und seinem Kampf mit dem Herrn nicht scheut: »Meine Jugend, ich will dich nicht lassen, du segnest mich denn, mein Leben, ich will dich nicht lassen, du segnest mich denn, dann aber will ich dich lassen.« Und doch ist die Trauer um das Verlorene in großen Teilen ihrer Darstellung nur indirekt anwesend, Karen Blixen ist auch in ihrem Afrikabuch, in dem sie sich unmittelbarer als in ihren kunstvoll gebauten und zeitlich entfernteren Erzählungen ausspricht, die große Erzählerin, die mit ihrem Gegenstand souverän umgeht, auch wenn sie sich selbst in ihre Geschichte einbezieht. »Afrika war etwas, was ich beobachtet, von außen gesehen und beschrieben habe. Ich habe es nicht geschaffen«, erklärte sie 1960, wenige Jahre vor ihrem Tod, in einem Radiointerview, und nennt als Unterschied zwischen der »Afrikanischen Farm« und den phantastischen Erzählungen: »Afrika stand mir ja entsetzlich nahe, und die Eingeborenen in Afrika und die Natur und die Jagd. Ich habe es geliebt. Ich liebe die Dinge, von denen meine Geschichten handeln, nicht in gleicher Weise ...«

Karen Blixen entwirft in ihrem Afrikabuch ein großes Gemälde: von der Landschaft des Hochlands, seiner Weite und Ursprünglichkeit, von den Afrikanern, vom Wild und von ihrem eigenen Dasein in dieser Welt. Sie beginnt gleichsam mit einem Blick von oben und aus der Luft, die ihr das liebste aller Elemente und konkrete Wirklichkeit ebenso wie Symbol für Bewegungsmöglichkeit war: »In dieser hohen Luft fiel das Atmen leicht, und man atmete eine wilde Hoffnung ein, die Flügeln glich. Wenn man im Hochland morgens erwachte, dachte man: Jetzt bin ich dort, wo mein Platz ist.« Der Bezug zu ihrem Jugendgedicht »Schwingen« ist deutlich: Hier glaubt sie sich angekommen. In vier der fünf großen Kapitel des Buches geht es um diesen ihren Platz als Kaffeefarmerin in einer Welt, in der Veränderungen langsam geschehen und für die sie nur wenige zeitliche Anhaltspunkte gibt – der erste Weltkrieg ist der einzig konkrete. Ansonsten fehlen Datierungen, und sie gruppiert ihre Erlebnisse und Erzählkerne um andere als chronologische Schwerpunkte; wie frei sie mit den faktischen Abläufen umging, läßt ein Vergleich mit ihren Briefen aus Afrika an ihre Familie erkennen.

Ihre wichtigste Beziehung in diesen Jahren, die zu den Eingeborenen des Landes, nimmt nicht nur breiten Raum in ihrem Buch ein, sie bildet auch so etwas wie einen erzählerischen Rahmen: Eingangs wird uns Kamante vorgestellt, der kranke Junge, für dessen Heilung sie sorgt und den sie zum Koch ausbildet, und als sie die Farm am Ende verlassen muß, läuft ihr der kleine Sirunga verzweifelt nach und kann diesen Abschied so wenig fassen wie sie selbst. – Die gegen ihren Willen kinderlose Karen Blixen fühlte sich am stärksten zu den afrikanischen Kindern hingezogen. Sie porträtiert die Afrikaner mit großer Leuchtkraft, wie sie sie auch als Malerin gesehen hat, erzählt ihre Lebensgeschichte und läßt sie als ausgeprägte Persönlichkeiten plastisch werden: Kamante, Farah, den großen Häuptling Kinanjui, ihren Koch Esa, den gerissenen Kaninu und den sanftmütigen Jogona. In der ausführlichen Darstellung des von Kabero verursachten Unglücksfalls und seiner Folgen gibt sie ein genaues Bild von Rechtsprechung und sozialem Gefüge der Kikuyu. Sie erlebt die großen Tanzfeste und beobachtet Sitten und Gebräuche unvoreingenommen und mit dem Bemühen, sie zu verstehen, auch wenn sie dabei ihre Grenzen eingestehen muß. Was sie an den Afrikanern vor allem fasziniert, ist Ursprünglichkeit, die Fähigkeit zur Mythenbildung und ein »Wissen«, das sie in dem von Entfremdung betroffenen, »zivilisierten« Europa verloren glaubt und nach dem sie sich selbst zurücksehnt: »... daß Gott und der Teufel eins sind [...], – und die afrikanischen Eingeborenen ehren die Doppelheit in der Einheit und die Einheit in der Doppelheit.« In der Schilderung der Afrikaner fällt eine Besonderheit der Autorin auf, die in ihrem gesamten Afrika-Bild wiederkehrt: Sie beobachtet die unmittelbare Wirklichkeit, um zu einer Verallgemeinerung, die gleichzeitig eine Mythologisierung ist, überzugehen, ohne doch die Realität ganz aus dem Auge zu verlieren. Ihre Farm ist ein wirklicher Ort, wie Kaffeeanbau eine handfeste Arbeit ist, und gleichzeitig wird sie in Karen Blixens Darstellung zum Symbol für eine ganze Lebensform und eine harmonische Beziehung zwischen Europäern und Afrikanern: »Immer aber spürte ich das schweigsame, überschattete Dasein des eingeborenen Volkes parallel zu meinem eigenen verlaufen, wenn auch auf einer anderen Ebene. Ein großes Echo tönte von einem Ufer zum anderen, zusammen waren wir die Farm.«

Dieses »Wir«, das die Autorin an mehreren Stellen im Text gebraucht, hat allerdings ihre eigene Stimme und steht als Ausdruck für eine Einheit, die es nur aus ihrer Sicht gibt. Bei aller menschlichen Achtung vor den Afrikanern und einer Einstellung zu ihnen, die Karen Blixen von anderen Kolonisten ihrer Zeit deutlich unterscheidet, ist sie doch immer die Besitzerin der Farm und Herrin auf ihrem Land. An diesem Herrschafts- und Abhängigkeitsverhältnis, das sich nicht auf Rassen-, sondern auf Klassenunterschiede gründet, besteht für sie kein Zweifel, und in ihrem »Wir« liegt eine feudale Beziehung, die zwischen Herr und Knecht. Sie postuliert nicht die Überlegenheit der sogenannten Zivilisation – diesen Begriff gebraucht sie durchaus kritisch und weist auf die unterschiedliche historische Entwicklung als wesentliches Moment im Verhältnis zwischen Europäern und Afrikanern hin –, sondern sie sehnt sich nach einer Zeit zurück, in der, nach ihrem Verständnis, die Beziehungen zwischen den Klassen menschlicher waren als im bürgerlich-kapitalistischen Industriezeitalter. Dabei sieht sie sich selbst in der Rolle der Prinzipalin, die für alle ihre Leute die Verantwortung trägt und als Arbeitgeberin, Ärztin und Richterin fungiert, die als Mutter geliebt sein möchte – und oft auch so geliebt wurde, wie mehrere ihrer Angestellten später bezeugt haben – und die das schmerzliche, schwere Schicksal, »als eherne Schlange aufgerichtet zu werden«, durchaus genießt. Was in Dänemark bei Ausbruch des ersten Weltkrieges so nicht mehr möglich war, versucht sie mit ihrer Farm in Kenia zu verwirklichen: ein harmonisches Zusammenleben auf patriarchalisch-feudaler Grundlage, in einer großartigen Natur, wo es noch vom Menschen unberührte und unzerstörte Bereiche gibt. Auch das Wild, die freien Tiere, haben darin ihren Platz, und die Antilope Lulu wird für sie zum Symbol dafür, daß sich in Afrika eine paradiesische Beziehung zwischen Mensch und Tier noch erreichen läßt: »Die Jahre, in denen Lulu und ihre Familie in die Nähe meines Hauses kamen, waren die glücklichsten Jahre meines ganzen Lebens in Afrika. Deshalb sah ich meine Bekanntschaft mit den Antilopen des Waldes als ein Zeichen der Freundschaft an, als eine große Gunst oder ein Geschenk von Afrika selbst. Es enthielt das ganze Land, gute Vorzeichen, einen Pakt aus alten Zeiten, ein Lied ...« Karen Blixen bleibt bei der Lobpreisung dieses Paradieses, das schon ein verlorenes ist, nicht stehen. Sie setzt gegen die Schönheit des lyrischen Bildes, das sie bis zum Hohenlied Salomonis steigert, mit gläserner Sachlichkeit die Realität als Kontrast: »Die Zeiten hatten sich geändert. Südlich von meiner Farm hatte man das Land parzelliert und an Siedler vergeben, man hatte den Wald gerodet und Häuser gebaut. Wo zuvor Waldlichtungen gewesen waren, keuchten und fauchten jetzt Traktoren. Von den neuen Farmern waren viele eifrige Jäger, und überall in der Landschaft sangen die Flinten.« Sie hat sich in der Rolle der Herrin und Schöpferin, die Kamantes Genialität entdeckt und dem alten Jogona sein Ich zeigt, gefallen, sich am Sterbelager des Häuptlings Kinanjui aber auch selbst des Verrats bezichtigt. Wenn sie hier eingesteht, daß sie nicht mehr die Kraft hatte, »gegen die Machthaber dieser Welt aufzubegehren«, und zweimal den Hahn krähen hört, so begehrt sie um so kräftiger auf, indem sie Kinanjuis entwürdigende Beerdigung schildert.

Liest man Karen Blixens private Briefe aus Afrika, so erscheint ihre Kritik am britischen Kolonialregime und an der englischen »Mittelklasse«, die sie von Herzen verachtete, darin direkter und unvermittelter. In ihrem Afrikabuch wird diese Kritik weniger demonstriert als in Erzählabläufe umgesetzt, vor allem in einzelnen Texten des Kapitels »Aus dem Tagebuch eines Auswanderers«, so »Die Elite von Bournemouth«, »George«, »Reisegefährten« und »Kitoshs Geschichte«. Der »Rechtsfall« Kintosh beschäftigte die Autorin so sehr, daß sie ihn noch nach ihrer Rückkehr aus Afrika recherchierte und sich gegen ihren englischen Verleger durchsetzte, der diesen Abschnitt ihres Buches wegen der allzu deutlichen Kritik an der englischen Kolonialherrschaft gestrichen wünschte. Sie tritt selbst den Gang zu den Kolonialbehörden an, als sie sich nach dem Verkauf der Farm mit allen Kräften bemüht, für die Zukunft ihrer Squatter zu sorgen. Dabei stellt sie sich auf die Seite der Afrikaner und kommt zu der Erkenntnis, die einem antikolonialistischen Bekenntis gleichkommt: »Wenn man den Eingeborenen den Boden ihrer Väter nimmt, so nimmt man ihnen mehr als nur den Boden. Man nimmt ihnen ihre Vergangenheit, ihre Wurzeln und Gewohnheiten, ihr wahres Ich, ihre Existenz ...« Das Schicksal der Kikuyu ist in ihren Augen so tragisch wie das des Königs Lear, ohne daß sie bei diesem Vergleich die historischen Tatsachen übersieht: »Es ist ja wohl richtig, daß uns die afrikanischen Eingeborenen ihr Land nicht mit einer großen Geste geschenkt haben, ihr Fall stimmt also nicht mit dem des alten Königs und seiner Töchter überein. Die Weißen haben das Land selbst zum Protektorat gemacht.« Als die Ngoma der Alten, jene Ehrung von mythischer Dimension, die ihre Leute ihr kurz vor der Abreise zugedacht hatten, von der Regierung verboten wird, trifft die Brutalität dieses Eingriffs sie mit voller Wucht, und auch das gehört zum Bild ihres Abschieds von Afrika. – »Nie zuvor hatte sich mein Herz derart gegen das Schicksal empört und aufgelehnt wie in diesen Minuten. Da stand ich, mit diesem Brief in der Hand, und wußte kein Wort zu sagen, mir war klargeworden, daß alles Reden hier und in der ganzen Welt bedeutungslos war.« – Einige Jahre später ist es für sie bedeutsam, von dieser Empörung in ihrem literarischen Werk zu berichten.

Die im Buch geschilderten Europäer stehen zu den Gestalten der Afrikaner, von denen es heißt, daß »die Nabelschnur zwischen ihnen und der Natur« noch nicht ganz durchgeschnitten sei, in spürbarem Gegensatz. Keiner von jenen, die der Autorin für eine ausführliche literarische Würdigung wichtig genug erscheinen, befindet sich in Übereinstimmung mit seinem Dasein, alle wirken mehr oder weniger gebrochen und leben in direktem oder indirektem Widerspruch zu bürgerlichen Normen, zumal solchen, wie sie in einer Kolonie gelten. Da ist der dänische Fischer Knudsen, der nach wechselvollem, abenteuerlichem Leben als kranker alter Mann auf der Farm Zuflucht sucht, »ein geborener Aufrührer, in jedem Gesetzesbrecher sah er einen Freund, und eine Gesetzesübertretung war für ihn gleichbedeutend mit einer Heldentat ...« Obwohl sie seinen Anarchismus nicht tolerieren kann und seine Frauenfeindlichkeit belächelt, bringt die Autorin dem gealterten Rebellen freundliche Ironie und ausgeprägte Sympathie entgegen, denn trotz der Kläglichkeit seiner äußeren Erscheinung, hat er sich eine wilde Vision vom Leben bewahrt und sich jener Art von Bürgerlichkeit, die Karen Blixen selbst verachtete, niemals angepaßt.

Auch der Schwede Emmanuelson ist ein Gescheiterter und Gestrandeter und muß die Kolonie aus Gründen, die nicht näher dargelegt sind – vermutlich war er homosexuell veranlagt –, fluchtartig verlassen. Er ist in jeder Weise ein Außenseiter, der »nur an Gott und an sonst nichts auf der Welt« glaubt. Gerade deshalb erkennt die Autorin diesem verkrachten Schauspieler, der sich allein und ohne Geld auf den Weg in ein ungewisses Schicksal macht, so etwas wie innere Größe zu. Er paßt ebenso wie die stolzen Masai in ihre Vorstellung von der wirklichen Aristokratie der Welt und dem wirklichen Proletariat – eine unzulässige Gleichsetzung, die bei Karen Blixen allerdings eine eindeutige Stoßrichtung hat: gegen die »Bourgeois aller Klassen«. Der Begriff Tragödie, freilich nicht als »ein weltgeschichtlicher Irrtum«, sondern als »Gottes Plan mit der Welt und die Tonart des Lebens« definiert, der im Zusammenhang mit dem flüchtenden Emmanuelson und den aus ihrem Land vertriebenen und ihrer Waffen beraubten Masai auftaucht – von Karen Blixens eigener Schicksalsauseinandersetzung soll noch die Rede sein –, kehrt indirekt in den Porträts der englischen Aristokraten Berkeley Cole und Denys Finch-Hatton wieder. Auch sie sind heimatlos, und zwar in ihrem eigenen Zeitalter. Beide sind »europamüde« wie die Autorin und »stellten ... einen Atavismus dar, sie waren in einem alten England zu Hause, das es nicht mehr gab«. Auch darin sind sie Karen Blixen verwandt, die im Hinblick auf sich selbst zwar nie von einem Atavismus spricht, jedoch um den Preis des ökonomischen Ruins eine atavistische Lebensform versucht. Sie liebt und bewundert diese Aristokraten, die sich wie sie um echtes Verständnis für die Afrikaner bemühen und an ihren Idealen aus vorkapitalistischen Zeiten festhalten, und sieht sie dennoch real: »Sie hielten sich für Deserteure, die, was recht und billig war, hin und wieder für ihren Eigensinn bezahlen mußten. Doch sie waren in Wirklichkeit Landesverwiesene, die ihre Verbannung mit Geduld und feinen Manieren trugen.« Und sie vermerkt, daß ihre Art von Tragik auch einen Anflug von Groteske hatte – in dem Bild, das sie von Berkeley Cole entwirft, der den drohenden Verlust seiner Farm nicht überlebt, gibt es einen feinen Fingerzeig auf Don Quijote, dessen Schatten an der Wand heraufsteigt.

Auch über Denys Finch-Hatton, dem geliebten Freund, erkennt sie Schatten und spricht von seinen melancholischen Stimmungen. Er hatte eine Karriere in Europa ausgeschlagen, doch auch die Lebensweise eines Safariführers und Großwildjägers in Afrika scheint diesem feinsinnigen und vielseitigen Intellektuellen nicht zu genügen, und die Entwicklung der Kolonie Kenia erfüllt ihn mit Sorge. Karen Blixen sieht sein Leben in Afrika nicht als gescheitert, sondern als erfüllt und vollendet an und läßt ihn mit ihrem Afrika, das sie wenig später verlassen muß, eins werden, nicht nur im Sinne von Landschaft und Natur.

Denys' Flugzeugabsturz fällt zeitlich mit dem Konkurs der Kaffeefarm zusammen, und nachdem die Autorin das IV. Kapitel mit einer Aufhebung der Zeit durch das Gedicht der Sappho enden ließ, beschleunigt sie nun ihr Erzähltempo und schildert den »Abschied von der Farm« im letzten Kapitel als einen gleichsam apokalyptischen Verlauf. Eine Katastrophe folgt auf die andere: die Zeiten verschlechtern sich – die Kaffeepreise sinken – Heuschrecken fallen über die Farm her – Kinanjui stirbt – Denys verunglückt – aller Besitz wird verkauft – die Ngoma der Alten wird verboten. Dies ist das dramatische und unvermeidliche Ende einer Lebensform, von der Autorin als schicksalhaft, als ihr besonderes Schicksal, erlebt und empfunden, und seine Darstellung schließt sich den vorausgegangenen Kapiteln, die eine Art von Paradies beschreiben, aus dem die Vertreibung gewiß war, folgerichtig an.

»Ein Tag wird kommen, an dem die Menschen die Savannen und die Steppen wiederentdecken, hinausströmen werden sie und ihrer Sklaverei ein Ende machen, die Tiere werden unter der hohen Sonne zu den Menschen treten, die frei sind, und sie werden in Eintracht leben, die Riesenschildkröten, die Elefanten, die Wisente, und die Könige des Dschungels und der Wüste werden sich mit den befreiten Menschen vereinbaren, sie werden aus einem Wasser trinken, sie werden die gereinigte Luft atmen, sie werden sich nicht zerfleischen, es wird der Anfang sein, es wird der Anfang sein für das ganze Leben ...«, schreibt Ingeborg Bachmann in ihrem Roman »Malina«, und auch bei der älteren Karen Blixen leuchtet ein solcher Traum auf, wenn sie Afrika zum Mythos und zum Symbol verwandelt. Doch ist sie sich der Rückwärtsgewandtheit ihrer Utopie bewußt, sie beschreibt ihren Traum nach dem Fiasko, und ihre Frage führt in die Realität und in die Gegenwart ihres Erzählens: »Ich weiß ein Lied von Afrika, dachte ich, von den Giraffen und vom afrikanischen Neumond, der auf dem Rücken liegt, von den Pflügen auf dem Feld und von den verschwitzten Gesichtern der Kaffeepflücker. Weiß Afrika auch ein Lied von mir?« Sie fragt also auch der Rolle nach, die sie selbst in diesem Land gespielt hat, als »eherne Schlange«, als Farmherrin, in der Verantwortung für ihre Angestellten.

Auch in Karen Blixens nachafrikanischem Leben war der schwarze Kontinent für sie nicht nur eine verlorene und durch den Verlust verklärte Vergangenheit, sondern blieb handfeste Realität. 1935, also nur wenige Jahre nach ihrer definitiven Abreise, besuchte sie Albert Schweitzer, um seinen Rat für den Bau eines Krankenhauses zur Behandlung von Masaikindern einzuholen. Sie wollte dafür das Honorar ihres ersten Buches, »Sieben phantastische Erzählungen«, verwenden, aber es reichte nicht. Als sie vom italienischen Einfall in Äthiopien erfuhr, der sie heftig empörte, bewarb sie sich als Korrespondentin bei mehreren englischen Zeitungen, um über den Kriegsverlauf zu berichten. Das wurde abgelehnt, man hielt eine Frau als Berichterstatterin für ungeeignet. Karen Blixen nahm dann an der Sitzung des Völkerbunds in Genf teil, der sich mit der italienischen Invasion beschäftigte. Noch 1962 hegte sie den Plan, ihre alten Angestellten in Afrika zu besuchen, war jedoch gesundheitlich nicht mehr dazu imstande. Ihre langjährige Sekretärin Clara Svendsen (Selborn) berichtet, daß sie die Unabhängigkeitsbewegung der ostafrikanischen Staaten in ihren letzten Lebensjahren mit brennendem Interesse verfolgte und dazu äußerte: »Jetzt sind sie da – wie gern wäre ich mit ihnen.« In ihrem Nachlaß fand sich ein Verzeichnis aller ihrer afrikanischen Angestellten, die auch nach ihrem Tod finanziell unterstützt werden sollten.

»Wege des Lebens« nennt Karen Blixen einen Abschnitt des Kapitels »Aus dem Tagebuch eines Auswanderers«, das kein authentisches Tagebuch ist, sondern dazu dient, noch einmal, in einzelnen Anekdoten, Geschichten, Reflexionen und essayistischen Betrachtungen, das ganze Panorama der afrikanischen Farm vor Einbruch der Katastrophe auszubreiten. In diesem Abschnitt gibt die Autorin eine Geschichte wieder, die sie in ihrer Kindheit hörte und die jetzt, in der Erzählgegenwart, eine sinnbildliche Bedeutung für sie erhält: Ein Mann erkennt nach vielem Irren und Suchen endlich, was der Zweck all seiner Mühen und seiner scheinbar vergeblichen Arbeit gewesen ist – ein Storch, den er mit seinen Lebenswegen selbst gezeichnet hat und der ihn laut auflachen läßt. Die Autorin fügt zu dieser Geschichte die Frage, die ihr gesamtes Buch durchzieht und ihm zugrunde liegt: »Der dunkle, schmale Pfad, auf dem ich gehe, die tiefe Grube, in der ich nun liege, von welchem Vogel mögen sie die Klauen sein? Wenn die Zeichnung meines Lebens vollendet ist, werde ich, werden dann andere einen Storch erblicken?« Das ist die innere Situation der Karen Blixen, als sie nach dem so groß angesetzten Ausbruchsversuch die Niederlage in allen Bereichen erfahren hatte und bankrott nach Hause zurückgekehrt war. Sie erwähnt in ihrem Afrikabuch weder das Scheitern ihrer Ehe mit Bror Blixen, noch die Krankheit Syphilis, an deren Spätfolgen sie bis an ihr Lebensende leiden sollte, auch nicht die Besuche von Familienangehörigen aus Dänemark und die heftigen Auseinandersetzungen mit den Aktionären von »Karen Coffee«, sondern sie spricht von »langen Perioden geistiger Abwesenheit« von der Farm, die sie die ganze Zeit für ihre wichtigste Aufgabe und für ihr eigentliches Schicksal hält. Vom Schicksal als etwas Übergeordnetem, vom

»Gedanken, den Gott gehabt hat, als er uns schuf«, ist mehrfach die Rede, und nicht zufällig wird auf das Buch Hiob des Alten Testaments angespielt. Darin liegt Vorsehungsgläubigkeit und Fatalismus, der verzweifelte Versuch, sich mit einer Niederlage abzufinden, sie anzunehmen und zu überleben. Tatsächlich aber ist Karen Blixens »Afrikanische Farm« ein großer literarischer Versuch der aktiven Auseinandersetzung und Selbstbehauptung, denn »Schicksal«, was immer sie darunter versteht, ist eine Macht, der zu begegnen ist. Sie wirft sich selbst ihr Zurückweichen und ihre Nachgiebigkeit vor diesem Schicksal vor, wenn sie im letzten Kapitel ihres Buches schreibt: »Jener Plan, den ich mir zu Anfang aufgestellt hatte – in allen kleinen Dingen nachgeben, um das zu behalten, was für mich so wichtig war wie das Leben selbst –, war fehlgeschlagen. Ich war bereit gewesen, all meinen Besitz, Stück für Stück, wie eine Art Lösegeld für mein Leben wegzugeben, doch als die Zeit kam, da ich nichts mehr hatte, da war ich selbst am allerleichtesten vom Schicksal wegzublasen.« Ihre Suche nach einem Zeichen, die Anfrage an die Schicksalsgötter, wird auf ganz andere Weise beantwortet: durch eine brutale Wirklichkeit, auf die nicht mit Schwäche und Affirmation zu reagieren ist. »Gewaltige Mächte hatten mich ausgelacht oder angelacht, mit einem Echo von den Bergen« – von der afrikanischen Natur und von Denys' Grab, und dieses vieldeutige Lachen des Nicht-Aufgebens, des Trotzes und des Weiterlebens wird von ihr erwidert.

Bei ihrer Abreise aus Afrika hatte Karen Blixen die ersten der »Sieben phantastischen Erzählungen« im Gepäck. Unter welchen Bedingungen sie mit dem Schreiben daran begonnen hatte, hat sie in der »Afrikanischen Farm« geschildert: »Ich war jung und mußte, um am Leben zu bleiben und nicht mit dem Staub, der in hohen Säulen von den Wegen aufwirbelte, oder mit dem Rauch über der Steppe ganz davongeweht zu werden, meine Kräfte auf etwas konzentrieren. Ich begann in den

Abendstunden Geschichten und Märchen zu schreiben, die meine Gedanken weit weg in andere Länder und Zeiten führen konnten.« Sie hatte nicht vor, Schriftstellerin, »eine Drucksache«, wie sie es nannte, von Beruf zu werden, sondern empfand sich als Geschichtenerzählerin in einer jahrtausendealten Tradition, in Afrika nur von den Afrikanern und Denys Finch-Hatton verstanden. Ihr erstes Buch, das sie schlagartig weltberühmt werden ließ, veröffentlichte sie unter dem Pseudonym Isak Dinesen: Dinesen war ihr Mädchenname, und Isak, hebräisch, bedeutet Lachen.

Gisela Perlet

Anmerkungen

Fremdsprachige Textstellen (soweit nicht im Text erläutert):

14 *Shamba*: (swahili) Feld, Pflanzung.
16 *»The Highland Transport«*: (englisch) »Der Hochland-Transport«.
19 *»The mad Mullah«*: (englisch) »Der wilde Mullah«.
36 *petit verre de vin*: (französisch) ein Gläschen Wein.
48 *tours des force*: (französisch) Kraftleistungen.
Bwana: (swahili) Herr, als Anrede.
»Light come – light go«: (englisch) etwa: »Wie gewonnen so zerronnen.«
62 *Scherif*: (arabisch) Titel eines arabischen Fürsten, Ehrenbezeichnung der Nachkommen Mohammeds.
72 *Saisi*: (swahili) Reitknecht.
88 *Lioness Blixen ... Honourable Lioness*: (englisch) Löwin Blixen ... Verehrte Löwin.
»The East African Standard«: (englisch) Titel einer Zeitung der damaligen Kolonie.
98 *Jambo*: Grußformel auf swahili.
Ngoma: (swahili) Tanz, Tanzvergnügen.
116 *Pax Britannica*: (lateinisch) Britischer Friede. Selbstgewählter Ausdruck britischer Politiker für ihre Weltmachtpolitik, auch für die britische Außenpolitik zwischen den beiden Weltkriegen gebraucht.
127 *de profundis*: (lateinisch) Aus der Tiefe [rufe ich, Herr, zu dir] (Anfang des 130. Psalms).
130 *Duka*: (swahili) Laden, Geschäft.
139 *King's African Rifles*: (englisch) Afrikanische Schützen des Königs.
161 *»Tous les tristes ...«*: (französisch) »Alle traurigen Vögel, Esser von Menschenfleisch, / versammeln sich. Und die einen lassen einen kahlen Schädel übrig, / die andern wischen ihren fahlroten Schnabel am Galgen ab, / noch andere verlassen von einem gebrochnen Mast die dunkle Takelage ...«
170 *Panem Angelorum*: (lateinisch) Brot der Engel (nach Psalter 78, 25).
172 *malaya*: (swahili) Prostituierte.
190 *»Tes nobles jambes ...«*: (französisch) »Die edlen Beine, die den Rocksaum vorwärtswerfen, / Verstehn die dunkle Gier

zu quälen und zu schärfen, / Ein Hexenpaar, das ohne Laß / Den schwarzen Liebestrank verrührt im tiefen Haß.« (Charles Baudelaire, »Die Blumen des Bösen, Das schöne Schiff«, in der Übersetzung von Sigmar Löffler).

214 *Rouge-et-Noir*: (französisch) Rot und Schwarz (Name eines Glücksspiels).

218 *Omelette à la chasseur*: (französisch) Jäger-Omelett.

224 *la belle Otéro*: (französisch) die schöne Otéro.

227 *en plein vingtième siècle*: (französisch) mitten im zwanzigsten Jahrhundert.

234 *»His Darkness and His Brightness ...«*: (englisch) »Und endlos war der Höflichkeiten Faden / Von Seiner Licht und Seiner Höllen-Gnaden.« (George Gordon Noël Byron, »Die Vision des Gerichts«, Vers 35, in der Übersetzung von Rudolf Kretschmar).

236 *Legislative Council*: (englisch) Gesetzgebende Versammlung.

237 *La dure necessité ...*: (französisch) Die harte Notwendigkeit, Herrscherin der Menschen und der Götter.

243 *Lion posant Or*: (französisch) Löwe auf Goldgrund (Begriff der Heraldik).

245 *Boma*: (swahili) Umzäunung, Einzäunung.

266 *Infandum, Regina ...*: (lateinisch) Königin, traun, du gebeutst, unsäglichen Schmerz zu erneuern. (Vergil »Äneis« II, 3, in der Übersetzung von Wilhelm Hertzberg).

302 *Jardin d' Acclimatation*: (französisch) Akklimations-Garten.

313 *»Eppur si mouve!«*: (italienisch) »Und sie bewegt sich doch!« (Nichtbelegter Ausspruch des Galileo Galilei).

322 *»Avez-vous ...«*: (französisch) »Haben Sie viel Arbeit in Ihrem Leben?« (Einbedacht ist englisch »travels« = Reisen).

»Enormément, Madame!«: (französisch) »Enorm, Madame.«

»Notre mission ...«: (französisch) »Unsre Mission. Unsre große Mission im Kongo.«

»Il faut ... Rien.«: (französisch) »Man muß die Eingeborenen lehren, anständig zu sein und zu arbeiten. Weiter nichts. Weiter nichts. Nichts. Nichts. Nichts.«

337 *»Ça, Madame ...«*: (französisch) »Das, Madame, das ist unmöglich.«

339 *Eastcoast-Fieber*: (englisch) Ostküsten-Fieber.

361 *»You must turn ...«*: (englisch) »Gib dem trauervollen Lied / Heitere Gestalt, / Nie aus Mitleid, wie man sieht, / Komm aus Lust alsbald.« (Abgewandeltes Zitat aus Percy Bysshe

Shelleys Gedicht »Lied«, in der entsprechend veränderten Übersetzung von Roland Erb).

365 *The East Africa Airway Company*: (englisch) Die Ostafrika Luftfahrtgesellschaft.

373 *Panga*: (swahili) Buschmesser.

391 *hut-tax*: (englisch) Hüttensteuer.

400 *Askari*: (swahili) Polizist.

Quellennachweis der Zitate

Für die Zitate wurden folgende Übersetzungen genutzt:

17 *»Die Welt ist nirgends außer diesen Mauern«*: William Shakespeare, »Romeo und Julia« (III, 3), in der Übersetzung von August Wilhelm Schlegel.

33 *»Schmerz ist mein Element ...«*: Percy Bysshe Shelley, »Der entfesselte Prometheus« (I), angelehnt an die Übersetzung von Rainer Kirsch.

226 *»Ein Reisender? ...«*: William Shakespeare, »Wie es euch gefällt« (IV, 1), in der Übersetzung von August Wilhelm Schlegel. Die Replik wird nicht von Jaques, sondern von Rosalinde gesprochen.

»Besteht ein dummer Tropf ...«: William Shakespeare, »Wie es euch gefällt« (II, 5), in der Übersetzung von August Wilhelm Schlegel.

252 *»... im Hain des Lebens gehn ...«*: Percy Bysshe Shelley, »Der entfesselte Prometheus« (IV), in der Übersetzung von Rainer Kirsch.

330 *»Mit wuchtigem Hammerschlag ...«*: Anakreon, in der Übersetzung von Dietrich Ebener.

334 *»Unter gingen der Mond schon ...«*: Sappho, in der Übersetzung von Dietrich Ebener.

344 *»Sieh, am Horizont ...«*: Percy Bysshe Shelley, »Der entfesselte Prometheus« (I), nach der Übersetzung von Rainer Kirsch.

354 *»Fürchte nicht den Flammenblitz ...«*: William Shakespeare, »Cymbelin« (IV, 2), nach der Übertragung Dorothea Tiecks, bearbeitet von Marie Luise Gothein.

355 *»Lös dich auf ...«*: ebenda.

378 *»Weit in Ehren steht dein Grab.«*: ebenda.

395 *»Oh, streite nicht ...«*: William Shakespeare, »König Lear« (II, 4) in der Übersetzung von Wolf Graf Baudissin.

396 *»In Eurem eignen Königreich, Mylord!«*: ebenda (IV, 7).

401 *»... Die kleinen Hunde ...«*: ebenda (III, 6).

Für freundliche Unterstützung danke ich Clara Selborn und Else Brundbjerg.

G. P.

Inhalt